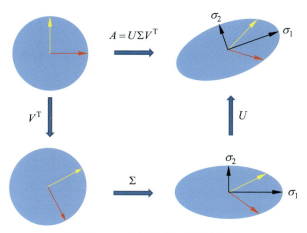

彩图 15.1　奇异值分解的几何解释

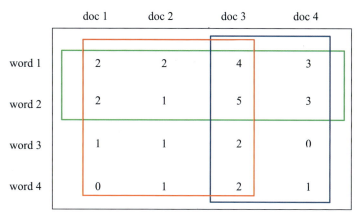

彩图 18.1　概率潜在语义分析的直观解释

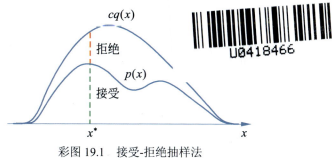

彩图 19.1　接受-拒绝抽样法

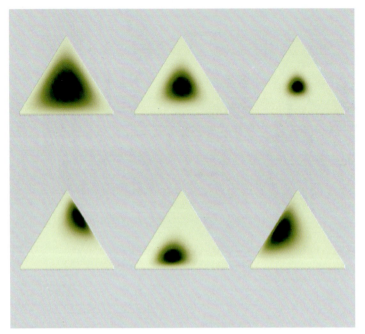

彩图 20.1 狄利克雷分布例

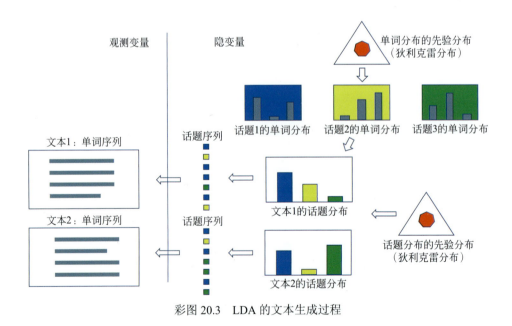

彩图 20.3 LDA 的文本生成过程

统计学习方法
（第2版）

李航 著

清华大学出版社
北京

内容简介

统计学习方法即机器学习方法，是计算机及其应用领域的一门重要学科。本书分为监督学习和无监督学习两篇，全面系统地介绍了统计学习的主要方法。包括感知机、k近邻法、朴素贝叶斯法、决策树、逻辑斯谛回归与最大熵模型、支持向量机、Boosting、EM算法、隐马尔可夫模型和条件随机场，以及聚类方法、奇异值分解、主成分分析、潜在语义分析、概率潜在语义分析、马尔可夫链蒙特卡罗法、潜在狄利克雷分配和PageRank算法等。

本书是统计机器学习及相关课程的教学参考书，适用于高等院校文本数据挖掘、信息检索及自然语言处理等专业的大学生、研究生，也可供计算机应用等专业的研发人员参考。

本书封面贴有清华大学出版社防伪标签，无标签者不得销售。
版权所有，侵权必究。举报：010-62782989，beiqinquan@tup.tsinghua.edu.cn。

图书在版编目(CIP)数据

统计学习方法/李航著.—2版.—北京：清华大学出版社，2019 (2024.5重印)
ISBN 978-7-302-51727-6

Ⅰ.①统⋯ Ⅱ.①李⋯ Ⅲ.①统计学 Ⅳ.①C8

中国版本图书馆 CIP 数据核字(2018)第 267477 号

责任编辑：薛 慧
封面设计：李祥榕
责任校对：刘玉霞
责任印制：宋 林

出版发行：清华大学出版社
网　　址：https://www.tup.com.cn，https://www.wqxuetang.com
地　　址：北京清华大学学研大厦A座　　邮　编：100084
社 总 机：010-83470000　　邮　购：010-62786544
投稿与读者服务：010-62776969，c-service@tup.tsinghua.edu.cn
质量反馈：010-62772015，zhiliang@tup.tsinghua.edu.cn

印 装 者：艺通印刷（天津）有限公司
经　　销：全国新华书店
开　　本：170mm×240mm　　印　张：30.25　　插　页：1　　字　数：593 千字
版　　次：2012 年 3 月第 1 版　　2019 年 5 月第 2 版　　印　次：2024 年 5 月第 18 次印刷
印　　数：173001～178000
定　　价：118.00 元

产品编号：081329-02

献给我的母亲

第 2 版序言

《统计学习方法》第 1 版于 2012 年出版，讲述了统计机器学习方法，主要是一些常用的监督学习方法。第 2 版增加了一些常用的无监督学习方法，由此本书涵盖了传统统计机器学习方法的主要内容。

在撰写《统计学习方法》伊始，对全书内容做了初步规划。第 1 版出版之后，即着手无监督学习方法的写作。由于写作是在业余时间进行，常常被主要工作打断，历经六年多时间才使这部分工作得以完成。犹未能加入深度学习和强化学习等重要内容，希望今后能够增补，完成整本书的写作计划。

《统计学习方法》第 1 版的出版正值大数据和人工智能的热潮，生逢其时，截至 2019 年 4 月本书共印刷 25 次，152000 册，得到了广大读者的欢迎和支持。有许多读者指出本书对学习和掌握机器学习技术有极大的帮助，也有许多读者通过电子邮件、微博等方式指出书中的错误，提出改进的建议和意见。一些高校将本书作为机器学习课程的教材或参考书。有的同学在网上发表了读书笔记，有的同学将本书介绍的方法在计算机上实现。清华大学深圳研究生院袁春老师精心制作了第 1 版十二章的课件，在网上公布，为大家提供教学之便。众多老师、同学、读者的支持和鼓励，让作者深受感动和鼓舞。在这里向所有的老师、同学、读者致以诚挚的谢意！

能为中国的计算机科学、人工智能领域做出一点微薄的贡献，感到由衷的欣慰，同时也感受到作为知识传播者的重大责任，让作者决意把本书写好。也希望大家今后不吝指教，多提宝贵意见，以帮助继续提高本书的质量。在写作中作者也深切体会到教学相长的道理，经常发现自己对基础知识的掌握不够扎实，通过写作得以对相关知识进行了深入的学习，受益匪浅。

本书是一部机器学习的基本读物，要求读者拥有高等数学、线性代数和概率统计的基础知识。书中主要讲述统计机器学习的方法，力求系统全面又简明扼要地阐述这些方法的理论、算法和应用，使读者能对这些机器学习的基本技术有很好的掌握。针对每个方法，详细介绍其基本原理、基础理论、实际算法，给出细致的数学推导和具体实例，既帮助读者理解，也便于日后复习。

第 2 版增加的无监督学习方法，王泉、陈嘉怡、柴琛林、赵程绮等帮助做了认真细致的校阅，提出了许多宝贵意见，在此谨对他们表示衷心的感谢。清华大学出版社的薛慧编辑一直对本书的写作给予非常专业的指导和帮助，在此对她表示衷心的感谢！

由于本人水平有限，本书一定存在不少错误，恳请各位专家、老师和同学批评指正。

李 航

2019 年 4 月

第 1 版序言

计算机与网络已经融入人们的日常学习、工作和生活之中，成为人们不可或缺的助手和伙伴。计算机与网络的飞速发展完全改变了人们的学习、工作和生活方式。智能化是计算机研究与开发的一个主要目标。近几十年来的实践表明，统计机器学习方法是实现这一目标的最有效手段，尽管它还存在着一定的局限性。

本人一直从事利用统计学习方法对文本数据进行各种智能性处理的研究，包括自然语言处理、信息检索、文本数据挖掘。近 20 年来，这些领域发展之快，应用之广，实在令人惊叹！可以说，统计机器学习是这些领域的核心技术，在这些领域的发展及应用中起着决定性的作用。

本人在日常的研究工作中经常指导学生，并在国内外一些大学及讲习班上多次做过关于统计学习的报告和演讲。在这一过程中，同学们学习热情很高，希望得到指导，这使作者产生了撰写本书的想法。

国内外已出版了多本关于统计机器学习的书籍，比如，Hastie 等人的《统计学习基础》，该书对统计学习的诸多问题有非常精辟的论述，但对初学者来说显得有些深奥。统计学习范围甚广，一两本书很难覆盖所有问题。本书主要是面向将统计学习方法作为工具的科研人员与学生，特别是从事信息检索、自然语言处理、文本数据挖掘及相关领域的研究与开发的科研人员与学生。

本书力求系统而详细地介绍统计学习的方法。在内容选取上，侧重介绍那些最重要、最常用的方法，特别是关于分类与标注问题的方法。对其他问题及方法，如聚类等，计划在今后的写作中再加以介绍。在叙述方式上，每一章讲述一种方法，各章内容相对独立、完整；同时力图用统一框架来论述所有方法，使全书整体不失系统性，读者可以从头到尾通读，也可以选择单个章节细读。对每一种方法的讲述力求深入浅出，给出必要的推导证明，提供简单的实例，使初学者易于掌握该方法的基本内容，领会方法的本质，并准确地使用方法。对相关的深层理论，则予以简述。在每章后面，给出一些习题，介绍一些相关的研究动向和阅读材料，列出参考文献，以满足读者进一步学习的需求。本书第 1 章简要叙述统计学习方法的基本概念，最后一章对统计学习方法进行比较与总结。此外，在附录中简要介绍一些共用的最优化理论与方法。

　　本书可以作为统计机器学习及相关课程的教学参考书，适用于信息检索及自然语言处理等专业的大学生、研究生。

　　本书初稿完成后，田飞、王佳磊、武威、陈凯、伍浩铖、曹正、陶宇等人分别审阅了全部或部分章节，提出了许多宝贵意见，对本书质量的提高有很大帮助，在此向他们表示衷心的感谢。在本书写作和出版过程中，清华大学出版社的责任编辑薛慧给予了很多帮助，在此特向她致谢。

　　由于本人水平所限，书中难免有错误和不当之处，欢迎各位专家和读者给予批评指正。

李 航

2011 年 4 月 23 日

目 录

第1篇 监督学习

第1章 统计学习及监督学习概论 ... 3
- 1.1 统计学习 ... 3
- 1.2 统计学习的分类 ... 5
  - 1.2.1 基本分类 ... 6
  - 1.2.2 按模型分类 ... 11
  - 1.2.3 按算法分类 ... 13
  - 1.2.4 按技巧分类 ... 13
- 1.3 统计学习方法三要素 ... 15
  - 1.3.1 模型 ... 15
  - 1.3.2 策略 ... 16
  - 1.3.3 算法 ... 19
- 1.4 模型评估与模型选择 ... 19
  - 1.4.1 训练误差与测试误差 ... 19
  - 1.4.2 过拟合与模型选择 ... 20
- 1.5 正则化与交叉验证 ... 23
  - 1.5.1 正则化 ... 23
  - 1.5.2 交叉验证 ... 24
- 1.6 泛化能力 ... 24
  - 1.6.1 泛化误差 ... 24
  - 1.6.2 泛化误差上界 ... 25
- 1.7 生成模型与判别模型 ... 27
- 1.8 监督学习应用 ... 28
  - 1.8.1 分类问题 ... 28

1.8.2　标注问题 30
　　　1.8.3　回归问题 32
　本章概要 33
　继续阅读 33
　习题 33
　参考文献 34

第 2 章　感知机 35
　2.1　感知机模型 35
　2.2　感知机学习策略 36
　　　2.2.1　数据集的线性可分性 36
　　　2.2.2　感知机学习策略 37
　2.3　感知机学习算法 38
　　　2.3.1　感知机学习算法的原始形式 38
　　　2.3.2　算法的收敛性 41
　　　2.3.3　感知机学习算法的对偶形式 43
　本章概要 46
　继续阅读 46
　习题 46
　参考文献 47

第 3 章　k 近邻法 49
　3.1　k 近邻算法 49
　3.2　k 近邻模型 50
　　　3.2.1　模型 50
　　　3.2.2　距离度量 50
　　　3.2.3　k 值的选择 52
　　　3.2.4　分类决策规则 52
　3.3　k 近邻法的实现：kd 树 53
　　　3.3.1　构造 kd 树 53
　　　3.3.2　搜索 kd 树 55
　本章概要 57
　继续阅读 57

习题 58
参考文献 58

第 4 章 朴素贝叶斯法 59
4.1 朴素贝叶斯法的学习与分类 59
4.1.1 基本方法 59
4.1.2 后验概率最大化的含义 61
4.2 朴素贝叶斯法的参数估计 62
4.2.1 极大似然估计 62
4.2.2 学习与分类算法 62
4.2.3 贝叶斯估计 64
本章概要 65
继续阅读 66
习题 66
参考文献 66

第 5 章 决策树 67
5.1 决策树模型与学习 67
5.1.1 决策树模型 67
5.1.2 决策树与 if-then 规则 68
5.1.3 决策树与条件概率分布 68
5.1.4 决策树学习 69
5.2 特征选择 71
5.2.1 特征选择问题 71
5.2.2 信息增益 72
5.2.3 信息增益比 76
5.3 决策树的生成 76
5.3.1 ID3 算法 76
5.3.2 C4.5 的生成算法 78
5.4 决策树的剪枝 78
5.5 CART 算法 80
5.5.1 CART 生成 81
5.5.2 CART 剪枝 85

本章概要 87
继续阅读 88
习题 89
参考文献 89

第 6 章　逻辑斯谛回归与最大熵模型 91
6.1　逻辑斯谛回归模型 91
6.1.1　逻辑斯谛分布 91
6.1.2　二项逻辑斯谛回归模型 92
6.1.3　模型参数估计 93
6.1.4　多项逻辑斯谛回归 94
6.2　最大熵模型 94
6.2.1　最大熵原理 94
6.2.2　最大熵模型的定义 96
6.2.3　最大熵模型的学习 98
6.2.4　极大似然估计 102
6.3　模型学习的最优化算法 103
6.3.1　改进的迭代尺度法 103
6.3.2　拟牛顿法 107
本章概要 108
继续阅读 109
习题 109
参考文献 109

第 7 章　支持向量机 111
7.1　线性可分支持向量机与硬间隔最大化 112
7.1.1　线性可分支持向量机 112
7.1.2　函数间隔和几何间隔 113
7.1.3　间隔最大化 115
7.1.4　学习的对偶算法 120
7.2　线性支持向量机与软间隔最大化 125
7.2.1　线性支持向量机 125
7.2.2　学习的对偶算法 127

	7.2.3	支持向量	130
	7.2.4	合页损失函数	131
7.3	非线性支持向量机与核函数	133
	7.3.1	核技巧	133
	7.3.2	正定核	136
	7.3.3	常用核函数	140
	7.3.4	非线性支持向量分类机	141
7.4	序列最小最优化算法	142
	7.4.1	两个变量二次规划的求解方法	143
	7.4.2	变量的选择方法	147
	7.4.3	SMO 算法	149

本章概要 ... 149
继续阅读 ... 152
习题 ... 152
参考文献 ... 153

第 8 章 Boosting ... 155

8.1	AdaBoost 算法		155
	8.1.1	Boosting 的基本思路	155
	8.1.2	AdaBoost 算法	156
	8.1.3	AdaBoost 的例子	158
8.2	AdaBoost 算法的训练误差分析		160
8.3	AdaBoost 算法的解释		162
	8.3.1	前向分步算法	162
	8.3.2	前向分步算法与 AdaBoost	164
8.4	提升树		166
	8.4.1	提升树模型	166
	8.4.2	提升树算法	166
	8.4.3	梯度提升	170

本章概要 ... 172
继续阅读 ... 172
习题 ... 173
参考文献 ... 173

第 9 章　EM 算法及其推广 ... 175
9.1　EM 算法的引入 ... 175
9.1.1　EM 算法 ... 175
9.1.2　EM 算法的导出 ... 179
9.1.3　EM 算法在无监督学习中的应用 ... 181
9.2　EM 算法的收敛性 ... 181
9.3　EM 算法在高斯混合模型学习中的应用 ... 183
9.3.1　高斯混合模型 ... 183
9.3.2　高斯混合模型参数估计的 EM 算法 ... 183
9.4　EM 算法的推广 ... 187
9.4.1　F 函数的极大-极大算法 ... 187
9.4.2　GEM 算法 ... 189
本章概要 ... 191
继续阅读 ... 192
习题 ... 192
参考文献 ... 192

第 10 章　隐马尔可夫模型 ... 193
10.1　隐马尔可夫模型的基本概念 ... 193
10.1.1　隐马尔可夫模型的定义 ... 193
10.1.2　观测序列的生成过程 ... 196
10.1.3　隐马尔可夫模型的 3 个基本问题 ... 196
10.2　概率计算算法 ... 197
10.2.1　直接计算法 ... 197
10.2.2　前向算法 ... 198
10.2.3　后向算法 ... 201
10.2.4　一些概率与期望值的计算 ... 202
10.3　学习算法 ... 203
10.3.1　监督学习方法 ... 203
10.3.2　Baum-Welch 算法 ... 204
10.3.3　Baum-Welch 模型参数估计公式 ... 206
10.4　预测算法 ... 207
10.4.1　近似算法 ... 208
10.4.2　维特比算法 ... 208

本章概要 212
继续阅读 212
习题 213
参考文献 213

第 11 章 条件随机场 215

11.1 概率无向图模型 215
11.1.1 模型定义 215
11.1.2 概率无向图模型的因子分解 217

11.2 条件随机场的定义与形式 218
11.2.1 条件随机场的定义 218
11.2.2 条件随机场的参数化形式 220
11.2.3 条件随机场的简化形式 221
11.2.4 条件随机场的矩阵形式 223

11.3 条件随机场的概率计算问题 224
11.3.1 前向-后向算法 225
11.3.2 概率计算 225
11.3.3 期望值的计算 226

11.4 条件随机场的学习算法 227
11.4.1 改进的迭代尺度法 227
11.4.2 拟牛顿法 230

11.5 条件随机场的预测算法 231

本章概要 235
继续阅读 235
习题 236
参考文献 236

第 12 章 监督学习方法总结 237

第 2 篇 无监督学习

第 13 章 无监督学习概论 245

13.1 无监督学习基本原理 245
13.2 基本问题 246

13.3 机器学习三要素 ... 249
13.4 无监督学习方法 ... 249
本章概要 ... 253
继续阅读 ... 254
参考文献 ... 254

第 14 章 聚类方法 ... 255
14.1 聚类的基本概念 ... 255
    14.1.1 相似度或距离 ... 255
    14.1.2 类或簇 ... 258
    14.1.3 类与类之间的距离 ... 260
14.2 层次聚类 ... 261
14.3 k 均值聚类 ... 263
    14.3.1 模型 ... 263
    14.3.2 策略 ... 263
    14.3.3 算法 ... 264
    14.3.4 算法特性 ... 266
本章概要 ... 267
继续阅读 ... 268
习题 ... 269
参考文献 ... 269

第 15 章 奇异值分解 ... 271
15.1 奇异值分解的定义与性质 ... 271
    15.1.1 定义与定理 ... 271
    15.1.2 紧奇异值分解与截断奇异值分解 ... 276
    15.1.3 几何解释 ... 279
    15.1.4 主要性质 ... 280
15.2 奇异值分解的计算 ... 282
15.3 奇异值分解与矩阵近似 ... 286
    15.3.1 弗罗贝尼乌斯范数 ... 286
    15.3.2 矩阵的最优近似 ... 287
    15.3.3 矩阵的外积展开式 ... 290

本章概要 292
继续阅读 294
习题 294
参考文献 295

第16章 主成分分析 297
16.1 总体主成分分析 297
16.1.1 基本想法 297
16.1.2 定义和导出 299
16.1.3 主要性质 301
16.1.4 主成分的个数 306
16.1.5 规范化变量的总体主成分 309
16.2 样本主成分分析 310
16.2.1 样本主成分的定义和性质 310
16.2.2 相关矩阵的特征值分解算法 312
16.2.3 数据矩阵的奇异值分解算法 315
本章概要 317
继续阅读 319
习题 320
参考文献 320

第17章 潜在语义分析 321
17.1 单词向量空间与话题向量空间 321
17.1.1 单词向量空间 321
17.1.2 话题向量空间 324
17.2 潜在语义分析算法 327
17.2.1 矩阵奇异值分解算法 327
17.2.2 例子 329
17.3 非负矩阵分解算法 331
17.3.1 非负矩阵分解 331
17.3.2 潜在语义分析模型 332
17.3.3 非负矩阵分解的形式化 332
17.3.4 算法 333

本章概要 335
　　继续阅读 337
　　习题 337
　　参考文献 337

第 18 章　概率潜在语义分析 339
18.1　概率潜在语义分析模型 339
　　18.1.1　基本想法 339
　　18.1.2　生成模型 340
　　18.1.3　共现模型 341
　　18.1.4　模型性质 342
18.2　概率潜在语义分析的算法 345
　　本章概要 347
　　继续阅读 348
　　习题 348
　　参考文献 349

第 19 章　马尔可夫链蒙特卡罗法 351
19.1　蒙特卡罗法 351
　　19.1.1　随机抽样 351
　　19.1.2　数学期望估计 353
　　19.1.3　积分计算 353
19.2　马尔可夫链 355
　　19.2.1　基本定义 355
　　19.2.2　离散状态马尔可夫链 356
　　19.2.3　连续状态马尔可夫链 362
　　19.2.4　马尔可夫链的性质 363
19.3　马尔可夫链蒙特卡罗法 367
　　19.3.1　基本想法 367
　　19.3.2　基本步骤 369
　　19.3.3　马尔可夫链蒙特卡罗法与统计学习 369
19.4　Metropolis-Hastings 算法 370
　　19.4.1　基本原理 370

	19.4.2 Metropolis-Hastings 算法	373
	19.4.3 单分量 Metropolis-Hastings 算法	374
19.5	吉布斯抽样	375
	19.5.1 基本原理	376
	19.5.2 吉布斯抽样算法	377
	19.5.3 抽样计算	378
本章概要		379
继续阅读		381
习题		381
参考文献		383

第 20 章 潜在狄利克雷分配 … 385

20.1	狄利克雷分布	385
	20.1.1 分布定义	385
	20.1.2 共轭先验	389
20.2	潜在狄利克雷分配模型	390
	20.2.1 基本想法	390
	20.2.2 模型定义	391
	20.2.3 概率图模型	393
	20.2.4 随机变量序列的可交换性	394
	20.2.5 概率公式	395
20.3	LDA 的吉布斯抽样算法	396
	20.3.1 基本想法	396
	20.3.2 算法的主要部分	397
	20.3.3 算法的后处理	399
	20.3.4 算法	399
20.4	LDA 的变分 EM 算法	401
	20.4.1 变分推理	401
	20.4.2 变分 EM 算法	403
	20.4.3 算法推导	404
	20.4.4 算法总结	411
本章概要		411
继续阅读		413

习题 413

参考文献 413

第 21 章 PageRank 算法 415

21.1 PageRank 的定义 415

    21.1.1 基本想法 415

    21.1.2 有向图和随机游走模型 416

    21.1.3 PageRank 的基本定义 418

    21.1.4 PageRank 的一般定义 421

21.2 PageRank 的计算 423

    21.2.1 迭代算法 423

    21.2.2 幂法 425

    21.2.3 代数算法 430

本章概要 430

继续阅读 432

习题 432

参考文献 432

第 22 章 无监督学习方法总结 435

22.1 无监督学习方法的关系和特点 435

    22.1.1 各种方法之间的关系 435

    22.1.2 无监督学习方法 436

    22.1.3 基础机器学习方法 437

22.2 话题模型之间的关系和特点 437

参考文献 438

附录 A 梯度下降法 439

附录 B 牛顿法和拟牛顿法 441

附录 C 拉格朗日对偶性 447

附录 D 矩阵的基本子空间 451

附录 E KL 散度的定义和狄利克雷分布的性质 455

索引 457

第1篇 监督学习

第 1 章　统计学习及监督学习概论

本书第 1 篇讲述监督学习方法。监督学习是从标注数据中学习模型的机器学习问题，是统计学习或机器学习的重要组成部分。

本章简要叙述统计学习及监督学习的一些基本概念。使读者对统计学习及监督学习有初步了解。

本章 1.1 节叙述统计学习或机器学习的定义、研究对象与方法；1.2 节叙述统计学习的分类，基本分类是监督学习、无监督学习、强化学习；1.3 节叙述统计学习方法的三要素：模型、策略和算法；1.4 节至 1.7 节相继介绍监督学习的几个重要概念，包括模型评估与模型选择、正则化与交叉验证、学习的泛化能力、生成模型与判别模型；最后 1.8 节介绍监督学习的应用：分类问题，标注问题与回归问题。

1.1　统　计　学　习

1. 统计学习的特点

统计学习（statistical learning）是关于计算机基于数据构建概率统计模型并运用模型对数据进行预测与分析的一门学科。统计学习也称为统计机器学习 (statistical machine learning)。

统计学习的主要特点是：(1) 统计学习以计算机及网络为平台，是建立在计算机及网络上的；(2) 统计学习以数据为研究对象，是数据驱动的学科；(3) 统计学习的目的是对数据进行预测与分析；(4) 统计学习以方法为中心，统计学习方法构建模型并应用模型进行预测与分析；(5) 统计学习是概率论、统计学、信息论、计算理论、最优化理论及计算机科学等多个领域的交叉学科，并且在发展中逐步形成独自的理论体系与方法论。

赫尔伯特·西蒙（Herbert A. Simon）曾对"学习"给出以下定义："如果一个系统能够通过执行某个过程改进它的性能，这就是学习。"按照这一观点，统计学习就是计算机系统通过运用数据及统计方法提高系统性能的机器学习。现在，当人们提及机器学习时，往往是指统计机器学习。所以可以认为本书介绍的是机器学习方法。

2. 统计学习的对象

统计学习研究的对象是数据（data）。它从数据出发，提取数据的特征，抽象出数据的模型，发现数据中的知识，又回到对数据的分析与预测中去。作为统计学习的对象，数据是多样的，包括存在于计算机及网络上的各种数字、文字、图像、视频、音频数据以及它们的组合。

统计学习关于数据的基本假设是同类数据具有一定的统计规律性，这是统计学习的前提。这里的同类数据是指具有某种共同性质的数据，例如英文文章、互联网网页、数据库中的数据等。由于它们具有统计规律性，所以可以用概率统计方法处理它们。比如，可以用随机变量描述数据中的特征，用概率分布描述数据的统计规律。在统计学习中，以变量或变量组表示数据。数据分为由连续变量和离散变量表示的类型。本书以讨论离散变量的方法为主。另外，本书只涉及利用数据构建模型及利用模型对数据进行分析与预测，对数据的观测和收集等问题不作讨论。

3. 统计学习的目的

统计学习用于对数据的预测与分析，特别是对未知新数据的预测与分析。对数据的预测可以使计算机更加智能化，或者说使计算机的某些性能得到提高；对数据的分析可以让人们获取新的知识，给人们带来新的发现。

对数据的预测与分析是通过构建概率统计模型实现的。统计学习总的目标就是考虑学习什么样的模型和如何学习模型，以使模型能对数据进行准确的预测与分析，同时也要考虑尽可能地提高学习效率。

4. 统计学习的方法

统计学习的方法是基于数据构建概率统计模型从而对数据进行预测与分析。统计学习由监督学习（supervised learning）、无监督学习（unsupervised learning）和强化学习（reinforcement learning）等组成。

本书第 1 篇讲述监督学习，第 2 篇讲述无监督学习。可以说监督学习、无监督学习方法是最主要的统计学习方法。

统计学习方法可以概括如下：从给定的、有限的、用于学习的训练数据（training data）集合出发，假设数据是独立同分布产生的；并且假设要学习的模型属于某个函数的集合，称为假设空间（hypothesis space）；应用某个评价准则（evaluation criterion），从假设空间中选取一个最优模型，使它对已知的训练数据及未知的测试数据（test data）在给定的评价准则下有最优的预测；最优模型的选取由算法实现。这样，统计学习方法包括模型的假设空间、模型选择的准则以及模型学习的算法。称其为统计学习方法的三要素，简称为模型（model）、策略（strategy）和算法（algorithm）。

实现统计学习方法的步骤如下：

（1）得到一个有限的训练数据集合；

(2) 确定包含所有可能的模型的假设空间,即学习模型的集合;
(3) 确定模型选择的准则,即学习的策略;
(4) 实现求解最优模型的算法,即学习的算法;
(5) 通过学习方法选择最优模型;
(6) 利用学习的最优模型对新数据进行预测或分析。

本书第 1 篇介绍监督学习方法,主要包括用于分类、标注与回归问题的方法。这些方法在自然语言处理、信息检索、文本数据挖掘等领域中有着极其广泛的应用。

5. 统计学习的研究

统计学习研究一般包括统计学习方法、统计学习理论及统计学习应用三个方面。统计学习方法的研究旨在开发新的学习方法;统计学习理论的研究在于探求统计学习方法的有效性与效率,以及统计学习的基本理论问题;统计学习应用的研究主要考虑将统计学习方法应用到实际问题中去,解决实际问题。

6. 统计学习的重要性

近二十年来,统计学习无论是在理论还是在应用方面都得到了巨大的发展,有许多重大突破,统计学习已被成功地应用到人工智能、模式识别、数据挖掘、自然语言处理、语音处理、计算视觉、信息检索、生物信息等许多计算机应用领域中,并且成为这些领域的核心技术。人们确信,统计学习将会在今后的科学发展和技术应用中发挥越来越大的作用。

统计学习学科在科学技术中的重要性主要体现在以下几个方面:

(1) 统计学习是处理海量数据的有效方法。我们处于一个信息爆炸的时代,海量数据的处理与利用是人们必然的需求。现实中的数据不但规模大,而且常常具有不确定性,统计学习往往是处理这类数据最强有力的工具。

(2) 统计学习是计算机智能化的有效手段。智能化是计算机发展的必然趋势,也是计算机技术研究与开发的主要目标。近几十年来,人工智能等领域的研究证明,利用统计学习模仿人类智能的方法,虽有一定的局限性,还是实现这一目标的最有效手段。

(3) 统计学习是计算机科学发展的一个重要组成部分。可以认为计算机科学由三维组成:系统、计算、信息。统计学习主要属于信息这一维,并在其中起着核心作用。

1.2 统计学习的分类

统计学习或机器学习是一个范围宽阔、内容繁多、应用广泛的领域,并不存在(至少现在不存在)一个统一的理论体系涵盖所有内容。下面从几个角度对统计学习方法进行分类。

1.2.1 基本分类

统计学习或机器学习一般包括监督学习、无监督学习、强化学习。有时还包括半监督学习、主动学习。

1. 监督学习

监督学习（supervised learning）是指从标注数据中学习预测模型的机器学习问题。标注数据表示输入输出的对应关系，预测模型对给定的输入产生相应的输出。监督学习的本质是学习输入到输出的映射的统计规律。

（1）输入空间、特征空间和输出空间

在监督学习中，将输入与输出所有可能取值的集合分别称为输入空间（input space）与输出空间（output space）。输入与输出空间可以是有限元素的集合，也可以是整个欧氏空间。输入空间与输出空间可以是同一个空间，也可以是不同的空间；但通常输出空间远远小于输入空间。

每个具体的输入是一个实例（instance），通常由特征向量（feature vector）表示。这时，所有特征向量存在的空间称为特征空间（feature space）。特征空间的每一维对应于一个特征。有时假设输入空间与特征空间为相同的空间，对它们不予区分；有时假设输入空间与特征空间为不同的空间，将实例从输入空间映射到特征空间。模型实际上都是定义在特征空间上的。

在监督学习中，将输入与输出看作是定义在输入（特征）空间与输出空间上的随机变量的取值。输入输出变量用大写字母表示，习惯上输入变量写作 X，输出变量写作 Y。输入输出变量的取值用小写字母表示，输入变量的取值写作 x，输出变量的取值写作 y。变量可以是标量或向量，都用相同类型字母表示。除特别声明外，本书中向量均为列向量。输入实例 x 的特征向量记作

$$x = \left(x^{(1)}, x^{(2)}, \cdots, x^{(i)}, \cdots, x^{(n)}\right)^{\mathrm{T}}$$

$x^{(i)}$ 表示 x 的第 i 个特征。注意 $x^{(i)}$ 与 x_i 不同，本书通常用 x_i 表示多个输入变量中的第 i 个变量，即

$$x_i = \left(x_i^{(1)}, x_i^{(2)}, \cdots, x_i^{(n)}\right)^{\mathrm{T}}$$

监督学习从训练数据（training data）集合中学习模型，对测试数据（test data）进行预测。训练数据由输入（或特征向量）与输出对组成，训练集通常表示为

$$T = \{(x_1, y_1), (x_2, y_2), \cdots, (x_N, y_N)\}$$

测试数据也由输入与输出对组成。输入与输出对又称为样本（sample）或样本点。

输入变量 X 和输出变量 Y 有不同的类型,可以是连续的,也可以是离散的。人们根据输入输出变量的不同类型,对预测任务给予不同的名称:输入变量与输出变量均为连续变量的预测问题称为回归问题;输出变量为有限个离散变量的预测问题称为分类问题;输入变量与输出变量均为变量序列的预测问题称为标注问题。

(2)联合概率分布

监督学习假设输入与输出的随机变量 X 和 Y 遵循联合概率分布 $P(X,Y)$。$P(X,Y)$ 表示分布函数,或分布密度函数。注意在学习过程中,假定这一联合概率分布存在,但对学习系统来说,联合概率分布的具体定义是未知的。训练数据与测试数据被看作是依联合概率分布 $P(X,Y)$ 独立同分布产生的。统计学习假设数据存在一定的统计规律,X 和 Y 具有联合概率分布就是监督学习关于数据的基本假设。

(3)假设空间

监督学习的目的在于学习一个由输入到输出的映射,这一映射由模型来表示。换句话说,学习的目的就在于找到最好的这样的模型。模型属于由输入空间到输出空间的映射的集合,这个集合就是假设空间(hypothesis space)。假设空间的确定意味着学习的范围的确定。

监督学习的模型可以是概率模型或非概率模型,由条件概率分布 $P(Y|X)$ 或决策函数(decision function)$Y = f(X)$ 表示,随具体学习方法而定。对具体的输入进行相应的输出预测时,写作 $P(y|x)$ 或 $y = f(x)$。

(4)问题的形式化

监督学习利用训练数据集学习一个模型,再用模型对测试样本集进行预测。由于在这个过程中需要标注的训练数据集,而标注的训练数据集往往是人工给出的,所以称为监督学习。监督学习分为学习和预测两个过程,由学习系统与预测系统完成,可用图 1.1 来描述。

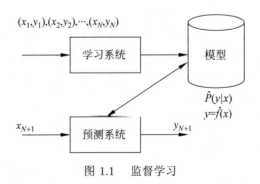

图 1.1 监督学习

首先给定一个训练数据集

$$T = \{(x_1, y_1), (x_2, y_2), \cdots, (x_N, y_N)\}$$

其中 (x_i, y_i), $i = 1, 2, \cdots, N$, 称为样本或样本点。$x_i \in \mathcal{X} \subseteq \mathbf{R}^n$ 是输入的观测值, 也称为输入或实例, $y_i \in \mathcal{Y}$ 是输出的观测值, 也称为输出。

监督学习分为学习和预测两个过程, 由学习系统与预测系统完成。在学习过程中, 学习系统利用给定的训练数据集, 通过学习（或训练）得到一个模型, 表示为条件概率分布 $\hat{P}(Y|X)$ 或决策函数 $Y = \hat{f}(X)$。条件概率分布 $\hat{P}(Y|X)$ 或决策函数 $Y = \hat{f}(X)$ 描述输入与输出随机变量之间的映射关系。在预测过程中, 预测系统对于给定的测试样本集中的输入 x_{N+1}, 由模型 $y_{N+1} = \arg\max_y \hat{P}(y|x_{N+1})$ 或 $y_{N+1} = \hat{f}(x_{N+1})$ 给出相应的输出 y_{N+1}。

在监督学习中, 假设训练数据与测试数据是依联合概率分布 $P(X,Y)$ 独立同分布产生的。

学习系统（也就是学习算法）试图通过训练数据集中的样本 (x_i, y_i) 带来的信息学习模型。具体地说, 对输入 x_i, 一个具体的模型 $y = f(x)$ 可以产生一个输出 $f(x_i)$, 而训练数据集中对应的输出是 y_i。如果这个模型有很好的预测能力, 训练样本输出 y_i 和模型输出 $f(x_i)$ 之间的差就应该足够小。学习系统通过不断地尝试, 选取最好的模型, 以便对训练数据集有足够好的预测, 同时对未知的测试数据集的预测也有尽可能好的推广。

2. 无监督学习

无监督学习[①]（unsupervised learning）是指从无标注数据中学习预测模型的机器学习问题。无标注数据是自然得到的数据, 预测模型表示数据的类别、转换或概率。无监督学习的本质是学习数据中的统计规律或潜在结构。

模型的输入与输出的所有可能取值的集合分别称为输入空间与输出空间。输入空间与输出空间可以是有限元素集合, 也可以是欧氏空间。每个输入是一个实例, 由特征向量表示。每一个输出是对输入的分析结果, 由输入的类别、转换或概率表示。模型可以实现对数据的聚类、降维或概率估计。

假设 $\mathcal{X}$ 是输入空间, $\mathcal{Z}$ 是隐式结构空间。要学习的模型可以表示为函数 $z = g(x)$, 条件概率分布 $P(z|x)$, 或者条件概率分布 $P(x|z)$ 的形式, 其中 $x \in \mathcal{X}$ 是输入, $z \in \mathcal{Z}$ 是输出。包含所有可能的模型的集合称为假设空间。无监督学习旨在从假设空间中选出在给定评价标准下的最优模型。

无监督学习通常使用大量的无标注数据学习或训练, 每一个样本是一个实例。训练数据表示为 $U = \{x_1, x_2, \cdots, x_N\}$, 其中 x_i, $i = 1, 2, \cdots, N$, 是样本。

无监督学习可以用于对已有数据的分析, 也可以用于对未来数据的预测。分析时使用学习得到的模型, 即函数 $z = \hat{g}(x)$, 条件概率分布 $\hat{P}(z|x)$, 或者条件概率分布 $\hat{P}(x|z)$。预测时, 和监督学习有类似的流程。由学习系统与预测系统完成, 如

[①] 也译作非监督学习。

图 1.2 所示。在学习过程中,学习系统从训练数据集学习,得到一个最优模型,表示为函数 $z = \hat{g}(x)$,条件概率分布 $\hat{P}(z|x)$ 或者条件概率分布 $\hat{P}(x|z)$。在预测过程中,预测系统对于给定的输入 x_{N+1},由模型 $z_{N+1} = \hat{g}(x_{N+1})$ 或 $z_{N+1} = \arg\max_{z} \hat{P}(z|x_{N+1})$ 给出相应的输出 z_{N+1},进行聚类或降维,或者由模型 $\hat{P}(x|z)$ 给出输入的概率 $\hat{P}(x_{N+1}|z_{N+1})$,进行概率估计。

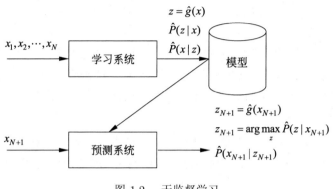

图 1.2　无监督学习

3. 强化学习

强化学习(reinforcement learning)是指智能系统在与环境的连续互动中学习最优行为策略的机器学习问题。假设智能系统与环境的互动基于马尔可夫决策过程(Markov decision process),智能系统能观测到的是与环境互动得到的数据序列。强化学习的本质是学习最优的序贯决策。

智能系统与环境的互动如图 1.3 所示。在每一步 t,智能系统从环境中观测到一个状态(state)s_t 与一个奖励(reward)r_t,采取一个动作(action)a_t。环境根据智能系统选择的动作,决定下一步 $t+1$ 的状态 s_{t+1} 与奖励 r_{t+1}。要学习的策略表示为给定的状态下采取的动作。智能系统的目标不是短期奖励的最大化,而是长期累积奖励的最大化。强化学习过程中,系统不断地试错(trial and error),以达到学习最优策略的目的。

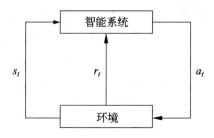

图 1.3　智能系统与环境的互动

强化学习的马尔可夫决策过程是状态、奖励、动作序列上的随机过程，由四元组 $\langle S, A, P, r \rangle$ 组成。

- S 是有限状态（state）的集合
- A 是有限动作（action）的集合
- P 是状态转移概率（transition probability）函数：

$$P(s'|s,a) = P(s_{t+1} = s'|s_t = s, a_t = a)$$

- r 是奖励函数（reward function）：$r(s,a) = E(r_{t+1}|s_t = s, a_t = a)$

马尔可夫决策过程具有马尔可夫性，下一个状态只依赖于前一个状态与动作，由状态转移概率函数 $P(s'|s,a)$ 表示。下一个奖励依赖于前一个状态与动作，由奖励函数 $r(s,a)$ 表示。

策略 π 定义为给定状态下动作的函数 $a = f(s)$ 或者条件概率分布 $P(a|s)$。给定一个策略 π，智能系统与环境互动的行为就已确定（或者是确定性的或者是随机性的）。

价值函数（value function）或状态价值函数（state value function）定义为策略 π 从某一个状态 s 开始的长期累积奖励的数学期望：

$$v_\pi(s) = E_\pi[r_{t+1} + \gamma r_{t+2} + \gamma^2 r_{t+3} + \cdots | s_t = s] \tag{1.1}$$

动作价值函数（action value function）定义为策略 π 的从某一个状态 s 和动作 a 开始的长期累积奖励的数学期望：

$$q_\pi(s,a) = E_\pi[r_{t+1} + \gamma r_{t+2} + \gamma^2 r_{t+3} + \cdots | s_t = s, a_t = a] \tag{1.2}$$

强化学习的目标就是在所有可能的策略中选出价值函数最大的策略 π^*，而在实际学习中往往从具体的策略出发，不断优化已有策略。这里 γ 是折扣率，表示未来的奖励会有衰减。

强化学习方法中有基于策略的（policy-based）、基于价值的（value-based），这两者属于无模型的（model-free）方法，还有有模型的（model-based）方法。

有模型的方法试图直接学习马尔可夫决策过程的模型，包括转移概率函数 $P(s'|s,a)$ 和奖励函数 $r(s,a)$。这样可以通过模型对环境的反馈进行预测，求出价值函数最大的策略 π^*。

无模型的、基于策略的方法不直接学习模型，而是试图求解最优策略 π^*，表示为函数 $a = f^*(s)$ 或者是条件概率分布 $P^*(a|s)$，这样也能达到在环境中做出最优决策的

目的。学习通常从一个具体策略开始,通过搜索更优的策略进行。

无模型的、基于价值的方法也不直接学习模型,而是试图求解最优价值函数,特别是最优动作价值函数 $q^*(s,a)$。这样可以间接地学到最优策略,根据该策略在给定的状态下做出相应的动作。学习通常从一个具体价值函数开始,通过搜索更优的价值函数进行。

4. 半监督学习与主动学习

半监督学习(semi-supervised learning)是指利用标注数据和未标注数据学习预测模型的机器学习问题。通常有少量标注数据、大量未标注数据,因为标注数据的构建往往需要人工,成本较高,未标注数据的收集不需太多成本。半监督学习旨在利用未标注数据中的信息,辅助标注数据,进行监督学习,以较低的成本达到较好的学习效果。

主动学习(active learning)是指机器不断主动给出实例让教师进行标注,然后利用标注数据学习预测模型的机器学习问题。通常的监督学习使用给定的标注数据,往往是随机得到的,可以看作是"被动学习",主动学习的目标是找出对学习最有帮助的实例让教师标注,以较小的标注代价,达到较好的学习效果。

半监督学习和主动学习更接近监督学习。

1.2.2 按模型分类

统计学习或机器学习方法可以根据其模型的种类进行分类。

1. 概率模型与非概率模型

统计学习的模型可以分为概率模型(probabilistic model)和非概率模型(non-probabilistic model)或者确定性模型(deterministic model)。在监督学习中,概率模型取条件概率分布形式 $P(y|x)$,非概率模型取函数形式 $y = f(x)$,其中 x 是输入,y 是输出。在无监督学习中,概率模型取条件概率分布形式 $P(z|x)$ 或 $P(x|z)$,非概率模型取函数形式 $z = g(x)$,其中 x 是输入,z 是输出。

本书介绍的决策树、朴素贝叶斯、隐马尔可夫模型、条件随机场、概率潜在语义分析、潜在狄利克雷分配、高斯混合模型是概率模型。感知机、支持向量机、k 近邻、AdaBoost、k 均值、潜在语义分析,以及神经网络是非概率模型。逻辑斯谛回归既可看作是概率模型,又可看作是非概率模型。

条件概率分布 $P(y|x)$ 和函数 $y = f(x)$ 可以相互转化(条件概率分布 $P(z|x)$ 和函数 $z = g(x)$ 同样可以)。具体地,条件概率分布最大化后得到函数,函数归一化后得到条件概率分布。所以,概率模型和非概率模型的区别不在于输入与输出之间的映射关系,而在于模型的内在结构。概率模型通常可以表示为联合概率分布的形式,其

中的变量表示输入、输出、隐变量甚至参数。而非概率模型则不一定存在这样的联合概率分布。

概率模型的代表是概率图模型（probabilistic graphical model），概率图模型是联合概率分布由有向图或者无向图表示的概率模型，而联合概率分布可以根据图的结构分解为因子乘积的形式。贝叶斯网络、马尔可夫随机场、条件随机场是概率图模型。无论模型如何复杂，均可以用最基本的加法规则和乘法规则（参照图 1.4）进行概率推理。

$$
\text{加法规则：} P(x) = \sum_y P(x, y)
$$

$$
\text{乘法规则：} P(x, y) = P(x) P(y \mid x)
$$

其中 x 和 y 是随机变量

图 1.4　基本概率公式

2. 线性模型与非线性模型

统计学习模型，特别是非概率模型，可以分为线性模型（linear model）和非线性模型（non-linear model）。如果函数 $y = f(x)$ 或 $z = g(x)$ 是线性函数，则称模型是线性模型，否则称模型是非线性模型。

本书介绍的感知机、线性支持向量机、k 近邻、k 均值、潜在语义分析是线性模型。核函数支持向量机、AdaBoost、神经网络是非线性模型。

深度学习（deep learning）实际是复杂神经网络的学习，也就是复杂的非线性模型的学习。

3. 参数化模型与非参数化模型

统计学习模型又可以分为参数化模型（parametric model）和非参数化模型（non-parametric model）。参数化模型假设模型参数的维度固定，模型可以由有限维参数完全刻画；非参数化模型假设模型参数的维度不固定或者说无穷大，随着训练数据量的增加而不断增大。

本书介绍的感知机、朴素贝叶斯、逻辑斯谛回归、k 均值、高斯混合模型、潜在语义分析、概率潜在语义分析、潜在狄利克雷分配是参数化模型。决策树、支持向量机、AdaBoost、k 近邻是非参数化模型。

参数化模型适合问题简单的情况，现实中问题往往比较复杂，非参数化模型更加有效。

1.2.3 按算法分类

统计学习根据算法,可以分为在线学习(online learning)与批量学习(batch learning)。在线学习是指每次接受一个样本,进行预测,之后学习模型,并不断重复该操作的机器学习。与之对应,批量学习一次接受所有数据,学习模型,之后进行预测。有些实际应用的场景要求学习必须是在线的。比如,数据依次达到无法存储,系统需要及时做出处理;数据规模很大,不可能一次处理所有数据;数据的模式随时间动态变化,需要算法快速适应新的模式(不满足独立同分布假设)。

在线学习可以是监督学习,也可以是无监督学习,强化学习本身就拥有在线学习的特点。以下只考虑在线的监督学习。

学习和预测在一个系统,每次接受一个输入 x_t,用已有模型给出预测 $\hat{f}(x_t)$,之后得到相应的反馈,即该输入对应的输出 y_t;系统用损失函数计算两者的差异,更新模型;并不断重复以上操作。见图 1.5。

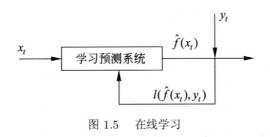

图 1.5 在线学习

利用随机梯度下降的感知机学习算法就是在线学习算法。

在线学习通常比批量学习更难,很难学到预测准确率更高的模型,因为每次模型更新中,可利用的数据有限。

1.2.4 按技巧分类

统计学习方法可以根据其使用的技巧进行分类。

1. 贝叶斯学习

贝叶斯学习(Bayesian learning),又称为贝叶斯推理(Bayesian inference),是统计学、机器学习中重要的方法。其主要想法是,在概率模型的学习和推理中,利用贝叶斯定理,计算在给定数据条件下模型的条件概率,即后验概率,并应用这个原理进行模型的估计,以及对数据的预测。将模型、未观测要素及其参数用变量表示,使用模型的先验分布是贝叶斯学习的特点。贝叶斯学习中也使用基本概率公式(图 1.4)。

本书介绍的朴素贝叶斯、潜在狄利克雷分配的学习属于贝叶斯学习。

假设随机变量 D 表示数据,随机变量 θ 表示模型参数。根据贝叶斯定理,可以用以下公式计算后验概率 $P(\theta|D)$:

$$P(\theta|D) = \frac{P(\theta)P(D|\theta)}{P(D)} \tag{1.3}$$

其中 $P(\theta)$ 是先验概率,$P(D|\theta)$ 是似然函数。

模型估计时,估计整个后验概率分布 $P(\theta|D)$。如果需要给出一个模型,通常取后验概率最大的模型。

预测时,计算数据对后验概率分布的期望值:

$$P(x|D) = \int P(x|\theta, D) P(\theta|D) \mathrm{d}\theta \tag{1.4}$$

这里 x 是新样本。

贝叶斯估计与极大似然估计在思想上有很大的不同,代表着统计学中贝叶斯学派和频率学派对统计的不同认识。其实,可以简单地把两者联系起来,假设先验分布是均匀分布,取后验概率最大,就能从贝叶斯估计得到极大似然估计。图 1.6 对贝叶斯估计和极大似然估计进行比较。

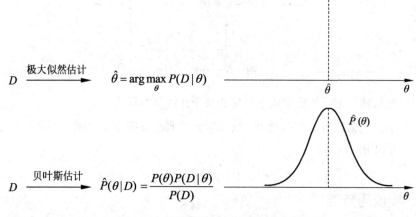

图 1.6　贝叶斯估计与极大似然估计

2. 核方法

核方法 (kernel method) 是使用核函数表示和学习非线性模型的一种机器学习方法,可以用于监督学习和无监督学习。有一些线性模型的学习方法基于相似度计算,更具体地,向量内积计算。核方法可以把它们扩展到非线性模型的学习,使其应用范围更广泛。

本书介绍的核函数支持向量机,以及核 PCA、核 k 均值属于核方法。

把线性模型扩展到非线性模型,直接的做法是显式地定义从输入空间(低维空间)

到特征空间（高维空间）的映射，在特征空间中进行内积计算。比如，支持向量机，把输入空间的线性不可分问题转化为特征空间的线性可分问题，如图 1.7 所示。核方法的技巧在于不显式地定义这个映射，而是直接定义核函数，即映射之后在特征空间的内积。这样可以简化计算，达到同样的效果。

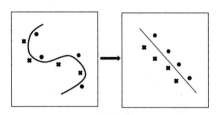

图 1.7　输入空间到特征空间的映射

假设 x_1 和 x_2 是输入空间的任意两个实例（向量），其内积是 $\langle x_1, x_2 \rangle$。假设从输入空间到特征空间的映射是 φ，于是 x_1 和 x_2 在特征空间的映像是 $\varphi(x_1)$ 和 $\varphi(x_2)$，其内积是 $\langle \varphi(x_1), \varphi(x_2) \rangle$。核方法直接在输入空间中定义核函数 $K(x_1, x_2)$，使其满足 $K(x_1, x_2) = \langle \varphi(x_1), \varphi(x_2) \rangle$。表示定理给出核函数技巧成立的充要条件。

1.3　统计学习方法三要素

统计学习方法都是由模型、策略和算法构成的，即统计学习方法由三要素构成，可以简单地表示为：

$$\text{方法} = \text{模型} + \text{策略} + \text{算法}$$

下面论述监督学习中的统计学习三要素。非监督学习、强化学习也同样拥有这三要素。可以说构建一种统计学习方法就是确定具体的统计学习三要素。

1.3.1　模型

统计学习首要考虑的问题是学习什么样的模型。在监督学习过程中，模型就是所要学习的条件概率分布或决策函数。模型的假设空间（hypothesis space）包含所有可能的条件概率分布或决策函数。例如，假设决策函数是输入变量的线性函数，那么模型的假设空间就是所有这些线性函数构成的函数集合。假设空间中的模型一般有无穷多个。

假设空间用 $\mathcal{F}$ 表示。假设空间可以定义为决策函数的集合：

$$\mathcal{F} = \{f | Y = f(X)\} \tag{1.5}$$

其中，X 和 Y 是定义在输入空间 $\mathcal{X}$ 和输出空间 $\mathcal{Y}$ 上的变量。这时 $\mathcal{F}$ 通常是由一个参数向量决定的函数族：

$$\mathcal{F} = \{f|Y = f_\theta(X), \theta \in \mathbf{R}^n\} \tag{1.6}$$

参数向量 θ 取值于 n 维欧氏空间 $\mathbf{R}^n$，称为参数空间（parameter space）。

假设空间也可以定义为条件概率的集合：

$$\mathcal{F} = \{P|P(Y|X)\} \tag{1.7}$$

其中，X 和 Y 是定义在输入空间 $\mathcal{X}$ 和输出空间 $\mathcal{Y}$ 上的随机变量。这时 $\mathcal{F}$ 通常是由一个参数向量决定的条件概率分布族：

$$\mathcal{F} = \{P|P_\theta(Y|X), \theta \in \mathbf{R}^n\} \tag{1.8}$$

参数向量 θ 取值于 n 维欧氏空间 $\mathbf{R}^n$，也称为参数空间。

本书中称由决策函数表示的模型为非概率模型，由条件概率表示的模型为概率模型。为了简便见，当论及模型时，有时只用其中一种模型。

1.3.2 策略

有了模型的假设空间，统计学习接着需要考虑的是按照什么样的准则学习或选择最优的模型。统计学习的目标在于从假设空间中选取最优模型。

首先引入损失函数与风险函数的概念。损失函数度量模型一次预测的好坏，风险函数度量平均意义下模型预测的好坏。

1. 损失函数和风险函数

监督学习问题是在假设空间 $\mathcal{F}$ 中选取模型 f 作为决策函数，对于给定的输入 X，由 $f(X)$ 给出相应的输出 Y，这个输出的预测值 $f(X)$ 与真实值 Y 可能一致也可能不一致，用一个损失函数（loss function）或代价函数（cost function）来度量预测错误的程度。损失函数是 $f(X)$ 和 Y 的非负实值函数，记作 $L(Y, f(X))$。

统计学习常用的损失函数有以下几种：

（1）0-1 损失函数（0-1 loss function）

$$L(Y, f(X)) = \begin{cases} 1, & Y \neq f(X) \\ 0, & Y = f(X) \end{cases} \tag{1.9}$$

（2）平方损失函数（quadratic loss function）

$$L(Y, f(X)) = (Y - f(X))^2 \tag{1.10}$$

（3）绝对损失函数（absolute loss function）

$$L(Y, f(X)) = |Y - f(X)| \tag{1.11}$$

（4）对数损失函数（logarithmic loss function）或对数似然损失函数（log-likelihood loss function）

$$L(Y, P(Y|X)) = -\log P(Y|X) \tag{1.12}$$

损失函数值越小，模型就越好。由于模型的输入、输出 (X, Y) 是随机变量，遵循联合分布 $P(X, Y)$，所以损失函数的期望是

$$\begin{aligned} R_{\exp}(f) &= E_P[L(Y, f(X))] \\ &= \int_{\mathcal{X} \times \mathcal{Y}} L(y, f(x)) P(x, y) \mathrm{d}x \mathrm{d}y \end{aligned} \tag{1.13}$$

这是理论上模型 $f(X)$ 关于联合分布 $P(X, Y)$ 的平均意义下的损失，称为风险函数（risk function）或期望损失（expected loss）。

学习的目标就是选择期望风险最小的模型。由于联合分布 $P(X, Y)$ 是未知的，$R_{\exp}(f)$ 不能直接计算。实际上，如果知道联合分布 $P(X, Y)$，可以从联合分布直接求出条件概率分布 $P(Y|X)$，也就不需要学习了。正因为不知道联合概率分布，所以才需要进行学习。这样一来，一方面根据期望风险最小学习模型要用到联合分布，另一方面联合分布又是未知的，所以监督学习就成为一个病态问题（ill-formed problem）。

给定一个训练数据集

$$T = \{(x_1, y_1), (x_2, y_2), \cdots, (x_N, y_N)\}$$

模型 $f(X)$ 关于训练数据集的平均损失称为经验风险（empirical risk）或经验损失（empirical loss），记作 R_{emp}：

$$R_{\mathrm{emp}}(f) = \frac{1}{N} \sum_{i=1}^{N} L(y_i, f(x_i)) \tag{1.14}$$

期望风险 $R_{\exp}(f)$ 是模型关于联合分布的期望损失，经验风险 $R_{\mathrm{emp}}(f)$ 是模型关于训练样本集的平均损失。根据大数定律，当样本容量 N 趋于无穷时，经验风险 $R_{\mathrm{emp}}(f)$ 趋于期望风险 $R_{\exp}(f)$。所以一个很自然的想法是用经验风险估计期望风险。但是，由于现实中训练样本数目有限，甚至很小，所以用经验风险估计期望风险常常并不理想，要对经验风险进行一定的矫正。这就关系到监督学习的两个基本策略：经验风险最小化和结构风险最小化。

2. 经验风险最小化与结构风险最小化

在假设空间、损失函数以及训练数据集确定的情况下，经验风险函数式 (1.14) 就可以确定。经验风险最小化（empirical risk minimization，ERM）的策略认为，经验风险最小的模型是最优的模型。根据这一策略，按照经验风险最小化求最优模型就是求解最优化问题：

$$\min_{f \in \mathcal{F}} \frac{1}{N} \sum_{i=1}^{N} L(y_i, f(x_i)) \tag{1.15}$$

其中，$\mathcal{F}$ 是假设空间。

当样本容量足够大时，经验风险最小化能保证有很好的学习效果，在现实中被广泛采用。比如，极大似然估计（maximum likelihood estimation）就是经验风险最小化的一个例子。当模型是条件概率分布、损失函数是对数损失函数时，经验风险最小化就等价于极大似然估计。

但是，当样本容量很小时，经验风险最小化学习的效果就未必很好，会产生"过拟合"（over-fitting）现象。

结构风险最小化（structural risk minimization，SRM）是为了防止过拟合而提出来的策略。结构风险最小化等价于正则化（regularization）。结构风险在经验风险上加上表示模型复杂度的正则化项（regularizer）或罚项（penalty term）。在假设空间、损失函数以及训练数据集确定的情况下，结构风险的定义是：

$$R_{\text{srm}}(f) = \frac{1}{N} \sum_{i=1}^{N} L(y_i, f(x_i)) + \lambda J(f) \tag{1.16}$$

其中 $J(f)$ 为模型的复杂度，是定义在假设空间 $\mathcal{F}$ 上的泛函。模型 f 越复杂，复杂度 $J(f)$ 就越大；反之，模型 f 越简单，复杂度 $J(f)$ 就越小。也就是说，复杂度表示了对复杂模型的惩罚。$\lambda \geqslant 0$ 是系数，用以权衡经验风险和模型复杂度。结构风险小需要经验风险与模型复杂度同时小。结构风险小的模型往往对训练数据以及未知的测试数据都有较好的预测。

比如，贝叶斯估计中的最大后验概率估计（maximum posterior probability estimation，MAP）就是结构风险最小化的一个例子。当模型是条件概率分布、损失函数是对数损失函数、模型复杂度由模型的先验概率表示时，结构风险最小化就等价于最大后验概率估计。

结构风险最小化的策略认为结构风险最小的模型是最优的模型。所以求最优模型，就是求解最优化问题：

$$\min_{f \in \mathcal{F}} \frac{1}{N} \sum_{i=1}^{N} L(y_i, f(x_i)) + \lambda J(f) \tag{1.17}$$

这样，监督学习问题就变成了经验风险或结构风险函数的最优化问题 (1.15) 和 (1.17)。这时经验或结构风险函数是最优化的目标函数。

1.3.3 算法

算法是指学习模型的具体计算方法。统计学习基于训练数据集，根据学习策略，从假设空间中选择最优模型，最后需要考虑用什么样的计算方法求解最优模型。

这时，统计学习问题归结为最优化问题，统计学习的算法成为求解最优化问题的算法。如果最优化问题有显式的解析解，这个最优化问题就比较简单。但通常解析解不存在，这就需要用数值计算的方法求解。如何保证找到全局最优解，并使求解的过程非常高效，就成为一个重要问题。统计学习可以利用已有的最优化算法，有时也需要开发独自的最优化算法。

统计学习方法之间的不同，主要来自其模型、策略、算法的不同。确定了模型、策略、算法，统计学习的方法也就确定了。这就是将其称为统计学习方法三要素的原因。以下介绍监督学习的几个重要概念。

1.4 模型评估与模型选择

1.4.1 训练误差与测试误差

统计学习的目的是使学到的模型不仅对已知数据而且对未知数据都能有很好的预测能力。不同的学习方法会给出不同的模型。当损失函数给定时，基于损失函数的模型的训练误差（training error）和模型的测试误差（test error）就自然成为学习方法评估的标准。注意，统计学习方法具体采用的损失函数未必是评估时使用的损失函数。当然，让两者一致是比较理想的。

假设学习到的模型是 $Y = \hat{f}(X)$，训练误差是模型 $Y = \hat{f}(X)$ 关于训练数据集的平均损失：

$$R_{\text{emp}}(\hat{f}) = \frac{1}{N} \sum_{i=1}^{N} L(y_i, \hat{f}(x_i)) \tag{1.18}$$

其中 N 是训练样本容量。

测试误差是模型 $Y = \hat{f}(X)$ 关于测试数据集的平均损失：

$$e_{\text{test}} = \frac{1}{N'} \sum_{i=1}^{N'} L(y_i, \hat{f}(x_i)) \tag{1.19}$$

其中 N' 是测试样本容量。

例如，当损失函数是 0-1 损失时，测试误差就变成了常见的测试数据集上的误差率（error rate）：

$$e_{\text{test}} = \frac{1}{N'} \sum_{i=1}^{N'} I(y_i \neq \hat{f}(x_i)) \tag{1.20}$$

这里 I 是指示函数（indicator function），即 $y \neq \hat{f}(x)$ 时为 1，否则为 0。

相应地，常见的测试数据集上的准确率（accuracy）为

$$r_{\text{test}} = \frac{1}{N'} \sum_{i=1}^{N'} I(y_i = \hat{f}(x_i)) \tag{1.21}$$

显然，

$$r_{\text{test}} + e_{\text{test}} = 1$$

训练误差的大小，对判断给定的问题是不是一个容易学习的问题是有意义的，但本质上不重要。测试误差反映了学习方法对未知的测试数据集的预测能力，是学习中的重要概念。显然，给定两种学习方法，测试误差小的方法具有更好的预测能力，是更有效的方法。通常将学习方法对未知数据的预测能力称为泛化能力（generalization ability），这个问题将在 1.6 节继续论述。

1.4.2　过拟合与模型选择

当假设空间含有不同复杂度（例如，不同的参数个数）的模型时，就要面临模型选择（model selection）的问题。我们希望选择或学习一个合适的模型。如果在假设空间中存在"真"模型，那么所选择的模型应该逼近真模型。具体地，所选择的模型要与真模型的参数个数相同，所选择的模型的参数向量与真模型的参数向量相近。

如果一味追求提高对训练数据的预测能力，所选模型的复杂度则往往会比真模型更高。这种现象称为过拟合（over-fitting）。过拟合是指学习时选择的模型所包含的参数过多，以至出现这一模型对已知数据预测得很好，但对未知数据预测得很差的现象。可以说模型选择旨在避免过拟合并提高模型的预测能力。

下面，以多项式函数拟合问题为例，说明过拟合与模型选择。这是一个回归问题。

例 1.1　假设给定一个训练数据集[①]：

$$T = \{(x_1, y_1), (x_2, y_2), \cdots, (x_N, y_N)\}$$

其中，$x_i \in \mathbf{R}$ 是输入 x 的观测值，$y_i \in \mathbf{R}$ 是相应的输出 y 的观测值，$i = 1, 2, \cdots, N$。

---
① 本例来自参考文献 [2]。

1.4 模型评估与模型选择

多项式函数拟合的任务是假设给定数据由 M 次多项式函数生成,选择最有可能产生这些数据的 M 次多项式函数,即在 M 次多项式函数中选择一个对已知数据以及未知数据都有很好预测能力的函数。

假设给定如图 1.8 所示的 10 个数据点,用 $0 \sim 9$ 次多项式函数对数据进行拟合。图中画出了需要用多项式函数曲线拟合的数据。

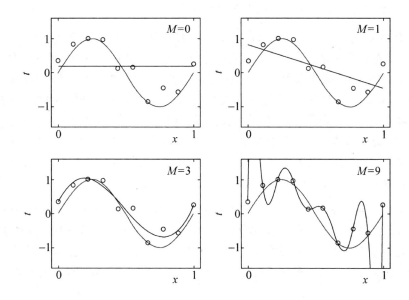

图 1.8 M 次多项式函数拟合问题的例子

设 M 次多项式为

$$f_M(x,w) = w_0 + w_1 x + w_2 x^2 + \cdots + w_M x^M = \sum_{j=0}^{M} w_j x^j \tag{1.22}$$

式中 x 是单变量输入,$w_0, w_1, \cdots, w_M$ 是 $M+1$ 个参数。

解决这一问题的方法可以是这样的。首先确定模型的复杂度,即确定多项式的次数;然后在给定的模型复杂度下,按照经验风险最小化的策略,求解参数,即多项式的系数。具体地,求以下经验风险最小化:

$$L(w) = \frac{1}{2} \sum_{i=1}^{N} (f(x_i, w) - y_i)^2 \tag{1.23}$$

这时,损失函数为平方损失,系数 $\frac{1}{2}$ 是为了计算方便。

这是一个简单的最优化问题。将模型与训练数据代入式 (1.23) 中，有

$$L(w) = \frac{1}{2} \sum_{i=1}^{N} \left(\sum_{j=0}^{M} w_j x_i^j - y_i \right)^2$$

这一问题可用最小二乘法求得拟合多项式系数的唯一解，记作 $w_0^*, w_1^*, \cdots, w_M^*$。求解过程这里不予叙述，读者可参阅有关材料。

图 1.8 给出了 $M=0, M=1, M=3$ 及 $M=9$ 时多项式函数拟合的情况。如果 $M=0$，多项式曲线是一个常数，数据拟合效果很差。如果 $M=1$，多项式曲线是一条直线，数据拟合效果也很差。相反，如果 $M=9$，多项式曲线通过每个数据点，训练误差为 0。从对给定训练数据拟合的角度来说，效果是最好的。但是，因为训练数据本身存在噪声，这种拟合曲线对未知数据的预测能力往往并不是最好的，在实际学习中并不可取。这时过拟合现象就会发生。这就是说，模型选择时，不仅要考虑对已知数据的预测能力，而且还要考虑对未知数据的预测能力。当 $M=3$ 时，多项式曲线对训练数据拟合效果足够好，模型也比较简单，是一个较好的选择。∎

在多项式函数拟合中可以看到，随着多项式次数（模型复杂度）的增加，训练误差会减小，直至趋向于 0，但是测试误差却不如此，它会随着多项式次数（模型复杂度）的增加先减小而后增大。而最终的目的是使测试误差达到最小。这样，在多项式函数拟合中，就要选择合适的多项式次数，以达到这一目的。这一结论对一般的模型选择也是成立的。

图 1.9 描述了训练误差和测试误差与模型的复杂度之间的关系。当模型的复杂度增大时，训练误差会逐渐减小并趋向于 0；而测试误差会先减小，达到最小值后又增大。当选择的模型复杂度过大时，过拟合现象就会发生。这样，在学习时就要防止过

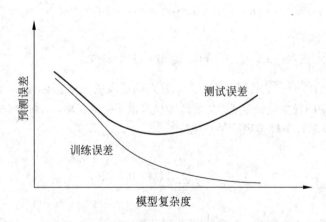

图 1.9 训练误差和测试误差与模型复杂度的关系

拟合，进行最优的模型选择，即选择复杂度适当的模型，以达到使测试误差最小的学习目的。下面介绍两种常用的模型选择方法：正则化与交叉验证。

1.5　正则化与交叉验证

1.5.1　正则化

模型选择的典型方法是正则化（regularization）。正则化是结构风险最小化策略的实现，是在经验风险上加一个正则化项（regularizer）或罚项（penalty term）。正则化项一般是模型复杂度的单调递增函数，模型越复杂，正则化值就越大。比如，正则化项可以是模型参数向量的范数。

正则化一般具有如下形式：

$$\min_{f \in \mathcal{F}} \frac{1}{N} \sum_{i=1}^{N} L(y_i, f(x_i)) + \lambda J(f) \tag{1.24}$$

其中，第 1 项是经验风险，第 2 项是正则化项，$\lambda \geqslant 0$ 为调整两者之间关系的系数。

正则化项可以取不同的形式。例如，回归问题中，损失函数是平方损失，正则化项可以是参数向量的 L_2 范数：

$$L(w) = \frac{1}{N} \sum_{i=1}^{N} (f(x_i; w) - y_i)^2 + \frac{\lambda}{2} \|w\|^2 \tag{1.25}$$

这里，$\|w\|$ 表示参数向量 w 的 L_2 范数。

正则化项也可以是参数向量的 L_1 范数：

$$L(w) = \frac{1}{N} \sum_{i=1}^{N} (f(x_i; w) - y_i)^2 + \lambda \|w\|_1 \tag{1.26}$$

这里，$\|w\|_1$ 表示参数向量 w 的 L_1 范数。

第 1 项的经验风险较小的模型可能较复杂（有多个非零参数），这时第 2 项的模型复杂度会较大。正则化的作用是选择经验风险与模型复杂度同时较小的模型。

正则化符合奥卡姆剃刀（Occam's razor）原理。奥卡姆剃刀原理应用于模型选择时变为以下想法：在所有可能选择的模型中，能够很好地解释已知数据并且十分简单才是最好的模型，也就是应该选择的模型。从贝叶斯估计的角度来看，正则化项对应于模型的先验概率。可以假设复杂的模型有较小的先验概率，简单的模型有较大的先验概率。

1.5.2 交叉验证

另一种常用的模型选择方法是交叉验证（cross validation）。

如果给定的样本数据充足，进行模型选择的一种简单方法是随机地将数据集切分成三部分，分别为训练集（training set）、验证集（validation set）和测试集（test set）。训练集用来训练模型，验证集用于模型的选择，而测试集用于最终对学习方法的评估。在学习到的不同复杂度的模型中，选择对验证集有最小预测误差的模型。由于验证集有足够多的数据，用它对模型进行选择也是有效的。

但是，在许多实际应用中数据是不充足的。为了选择好的模型，可以采用交叉验证方法。交叉验证的基本想法是重复地使用数据；把给定的数据进行切分，将切分的数据集组合为训练集与测试集，在此基础上反复地进行训练、测试以及模型选择。

1. 简单交叉验证

简单交叉验证方法是：首先随机地将已给数据分为两部分，一部分作为训练集，另一部分作为测试集（例如，70%的数据为训练集，30%的数据为测试集）；然后用训练集在各种条件下（例如，不同的参数个数）训练模型，从而得到不同的模型；在测试集上评价各个模型的测试误差，选出测试误差最小的模型。

2. S 折交叉验证

应用最多的是 S 折交叉验证（S-fold cross validation），方法如下：首先随机地将已给数据切分为 S 个互不相交、大小相同的子集；然后利用 $S-1$ 个子集的数据训练模型，利用余下的子集测试模型；将这一过程对可能的 S 种选择重复进行；最后选出 S 次评测中平均测试误差最小的模型。

3. 留一交叉验证

S 折交叉验证的特殊情形是 $S=N$，称为留一交叉验证（leave-one-out cross validation），往往在数据缺乏的情况下使用。这里，N 是给定数据集的容量。

1.6 泛化能力

1.6.1 泛化误差

学习方法的泛化能力（generalization ability）是指由该方法学习到的模型对未知数据的预测能力，是学习方法本质上重要的性质。现实中采用最多的办法是通过测试误差来评价学习方法的泛化能力。但这种评价是依赖于测试数据集的。因为测试数据集是有限的，很有可能由此得到的评价结果是不可靠的。统计学习理论试图从理论上对学习方法的泛化能力进行分析。

1.6 泛化能力

首先给出泛化误差的定义。如果学到的模型是 $\hat{f}$, 那么用这个模型对未知数据预测的误差即为泛化误差 (generalization error):

$$\begin{aligned}R_{\exp}(\hat{f}) &= E_P[L(Y, \hat{f}(X))] \\ &= \int_{\mathcal{X}\times\mathcal{Y}} L(y, \hat{f}(x))P(x,y)\mathrm{d}x\mathrm{d}y\end{aligned} \quad (1.27)$$

泛化误差反映了学习方法的泛化能力,如果一种方法学习的模型比另一种方法学习的模型具有更小的泛化误差,那么这种方法就更有效。事实上,泛化误差就是所学习到的模型的期望风险。

1.6.2 泛化误差上界

学习方法的泛化能力分析往往是通过研究泛化误差的概率上界进行的,简称为泛化误差上界 (generalization error bound)。具体来说,就是通过比较两种学习方法的泛化误差上界的大小来比较它们的优劣。泛化误差上界通常具有以下性质:它是样本容量的函数,当样本容量增加时,泛化上界趋于 0;它是假设空间容量 (capacity) 的函数,假设空间容量越大,模型就越难学,泛化误差上界就越大。

下面给出一个简单的泛化误差上界的例子:二类分类问题的泛化误差上界。

考虑二类分类问题。已知训练数据集 $T = \{(x_1, y_1), (x_2, y_2), \cdots, (x_N, y_N)\}$,$N$ 是样本容量,T 是从联合概率分布 $P(X,Y)$ 独立同分布产生的,$X \in \mathbf{R}^n, Y \in \{-1, +1\}$。假设空间是函数的有限集合 $\mathcal{F} = \{f_1, f_2, \cdots, f_d\}$,$d$ 是函数个数。设 f 是从 $\mathcal{F}$ 中选取的函数。损失函数是 0-1 损失。关于 f 的期望风险和经验风险分别是

$$R(f) = E[L(Y, f(X))] \quad (1.28)$$

$$\hat{R}(f) = \frac{1}{N}\sum_{i=1}^{N} L(y_i, f(x_i)) \quad (1.29)$$

经验风险最小化函数是

$$f_N = \arg\min_{f\in\mathcal{F}} \hat{R}(f) \quad (1.30)$$

f_N 依赖训练数据集的样本容量 N。人们更关心的是 f_N 的泛化能力

$$R(f_N) = E[L(Y, f_N(X))] \quad (1.31)$$

下面讨论从有限集合 $\mathcal{F} = \{f_1, f_2, \cdots, f_d\}$ 中任意选出的函数 f 的泛化误差上界。

定理 1.1（泛化误差上界） 对二类分类问题，当假设空间是有限个函数的集合 $\mathcal{F} = \{f_1, f_2, \cdots, f_d\}$ 时，对任意一个函数 $f \in \mathcal{F}$，至少以概率 $1 - \delta$，$0 < \delta < 1$，以下不等式成立：

$$R(f) \leqslant \hat{R}(f) + \varepsilon(d, N, \delta) \tag{1.32}$$

其中，

$$\varepsilon(d, N, \delta) = \sqrt{\frac{1}{2N}\left(\log d + \log \frac{1}{\delta}\right)} \tag{1.33}$$

不等式 (1.32) 左端 $R(f)$ 是泛化误差，右端即为泛化误差上界。在泛化误差上界中，第 1 项是训练误差，训练误差越小，泛化误差也越小。第 2 项 $\varepsilon(d, N, \delta)$ 是 N 的单调递减函数，当 N 趋于无穷时趋于 0；同时它也是 $\sqrt{\log d}$ 阶的函数，假设空间 $\mathcal{F}$ 包含的函数越多，其值越大。

证明 在证明中要用到 Hoeffding 不等式，先叙述如下。

设 $X_1, X_2, \cdots, X_N$ 是独立随机变量，且 $X_i \in [a_i, b_i]$，$i = 1, 2, \cdots, N$；$\bar{X}$ 是 $X_1, X_2, \cdots, X_N$ 的经验均值，即 $\bar{X} = \dfrac{1}{N}\sum\limits_{i=1}^{N} X_i$，则对任意 $t > 0$，以下不等式成立：

$$P[\bar{X} - E(\bar{X}) \geqslant t] \leqslant \exp\left(-\frac{2N^2 t^2}{\sum\limits_{i=1}^{N}(b_i - a_i)^2}\right) \tag{1.34}$$

$$P[E(\bar{X}) - \bar{X} \geqslant t] \leqslant \exp\left(-\frac{2N^2 t^2}{\sum\limits_{i=1}^{N}(b_i - a_i)^2}\right) \tag{1.35}$$

Hoeffding 不等式的证明省略，这里用来推导泛化误差上界。

对任意函数 $f \in \mathcal{F}$，$\hat{R}(f)$ 是 N 个独立的随机变量 $L(Y, f(X))$ 的样本均值，$R(f)$ 是随机变量 $L(Y, f(X))$ 的期望值。如果损失函数取值于区间 $[0,1]$，即对所有 i，$[a_i, b_i] = [0, 1]$，那么由 Hoeffding 不等式 (1.35) 不难得知，对 $\varepsilon > 0$，以下不等式成立：

$$P(R(f) - \hat{R}(f) \geqslant \varepsilon) \leqslant \exp(-2N\varepsilon^2) \tag{1.36}$$

由于 $\mathcal{F} = \{f_1, f_2, \cdots, f_d\}$ 是一个有限集合，故

$$P(\exists f \in \mathcal{F} : R(f) - \hat{R}(f) \geqslant \varepsilon) = P\Big(\bigcup_{f \in \mathcal{F}} \{R(f) - \hat{R}(f) \geqslant \varepsilon\}\Big)$$
$$\leqslant \sum_{f \in \mathcal{F}} P(R(f) - \hat{R}(f) \geqslant \varepsilon)$$
$$\leqslant d \exp(-2N\varepsilon^2)$$

或者等价的，对任意 $f \in \mathcal{F}$，有

$$P(R(f) - \hat{R}(f) < \varepsilon) \geqslant 1 - d \exp(-2N\varepsilon^2) \tag{1.37}$$

令

$$\delta = d \exp(-2N\varepsilon^2) \tag{1.38}$$

则

$$P(R(f) < \hat{R}(f) + \varepsilon) \geqslant 1 - \delta$$

即至少以概率 $1 - \delta$ 有 $R(f) < \hat{R}(f) + \varepsilon$，其中 ε 由式 (1.38) 得到，即为式 (1.33)。∎

从泛化误差上界可知，

$$R(f_N) \leqslant \hat{R}(f_N) + \varepsilon(d, N, \delta) \tag{1.39}$$

其中，$\varepsilon(d, N, \delta)$ 由式 (1.33) 定义，f_N 由式 (1.30) 定义。

以上讨论的只是假设空间包含有限个函数情况下的泛化误差上界，对一般的假设空间要找到泛化误差上界就没有这么简单，这里不作介绍。

1.7 生成模型与判别模型

监督学习的任务就是学习一个模型，应用这一模型，对给定的输入预测相应的输出。这个模型的一般形式为决策函数：

$$Y = f(X)$$

或者条件概率分布：

$$P(Y|X)$$

监督学习方法又可以分为生成方法（generative approach）和判别方法（discriminative approach）。所学到的模型分别称为生成模型（generative model）和判别模型（discriminative model）。

生成方法原理上由数据学习联合概率分布 $P(X,Y)$，然后求出条件概率分布 $P(Y|X)$ 作为预测的模型，即生成模型：

$$P(Y|X) = \frac{P(X,Y)}{P(X)} \tag{1.40}$$

这样的方法之所以称为生成方法，是因为模型表示了给定输入 X 产生输出 Y 的生成关系。典型的生成模型有朴素贝叶斯法和隐马尔可夫模型，将在后面章节进行相关讲述。

判别方法由数据直接学习决策函数 $f(X)$ 或者条件概率分布 $P(Y|X)$ 作为预测的模型，即判别模型。判别方法关心的是对给定的输入 X，应该预测什么样的输出 Y。典型的判别模型包括：k 近邻法、感知机、逻辑斯谛回归模型、最大熵模型、支持向量机、提升方法和条件随机场等，将在后面章节讲述。

在监督学习中，生成方法和判别方法各有优缺点，适合于不同条件下的学习问题。

生成方法的特点：生成方法可以还原出联合概率分布 $P(X,Y)$，而判别方法则不能；生成方法的学习收敛速度更快，即当样本容量增加的时候，学到的模型可以更快地收敛于真实模型；当存在隐变量时，仍可以用生成方法学习，此时判别方法就不能用。

判别方法的特点：判别方法直接学习的是条件概率 $P(Y|X)$ 或决策函数 $f(X)$，直接面对预测，往往学习的准确率更高；由于直接学习 $P(Y|X)$ 或 $f(X)$，可以对数据进行各种程度上的抽象、定义特征并使用特征，因此可以简化学习问题。

1.8 监督学习应用

监督学习的应用主要在三个方面：分类问题、标注问题和回归问题。

1.8.1 分类问题

分类是监督学习的一个核心问题。在监督学习中，当输出变量 Y 取有限个离散值时，预测问题便成为分类问题。这时，输入变量 X 可以是离散的，也可以是连续的。监督学习从数据中学习一个分类模型或分类决策函数，称为分类器（classifier）。分类器对新的输入进行输出的预测，称为分类（classification）。可能的输出称为类别（class）。分类的类别为多个时，称为多类分类问题。本书主要讨论二类分类问题。

1.8 监督学习应用

分类问题包括学习和分类两个过程。在学习过程中,根据已知的训练数据集利用有效的学习方法学习一个分类器;在分类过程中,利用学习的分类器对新的输入实例进行分类。分类问题可用图 1.10 描述。图中 $(x_1,y_1),(x_2,y_2),\cdots,(x_N,y_N)$ 是训练数据集,学习系统由训练数据学习一个分类器 $P(Y|X)$ 或 $Y=f(X)$;分类系统通过学到的分类器 $P(Y|X)$ 或 $Y=f(X)$ 对于新的输入实例 x_{N+1} 进行分类,即预测其输出的类标记 y_{N+1}。

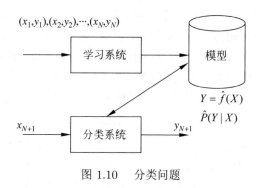

图 1.10 分类问题

评价分类器性能的指标一般是分类准确率(accuracy),其定义是:对于给定的测试数据集,分类器正确分类的样本数与总样本数之比。也就是损失函数是 0-1 损失时测试数据集上的准确率(见式 (1.21))。

对于二类分类问题常用的评价指标是精确率(precision)与召回率(recall)。通常以关注的类为正类,其他类为负类,分类器在测试数据集上的预测或正确或不正确,4 种情况出现的总数分别记作:

TP——将正类预测为正类数;

FN——将正类预测为负类数;

FP——将负类预测为正类数;

TN——将负类预测为负类数。

精确率定义为

$$P = \frac{TP}{TP + FP} \tag{1.41}$$

召回率定义为

$$R = \frac{TP}{TP + FN} \tag{1.42}$$

此外,还有 F_1 值,是精确率和召回率的调和均值,即

$$\frac{2}{F_1} = \frac{1}{P} + \frac{1}{R} \tag{1.43}$$

$$F_1 = \frac{2\text{TP}}{2\text{TP} + \text{FP} + \text{FN}} \tag{1.44}$$

精确率和召回率都高时，F_1 值也会高。

许多统计学习方法可以用于分类，包括 k 近邻法、感知机、朴素贝叶斯法、决策树、决策列表、逻辑斯谛回归模型、支持向量机、提升方法、贝叶斯网络、神经网络、Winnow 等。本书将讲述其中一些主要方法。

分类在于根据其特性将数据"分门别类"，所以在许多领域都有广泛的应用。例如，在银行业务中，可以构建一个客户分类模型，对客户按照贷款风险的大小进行分类；在网络安全领域，可以利用日志数据的分类对非法入侵进行检测；在图像处理中，分类可以用来检测图像中是否有人脸出现；在手写识别中，分类可以用于识别手写的数字；在互联网搜索中，网页的分类可以帮助网页的抓取、索引与排序。

举一个分类应用的例子——文本分类 (text classification)。这里的文本可以是新闻报道、网页、电子邮件、学术论文等。类别往往是关于文本内容的，例如政治、经济、体育等；也有关于文本特点的，如正面意见、反面意见；还可以根据应用确定，如垃圾邮件、非垃圾邮件等。文本分类是根据文本的特征将其划分到已有的类中。输入是文本的特征向量，输出是文本的类别。通常把文本中的单词定义为特征，每个单词对应一个特征。单词的特征可以是二值的，如果单词在文本中出现则取值是 1，否则是 0；也可以是多值的，表示单词在文本中出现的频率。直观地，如果"股票""银行""货币"这些词出现很多，这个文本可能属于经济类；如果"网球""比赛""运动员"这些词频繁出现，这个文本可能属于体育类。

1.8.2 标注问题

标注（tagging）也是一个监督学习问题。可以认为标注问题是分类问题的一个推广，标注问题又是更复杂的结构预测（structure prediction）问题的简单形式。标注问题的输入是一个观测序列，输出是一个标记序列或状态序列。标注问题的目标在于学习一个模型，使它能够对观测序列给出标记序列作为预测。注意，可能的标记个数是有限的，但其组合所成的标记序列的个数是依序列长度呈指数级增长的。

标注问题分为学习和标注两个过程（如图 1.11 所示）。首先给定一个训练数据集

$$T = \{(x_1, y_1), (x_2, y_2), \cdots, (x_N, y_N)\}$$

这里，$x_i = (x_i^{(1)}, x_i^{(2)}, \cdots, x_i^{(n)})^\text{T}$，$i = 1, 2, \cdots, N$，是输入观测序列；$y_i = (y_i^{(1)}, y_i^{(2)}, \cdots, y_i^{(n)})^\text{T}$ 是相应的输出标记序列；n 是序列的长度，对不同样本可以有不同的值。学习系统基于训练数据集构建一个模型，表示为条件概率分布：

1.8 监督学习应用

$$P(Y^{(1)}, Y^{(2)}, \cdots, Y^{(n)}|X^{(1)}, X^{(2)}, \cdots, X^{(n)})$$

这里，每一个 $X^{(i)}$ ($i = 1, 2, \cdots, n$) 取值为所有可能的观测，每一个 $Y^{(i)}$ ($i = 1, 2, \cdots, n$) 取值为所有可能的标记，一般 $n \ll N$。标注系统按照学习得到的条件概率分布模型，对新的输入观测序列找到相应的输出标记序列。具体地，对一个观测序列 $x_{N+1} = (x_{N+1}^{(1)}, x_{N+1}^{(2)}, \cdots, x_{N+1}^{(n)})^{\mathrm{T}}$ 找到使条件概率 $P((y_{N+1}^{(1)}, y_{N+1}^{(2)}, \cdots, y_{N+1}^{(n)})^{\mathrm{T}}|(x_{N+1}^{(1)}, x_{N+1}^{(2)}, \cdots, x_{N+1}^{(n)})^{\mathrm{T}})$ 最大的标记序列 $y_{N+1} = (y_{N+1}^{(1)}, y_{N+1}^{(2)}, \cdots, y_{N+1}^{(n)})^{\mathrm{T}}$。

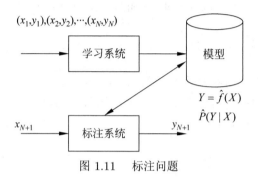

图 1.11　标注问题

评价标注模型的指标与评价分类模型的指标一样，常用的有标注准确率、精确率和召回率。其定义与分类模型相同。

标注常用的统计学习方法有：隐马尔可夫模型、条件随机场。

标注问题在信息抽取、自然语言处理等领域被广泛应用，是这些领域的基本问题。例如，自然语言处理中的词性标注（part of speech tagging）就是一个典型的标注问题：给定一个由单词组成的句子，对这个句子中的每一个单词进行词性标注，即对一个单词序列预测其对应的词性标记序列。

举一个信息抽取的例子。从英文文章中抽取基本名词短语（base noun phrase）。为此，要对文章进行标注。英文单词是一个观测，英文句子是一个观测序列，标记表示名词短语的"开始"、"结束"或"其他"（分别以 B, E, O 表示），标记序列表示英文句子中基本名词短语的所在位置。信息抽取时，将标记"开始"到标记"结束"的单词作为名词短语。例如，给出以下的观测序列，即英文句子，标注系统产生相应的标记序列，即给出句子中的基本名词短语。

输入：At Microsoft Research, we have an insatiable curiosity and the desire to create new technology that will help define the computing experience.

输出：At/O Microsoft/B Research/E, we/O have/O an/O insatiable/B curiosity/E and/O the/O desire/BE to/O create/O new/B technology/E that/O will/O help/O define/O the/O computing/B experience/E.

1.8.3 回归问题

回归（regression）是监督学习的另一个重要问题。回归用于预测输入变量（自变量）和输出变量（因变量）之间的关系，特别是当输入变量的值发生变化时，输出变量的值随之发生的变化。回归模型正是表示从输入变量到输出变量之间映射的函数。回归问题的学习等价于函数拟合：选择一条函数曲线使其很好地拟合已知数据且很好地预测未知数据（参照 1.4.2 节）。

回归问题分为学习和预测两个过程（如图 1.12 所示）。首先给定一个训练数据集：

$$T = \{(x_1, y_1), (x_2, y_2), \cdots, (x_N, y_N)\}$$

这里，$x_i \in \mathbf{R}^n$ 是输入，$y \in \mathbf{R}$ 是对应的输出，$i = 1, 2, \cdots, N$。学习系统基于训练数据构建一个模型，即函数 $Y = f(X)$；对新的输入 x_{N+1}，预测系统根据学习的模型 $Y = f(X)$ 确定相应的输出 y_{N+1}。

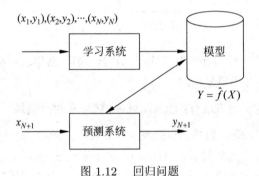

图 1.12　回归问题

回归问题按照输入变量的个数，分为一元回归和多元回归；按照输入变量和输出变量之间关系的类型即模型的类型，分为线性回归和非线性回归。

回归学习最常用的损失函数是平方损失函数，在此情况下，回归问题可以由著名的最小二乘法（least squares）求解。

许多领域的任务都可以形式化为回归问题，比如，回归可以用于商务领域，作为市场趋势预测、产品质量管理、客户满意度调查、投资风险分析的工具。作为例子，简单介绍股价预测问题。假设知道某一公司在过去不同时间点（比如，每天）的市场上的股票价格（比如，股票平均价格），以及在各个时间点之前可能影响该公司股价的信息（比如，该公司前一周的营业额、利润）。目标是从过去的数据学习一个模型，使它可以基于当前的信息预测该公司下一个时间点的股票价格。可以将这个问题作为回归问题解决。具体地，将影响股价的信息视为自变量（输入的特征），而将股价视为因变量（输出的值）。将过去的数据作为训练数据就可以学习一个回归模型，并对未来的股价进行预测。可以看出这是一个困难的预测问题，因为影响股价的因素非常多，我们未必能判断到哪些信息（输入的特征）有用并能得到这些信息。

本 章 概 要

1. 统计学习或机器学习是关于计算机基于数据构建概率统计模型并运用模型对数据进行分析与预测的一门学科。统计学习包括监督学习、无监督学习和强化学习。

2. 统计学习方法三要素——模型、策略、算法，对理解统计学习方法起到提纲挈领的作用。

3. 本书第 1 篇主要讨论监督学习，监督学习可以概括如下：从给定有限的训练数据出发，假设数据是独立同分布的，而且假设模型属于某个假设空间，应用某一评价准则，从假设空间中选取一个最优的模型，使它对已给训练数据及未知测试数据在给定评价标准意义下有最准确的预测。

4. 统计学习中，进行模型选择或者说提高学习的泛化能力是一个重要问题。如果只考虑减少训练误差，就可能产生过拟合现象。模型选择的方法有正则化与交叉验证。学习方法泛化能力的分析是统计学习理论研究的重要课题。

5. 分类问题、标注问题和回归问题都是监督学习的重要问题。本书第 1 篇介绍的统计学习方法包括感知机、k 近邻法、朴素贝叶斯法、决策树、逻辑斯谛回归与最大熵模型、支持向量机、提升方法、EM 算法、隐马尔可夫模型和条件随机场。这些方法是主要的分类、标注以及回归方法。它们又可以归类为生成方法与判别方法。

继 续 阅 读

关于统计学习或机器学习方法一般介绍的书籍可以参阅文献 [1-8]。

习 题

1.1 说明伯努利模型的极大似然估计以及贝叶斯估计中的统计学习方法三要素。伯努利模型是定义在取值为 0 与 1 的随机变量上的概率分布。假设观测到伯努利模型 n 次独立的数据生成结果，其中 k 次的结果为 1，这时可以用极大似然估计或贝叶斯估计来估计结果为 1 的概率。

1.2 通过经验风险最小化推导极大似然估计。证明模型是条件概率分布，当损失函数是对数损失函数时，经验风险最小化等价于极大似然估计。

参 考 文 献

[1] Hastie T, Tibshirani R, Friedman J. The elements of statistical learning: data mining, inference, and prediction. Springer. 2001.（中译本：统计学习基础——数据挖掘、推理与预测. 范明，柴玉梅，昝红英等译. 北京：电子工业出版社，2004.）
[2] Bishop M. Pattern recognition and machine learning. Springer, 2006.
[3] Daphne Koller, Nir Friedman. Probabilistic graphical models: principles and techniques. MIT Press, 2009.
[4] Ian Goodfellow, Yoshua Bengio, Aaron Courville, et al. Deep learning. MIT Press, 2016.
[5] Tom M. Michelle. Machine learning. McGraw-Hill Companies, Inc. 1997.（中译本：机器学习. 北京：机械工业出版社，2003.）
[6] David Barber. Bayesian reasoning and machine learning. Cambridge University Press, 2012.
[7] Richard S Sutton, Andrew G Barto. Reinforcement learning: an introduction. MIT Press, 1998.
[8] 周志华. 机器学习. 北京：清华大学出版社，2017.

第 2 章 感 知 机

感知机（perceptron）是二类分类的线性分类模型，其输入为实例的特征向量，输出为实例的类别，取 +1 和 −1 二值。感知机对应于输入空间（特征空间）中将实例划分为正负两类的分离超平面，属于判别模型。感知机学习旨在求出将训练数据进行线性划分的分离超平面，为此，导入基于误分类的损失函数，利用梯度下降法对损失函数进行极小化，求得感知机模型。感知机学习算法具有简单而易于实现的优点，分为原始形式和对偶形式。感知机预测是用学习得到的感知机模型对新的输入实例进行分类。感知机 1957 年由 Rosenblatt 提出，是神经网络与支持向量机的基础。

本章首先介绍感知机模型；然后叙述感知机的学习策略，特别是损失函数；最后介绍感知机学习算法，包括原始形式和对偶形式，并证明算法的收敛性。

2.1 感知机模型

定义 2.1（感知机） 假设输入空间（特征空间）是 $\mathcal{X} \subseteq \mathbf{R}^n$，输出空间是 $\mathcal{Y} = \{+1, -1\}$。输入 $x \in \mathcal{X}$ 表示实例的特征向量，对应于输入空间（特征空间）的点；输出 $y \in \mathcal{Y}$ 表示实例的类别。由输入空间到输出空间的如下函数：

$$f(x) = \text{sign}(w \cdot x + b) \tag{2.1}$$

称为感知机。其中，w 和 b 为感知机模型参数，$w \in \mathbf{R}^n$ 叫作权值（weight）或权值向量（weight vector），$b \in \mathbf{R}$ 叫作偏置（bias），$w \cdot x$ 表示 w 和 x 的内积。sign 是符号函数，即

$$\text{sign}(x) = \begin{cases} +1, & x \geqslant 0 \\ -1, & x < 0 \end{cases} \tag{2.2}$$

感知机是一种线性分类模型，属于判别模型。感知机模型的假设空间是定义在特征空间中的所有线性分类模型（linear classification model）或线性分类器（linear classifier），即函数集合 $\{f|f(x) = w \cdot x + b\}$。

感知机有如下几何解释：线性方程

$$w \cdot x + b = 0 \tag{2.3}$$

对应于特征空间 $\mathbf{R}^n$ 中的一个超平面 S，其中 w 是超平面的法向量，b 是超平面的截距。这个超平面将特征空间划分为两个部分。位于两部分的点（特征向量）分别被分为正、负两类。因此，超平面 S 称为分离超平面（separating hyperplane），如图 2.1 所示。

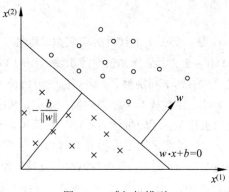

图 2.1　感知机模型

感知机学习，由训练数据集（实例的特征向量及类别）

$$T = \{(x_1, y_1), (x_2, y_2), \cdots, (x_N, y_N)\}$$

其中，$x_i \in \mathcal{X} = \mathbf{R}^n$，$y_i \in \mathcal{Y} = \{+1, -1\}$，$i = 1, 2, \cdots, N$，求得感知机模型 (2.1)，即求得模型参数 w, b。感知机预测，通过学习得到的感知机模型，对于新的输入实例给出其对应的输出类别。

2.2　感知机学习策略

2.2.1　数据集的线性可分性

定义 2.2（数据集的线性可分性）　给定一个数据集

$$T = \{(x_1, y_1), (x_2, y_2), \cdots, (x_N, y_N)\}$$

其中，$x_i \in \mathcal{X} = \mathbf{R}^n$，$y_i \in \mathcal{Y} = \{+1, -1\}$，$i = 1, 2, \cdots, N$，如果存在某个超平面 S

$$w \cdot x + b = 0$$

能够将数据集的正实例点和负实例点完全正确地划分到超平面的两侧，即对所有 $y_i=+1$ 的实例 i，有 $w\cdot x_i+b>0$，对所有 $y_i=-1$ 的实例 i，有 $w\cdot x_i+b<0$，则称数据集 T 为线性可分数据集（linearly separable data set）；否则，称数据集 T 线性不可分。

2.2.2 感知机学习策略

假设训练数据集是线性可分的，感知机学习的目标是求得一个能够将训练集正实例点和负实例点完全正确分开的分离超平面。为了找出这样的超平面，即确定感知机模型参数 w,b，需要确定一个学习策略，即定义（经验）损失函数并将损失函数极小化。

损失函数的一个自然选择是误分类点的总数。但是，这样的损失函数不是参数 w，b 的连续可导函数，不易优化。损失函数的另一个选择是误分类点到超平面 S 的总距离，这是感知机所采用的。为此，首先写出输入空间 $\mathbf{R}^n$ 中任一点 x_0 到超平面 S 的距离：

$$\frac{1}{\|w\|}|w\cdot x_0+b|$$

这里，$\|w\|$ 是 w 的 L_2 范数。

其次，对于误分类的数据 (x_i,y_i) 来说，

$$-y_i(w\cdot x_i+b)>0$$

成立。因为当 $w\cdot x_i+b>0$ 时，$y_i=-1$；而当 $w\cdot x_i+b<0$ 时，$y_i=+1$。因此，误分类点 x_i 到超平面 S 的距离是

$$-\frac{1}{\|w\|}y_i(w\cdot x_i+b)$$

这样，假设超平面 S 的误分类点集合为 M，那么所有误分类点到超平面 S 的总距离为

$$-\frac{1}{\|w\|}\sum_{x_i\in M}y_i(w\cdot x_i+b)$$

不考虑 $\dfrac{1}{\|w\|}$，就得到感知机学习的损失函数[①]。

[①] 第 7 章中会介绍 $y(w\cdot x+b)$ 称为样本点的函数间隔。

给定训练数据集

$$T = \{(x_1, y_1), (x_2, y_2), \cdots, (x_N, y_N)\}$$

其中，$x_i \in \mathcal{X} = \mathbf{R}^n$，$y_i \in \mathcal{Y} = \{+1, -1\}$，$i = 1, 2, \cdots, N$。感知机 $\text{sign}(w \cdot x + b)$ 学习的损失函数定义为

$$L(w, b) = -\sum_{x_i \in M} y_i(w \cdot x_i + b) \tag{2.4}$$

其中 M 为误分类点的集合。这个损失函数就是感知机学习的经验风险函数。

显然，损失函数 $L(w, b)$ 是非负的。如果没有误分类点，损失函数值是 0。而且，误分类点越少，误分类点离超平面越近，损失函数值就越小。一个特定的样本点的损失函数：在误分类时是参数 w, b 的线性函数，在正确分类时是 0。因此，给定训练数据集 T，损失函数 $L(w, b)$ 是 w, b 的连续可导函数。

感知机学习的策略是在假设空间中选取使损失函数式（2.4）最小的模型参数 w, b，即感知机模型。

2.3 感知机学习算法

感知机学习问题转化为求解损失函数式（2.4）的最优化问题，最优化的方法是随机梯度下降法。本节叙述感知机学习的具体算法，包括原始形式和对偶形式，并证明在训练数据线性可分条件下感知机学习算法的收敛性。

2.3.1 感知机学习算法的原始形式

感知机学习算法是对以下最优化问题的算法。给定一个训练数据集

$$T = \{(x_1, y_1), (x_2, y_2), \cdots, (x_N, y_N)\}$$

其中，$x_i \in \mathcal{X} = \mathbf{R}^n$，$y_i \in \mathcal{Y} = \{-1, 1\}$，$i = 1, 2, \cdots, N$，求参数 w, b，使其为以下损失函数极小化问题的解

$$\min_{w, b} L(w, b) = -\sum_{x_i \in M} y_i(w \cdot x_i + b) \tag{2.5}$$

其中 M 为误分类点的集合。

感知机学习算法是误分类驱动的，具体采用随机梯度下降法（stochastic gradient

2.3 感知机学习算法

descent）。首先，任意选取一个超平面 w_0, b_0，然后用梯度下降法不断地极小化目标函数 (2.5)。极小化过程中不是一次使 M 中所有误分类点的梯度下降，而是一次随机选取一个误分类点使其梯度下降。

假设误分类点集合 M 是固定的，那么损失函数 $L(w, b)$ 的梯度由

$$\nabla_w L(w, b) = -\sum_{x_i \in M} y_i x_i$$

$$\nabla_b L(w, b) = -\sum_{x_i \in M} y_i$$

给出。

随机选取一个误分类点 (x_i, y_i)，对 w, b 进行更新：

$$w \leftarrow w + \eta y_i x_i \tag{2.6}$$

$$b \leftarrow b + \eta y_i \tag{2.7}$$

式中 $\eta (0 < \eta \leqslant 1)$ 是步长，在统计学习中又称为学习率（learning rate）。这样，通过迭代可以期待损失函数 $L(w, b)$ 不断减小，直到为 0。综上所述，得到如下算法：

算法 2.1（感知机学习算法的原始形式）

输入：训练数据集 $T = \{(x_1, y_1), (x_2, y_2), \cdots, (x_N, y_N)\}$，其中 $x_i \in \mathcal{X} = \mathbf{R}^n, y_i \in \mathcal{Y} = \{-1, +1\}, i = 1, 2, \cdots, N$；学习率 $\eta (0 < \eta \leqslant 1)$；

输出：w, b；感知机模型 $f(x) = \text{sign}(w \cdot x + b)$。

（1）选取初值 w_0, b_0；

（2）在训练集中选取数据 (x_i, y_i)；

（3）如果 $y_i(w \cdot x_i + b) \leqslant 0$,

$$w \leftarrow w + \eta y_i x_i$$
$$b \leftarrow b + \eta y_i$$

（4）转至（2），直至训练集中没有误分类点。∎

这种学习算法直观上有如下解释：当一个实例点被误分类，即位于分离超平面的错误一侧时，则调整 w, b 的值，使分离超平面向该误分类点的一侧移动，以减少该误分类点与超平面间的距离，直至超平面越过该误分类点使其被正确分类。

算法 2.1 是感知机学习的基本算法，对应于后面的对偶形式，称为原始形式。感知机学习算法简单且易于实现。

例 2.1 如图 2.2 所示的训练数据集,其正实例点是 $x_1 = (3,3)^{\mathrm{T}}$,$x_2 = (4,3)^{\mathrm{T}}$,负实例点是 $x_3 = (1,1)^{\mathrm{T}}$,试用感知机学习算法的原始形式求感知机模型 $f(x) = \mathrm{sign}(w \cdot x + b)$。这里,$w = (w^{(1)}, w^{(2)})^{\mathrm{T}}$,$x = (x^{(1)}, x^{(2)})^{\mathrm{T}}$。

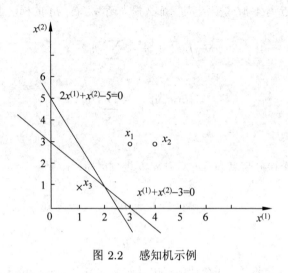

图 2.2 感知机示例

解 构建最优化问题:

$$\min_{w,b} L(w,b) = -\sum_{x_i \in M} y_i(w \cdot x_i + b)$$

按照算法 2.1 求解 w, b。$\eta = 1$。

(1) 取初值 $w_0 = 0$,$b_0 = 0$

(2) 对 $x_1 = (3,3)^{\mathrm{T}}$,$y_1(w_0 \cdot x_1 + b_0) = 0$,未能被正确分类,更新 w, b

$$w_1 = w_0 + y_1 x_1 = (3,3)^{\mathrm{T}}, \quad b_1 = b_0 + y_1 = 1$$

得到线性模型

$$w_1 \cdot x + b_1 = 3x^{(1)} + 3x^{(2)} + 1$$

(3) 对 x_1, x_2,显然,$y_i(w_1 \cdot x_i + b_1) > 0$,被正确分类,不修改 w, b;

对 $x_3 = (1,1)^{\mathrm{T}}$,$y_3(w_1 \cdot x_3 + b_1) < 0$,被误分类,更新 w, b。

$$w_2 = w_1 + y_3 x_3 = (2,2)^{\mathrm{T}}, \quad b_2 = b_1 + y_3 = 0$$

得到线性模型

$$w_2 \cdot x + b_2 = 2x^{(1)} + 2x^{(2)}$$

2.3 感知机学习算法

如此继续下去,直到

$$w_7 = (1,1)^{\mathrm{T}}, \ b_7 = -3$$

$$w_7 \cdot x + b_7 = x^{(1)} + x^{(2)} - 3$$

对所有数据点 $y_i(w_7 \cdot x_i + b_7) > 0$,没有误分类点,损失函数达到极小。

分离超平面为:$x^{(1)} + x^{(2)} - 3 = 0$

感知机模型为:$f(x) = \mathrm{sign}(x^{(1)} + x^{(2)} - 3)$ ∎

迭代过程见表 2.1。

表 2.1 例 2.1 求解的迭代过程

迭代次数	误分类点	w	b	$w \cdot x + b$
0		0	0	0
1	x_1	$(3,3)^{\mathrm{T}}$	1	$3x^{(1)} + 3x^{(2)} + 1$
2	x_3	$(2,2)^{\mathrm{T}}$	0	$2x^{(1)} + 2x^{(2)}$
3	x_3	$(1,1)^{\mathrm{T}}$	-1	$x^{(1)} + x^{(2)} - 1$
4	x_3	$(0,0)^{\mathrm{T}}$	-2	-2
5	x_1	$(3,3)^{\mathrm{T}}$	-1	$3x^{(1)} + 3x^{(2)} - 1$
6	x_3	$(2,2)^{\mathrm{T}}$	-2	$2x^{(1)} + 2x^{(2)} - 2$
7	x_3	$(1,1)^{\mathrm{T}}$	-3	$x^{(1)} + x^{(2)} - 3$
8	0	$(1,1)^{\mathrm{T}}$	-3	$x^{(1)} + x^{(2)} - 3$

这是在计算中误分类点先后取 $x_1, x_3, x_3, x_3, x_1, x_3, x_3$ 得到的分离超平面和感知机模型。如果在计算中误分类点依次取 $x_1, x_3, x_3, x_3, x_2, x_3, x_3, x_3, x_1, x_3, x_3$,那么得到的分离超平面是 $2x^{(1)} + x^{(2)} - 5 = 0$。

可见,感知机学习算法由于采用不同的初值或选取不同的误分类点,解可以不同。

2.3.2 算法的收敛性

现在证明,对于线性可分数据集感知机学习算法原始形式收敛,即经过有限次迭代可以得到一个将训练数据集完全正确划分的分离超平面及感知机模型。

为了便于叙述与推导,将偏置 b 并入权重向量 w,记作 $\hat{w} = (w^{\mathrm{T}}, b)^{\mathrm{T}}$,同样也将输入向量加以扩充,加进常数 1,记作 $\hat{x} = (x^{\mathrm{T}}, 1)^{\mathrm{T}}$。这样,$\hat{x} \in \mathbf{R}^{n+1}$,$\hat{w} \in \mathbf{R}^{n+1}$。显然,$\hat{w} \cdot \hat{x} = w \cdot x + b$。

定理 2.1（Novikoff） 设训练数据集 $T = \{(x_1, y_1), (x_2, y_2), \cdots, (x_N, y_N)\}$ 是线性可分的，其中 $x_i \in \mathcal{X} = \mathbf{R}^n$，$y_i \in \mathcal{Y} = \{-1, +1\}$，$i = 1, 2, \cdots, N$，则

（1）存在满足条件 $\|\hat{w}_{\text{opt}}\| = 1$ 的超平面 $\hat{w}_{\text{opt}} \cdot \hat{x} = w_{\text{opt}} \cdot x + b_{\text{opt}} = 0$ 将训练数据集完全正确分开；且存在 $\gamma > 0$，对所有 $i = 1, 2, \cdots, N$

$$y_i(\hat{w}_{\text{opt}} \cdot \hat{x}_i) = y_i(w_{\text{opt}} \cdot x_i + b_{\text{opt}}) \geqslant \gamma \tag{2.8}$$

（2）令 $R = \max\limits_{1 \leqslant i \leqslant N} \|\hat{x}_i\|$，则感知机算法 2.1 在训练数据集上的误分类次数 k 满足不等式

$$k \leqslant \left(\frac{R}{\gamma}\right)^2 \tag{2.9}$$

证明 （1）由于训练数据集是线性可分的，按照定义 2.2，存在超平面可将训练数据集完全正确分开，取此超平面为 $\hat{w}_{\text{opt}} \cdot \hat{x} = w_{\text{opt}} \cdot x + b_{\text{opt}} = 0$，使 $\|\hat{w}_{\text{opt}}\| = 1$。由于对有限的 $i = 1, 2, \cdots, N$，均有

$$y_i(\hat{w}_{\text{opt}} \cdot \hat{x}_i) = y_i(w_{\text{opt}} \cdot x_i + b_{\text{opt}}) > 0$$

所以存在

$$\gamma = \min_i \{y_i(w_{\text{opt}} \cdot x_i + b_{\text{opt}})\}$$

使

$$y_i(\hat{w}_{\text{opt}} \cdot \hat{x}_i) = y_i(w_{\text{opt}} \cdot x_i + b_{\text{opt}}) \geqslant \gamma$$

（2）感知机算法从 $\hat{w}_0 = 0$ 开始，如果实例被误分类，则更新权重。令 $\hat{w}_{k-1}$ 是第 k 个误分类实例之前的扩充权重向量，即

$$\hat{w}_{k-1} = (w_{k-1}^{\text{T}}, b_{k-1})^{\text{T}}$$

则第 k 个误分类实例的条件是

$$y_i(\hat{w}_{k-1} \cdot \hat{x}_i) = y_i(w_{k-1} \cdot x_i + b_{k-1}) \leqslant 0 \tag{2.10}$$

若 (x_i, y_i) 是被 $\hat{w}_{k-1} = (w_{k-1}^{\text{T}}, b_{k-1})^{\text{T}}$ 误分类的数据，则 w 和 b 的更新是

$$w_k \leftarrow w_{k-1} + \eta y_i x_i$$
$$b_k \leftarrow b_{k-1} + \eta y_i$$

即

$$\hat{w}_k = \hat{w}_{k-1} + \eta y_i \hat{x}_i \tag{2.11}$$

下面推导两个不等式 (2.12) 及 (2.13)：

$$\hat{w}_k \cdot \hat{w}_{\text{opt}} \geqslant k\eta\gamma \tag{2.12}$$

由式 (2.11) 及式 (2.8) 得

$$\hat{w}_k \cdot \hat{w}_{\text{opt}} = \hat{w}_{k-1} \cdot \hat{w}_{\text{opt}} + \eta y_i \hat{w}_{\text{opt}} \cdot \hat{x}_i$$
$$\geqslant \hat{w}_{k-1} \cdot \hat{w}_{\text{opt}} + \eta \gamma$$

由此递推即得不等式 (2.12)

$$\hat{w}_k \cdot \hat{w}_{\text{opt}} \geqslant \hat{w}_{k-1} \cdot \hat{w}_{\text{opt}} + \eta \gamma \geqslant \hat{w}_{k-2} \cdot \hat{w}_{\text{opt}} + 2\eta \gamma \geqslant \cdots \geqslant k\eta \gamma$$

$$\|\hat{w}_k\|^2 \leqslant k\eta^2 R^2 \tag{2.13}$$

由式 (2.11) 及式 (2.10) 得

$$\|\hat{w}_k\|^2 = \|\hat{w}_{k-1}\|^2 + 2\eta y_i \hat{w}_{k-1} \cdot \hat{x}_i + \eta^2 \|\hat{x}_i\|^2$$
$$\leqslant \|\hat{w}_{k-1}\|^2 + \eta^2 \|\hat{x}_i\|^2$$
$$\leqslant \|\hat{w}_{k-1}\|^2 + \eta^2 R^2$$
$$\leqslant \|\hat{w}_{k-2}\|^2 + 2\eta^2 R^2 \leqslant \cdots$$
$$\leqslant k\eta^2 R^2$$

结合不等式 (2.12) 及式 (2.13) 即得

$$k\eta \gamma \leqslant \hat{w}_k \cdot \hat{w}_{\text{opt}} \leqslant \|\hat{w}_k\| \, \|\hat{w}_{\text{opt}}\| \leqslant \sqrt{k}\eta R$$
$$k^2 \gamma^2 \leqslant kR^2$$

于是

$$k \leqslant \left(\frac{R}{\gamma}\right)^2$$

∎

定理表明，误分类的次数 k 是有上界的，经过有限次搜索可以找到将训练数据完全正确分开的分离超平面。也就是说，当训练数据集线性可分时，感知机学习算法原始形式迭代是收敛的。但是例 2.1 说明，感知机学习算法存在许多解，这些解既依赖于初值的选择，也依赖于迭代过程中误分类点的选择顺序。为了得到唯一的超平面，需要对分离超平面增加约束条件。这就是第 7 章将要讲述的线性支持向量机的想法。当训练集线性不可分时，感知机学习算法不收敛，迭代结果会发生震荡。

2.3.3 感知机学习算法的对偶形式

现在考虑感知机学习算法的对偶形式。感知机学习算法的原始形式和对偶形式与第 7 章中支持向量机学习算法的原始形式和对偶形式相对应。

对偶形式的基本想法是，将 w 和 b 表示为实例 x_i 和标记 y_i 的线性组合的形式，通过求解其系数而求得 w 和 b。不失一般性，在算法 2.1 中可假设初始值 w_0, b_0 均为 0。对误分类点 (x_i, y_i) 通过

$$w \leftarrow w + \eta y_i x_i$$
$$b \leftarrow b + \eta y_i$$

逐步修改 w, b，设修改 n 次，则 w, b 关于 (x_i, y_i) 的增量分别是 $\alpha_i y_i x_i$ 和 $\alpha_i y_i$，这里 $\alpha_i = n_i \eta, n_i$ 是点 (x_i, y_i) 被误分类的次数。这样，从学习过程不难看出，最后学习到的 w, b 可以分别表示为

$$w = \sum_{i=1}^{N} \alpha_i y_i x_i \tag{2.14}$$

$$b = \sum_{i=1}^{N} \alpha_i y_i \tag{2.15}$$

这里，$\alpha_i \geqslant 0, i = 1, 2, \cdots, N$，当 $\eta = 1$ 时，表示第 i 个实例点由于误分而进行更新的次数。实例点更新次数越多，意味着它距离分离超平面越近，也就越难正确分类。换句话说，这样的实例对学习结果影响最大。

下面对照原始形式来叙述感知机学习算法的对偶形式。

算法 2.2（感知机学习算法的对偶形式）

输入：线性可分的数据集 $T = \{(x_1, y_1), (x_2, y_2), \cdots, (x_N, y_N)\}$，其中 $x_i \in \mathbf{R}^n$，$y_i \in \{-1, +1\}$，$i = 1, 2, \cdots, N$；学习率 η $(0 < \eta \leqslant 1)$；

输出：α, b；感知机模型 $f(x) = \mathrm{sign}\left(\sum_{j=1}^{N} \alpha_j y_j x_j \cdot x + b\right)$，其中 $\alpha = (\alpha_1, \alpha_2, \cdots, \alpha_N)^\mathrm{T}$。

(1) $\alpha \leftarrow 0, b \leftarrow 0$；

(2) 在训练集中选取数据 (x_i, y_i)；

(3) 如果 $y_i \left(\sum_{j=1}^{N} \alpha_j y_j x_j \cdot x_i + b\right) \leqslant 0$,

$$\alpha_i \leftarrow \alpha_i + \eta$$
$$b \leftarrow b + \eta y_i$$

(4) 转至 (2) 直到没有误分类数据。∎

对偶形式中训练实例仅以内积的形式出现。为了方便，可以预先将训练集中实

2.3 感知机学习算法

例间的内积计算出来并以矩阵的形式存储,这个矩阵就是所谓的 Gram 矩阵 (Gram matrix)

$$\boldsymbol{G} = [x_i \cdot x_j]_{N \times N}$$

例 2.2 数据同例 2.1,正样本点是 $x_1 = (3,3)^{\mathrm{T}}$, $x_2 = (4,3)^{\mathrm{T}}$,负样本点是 $x_3 = (1,1)^{\mathrm{T}}$,试用感知机学习算法对偶形式求感知机模型。

解 按照算法 2.2,

(1) 取 $\alpha_i = 0$, $i = 1,2,3$, $b = 0$, $\eta = 1$;

(2) 计算 Gram 矩阵

$$\boldsymbol{G} = \begin{bmatrix} 18 & 21 & 6 \\ 21 & 25 & 7 \\ 6 & 7 & 2 \end{bmatrix}$$

(3) 误分条件

$$y_i \left(\sum_{j=1}^N \alpha_j y_j x_j \cdot x_i + b \right) \leqslant 0$$

参数更新

$$\alpha_i \leftarrow \alpha_i + 1, \quad b \leftarrow b + y_i$$

(4) 迭代。过程从略,结果列于表 2.2;

(5)
$$w = 2x_1 + 0x_2 - 5x_3 = (1,1)^{\mathrm{T}}$$
$$b = -3$$

分离超平面
$$x^{(1)} + x^{(2)} - 3 = 0$$

感知机模型
$$f(x) = \mathrm{sign}(x^{(1)} + x^{(2)} - 3)$$

∎

表 2.2 例 2.2 求解的迭代过程

k	0	1	2	3	4	5	6	7
		x_1	x_3	x_3	x_3	x_1	x_3	x_3
α_1	0	1	1	1	1	2	2	2
α_2	0	0	0	0	0	0	0	0
α_3	0	0	1	2	3	3	4	5
b	0	1	0	-1	-2	-1	-2	-3

对照例 2.1,结果一致,迭代步骤也是互相对应的。

与原始形式一样,感知机学习算法的对偶形式迭代是收敛的,存在多个解。

本章概要

1. 感知机是根据输入实例的特征向量 x 对其进行二类分类的线性分类模型:

$$f(x) = \text{sign}(w \cdot x + b)$$

感知机模型对应于输入空间（特征空间）中的分离超平面 $w \cdot x + b = 0$。

2. 感知机学习的策略是极小化损失函数：

$$\min_{w,b} L(w, b) = -\sum_{x_i \in M} y_i(w \cdot x_i + b)$$

损失函数对应于误分类点到分离超平面的总距离。

3. 感知机学习算法是基于随机梯度下降法的对损失函数的最优化算法，有原始形式和对偶形式。算法简单且易于实现。原始形式中，首先任意选取一个超平面，然后用梯度下降法不断极小化目标函数。在这个过程中一次随机选取一个误分类点使其梯度下降。

4. 当训练数据集线性可分时，感知机学习算法是收敛的。感知机算法在训练数据集上的误分类次数 k 满足不等式：

$$k \leqslant \left(\frac{R}{\gamma}\right)^2$$

当训练数据集线性可分时，感知机学习算法存在无穷多个解，其解由于不同的初值或不同的迭代顺序而可能有所不同。

继续阅读

感知机最早在 1957 年由 Rosenblatt 提出[1]。Novikoff[2]，Minsky 与 Papert[3] 等人对感知机进行了一系列理论研究。感知机的扩展学习方法包括口袋算法（pocket algorithm）[4]、表决感知机（voted perceptron）[5]、带边缘感知机（perceptron with margin）[6]。关于感知机的介绍可进一步参考文献 [7, 8]。

习 题

2.1 Minsky 与 Papert 指出：感知机因为是线性模型，所以不能表示复杂的函数，如异或（XOR）。验证感知机为什么不能表示异或。

2.2 模仿例题 2.1，构建从训练数据集求解感知机模型的例子。

2.3 证明以下定理：样本集线性可分的充分必要条件是正实例点集所构成的凸壳[①]与负实例点集所构成的凸壳互不相交。

参考文献

[1] Rosenblatt F. The Perceptron: a probabilistic model for information storage and organization in the Brain. Cornell Aeronautical Laboratory. Psychological Review, 1958, 65 (6): 386–408.

[2] Novikoff A B. On convergence proofs on perceptrons. Symposium on the Mathematical Theory of Automata, Polytechnic Institute of Brooklyn, 1962, 12, 615–622.

[3] Minsky M L, Papert S A. *Perceptrons*. Cambridge, MA: MIT Press. 1969.

[4] Gallant SI. Perceptron-based learning algorithms. IEEE Transactions on Neural Networks, 1990, 1(2): 179–191.

[5] Freund Y, Schapire R E. Large margin classification using the perceptron algorithm. In: Proceedings of the 11th Annual Conference on Computational Learning Theory (COLT' 98). ACM Press, 1998.

[6] Li Y Y, Zaragoza H, Herbrich R, et al. The Perceptron algorithm with uneven margins. In: Proceedings of the 19th International Conference on Machine Learning. 2002, 379–386.

[7] Widrow B, Lehr M A. 30 years of adaptive neural networks: perceptron, madaline, and backpropagation. *Proc. IEEE*, 1990, 78(9): 1415–1442.

[8] Cristianini N, Shawe-Taylor J. An introduction to support vector machines and other kernel-based learning methods. Cambridge University Press, 2000.

[①] 设集合 $S \subset \mathbf{R}^n$ 是由 $\mathbf{R}^n$ 中的 k 个点所组成的集合，即 $S = \{x_1, x_2, \cdots, x_k\}$. 定义 S 的凸壳 $\mathrm{conv}(S)$ 为

$$\mathrm{conv}(S) = \left\{ x = \sum_{i=1}^{k} \lambda_i x_i \middle| \sum_{i=1}^{k} \lambda_i = 1,\ \lambda_i \geqslant 0,\ i = 1, 2, \cdots, k \right\}$$

第 3 章　k 近邻法

k 近邻法（k-nearest neighbor，k-NN）是一种基本分类与回归方法。本书只讨论分类问题中的 k 近邻法。k 近邻法的输入为实例的特征向量，对应于特征空间的点；输出为实例的类别，可以取多类。k 近邻法假设给定一个训练数据集，其中的实例类别已定。分类时，对新的实例，根据其 k 个最近邻的训练实例的类别，通过多数表决等方式进行预测。因此，k 近邻法不具有显式的学习过程。k 近邻法实际上利用训练数据集对特征向量空间进行划分，并作为其分类的"模型"。k 值的选择、距离度量及分类决策规则是 k 近邻法的三个基本要素。k 近邻法于 1968 年由 Cover 和 Hart 提出。

本章首先叙述 k 近邻算法，然后讨论 k 近邻法的模型及三个基本要素，最后讲述 k 近邻法的一个实现方法——kd 树，介绍构造 kd 树和搜索 kd 树的算法。

3.1　k 近邻算法

k 近邻算法简单、直观：给定一个训练数据集，对新的输入实例，在训练数据集中找到与该实例最邻近的 k 个实例，这 k 个实例的多数属于某个类，就把该输入实例分为这个类。下面先叙述 k 近邻算法，然后再讨论其细节。

算法 3.1（k 近邻法）

输入：训练数据集

$$T = \{(x_1, y_1), (x_2, y_2), \cdots, (x_N, y_N)\}$$

其中，$x_i \in \mathcal{X} \subseteq \mathbf{R}^n$ 为实例的特征向量，$y_i \in \mathcal{Y} = \{c_1, c_2, \cdots, c_K\}$ 为实例的类别，$i = 1, 2, \cdots, N$；实例特征向量 x；

输出：实例 x 所属的类 y。

（1）根据给定的距离度量，在训练集 T 中找出与 x 最邻近的 k 个点，涵盖这 k 个点的 x 的邻域记作 $N_k(x)$；

（2）在 $N_k(x)$ 中根据分类决策规则（如多数表决）决定 x 的类别 y：

$$y = \arg\max_{c_j} \sum_{x_i \in N_k(x)} I(y_i = c_j), \quad i = 1, 2, \cdots, N; j = 1, 2, \cdots, K \quad (3.1)$$

式 (3.1) 中，I 为指示函数，即当 $y_i = c_j$ 时 I 为 1，否则 I 为 0。∎

k 近邻法的特殊情况是 $k = 1$ 的情形，称为最近邻算法。对于输入的实例点（特征向量）x，最近邻法将训练数据集中与 x 最邻近点的类作为 x 的类。

k 近邻法没有显式的学习过程。

3.2 k 近邻模型

k 近邻法使用的模型实际上对应于对特征空间的划分。模型由三个基本要素——距离度量、k 值的选择和分类决策规则决定。

3.2.1 模型

k 近邻法中，当训练集、距离度量（如欧氏距离）、k 值及分类决策规则（如多数表决）确定后，对于任何一个新的输入实例，它所属的类唯一地确定。这相当于根据上述要素将特征空间划分为一些子空间，确定子空间里的每个点所属的类。这一事实从最近邻算法中可以看得很清楚。

特征空间中，对每个训练实例点 x_i，距离该点比其他点更近的所有点组成一个区域，叫作单元（cell）。每个训练实例点拥有一个单元，所有训练实例点的单元构成对特征空间的一个划分。最近邻法将实例 x_i 的类 y_i 作为其单元中所有点的类标记（class label）。这样，每个单元的实例点的类别是确定的。图 3.1 是二维特征空间划分的一个例子。

3.2.2 距离度量

特征空间中两个实例点的距离是两个实例点相似程度的反映。k 近邻模型的特征空间一般是 n 维实数向量空间 $\mathbf{R}^n$。使用的距离是欧氏距离，但也可以是其他距离，如更一般的 L_p 距离（L_p distance）或 Minkowski 距离（Minkowski distance）。

设特征空间 $\mathcal{X}$ 是 n 维实数向量空间 $\mathbf{R}^n$，$x_i, x_j \in \mathcal{X}$，$x_i = (x_i^{(1)}, x_i^{(2)}, \cdots, x_i^{(n)})^\mathrm{T}$，$x_j = (x_j^{(1)}, x_j^{(2)}, \cdots, x_j^{(n)})^\mathrm{T}$，$x_i, x_j$ 的 L_p 距离定义为

$$L_p(x_i, x_j) = \left(\sum_{l=1}^{n} |x_i^{(l)} - x_j^{(l)}|^p \right)^{\frac{1}{p}} \quad (3.2)$$

3.2 k 近邻模型

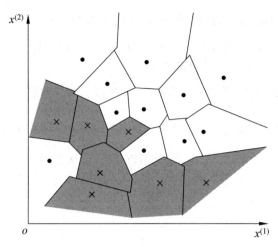

图 3.1　k 近邻法的模型对应特征空间的一个划分

这里 $p \geqslant 1$。当 $p=2$ 时，称为欧氏距离（Euclidean distance），即

$$L_2(x_i, x_j) = \left(\sum_{l=1}^{n} |x_i^{(l)} - x_j^{(l)}|^2 \right)^{\frac{1}{2}} \tag{3.3}$$

当 $p=1$ 时，称为曼哈顿距离（Manhattan distance），即

$$L_1(x_i, x_j) = \sum_{l=1}^{n} |x_i^{(l)} - x_j^{(l)}| \tag{3.4}$$

当 $p=\infty$ 时，它是各个坐标距离的最大值，即

$$L_\infty(x_i, x_j) = \max_l |x_i^{(l)} - x_j^{(l)}| \tag{3.5}$$

图 3.2 给出了二维空间中 p 取不同值时，与原点的 L_p 距离为 1（$L_p=1$）的点的图形。

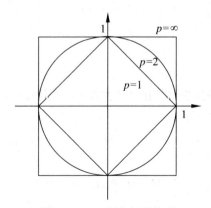

图 3.2　L_p 距离间的关系

下面的例子说明，由不同的距离度量所确定的最近邻点是不同的。

例 3.1 已知二维空间的 3 个点 $x_1 = (1,1)^\text{T}$，$x_2 = (5,1)^\text{T}$，$x_3 = (4,4)^\text{T}$，试求在 p 取不同值时，L_p 距离下 x_1 的最近邻点。

解 因为 x_1 和 x_2 只有第一维的值不同，所以 p 为任何值时，$L_p(x_1, x_2) = 4$。而

$$L_1(x_1, x_3) = 6, \quad L_2(x_1, x_3) = 4.24, \quad L_3(x_1, x_3) = 3.78, \quad L_4(x_1, x_3) = 3.57$$

于是得到：p 等于 1 或 2 时，x_2 是 x_1 的最近邻点；p 大于等于 3 时，x_3 是 x_1 的最近邻点。∎

3.2.3 k 值的选择

k 值的选择会对 k 近邻法的结果产生重大影响。

如果选择较小的 k 值，就相当于用较小的邻域中的训练实例进行预测，"学习"的近似误差（approximation error）会减小，只有与输入实例较近的（相似的）训练实例才会对预测结果起作用。但缺点是"学习"的估计误差（estimation error）会增大，预测结果会对近邻的实例点非常敏感[2]。如果邻近的实例点恰巧是噪声，预测就会出错。换句话说，k 值的减小就意味着整体模型变得复杂，容易发生过拟合。

如果选择较大的 k 值，就相当于用较大邻域中的训练实例进行预测。其优点是可以减少学习的估计误差，但缺点是学习的近似误差会增大。这时与输入实例较远的（不相似的）训练实例也会对预测起作用，使预测发生错误。k 值的增大就意味着整体的模型变得简单。

如果 $k = N$，那么无论输入实例是什么，都将简单地预测它属于在训练实例中最多的类。这时，模型过于简单，完全忽略训练实例中的大量有用信息，是不可取的。

在应用中，k 值一般取一个比较小的数值。通常采用交叉验证法来选取最优的 k 值。

3.2.4 分类决策规则

k 近邻法中的分类决策规则往往是多数表决，即由输入实例的 k 个邻近的训练实例中的多数类决定输入实例的类。

多数表决规则（majority voting rule）有如下解释：如果分类的损失函数为 0-1 损失函数，分类函数为

$$f : \mathbf{R}^n \to \{c_1, c_2, \cdots, c_K\}$$

那么误分类的概率是

$$P(Y \neq f(X)) = 1 - P(Y = f(X))$$

对给定的实例 $x \in \mathcal{X}$，其最近邻的 k 个训练实例点构成集合 $N_k(x)$。如果涵盖 $N_k(x)$ 的区域的类别是 c_j，那么误分类率是

$$\frac{1}{k} \sum_{x_i \in N_k(x)} I(y_i \neq c_j) = 1 - \frac{1}{k} \sum_{x_i \in N_k(x)} I(y_i = c_j)$$

要使误分类率最小即经验风险最小，就要使 $\sum_{x_i \in N_k(x)} I(y_i = c_j)$ 最大，所以多数表决规则等价于经验风险最小化。

3.3 k 近邻法的实现：kd 树

实现 k 近邻法时，主要考虑的问题是如何对训练数据进行快速 k 近邻搜索。这点在特征空间的维数大及训练数据容量大时尤其必要。

k 近邻法最简单的实现方法是线性扫描（linear scan）。这时要计算输入实例与每一个训练实例的距离。当训练集很大时，计算非常耗时，这种方法是不可行的。

为了提高 k 近邻搜索的效率，可以考虑使用特殊的结构存储训练数据，以减少计算距离的次数。具体方法很多，下面介绍其中的 kd 树（kd tree）方法[①]。

3.3.1 构造 kd 树

kd 树是一种对 k 维空间中的实例点进行存储以便对其进行快速检索的树形数据结构。kd 树是二叉树，表示对 k 维空间的一个划分（partition）。构造 kd 树相当于不断地用垂直于坐标轴的超平面将 k 维空间切分，构成一系列的 k 维超矩形区域。kd 树的每个结点对应于一个 k 维超矩形区域。

构造 kd 树的方法如下：构造根结点，使根结点对应于 k 维空间中包含所有实例点的超矩形区域；通过下面的递归方法，不断地对 k 维空间进行切分，生成子结点。在超矩形区域（结点）上选择一个坐标轴和在此坐标轴上的一个切分点，确定一个超平面，这个超平面通过选定的切分点并垂直于选定的坐标轴，将当前超矩形区域切分为左右两个子区域（子结点）；这时，实例被分到两个子区域。这个过程直到子区域内没有实例时终止（终止时的结点为叶结点）。在此过程中，将实例保存在相应的结点上。

---

① kd 树是存储 k 维空间数据的树结构，这里的 k 与 k 近邻法的 k 意义不同，为了与习惯一致，本书仍用 kd 树的名称。

通常，依次选择坐标轴对空间切分，选择训练实例点在选定坐标轴上的中位数（median）[①]为切分点，这样得到的 kd 树是平衡的。注意，平衡的 kd 树搜索时的效率未必是最优的。

下面给出构造 kd 树的算法。

算法 3.2（构造平衡 kd 树）

输入：k 维空间数据集 $T = \{x_1, x_2, \cdots, x_N\}$，其中 $x_i = (x_i^{(1)}, x_i^{(2)}, \cdots, x_i^{(k)})^{\mathrm{T}}$，$i = 1, 2, \cdots, N$；

输出：kd 树。

(1) 开始：构造根结点，根结点对应于包含 T 的 k 维空间的超矩形区域。

选择 $x^{(1)}$ 为坐标轴，以 T 中所有实例的 $x^{(1)}$ 坐标的中位数为切分点，将根结点对应的超矩形区域切分为两个子区域。切分由通过切分点并与坐标轴 $x^{(1)}$ 垂直的超平面实现。

由根结点生成深度为 1 的左、右子结点：左子结点对应坐标 $x^{(1)}$ 小于切分点的子区域，右子结点对应于坐标 $x^{(1)}$ 大于切分点的子区域。

将落在切分超平面上的实例点保存在根结点。

(2) 重复：对深度为 j 的结点，选择 $x^{(l)}$ 为切分的坐标轴，$l = j(\mod k) + 1$，以该结点的区域中所有实例的 $x^{(l)}$ 坐标的中位数为切分点，将该结点对应的超矩形区域切分为两个子区域。切分由通过切分点并与坐标轴 $x^{(l)}$ 垂直的超平面实现。

由该结点生成深度为 $j+1$ 的左、右子结点：左子结点对应坐标 $x^{(l)}$ 小于切分点的子区域，右子结点对应坐标 $x^{(l)}$ 大于切分点的子区域。

将落在切分超平面上的实例点保存在该结点。

(3) 直到两个子区域没有实例存在时停止。从而形成 kd 树的区域划分.∎

例 3.2 给定一个二维空间的数据集：

$$T = \{(2,3)^{\mathrm{T}}, (5,4)^{\mathrm{T}}, (9,6)^{\mathrm{T}}, (4,7)^{\mathrm{T}}, (8,1)^{\mathrm{T}}, (7,2)^{\mathrm{T}}\}$$

构造一个平衡 kd 树[②]。

解 根结点对应包含数据集 T 的矩形，选择 $x^{(1)}$ 轴，6 个数据点的 $x^{(1)}$ 坐标的中位数是 7 [③]，以平面 $x^{(1)} = 7$ 将空间分为左、右两个子矩形（子结点）；接着，左矩形以 $x^{(2)} = 4$ 分为两个子矩形，右矩形以 $x^{(2)} = 6$ 分为两个子矩形，如此递归，最后得到如图 3.3 所示的特征空间划分和如图 3.4 所示的 kd 树。∎

[①] 一组数据按大小顺序排列起来，处在中间位置的一个数或最中间两个数的平均值。
[②] 取自 Wikipedia。
[③] $x^{(1)} = 6$ 是中位数，但 $x^{(1)} = 6$ 上没有数据点，故选 $x^{(1)} = 7$。

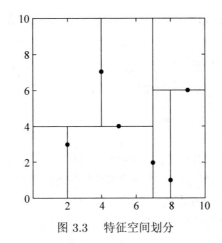

图 3.3　特征空间划分

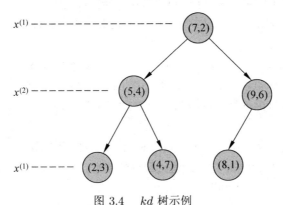

图 3.4　kd 树示例

3.3.2　搜索 kd 树

下面介绍如何利用 kd 树进行 k 近邻搜索。可以看到，利用 kd 树可以省去对大部分数据点的搜索，从而减少搜索的计算量。这里以最近邻为例加以叙述，同样的方法可以应用到 k 近邻。

给定一个目标点，搜索其最近邻。首先找到包含目标点的叶结点；然后从该叶结点出发，依次回退到父结点；不断查找与目标点最邻近的结点，当确定不可能存在更近的结点时终止。这样搜索就被限制在空间的局部区域上，效率大为提高。

包含目标点的叶结点对应包含目标点的最小超矩形区域。以此叶结点的实例点作为当前最近点。目标点的最近邻一定在以目标点为中心并通过当前最近点的超球体的内部（参阅图 3.5）。然后返回当前结点的父结点，如果父结点的另一子结点的超矩形区域与超球体相交，那么在相交的区域内寻找与目标点更近的实例点。如果存在这样的点，将此点作为新的当前最近点。算法转到更上一级的父结点，继续上述过程。如果父结点的另一子结点的超矩形区域与超球体不相交,或不存在比当前最近点更近的点,则停止搜索。

下面叙述用 kd 树的最近邻搜索算法。

算法 3.3(用 kd 树的最近邻搜索)

输入:已构造的 kd 树,目标点 x;

输出:x 的最近邻。

(1) 在 kd 树中找出包含目标点 x 的叶结点:从根结点出发,递归地向下访问 kd 树。若目标点 x 当前维的坐标小于切分点的坐标,则移动到左子结点,否则移动到右子结点。直到子结点为叶结点为止。

(2) 以此叶结点为"当前最近点"。

(3) 递归地向上回退,在每个结点进行以下操作:

(a) 如果该结点保存的实例点比当前最近点距离目标点更近,则以该实例点为"当前最近点";

(b) 当前最近点一定存在于该结点一个子结点对应的区域。检查该子结点的父结点的另一子结点对应的区域是否有更近的点。具体地,检查另一子结点对应的区域是否与以目标点为球心、以目标点与"当前最近点"间的距离为半径的超球体相交。

如果相交,可能在另一个子结点对应的区域内存在距目标点更近的点,移动到另一个子结点。接着,递归地进行最近邻搜索;

如果不相交,向上回退。

(4) 当回退到根结点时,搜索结束。最后的"当前最近点"即为 x 的最近邻点。∎

如果实例点是随机分布的,kd 树搜索的平均计算复杂度是 $O(\log N)$,这里 N 是训练实例数。kd 树更适用于训练实例数远大于空间维数时的 k 近邻搜索。当空间维数接近训练实例数时,它的效率会迅速下降,几乎接近线性扫描。

下面通过一个例题来说明搜索方法。

例 3.3 给定一个如图 3.5 所示的 kd 树,根结点为 A,其子结点为 B,C 等。树上共存储 7 个实例点;另有一个输入目标实例点 S,求 S 的最近邻。

解 首先在 kd 树中找到包含点 S 的叶结点 D(图中的右下区域),以点 D 作为近似最近邻。真正最近邻一定在以点 S 为中心通过点 D 的圆的内部。然后返回结点 D 的父结点 B,在结点 B 的另一子结点 F 的区域内搜索最近邻。结点 F 的区域与圆不相交,不可能有最近邻点。继续返回上一级父结点 A,在结点 A 的另一子结点 C 的区域内搜索最近邻。结点 C 的区域与圆相交;该区域在圆内的实例点有点 E,点 E 比点 D 更近,成为新的最近邻近似。最后得到点 E 是点 S 的最近邻。∎

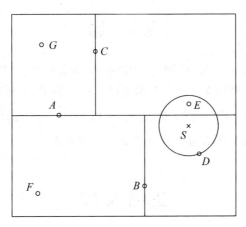

图 3.5 通过 kd 树搜索最近邻

本章概要

1. k 近邻法是基本且简单的分类与回归方法。k 近邻法的基本做法是：对给定的训练实例点和输入实例点，首先确定输入实例点的 k 个最近邻训练实例点，然后利用这 k 个训练实例点的类的多数来预测输入实例点的类。

2. k 近邻模型对应于基于训练数据集对特征空间的一个划分。k 近邻法中，当训练集、距离度量、k 值及分类决策规则确定后，其结果唯一确定。

3. k 近邻法三要素：距离度量、k 值的选择和分类决策规则。常用的距离度量是欧氏距离及更一般的 L_p 距离。k 值小时，k 近邻模型更复杂；k 值大时，k 近邻模型更简单。k 值的选择反映了对近似误差与估计误差之间的权衡，通常由交叉验证选择最优的 k。常用的分类决策规则是多数表决，对应于经验风险最小化。

4. k 近邻法的实现需要考虑如何快速搜索 k 个最近邻点。kd 树是一种便于对 k 维空间中的数据进行快速检索的数据结构。kd 树是二叉树，表示对 k 维空间的一个划分，其每个结点对应于 k 维空间划分中的一个超矩形区域。利用 kd 树可以省去对大部分数据点的搜索，从而减少搜索的计算量。

继续阅读

k 近邻法由 Cover 与 Hart 提出[1]。k 近邻法相关的理论在文献 [2, 3] 中已有论述。k 近邻法的扩展可参考文献 [4]。kd 树及其他快速搜索算法可参见文献 [5]。关于 k 近邻法的介绍可参考文献 [2]。

习　题

3.1　参照图 3.1，在二维空间中给出实例点，画出 k 为 1 和 2 时的 k 近邻法构成的空间划分，并对其进行比较，体会 k 值选择与模型复杂度及预测准确率的关系。

3.2　利用例题 3.2 构造的 kd 树求点 $x = (3, 4.5)^{\mathrm{T}}$ 的最近邻点。

3.3　参照算法 3.3，写出输出为 x 的 k 近邻的算法。

参 考 文 献

[1] Cover T, Hart P. Nearest neighbor pattern classification. IEEE Transactions on Information Theory, 1967, 13(1): 21–27.

[2] Hastie T, Tibshirani R, Friedman J. The elements of statistical learning: data mining, inference, and prediction, 2001.（中译本：统计学习基础 —— 数据挖掘、推理与预测. 范明，柴玉梅，昝红英等译. 北京：电子工业出版社，2004.）

[3] Friedman J. Flexible metric nearest neighbor classification. Technical Report, 1994.

[4] Weinberger K Q, Blitzer J, Saul L K. Distance metric learning for large margin nearest neighbor classification. In: Proceedings of the NIPS. 2005.

[5] Samet H. The design and analysis of spatial data structures. Reading, MA: Addison-Wesley, 1990.

第 4 章 朴素贝叶斯法

朴素贝叶斯（naïve Bayes）法是基于贝叶斯定理与特征条件独立假设的分类方法[①]。对于给定的训练数据集，首先基于特征条件独立假设学习输入输出的联合概率分布；然后基于此模型，对给定的输入 x，利用贝叶斯定理求出后验概率最大的输出 y。朴素贝叶斯法实现简单，学习与预测的效率都很高，是一种常用的方法。

本章叙述朴素贝叶斯法，包括朴素贝叶斯法的学习与分类、朴素贝叶斯法的参数估计算法。

4.1 朴素贝叶斯法的学习与分类

4.1.1 基本方法

设输入空间 $\mathcal{X} \subseteq \mathbf{R}^n$ 为 n 维向量的集合，输出空间为类标记集合 $\mathcal{Y} = \{c_1, c_2, \cdots, c_K\}$。输入为特征向量 $x \in \mathcal{X}$，输出为类标记（class label）$y \in \mathcal{Y}$。X 是定义在输入空间 $\mathcal{X}$ 上的随机向量，Y 是定义在输出空间 $\mathcal{Y}$ 上的随机变量。$P(X, Y)$ 是 X 和 Y 的联合概率分布。训练数据集

$$T = \{(x_1, y_1), (x_2, y_2), \cdots, (x_N, y_N)\}$$

由 $P(X, Y)$ 独立同分布产生。

朴素贝叶斯法通过训练数据集学习联合概率分布 $P(X, Y)$。具体地，学习以下先验概率分布及条件概率分布。先验概率分布

$$P(Y = c_k), \quad k = 1, 2, \cdots, K \tag{4.1}$$

[①] 注意：朴素贝叶斯法与贝叶斯估计（Bayesian estimation）是不同的概念。

条件概率分布

$$P(X=x|Y=c_k) = P(X^{(1)}=x^{(1)},\cdots,X^{(n)}=x^{(n)}|Y=c_k), \quad k=1,2,\cdots,K \tag{4.2}$$

于是学习到联合概率分布 $P(X,Y)$。

条件概率分布 $P(X=x|Y=c_k)$ 有指数级数量的参数，其估计实际是不可行的。事实上，假设 $x^{(j)}$ 可取值有 S_j 个，$j=1,2,\cdots,n$，Y 可取值有 K 个，那么参数个数为 $K\prod_{j=1}^{n} S_j$。

朴素贝叶斯法对条件概率分布作了条件独立性的假设。由于这是一个较强的假设，朴素贝叶斯法也由此得名。具体地，条件独立性假设是

$$P(X=x|Y=c_k) = P(X^{(1)}=x^{(1)},\cdots,X^{(n)}=x^{(n)}|Y=c_k)$$
$$= \prod_{j=1}^{n} P(X^{(j)}=x^{(j)}|Y=c_k) \tag{4.3}$$

朴素贝叶斯法实际上学习到生成数据的机制，所以属于生成模型。条件独立假设等于是说用于分类的特征在类确定的条件下都是条件独立的。这一假设使朴素贝叶斯法变得简单，但有时会牺牲一定的分类准确率。

朴素贝叶斯法分类时，对给定的输入 x，通过学习到的模型计算后验概率分布 $P(Y=c_k|X=x)$，将后验概率最大的类作为 x 的类输出。后验概率计算根据贝叶斯定理进行：

$$P(Y=c_k|X=x) = \frac{P(X=x|Y=c_k)P(Y=c_k)}{\sum_k P(X=x|Y=c_k)P(Y=c_k)} \tag{4.4}$$

将式 (4.3) 代入式 (4.4)，有

$$P(Y=c_k|X=x) = \frac{P(Y=c_k)\prod_j P(X^{(j)}=x^{(j)}|Y=c_k)}{\sum_k P(Y=c_k)\prod_j P(X^{(j)}=x^{(j)}|Y=c_k)}, \quad k=1,2,\cdots,K \tag{4.5}$$

这是朴素贝叶斯法分类的基本公式。于是，朴素贝叶斯分类器可表示为

$$y = f(x) = \arg\max_{c_k} \frac{P(Y=c_k)\prod_j P(X^{(j)}=x^{(j)}|Y=c_k)}{\sum_k P(Y=c_k)\prod_j P(X^{(j)}=x^{(j)}|Y=c_k)} \tag{4.6}$$

4.1 朴素贝叶斯法的学习与分类

注意到,在式 (4.6) 中分母对所有 c_k 都是相同的,所以,

$$y = \arg\max_{c_k} P(Y=c_k) \prod_j P(X^{(j)}=x^{(j)}|Y=c_k) \tag{4.7}$$

4.1.2 后验概率最大化的含义

朴素贝叶斯法将实例分到后验概率最大的类中。这等价于期望风险最小化。假设选择 0-1 损失函数:

$$L(Y, f(X)) = \begin{cases} 1, & Y \neq f(X) \\ 0, & Y = f(X) \end{cases}$$

式中 $f(X)$ 是分类决策函数。这时,期望风险函数为

$$R_{\exp}(f) = E[L(Y, f(X))]$$

期望是对联合分布 $P(X,Y)$ 取的。由此取条件期望

$$R_{\exp}(f) = E_X \sum_{k=1}^{K} [L(c_k, f(X))] P(c_k|X)$$

为了使期望风险最小化,只需对 $X=x$ 逐个极小化,由此得到:

$$\begin{aligned}
f(x) &= \arg\min_{y \in \mathcal{Y}} \sum_{k=1}^{K} L(c_k, y) P(c_k|X=x) \\
&= \arg\min_{y \in \mathcal{Y}} \sum_{k=1}^{K} P(y \neq c_k|X=x) \\
&= \arg\min_{y \in \mathcal{Y}} (1 - P(y=c_k|X=x)) \\
&= \arg\max_{y \in \mathcal{Y}} P(y=c_k|X=x)
\end{aligned}$$

这样一来,根据期望风险最小化准则就得到了后验概率最大化准则:

$$f(x) = \arg\max_{c_k} P(c_k|X=x)$$

即朴素贝叶斯法所采用的原理。

4.2 朴素贝叶斯法的参数估计

4.2.1 极大似然估计

在朴素贝叶斯法中,学习意味着估计 $P(Y=c_k)$ 和 $P(X^{(j)}=x^{(j)}|Y=c_k)$。可以应用极大似然估计法估计相应的概率。先验概率 $P(Y=c_k)$ 的极大似然估计是

$$P(Y=c_k) = \frac{\sum_{i=1}^{N} I(y_i = c_k)}{N}, \quad k=1,2,\cdots,K \tag{4.8}$$

设第 j 个特征 $x^{(j)}$ 可能取值的集合为 $\{a_{j1}, a_{j2}, \cdots, a_{jS_j}\}$,条件概率 $P(X^{(j)}=a_{jl}|Y=c_k)$ 的极大似然估计是

$$P(X^{(j)}=a_{jl}|Y=c_k) = \frac{\sum_{i=1}^{N} I(x_i^{(j)} = a_{jl}, y_i = c_k)}{\sum_{i=1}^{N} I(y_i = c_k)}$$

$$j=1,2,\cdots,n; \quad l=1,2,\cdots,S_j; \quad k=1,2,\cdots,K \tag{4.9}$$

式中,$x_i^{(j)}$ 是第 i 个样本的第 j 个特征;a_{jl} 是第 j 个特征可能取的第 l 个值;I 为指示函数。

4.2.2 学习与分类算法

下面给出朴素贝叶斯法的学习与分类算法。

算法 4.1(朴素贝叶斯算法(naïve Bayes algorithm))

输入:训练数据 $T = \{(x_1, y_1), (x_2, y_2), \cdots, (x_N, y_N)\}$,其中 $x_i = (x_i^{(1)}, x_i^{(2)}, \cdots, x_i^{(n)})^{\mathrm{T}}$,$x_i^{(j)}$ 是第 i 个样本的第 j 个特征,$x_i^{(j)} \in \{a_{j1}, a_{j2}, \cdots, a_{jS_j}\}$,$a_{jl}$ 是第 j 个特征可能取的第 l 个值,$j=1,2,\cdots,n$, $l=1,2,\cdots,S_j$, $y_i \in \{c_1, c_2, \cdots, c_K\}$;实例 x;

输出:实例 x 的分类。

(1)计算先验概率及条件概率

$$P(Y=c_k) = \frac{\sum_{i=1}^{N} I(y_i = c_k)}{N}, \quad k=1,2,\cdots,K$$

4.2 朴素贝叶斯法的参数估计

$$P(X^{(j)} = a_{jl}|Y = c_k) = \frac{\sum_{i=1}^{N} I(x_i^{(j)} = a_{jl}, y_i = c_k)}{\sum_{i=1}^{N} I(y_i = c_k)}$$

$$j = 1, 2, \cdots, n; \quad l = 1, 2, \cdots, S_j; \quad k = 1, 2, \cdots, K$$

（2）对于给定的实例 $x = (x^{(1)}, x^{(2)}, \cdots, x^{(n)})^{\mathrm{T}}$，计算

$$P(Y = c_k) \prod_{j=1}^{n} P(X^{(j)} = x^{(j)}|Y = c_k), \quad k = 1, 2, \cdots, K$$

（3）确定实例 x 的类

$$y = \arg\max_{c_k} P(Y = c_k) \prod_{j=1}^{n} P(X^{(j)} = x^{(j)}|Y = c_k) \quad \blacksquare$$

例 4.1 试由表 4.1 的训练数据学习一个朴素贝叶斯分类器并确定 $x = (2, S)^{\mathrm{T}}$ 的类标记 y。表中 $X^{(1)}$，$X^{(2)}$ 为特征，取值的集合分别为 $A_1 = \{1, 2, 3\}$，$A_2 = \{S, M, L\}$，Y 为类标记，$Y \in C = \{1, -1\}$。

表 4.1 训练数据

	1	2	3	4	5	6	7	8	9	10	11	12	13	14	15
$X^{(1)}$	1	1	1	1	1	2	2	2	2	2	3	3	3	3	3
$X^{(2)}$	S	M	M	S	S	S	M	M	L	L	L	M	M	L	L
Y	-1	-1	1	1	-1	-1	-1	1	1	1	1	1	1	1	-1

解 根据算法 4.1，由表 4.1，容易计算下列概率：

$P(Y = 1) = \dfrac{9}{15}, \quad P(Y = -1) = \dfrac{6}{15}$

$P(X^{(1)} = 1|Y = 1) = \dfrac{2}{9}, \quad P(X^{(1)} = 2|Y = 1) = \dfrac{3}{9}, \quad P(X^{(1)} = 3|Y = 1) = \dfrac{4}{9}$

$P(X^{(2)} = S|Y = 1) = \dfrac{1}{9}, \quad P(X^{(2)} = M|Y = 1) = \dfrac{4}{9}, \quad P(X^{(2)} = L|Y = 1) = \dfrac{4}{9}$

$P(X^{(1)} = 1|Y = -1) = \dfrac{3}{6}, \quad P(X^{(1)} = 2|Y = -1) = \dfrac{2}{6}, \quad P(X^{(1)} = 3|Y = -1) = \dfrac{1}{6}$

$P(X^{(2)} = S|Y = -1) = \dfrac{3}{6}, \quad P(X^{(2)} = M|Y = -1) = \dfrac{2}{6}, \quad P(X^{(2)} = L|Y = -1) = \dfrac{1}{6}$

对于给定的 $x = (2, S)^\mathrm{T}$ 计算：

$$P(Y=1)P(X^{(1)}=2|Y=1)P(X^{(2)}=S|Y=1) = \frac{9}{15} \cdot \frac{3}{9} \cdot \frac{1}{9} = \frac{1}{45}$$

$$P(Y=-1)P(X^{(1)}=2|Y=-1)P(X^{(2)}=S|Y=-1) = \frac{6}{15} \cdot \frac{2}{6} \cdot \frac{3}{6} = \frac{1}{15}$$

因为 $P(Y=-1)P(X^{(1)}=2|Y=-1)P(X^{(2)}=S|Y=-1)$ 最大，所以 $y=-1$。∎

4.2.3 贝叶斯估计

用极大似然估计可能会出现所要估计的概率值为 0 的情况。这时会影响到后验概率的计算结果，使分类产生偏差。解决这一问题的方法是采用贝叶斯估计。具体地，条件概率的贝叶斯估计是

$$P_\lambda(X^{(j)} = a_{jl}|Y = c_k) = \frac{\sum_{i=1}^{N} I(x_i^{(j)} = a_{jl}, y_i = c_k) + \lambda}{\sum_{i=1}^{N} I(y_i = c_k) + S_j \lambda} \tag{4.10}$$

式中 $\lambda \geqslant 0$。等价于在随机变量各个取值的频数上赋予一个正数 $\lambda > 0$。当 $\lambda = 0$ 时就是极大似然估计。常取 $\lambda = 1$，这时称为拉普拉斯平滑 (Laplacian smoothing)。显然，对任何 $l = 1, 2, \cdots, S_j$, $k = 1, 2, \cdots, K$，有

$$P_\lambda(X^{(j)} = a_{jl}|Y = c_k) > 0$$
$$\sum_{l=1}^{S_j} P_\lambda(X^{(j)} = a_{jl}|Y = c_k) = 1$$

表明式 (4.10) 确为一种概率分布。同样，先验概率的贝叶斯估计是

$$P_\lambda(Y = c_k) = \frac{\sum_{i=1}^{N} I(y_i = c_k) + \lambda}{N + K\lambda} \tag{4.11}$$

例 4.2 问题同例 4.1，按照拉普拉斯平滑估计概率，即取 $\lambda = 1$。

解 $A_1 = \{1, 2, 3\}$, $A_2 = \{S, M, L\}$, $C = \{1, -1\}$。按照式 (4.10) 和式 (4.11) 计算下列概率：

$$P(Y=1) = \frac{10}{17}, \quad P(Y=-1) = \frac{7}{17}$$

$$P(X^{(1)}=1|Y=1)=\frac{3}{12}, \quad P(X^{(1)}=2|Y=1)=\frac{4}{12}, \quad P(X^{(1)}=3|Y=1)=\frac{5}{12}$$

$$P(X^{(2)}=S|Y=1)=\frac{2}{12}, \quad P(X^{(2)}=M|Y=1)=\frac{5}{12}, \quad P(X^{(2)}=L|Y=1)=\frac{5}{12}$$

$$P(X^{(1)}=1|Y=-1)=\frac{4}{9}, \quad P(X^{(1)}=2|Y=-1)=\frac{3}{9}, \quad P(X^{(1)}=3|Y=-1)=\frac{2}{9}$$

$$P(X^{(2)}=S|Y=-1)=\frac{4}{9}, \quad P(X^{(2)}=M|Y=-1)=\frac{3}{9}, \quad P(X^{(2)}=L|Y=-1)=\frac{2}{9}$$

对于给定的 $x=(2,S)^{\mathrm{T}}$,计算:

$$P(Y=1)P(X^{(1)}=2|Y=1)P(X^{(2)}=S|Y=1)=\frac{10}{17}\cdot\frac{4}{12}\cdot\frac{2}{12}=\frac{5}{153}=0.0327$$

$$P(Y=-1)P(X^{(1)}=2|Y=-1)P(X^{(2)}=S|Y=-1)=\frac{7}{17}\cdot\frac{3}{9}\cdot\frac{4}{9}=\frac{28}{459}=0.0610$$

由于 $P(Y=-1)P(X^{(1)}=2|Y=-1)P(X^{(2)}=S|Y=-1)$ 最大,所以 $y=-1$。 ∎

本 章 概 要

1. 朴素贝叶斯法是典型的生成学习方法。生成方法由训练数据学习联合概率分布 $P(X,Y)$,然后求得后验概率分布 $P(Y|X)$。具体来说,利用训练数据学习 $P(X|Y)$ 和 $P(Y)$ 的估计,得到联合概率分布:

$$P(X,Y)=P(Y)P(X|Y)$$

概率估计方法可以是极大似然估计或贝叶斯估计。

2. 朴素贝叶斯法的基本假设是条件独立性,

$$P(X=x|Y=c_k)=P(X^{(1)}=x^{(1)},\cdots,X^{(n)}=x^{(n)}|Y=c_k)$$
$$=\prod_{j=1}^{n}P(X^{(j)}=x^{(j)}|Y=c_k)$$

这是一个较强的假设。由于这一假设,模型包含的条件概率的数量大为减少,朴素贝叶斯法的学习与预测大为简化。因而朴素贝叶斯法高效,且易于实现。其缺点是分类的性能不一定很高。

3. 朴素贝叶斯法利用贝叶斯定理与学到的联合概率模型进行分类预测。

$$P(Y|X)=\frac{P(X,Y)}{P(X)}=\frac{P(Y)P(X|Y)}{\sum_{Y}P(Y)P(X|Y)}$$

将输入 x 分到后验概率最大的类 y。

$$y = \arg\max_{c_k} P(Y = c_k) \prod_{j=1}^{n} P(X_j = x^{(j)} | Y = c_k)$$

后验概率最大等价于 0-1 损失函数时的期望风险最小化。

继续阅读

朴素贝叶斯法的介绍可见文献 [1, 2]。朴素贝叶斯法中假设输入变量都是条件独立的,如果假设它们之间存在概率依存关系,模型就变成了贝叶斯网络,参见文献 [3]。

习　题

4.1 用极大似然估计法推出朴素贝叶斯法中的概率估计公式 (4.8) 及公式 (4.9)。

4.2 用贝叶斯估计法推出朴素贝叶斯法中的概率估计公式 (4.10) 及公式 (4.11)。

参考文献

[1] Mitchell T M. Chapter 3: Generative and discriminative classifiers: Naïve Bayes and logistic regression. In: Machine Learning. Draft, 2005. http://www.cs.cmu.edu/~tom/mlbook/NBayesLogReg.pdf.

[2] Hastie T, Tibshirani R, Friedman J. The elements of statistical learning: data mining, inference, and prediction. Springer-Verlag, 2001.（中译本：统计学习基础 —— 数据挖掘、推理与预测. 范明,柴玉梅,昝红英等译. 北京：电子工业出版社,2004.）

[3] Bishop C. pattern recognition and machine learning, Springer, 2006.

第5章 决 策 树

决策树（decision tree）是一种基本的分类与回归方法。本章主要讨论用于分类的决策树。决策树模型呈树形结构，在分类问题中，表示基于特征对实例进行分类的过程。它可以认为是 if-then 规则的集合，也可以认为是定义在特征空间与类空间上的条件概率分布。其主要优点是模型具有可读性，分类速度快。学习时，利用训练数据，根据损失函数最小化的原则建立决策树模型。预测时，对新的数据，利用决策树模型进行分类。决策树学习通常包括 3 个步骤：特征选择、决策树的生成和决策树的修剪。这些决策树学习的思想主要来源于由 Quinlan 在 1986 年提出的 ID3 算法和 1993 年提出的 C4.5 算法，以及由 Breiman 等人在 1984 年提出的 CART 算法。

本章首先介绍决策树的基本概念，然后通过 ID3 和 C4.5 介绍特征的选择、决策树的生成以及决策树的修剪，最后介绍 CART 算法。

5.1 决策树模型与学习

5.1.1 决策树模型

定义 5.1（决策树） 分类决策树模型是一种描述对实例进行分类的树形结构。决策树由结点（node）和有向边（directed edge）组成。结点有两种类型：内部结点（internal node）和叶结点（leaf node）。内部结点表示一个特征或属性，叶结点表示一个类。

用决策树分类，从根结点开始，对实例的某一特征进行测试，根据测试结果，将实例分配到其子结点；这时，每一个子结点对应着该特征的一个取值。如此递归地对实例进行测试并分配，直至达到叶结点。最后将实例分到叶结点的类中。

图 5.1 是一个决策树的示意图。图中圆和方框分别表示内部结点和叶结点。

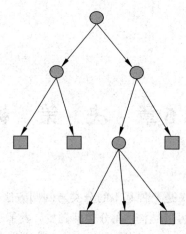

图 5.1 决策树模型

5.1.2 决策树与 if-then 规则

可以将决策树看成一个 if-then 规则的集合。将决策树转换成 if-then 规则的过程是这样的：由决策树的根结点到叶结点的每一条路径构建一条规则；路径上内部结点的特征对应着规则的条件，而叶结点的类对应着规则的结论。决策树的路径或其对应的 if-then 规则集合具有一个重要的性质：互斥并且完备。这就是说，每一个实例都被一条路径或一条规则所覆盖，而且只被一条路径或一条规则所覆盖。这里所谓覆盖是指实例的特征与路径上的特征一致或实例满足规则的条件。

5.1.3 决策树与条件概率分布

决策树还表示给定特征条件下类的条件概率分布。这一条件概率分布定义在特征空间的一个划分（partition）上。将特征空间划分为互不相交的单元（cell）或区域（region），并在每个单元定义一个类的概率分布就构成了一个条件概率分布。决策树的一条路径对应于划分中的一个单元。决策树所表示的条件概率分布由各个单元给定条件下类的条件概率分布组成。假设 X 为表示特征的随机变量，Y 为表示类的随机变量，那么这个条件概率分布可以表示为 $P(Y|X)$。X 取值于给定划分下单元的集合，Y 取值于类的集合。各叶结点（单元）上的条件概率往往偏向某一个类，即属于某一类的概率较大。决策树分类时将该结点的实例强行分到条件概率大的那一类去。

图 5.2（a）示意地表示了特征空间的一个划分。图中的大正方形表示特征空间。这个大正方形被若干个小矩形分割，每个小矩形表示一个单元。特征空间划分上的单元构成了一个集合，X 取值为单元的集合。为简单起见，假设只有两类：正类和负类，

即 Y 取值为 +1 和 −1。小矩形中的数字表示单元的类。图 5.2（b）示意地表示特征空间划分确定时，特征（单元）给定条件下类的条件概率分布。图 5.2（b）中条件概率分布对应于图 5.2（a）的划分。当某个单元 c 的条件概率满足 $P(Y = +1|X = c) > 0.5$ 时，则认为这个单元属于正类，即落在这个单元的实例都被视为正例。图 5.2（c）为对应于图 5.2（b）中条件概率分布的决策树。

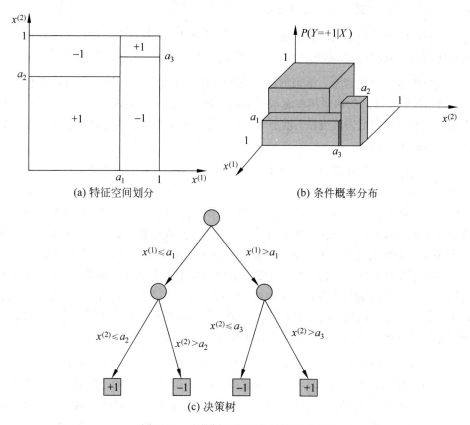

图 5.2　决策树对应于条件概率分布

5.1.4　决策树学习

假设给定训练数据集

$$D = \{(x_1, y_1), (x_2, y_2), \cdots, (x_N, y_N)\}$$

其中，$x_i = (x_i^{(1)}, x_i^{(2)}, \cdots, x_i^{(n)})^\mathrm{T}$ 为输入实例（特征向量），n 为特征个数，$y_i \in \{1, 2, \cdots, K\}$ 为类标记，$i = 1, 2, \cdots, N$，N 为样本容量。决策树学习的目标是根据给定的训练数据集构建一个决策树模型，使它能够对实例进行正确的分类。

决策树学习本质上是从训练数据集中归纳出一组分类规则。与训练数据集不相矛盾的决策树（即能对训练数据进行正确分类的决策树）可能有多个，也可能一个都没有。我们需要的是一个与训练数据矛盾较小的决策树，同时具有很好的泛化能力。从另一个角度看，决策树学习是由训练数据集估计条件概率模型。基于特征空间划分的类的条件概率模型有无穷多个。我们选择的条件概率模型应该不仅对训练数据有很好的拟合，而且对未知数据有很好的预测。

决策树学习用损失函数表示这一目标。如下所述，决策树学习的损失函数通常是正则化的极大似然函数。决策树学习的策略是以损失函数为目标函数的最小化。

当损失函数确定以后，学习问题就变为在损失函数意义下选择最优决策树的问题。因为从所有可能的决策树中选取最优决策树是 NP 完全问题，所以现实中决策树学习算法通常采用启发式方法，近似求解这一最优化问题。这样得到的决策树是次最优（sub-optimal）的。

决策树学习的算法通常是一个递归地选择最优特征，并根据该特征对训练数据进行分割，使得对各个子数据集有一个最好的分类的过程。这一过程对应着对特征空间的划分，也对应着决策树的构建。开始，构建根结点，将所有训练数据都放在根结点。选择一个最优特征，按照这一特征将训练数据集分割成子集，使得各个子集有一个在当前条件下最好的分类。如果这些子集已经能够被基本正确分类，那么构建叶结点，并将这些子集分到所对应的叶结点中去；如果还有子集不能被基本正确分类，那么就对这些子集选择新的最优特征，继续对其进行分割，构建相应的结点。如此递归地进行下去，直至所有训练数据子集被基本正确分类，或者没有合适的特征为止。最后每个子集都被分到叶结点上，即都有了明确的类。这就生成了一棵决策树。

以上方法生成的决策树可能对训练数据有很好的分类能力，但对未知的测试数据却未必有很好的分类能力，即可能发生过拟合现象。我们需要对已生成的树自下而上进行剪枝，将树变得更简单，从而使它具有更好的泛化能力。具体地，就是去掉过于细分的叶结点，使其回退到父结点，甚至更高的结点，然后将父结点或更高的结点改为新的叶结点。

如果特征数量很多，也可以在决策树学习开始的时候，对特征进行选择，只留下对训练数据有足够分类能力的特征。

可以看出，决策树学习算法包含特征选择、决策树的生成与决策树的剪枝过程。由于决策树表示一个条件概率分布，所以深浅不同的决策树对应着不同复杂度的概率模型。决策树的生成对应于模型的局部选择，决策树的剪枝对应于模型的全局选择。决策树的生成只考虑局部最优，相对地，决策树的剪枝则考虑全局最优。

决策树学习常用的算法有 ID3、C4.5 与 CART，下面结合这些算法分别叙述决策树学习的特征选择、决策树的生成和剪枝过程。

5.2 特征选择

5.2.1 特征选择问题

特征选择在于选取对训练数据具有分类能力的特征。这样可以提高决策树学习的效率。如果利用一个特征进行分类的结果与随机分类的结果没有很大差别，则称这个特征是没有分类能力的。经验上扔掉这样的特征对决策树学习的精度影响不大。通常特征选择的准则是信息增益或信息增益比。

首先通过一个例子来说明特征选择问题。

例 5.1[①] 表 5.1 是一个由 15 个样本组成的贷款申请训练数据。数据包括贷款申请人的 4 个特征（属性）：第 1 个特征是年龄，有 3 个可能值：青年，中年，老年；第 2 个特征是有工作，有 2 个可能值：是，否；第 3 个特征是有自己的房子，有 2 个可能值：是，否；第 4 个特征是信贷情况，有 3 个可能值：非常好，好，一般。表的最后一列是类别，是否同意贷款，取 2 个值：是，否。

表 5.1 贷款申请样本数据表

ID	年龄	有工作	有自己的房子	信贷情况	类别
1	青年	否	否	一般	否
2	青年	否	否	好	否
3	青年	是	否	好	是
4	青年	是	是	一般	是
5	青年	否	否	一般	否
6	中年	否	否	一般	否
7	中年	否	否	好	否
8	中年	是	是	好	是
9	中年	否	是	非常好	是
10	中年	否	是	非常好	是
11	老年	否	是	非常好	是
12	老年	否	是	好	是
13	老年	是	否	好	是
14	老年	是	否	非常好	是
15	老年	否	否	一般	否

希望通过所给的训练数据学习一个贷款申请的决策树，用以对未来的贷款申请进行分类，即当新的客户提出贷款申请时，根据申请人的特征利用决策树决定是否批准贷款申请。∎

特征选择是决定用哪个特征来划分特征空间。

[①] 此例取自参考文献 [5]。

图 5.3 表示从表 5.1 数据学习到的两个可能的决策树,分别由两个不同特征的根结点构成。图 5.3(a) 所示的根结点的特征是年龄,有 3 个取值,对应于不同的取值有不同的子结点。图 5.3(b) 所示的根结点的特征是有工作,有 2 个取值,对应于不同的取值有不同的子结点。两个决策树都可以从此延续下去。问题是:究竟选择哪个特征更好些?这就要求确定选择特征的准则。直观上,如果一个特征具有更好的分类能力,或者说,按照这一特征将训练数据集分割成子集,使得各个子集在当前条件下有最好的分类,那么就更应该选择这个特征。信息增益(information gain)就能够很好地表示这一直观的准则。

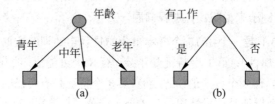

图 5.3 不同特征决定的不同决策树

5.2.2 信息增益

为了便于说明,先给出熵与条件熵的定义。

在信息论与概率统计中,熵(entropy)是表示随机变量不确定性的度量。设 X 是一个取有限个值的离散随机变量,其概率分布为

$$P(X = x_i) = p_i, \quad i = 1, 2, \cdots, n$$

则随机变量 X 的熵定义为

$$H(X) = -\sum_{i=1}^{n} p_i \log p_i \tag{5.1}$$

在式 (5.1) 中,若 $p_i = 0$,则定义 $0 \log 0 = 0$。通常,式 (5.1) 中的对数以 2 为底或以 e 为底(自然对数),这时熵的单位分别称作比特(bit)或纳特(nat)。由定义可知,熵只依赖于 X 的分布,而与 X 的取值无关,所以也可将 X 的熵记作 $H(p)$,即

$$H(p) = -\sum_{i=1}^{n} p_i \log p_i \tag{5.2}$$

熵越大,随机变量的不确定性就越大。从定义可验证

$$0 \leqslant H(p) \leqslant \log n \tag{5.3}$$

5.2 特征选择

当随机变量只取两个值,例如 1,0 时,即 X 的分布为

$$P(X=1) = p, \quad P(X=0) = 1-p, \quad 0 \leqslant p \leqslant 1$$

熵为

$$H(p) = -p\log_2 p - (1-p)\log_2(1-p) \tag{5.4}$$

这时,熵 $H(p)$ 随概率 p 变化的曲线如图 5.4 所示(单位为比特)。

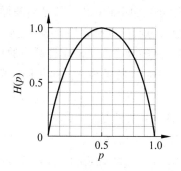

图 5.4　分布为伯努利分布时熵与概率的关系

当 $p=0$ 或 $p=1$ 时 $H(p)=0$,随机变量完全没有不确定性。当 $p=0.5$ 时,$H(p)=1$,熵取值最大,随机变量不确定性最大。

设有随机变量 (X,Y),其联合概率分布为

$$P(X=x_i, Y=y_j) = p_{ij}, \quad i=1,2,\cdots,n; \quad j=1,2,\cdots,m$$

条件熵 $H(Y|X)$ 表示在已知随机变量 X 的条件下随机变量 Y 的不确定性。随机变量 X 给定的条件下随机变量 Y 的条件熵(conditional entropy)$H(Y|X)$,定义为 X 给定条件下 Y 的条件概率分布的熵对 X 的数学期望

$$H(Y|X) = \sum_{i=1}^{n} p_i H(Y|X=x_i) \tag{5.5}$$

这里,$p_i = P(X=x_i)$,$i=1,2,\cdots,n$。

当熵和条件熵中的概率由数据估计(特别是极大似然估计)得到时,所对应的熵与条件熵分别称为经验熵(empirical entropy)和经验条件熵(empirical conditional entropy)。此时,如果有 0 概率,令 $0\log 0 = 0$。

信息增益(information gain)表示得知特征 X 的信息而使得类 Y 的信息的不确定性减少的程度。

定义 5.2（信息增益） 特征 A 对训练数据集 D 的信息增益 $g(D,A)$，定义为集合 D 的经验熵 $H(D)$ 与特征 A 给定条件下 D 的经验条件熵 $H(D|A)$ 之差，即

$$g(D,A) = H(D) - H(D|A) \tag{5.6}$$

一般地，熵 $H(Y)$ 与条件熵 $H(Y|X)$ 之差称为互信息（mutual information）。决策树学习中的信息增益等价于训练数据集中类与特征的互信息。

决策树学习应用信息增益准则选择特征。给定训练数据集 D 和特征 A，经验熵 $H(D)$ 表示对数据集 D 进行分类的不确定性。而经验条件熵 $H(D|A)$ 表示在特征 A 给定的条件下对数据集 D 进行分类的不确定性。那么它们的差，即信息增益，就表示由于特征 A 而使得对数据集 D 的分类的不确定性减少的程度。显然，对于数据集 D 而言，信息增益依赖于特征，不同的特征往往具有不同的信息增益。信息增益大的特征具有更强的分类能力。

根据信息增益准则的特征选择方法是：对训练数据集（或子集）D，计算其每个特征的信息增益，并比较它们的大小，选择信息增益最大的特征。

设训练数据集为 D，$|D|$ 表示其样本容量，即样本个数。设有 K 个类 C_k，$k=1,2,\cdots,K$，$|C_k|$ 为属于类 C_k 的样本个数，$\sum_{k=1}^{K}|C_k| = |D|$。设特征 A 有 n 个不同的取值 $\{a_1,a_2,\cdots,a_n\}$，根据特征 A 的取值将 D 划分为 n 个子集 $D_1,D_2,\cdots,D_n$，$|D_i|$ 为 D_i 的样本个数，$\sum_{i=1}^{n}|D_i| = |D|$。记子集 D_i 中属于类 C_k 的样本的集合为 D_{ik}，即 $D_{ik} = D_i \cap C_k$，$|D_{ik}|$ 为 D_{ik} 的样本个数。于是信息增益的算法如下。

算法 5.1（信息增益的算法）

输入：训练数据集 D 和特征 A；

输出：特征 A 对训练数据集 D 的信息增益 $g(D,A)$。

(1) 计算数据集 D 的经验熵 $H(D)$

$$H(D) = -\sum_{k=1}^{K}\frac{|C_k|}{|D|}\log_2\frac{|C_k|}{|D|} \tag{5.7}$$

(2) 计算特征 A 对数据集 D 的经验条件熵 $H(D|A)$

$$H(D|A) = \sum_{i=1}^{n}\frac{|D_i|}{|D|}H(D_i) = -\sum_{i=1}^{n}\frac{|D_i|}{|D|}\sum_{k=1}^{K}\frac{|D_{ik}|}{|D_i|}\log_2\frac{|D_{ik}|}{|D_i|} \tag{5.8}$$

(3) 计算信息增益

$$g(D,A) = H(D) - H(D|A) \tag{5.9}$$

例 5.2 对表 5.1 所给的训练数据集 D，根据信息增益准则选择最优特征。

解 首先计算经验熵 $H(D)$。

$$H(D) = -\frac{9}{15}\log_2\frac{9}{15} - \frac{6}{15}\log_2\frac{6}{15} = 0.971$$

然后计算各特征对数据集 D 的信息增益。分别以 A_1, A_2, A_3, A_4 表示年龄、有工作、有自己的房子和信贷情况 4 个特征，则

（1）

$$\begin{aligned}
g(D, A_1) &= H(D) - \left[\frac{5}{15}H(D_1) + \frac{5}{15}H(D_2) + \frac{5}{15}H(D_3)\right] \\
&= 0.971 - \left[\frac{5}{15}\left(-\frac{2}{5}\log_2\frac{2}{5} - \frac{3}{5}\log_2\frac{3}{5}\right) + \right. \\
&\quad \left. \frac{5}{15}\left(-\frac{3}{5}\log_2\frac{3}{5} - \frac{2}{5}\log_2\frac{2}{5}\right) + \frac{5}{15}\left(-\frac{4}{5}\log_2\frac{4}{5} - \frac{1}{5}\log_2\frac{1}{5}\right)\right] \\
&= 0.971 - 0.888 = 0.083
\end{aligned}$$

这里 D_1, D_2, D_3 分别是 D 中 A_1（年龄）取值为青年、中年和老年的样本子集。类似地，

（2）

$$\begin{aligned}
g(D, A_2) &= H(D) - \left[\frac{5}{15}H(D_1) + \frac{10}{15}H(D_2)\right] \\
&= 0.971 - \left[\frac{5}{15} \times 0 + \frac{10}{15}\left(-\frac{4}{10}\log_2\frac{4}{10} - \frac{6}{10}\log_2\frac{6}{10}\right)\right] = 0.324
\end{aligned}$$

（3）

$$\begin{aligned}
g(D, A_3) &= 0.971 - \left[\frac{6}{15} \times 0 + \frac{9}{15}\left(-\frac{3}{9}\log_2\frac{3}{9} - \frac{6}{9}\log_2\frac{6}{9}\right)\right] \\
&= 0.971 - 0.551 = 0.420
\end{aligned}$$

（4）

$$g(D, A_4) = 0.971 - 0.608 = 0.363$$

最后，比较各特征的信息增益值。由于特征 A_3（有自己的房子）的信息增益值最大，所以选择特征 A_3 作为最优特征。∎

5.2.3 信息增益比

以信息增益作为划分训练数据集的特征,存在偏向于选择取值较多的特征的问题。使用信息增益比(information gain ratio)可以对这一问题进行校正。这是特征选择的另一准则。

定义 5.3(信息增益比) 特征 A 对训练数据集 D 的信息增益比 $g_R(D,A)$ 定义为其信息增益 $g(D,A)$ 与训练数据集 D 关于特征 A 的值的熵 $H_A(D)$ 之比,即

$$g_R(D,A) = \frac{g(D,A)}{H_A(D)} \tag{5.10}$$

其中,$H_A(D) = -\sum_{i=1}^{n} \frac{|D_i|}{|D|} \log_2 \frac{|D_i|}{|D|}$,$n$ 是特征 A 取值的个数。

5.3 决策树的生成

本节将介绍决策树学习的生成算法。首先介绍 ID3 的生成算法,然后再介绍 C4.5 中的生成算法。这些都是决策树学习的经典算法。

5.3.1 ID3 算法

ID3 算法的核心是在决策树各个结点上应用信息增益准则选择特征,递归地构建决策树。具体方法是:从根结点(root node)开始,对结点计算所有可能的特征的信息增益,选择信息增益最大的特征作为结点的特征,由该特征的不同取值建立子结点;再对子结点递归地调用以上方法,构建决策树;直到所有特征的信息增益均很小或没有特征可以选择为止。最后得到一棵决策树。ID3 相当于用极大似然法进行概率模型的选择。

算法 5.2(ID3 算法)

输入:训练数据集 D,特征集 A 阈值 ε;

输出:决策树 T。

(1) 若 D 中所有实例属于同一类 C_k,则 T 为单结点树,并将类 C_k 作为该结点的类标记,返回 T;

(2) 若 $A = \varnothing$,则 T 为单结点树,并将 D 中实例数最大的类 C_k 作为该结点的类标记,返回 T;

(3) 否则,按算法 5.1 计算 A 中各特征对 D 的信息增益,选择信息增益最大的特征 A_g;

(4) 如果 A_g 的信息增益小于阈值 ε,则置 T 为单结点树,并将 D 中实例数最大的类 C_k 作为该结点的类标记,返回 T;

(5) 否则,对 A_g 的每一可能值 a_i,依 $A_g = a_i$ 将 D 分割为若干非空子集 D_i,将 D_i 中实例数最大的类作为标记,构建子结点,由结点及其子结点构成树 T,返回 T;

(6) 对第 i 个子结点,以 D_i 为训练集,以 $A - \{A_g\}$ 为特征集,递归地调用步 (1)~步 (5),得到子树 T_i,返回 T_i。∎

例 5.3 对表 5.1 的训练数据集,利用 ID3 算法建立决策树。

解 利用例 5.2 的结果,由于特征 A_3(有自己的房子)的信息增益值最大,所以选择特征 A_3 作为根结点的特征。它将训练数据集 D 划分为两个子集 D_1(A_3 取值为 "是") 和 D_2(A_3 取值为 "否")。由于 D_1 只有同一类的样本点,所以它成为一个叶结点,结点的类标记为 "是"。

对 D_2 则需从特征 A_1(年龄),A_2(有工作) 和 A_4(信贷情况) 中选择新的特征。计算各个特征的信息增益:

$$g(D_2, A_1) = H(D_2) - H(D_2|A_1) = 0.918 - 0.667 = 0.251$$

$$g(D_2, A_2) = H(D_2) - H(D_2|A_2) = 0.918$$

$$g(D_2, A_4) = H(D_2) - H(D_2|A_4) = 0.474$$

选择信息增益最大的特征 A_2(有工作)作为结点的特征。由于 A_2 有两个可能取值,从这一结点引出两个子结点:一个对应 "是"(有工作)的子结点,包含 3 个样本,它们属于同一类,所以这是一个叶结点,类标记为 "是";另一个是对应 "否"(无工作)的子结点,包含 6 个样本,它们也属于同一类,所以这也是一个叶结点,类标记为 "否"。

这样生成一棵如图 5.5 所示的决策树。该决策树只用了两个特征(有两个内部结点)。∎

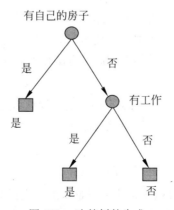

图 5.5 决策树的生成

ID3 算法只有树的生成，所以该算法生成的树容易产生过拟合。

5.3.2 C4.5 的生成算法

C4.5 算法与 ID3 算法相似，C4.5 算法对 ID3 算法进行了改进。C4.5 在生成的过程中，用信息增益比来选择特征。

算法 5.3（C4.5 的生成算法）

输入：训练数据集 D，特征集 A 阈值 ε；

输出：决策树 T。

(1) 如果 D 中所有实例属于同一类 C_k，则置 T 为单结点树，并将 C_k 作为该结点的类，返回 T；

(2) 如果 $A = \varnothing$，则置 T 为单结点树，并将 D 中实例数最大的类 C_k 作为该结点的类，返回 T；

(3) 否则，按式 (5.10) 计算 A 中各特征对 D 的信息增益比，选择信息增益比最大的特征 A_g；

(4) 如果 A_g 的信息增益比小于阈值 ε，则置 T 为单结点树，并将 D 中实例数最大的类 C_k 作为该结点的类，返回 T；

(5) 否则，对 A_g 的每一可能值 a_i，依 $A_g = a_i$ 将 D 分割为子集若干非空 D_i，将 D_i 中实例数最大的类作为标记，构建子结点，由结点及其子结点构成树 T，返回 T；

(6) 对结点 i，以 D_i 为训练集，以 $A - \{A_g\}$ 为特征集，递归地调用步 (1)～步 (5)，得到子树 T_i，返回 T_i。 ∎

5.4 决策树的剪枝

决策树生成算法递归地产生决策树，直到不能继续下去为止。这样产生的树往往对训练数据的分类很准确，但对未知的测试数据的分类却没有那么准确，即出现过拟合现象。过拟合的原因在于学习时过多地考虑如何提高对训练数据的正确分类，从而构建出过于复杂的决策树。解决这个问题的办法是考虑决策树的复杂度，对已生成的决策树进行简化。

在决策树学习中将已生成的树进行简化的过程称为剪枝（pruning）。具体地，剪枝从已生成的树上裁掉一些子树或叶结点，并将其根结点或父结点作为新的叶结点，从而简化分类树模型。

本节介绍一种简单的决策树学习的剪枝算法。

决策树的剪枝往往通过极小化决策树整体的损失函数（loss function）或代价函数（cost function）来实现。设树 T 的叶结点个数为 $|T|$，t 是树 T 的叶结点，该叶结

5.4 决策树的剪枝

点有 N_t 个样本点,其中 k 类的样本点有 N_{tk} 个,$k=1,2,\cdots,K$,$H_t(T)$ 为叶结点 t 上的经验熵,$\alpha \geqslant 0$ 为参数,则决策树学习的损失函数可以定义为

$$C_\alpha(T) = \sum_{t=1}^{|T|} N_t H_t(T) + \alpha|T| \tag{5.11}$$

其中经验熵为

$$H_t(T) = -\sum_k \frac{N_{tk}}{N_t} \log \frac{N_{tk}}{N_t} \tag{5.12}$$

在损失函数中,将式 (5.11) 右端的第 1 项记作

$$C(T) = \sum_{t=1}^{|T|} N_t H_t(T) = -\sum_{t=1}^{|T|} \sum_{k=1}^{K} N_{tk} \log \frac{N_{tk}}{N_t} \tag{5.13}$$

这时有

$$C_\alpha(T) = C(T) + \alpha|T| \tag{5.14}$$

式 (5.14) 中,$C(T)$ 表示模型对训练数据的预测误差,即模型与训练数据的拟合程度,$|T|$ 表示模型复杂度,参数 $\alpha \geqslant 0$ 控制两者之间的影响。较大的 α 促使选择较简单的模型(树),较小的 α 促使选择较复杂的模型(树)。$\alpha=0$ 意味着只考虑模型与训练数据的拟合程度,不考虑模型的复杂度。

剪枝,就是当 α 确定时,选择损失函数最小的模型,即损失函数最小的子树。当 α 值确定时,子树越大,往往与训练数据的拟合越好,但是模型的复杂度就越高;相反,子树越小,模型的复杂度就越低,但是往往与训练数据的拟合不好。损失函数正好表示了对两者的平衡。

可以看出,决策树生成只考虑了通过提高信息增益(或信息增益比)对训练数据进行更好的拟合。而决策树剪枝通过优化损失函数还考虑了减小模型复杂度。决策树生成学习局部的模型,而决策树剪枝学习整体的模型。

式 (5.11) 或式 (5.14) 定义的损失函数的极小化等价于正则化的极大似然估计。所以,利用损失函数最小原则进行剪枝就是用正则化的极大似然估计进行模型选择。

图 5.6 是决策树剪枝过程的示意图。下面介绍剪枝算法。

算法 5.4(树的剪枝算法)

输入:生成算法产生的整个树 T,参数 α;
输出:修剪后的子树 T_α。
(1)计算每个结点的经验熵。
(2)递归地从树的叶结点向上回缩。

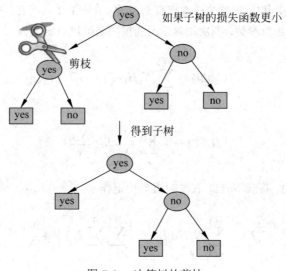

图 5.6 决策树的剪枝

设一组叶结点回缩到其父结点之前与之后的整体树分别为 T_B 与 T_A，其对应的损失函数值分别是 $C_\alpha(T_B)$ 与 $C_\alpha(T_A)$，如果

$$C_\alpha(T_A) \leqslant C_\alpha(T_B) \tag{5.15}$$

则进行剪枝，即将父结点变为新的叶结点。

（3）返回（2），直至不能继续为止，得到损失函数最小的子树 T_α。∎

注意，式（5.15）只需考虑两个树的损失函数的差，其计算可以在局部进行。所以，决策树的剪枝算法可以由一种动态规划的算法实现。类似的动态规划算法可参见文献 [10]。

5.5 CART 算 法

分类与回归树（classification and regression tree, CART）模型由 Breiman 等人在 1984 年提出，是应用广泛的决策树学习方法。CART 同样由特征选择、树的生成及剪枝组成，既可以用于分类也可以用于回归。以下将用于分类与回归的树统称为决策树。

CART 是在给定输入随机变量 X 条件下输出随机变量 Y 的条件概率分布的学习方法。CART 假设决策树是二叉树，内部结点特征的取值为"是"和"否"，左分支是取值为"是"的分支，右分支是取值为"否"的分支。这样的决策树等价于递归地二分每个特征，将输入空间即特征空间划分为有限个单元，并在这些单元上确定预测的概率分布，也就是在输入给定的条件下输出的条件概率分布。

CART 算法由以下两步组成：

（1）决策树生成：基于训练数据集生成决策树，生成的决策树要尽量大；

（2）决策树剪枝：用验证数据集对已生成的树进行剪枝并选择最优子树，这时用损失函数最小作为剪枝的标准。

5.5.1 CART 生成

决策树的生成就是递归地构建二叉决策树的过程。对回归树用平方误差最小化准则，对分类树用基尼指数（Gini index）最小化准则，进行特征选择，生成二叉树。

1. 回归树的生成

假设 X 与 Y 分别为输入和输出变量，并且 Y 是连续变量，给定训练数据集

$$D = \{(x_1, y_1), (x_2, y_2), \cdots, (x_N, y_N)\}$$

考虑如何生成回归树。

一棵回归树对应着输入空间（即特征空间）的一个划分以及在划分的单元上的输出值。假设已将输入空间划分为 M 个单元 $R_1, R_2, \cdots, R_M$，并且在每个单元 R_m 上有一个固定的输出值 c_m，于是回归树模型可表示为

$$f(x) = \sum_{m=1}^{M} c_m I(x \in R_m) \tag{5.16}$$

当输入空间的划分确定时，可以用平方误差 $\sum_{x_i \in R_m}(y_i - f(x_i))^2$ 来表示回归树对于训练数据的预测误差，用平方误差最小的准则求解每个单元上的最优输出值。易知，单元 R_m 上的 c_m 的最优值 $\hat{c}_m$ 是 R_m 上的所有输入实例 x_i 对应的输出 y_i 的均值，即

$$\hat{c}_m = \text{ave}(y_i | x_i \in R_m) \tag{5.17}$$

问题是怎样对输入空间进行划分。这里采用启发式的方法，选择第 j 个变量 $x^{(j)}$ 和它取的值 s，作为切分变量（splitting variable）和切分点（splitting point），并定义两个区域：

$$R_1(j, s) = \{x | x^{(j)} \leqslant s\} \quad \text{和} \quad R_2(j, s) = \{x | x^{(j)} > s\} \tag{5.18}$$

然后寻找最优切分变量 j 和最优切分点 s。具体地，求解

$$\min_{j,s} \left[\min_{c_1} \sum_{x_i \in R_1(j,s)} (y_i - c_1)^2 + \min_{c_2} \sum_{x_i \in R_2(j,s)} (y_i - c_2)^2 \right] \tag{5.19}$$

对固定输入变量 j 可以找到最优切分点 s。

$$\hat{c}_1 = \text{ave}(y_i | x_i \in R_1(j,s)) \quad 和 \quad \hat{c}_2 = \text{ave}(y_i | x_i \in R_2(j,s)) \tag{5.20}$$

遍历所有输入变量，找到最优的切分变量 j，构成一个对 (j,s)。依此将输入空间划分为两个区域。接着，对每个区域重复上述划分过程，直到满足停止条件为止。这样就生成一棵回归树。这样的回归树通常称为最小二乘回归树（least squares regression tree），现将算法叙述如下。

算法 5.5（最小二乘回归树生成算法）

输入：训练数据集 D；

输出：回归树 $f(x)$。

在训练数据集所在的输入空间中，递归地将每个区域划分为两个子区域并决定每个子区域上的输出值，构建二叉决策树：

（1）选择最优切分变量 j 与切分点 s，求解

$$\min_{j,s} \left[\min_{c_1} \sum_{x_i \in R_1(j,s)} (y_i - c_1)^2 + \min_{c_2} \sum_{x_i \in R_2(j,s)} (y_i - c_2)^2 \right] \tag{5.21}$$

遍历变量 j，对固定的切分变量 j 扫描切分点 s，选择使式 (5.21) 达到最小值的对 (j,s)。

（2）用选定的对 (j,s) 划分区域并决定相应的输出值：

$$R_1(j,s) = \{x | x^{(j)} \leqslant s\}, \quad R_2(j,s) = \{x | x^{(j)} > s\}$$

$$\hat{c}_m = \frac{1}{N_m} \sum_{x_i \in R_m(j,s)} y_i, \quad x \in R_m, \quad m = 1, 2$$

（3）继续对两个子区域调用步骤 (1)，(2)，直至满足停止条件。

（4）将输入空间划分为 M 个区域 $R_1, R_2, \cdots, R_M$，生成决策树：

$$f(x) = \sum_{m=1}^{M} \hat{c}_m I(x \in R_m)$$

2. 分类树的生成

分类树用基尼指数选择最优特征，同时决定该特征的最优二值切分点。

定义 5.4（基尼指数） 分类问题中，假设有 K 个类，样本点属于第 k 类的概率为 p_k，则概率分布的基尼指数定义为

$$\text{Gini}(p) = \sum_{k=1}^{K} p_k(1-p_k) = 1 - \sum_{k=1}^{K} p_k^2 \tag{5.22}$$

对于二类分类问题，若样本点属于第 1 个类的概率是 p，则概率分布的基尼指数为

$$\text{Gini}(p) = 2p(1-p) \tag{5.23}$$

对于给定的样本集合 D，其基尼指数为

$$\text{Gini}(D) = 1 - \sum_{k=1}^{K} \left(\frac{|C_k|}{|D|}\right)^2 \tag{5.24}$$

这里，C_k 是 D 中属于第 k 类的样本子集，K 是类的个数。

如果样本集合 D 根据特征 A 是否取某一可能值 a 被分割成 D_1 和 D_2 两部分，即

$$D_1 = \{(x,y) \in D | A(x) = a\}, \quad D_2 = D - D_1$$

则在特征 A 的条件下，集合 D 的基尼指数定义为

$$\text{Gini}(D, A) = \frac{|D_1|}{|D|} \text{Gini}(D_1) + \frac{|D_2|}{|D|} \text{Gini}(D_2) \tag{5.25}$$

基尼指数 $\text{Gini}(D)$ 表示集合 D 的不确定性，基尼指数 $\text{Gini}(D,A)$ 表示经 $A = a$ 分割后集合 D 的不确定性。基尼指数值越大，样本集合的不确定性也就越大，这一点与熵相似。

图 5.7 显示二类分类问题中基尼指数 $\text{Gini}(p)$、熵（单位比特）之半 $H(p)/2$ 和分类误差率的关系。横坐标表示概率 p，纵坐标表示损失。可以看出基尼指数和熵之半

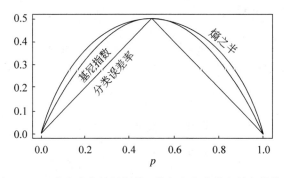

图 5.7 二类分类中基尼指数、熵之半和分类误差率的关系

的曲线很接近,都可以近似地代表分类误差率。

算法 5.6（CART 生成算法）

输入：训练数据集 D，停止计算的条件；

输出：CART 决策树。

根据训练数据集，从根结点开始，递归地对每个结点进行以下操作，构建二叉决策树：

(1) 设结点的训练数据集为 D，计算现有特征对该数据集的基尼指数。此时，对每一个特征 A，对其可能取的每个值 a，根据样本点对 $A=a$ 的测试为"是"或"否"将 D 分割成 D_1 和 D_2 两部分，利用式 (5.25) 计算 $A=a$ 时的基尼指数。

(2) 在所有可能的特征 A 以及它们所有可能的切分点 a 中，选择基尼指数最小的特征及其对应的切分点作为最优特征与最优切分点。依最优特征与最优切分点，从现结点生成两个子结点，将训练数据集依特征分配到两个子结点中去。

(3) 对两个子结点递归地调用 (1),(2)，直至满足停止条件。

(4) 生成 CART 决策树。∎

算法停止计算的条件是结点中的样本个数小于预定阈值，或样本集的基尼指数小于预定阈值（样本基本属于同一类），或者没有更多特征。

例 5.4 根据表 5.1 所给训练数据集，应用 CART 算法生成决策树。

解 首先计算各特征的基尼指数，选择最优特征以及其最优切分点。仍采用例 5.2 的记号，分别以 A_1, A_2, A_3, A_4 表示年龄、有工作、有自己的房子和信贷情况 4 个特征，并以 1, 2, 3 表示年龄的值为青年、中年和老年，以 1, 2 表示有工作和有自己的房子的值为是和否，以 1, 2, 3 表示信贷情况的值为非常好、好和一般。

求特征 A_1 的基尼指数：

$$\text{Gini}(D, A_1 = 1) = \frac{5}{15}\left(2 \times \frac{2}{5} \times \left(1 - \frac{2}{5}\right)\right) + \frac{10}{15}\left(2 \times \frac{7}{10} \times \left(1 - \frac{7}{10}\right)\right) = 0.44$$

$\text{Gini}(D, A_1 = 2) = 0.48$

$\text{Gini}(D, A_1 = 3) = 0.44$

由于 $\text{Gini}(D, A_1 = 1)$ 和 $\text{Gini}(D, A_1 = 3)$ 相等，且最小，所以 $A_1 = 1$ 和 $A_1 = 3$ 都可以选作 A_1 的最优切分点。

求特征 A_2 和 A_3 的基尼指数：

$$\text{Gini}(D, A_2 = 1) = 0.32$$

$$\text{Gini}(D, A_3 = 1) = 0.27$$

由于 A_2 和 A_3 只有一个切分点，所以它们就是最优切分点。

求特征 A_4 的基尼指数：

$$\text{Gini}(D, A_4 = 1) = 0.36$$
$$\text{Gini}(D, A_4 = 2) = 0.47$$
$$\text{Gini}(D, A_4 = 3) = 0.32$$

$\text{Gini}(D, A_4 = 3)$ 最小，所以 $A_4 = 3$ 为 A_4 的最优切分点。

在 A_1, A_2, A_3, A_4 几个特征中，$\text{Gini}(D, A_3 = 1) = 0.27$ 最小，所以选择特征 A_3 为最优特征，$A_3 = 1$ 为其最优切分点。于是根结点生成两个子结点，一个是叶结点。对另一个结点继续使用以上方法在 A_1, A_2, A_4 中选择最优特征及其最优切分点，结果是 $A_2 = 1$。依此计算得知，所得结点都是叶结点。∎

对于本问题，按照 CART 算法所生成的决策树与按照 ID3 算法所生成的决策树完全一致。

5.5.2 CART 剪枝

CART 剪枝算法从"完全生长"的决策树的底端剪去一些子树，使决策树变小（模型变简单），从而能够对未知数据有更准确的预测。CART 剪枝算法由两步组成：首先从生成算法产生的决策树 T_0 底端开始不断剪枝，直到 T_0 的根结点，形成一个子树序列 $\{T_0, T_1, \cdots, T_n\}$；然后通过交叉验证法在独立的验证数据集上对子树序列进行测试，从中选择最优子树。

1. 剪枝，形成一个子树序列

在剪枝过程中，计算子树的损失函数：

$$C_\alpha(T) = C(T) + \alpha|T| \tag{5.26}$$

其中，T 为任意子树，$C(T)$ 为对训练数据的预测误差（如基尼指数），$|T|$ 为子树的叶结点个数，$\alpha \geqslant 0$ 为参数，$C_\alpha(T)$ 为参数是 α 时的子树 T 的整体损失。参数 α 权衡训练数据的拟合程度与模型的复杂度。

对固定的 α，一定存在使损失函数 $C_\alpha(T)$ 最小的子树，将其表示为 T_α。T_α 在损失函数 $C_\alpha(T)$ 最小的意义下是最优的。容易验证这样的最优子树是唯一的。当 α 大的时候，最优子树 T_α 偏小；当 α 小的时候，最优子树 T_α 偏大。极端情况，当 $\alpha = 0$ 时，整体树是最优的。当 $\alpha \to \infty$ 时，根结点组成的单结点树是最优的。

Breiman 等人证明：可以用递归的方法对树进行剪枝。将 α 从小增大，$0 = \alpha_0 < \alpha_1 < \cdots < \alpha_n < +\infty$，产生一系列的区间 $[\alpha_i, \alpha_{i+1})$, $i = 0, 1, \cdots, n$；剪枝得到的子树

序列对应着区间 $\alpha \in [\alpha_i, \alpha_{i+1})$, $i = 0, 1, \cdots, n$ 的最优子树序列 $\{T_0, T_1, \cdots, T_n\}$, 序列中的子树是嵌套的.

具体地, 从整体树 T_0 开始剪枝. 对 T_0 的任意内部结点 t, 以 t 为单结点树的损失函数是

$$C_\alpha(t) = C(t) + \alpha \tag{5.27}$$

以 t 为根结点的子树 T_t 的损失函数是

$$C_\alpha(T_t) = C(T_t) + \alpha|T_t| \tag{5.28}$$

当 $\alpha = 0$ 及 α 充分小时, 有不等式

$$C_\alpha(T_t) < C_\alpha(t) \tag{5.29}$$

当 α 增大时, 在某一 α 有

$$C_\alpha(T_t) = C_\alpha(t) \tag{5.30}$$

当 α 再增大时, 不等式 (5.29) 反向. 只要 $\alpha = \dfrac{C(t) - C(T_t)}{|T_t| - 1}$, T_t 与 t 有相同的损失函数值, 而 t 的结点少, 因此 t 比 T_t 更可取, 对 T_t 进行剪枝.

为此, 对 T_0 中每一内部结点 t, 计算

$$g(t) = \frac{C(t) - C(T_t)}{|T_t| - 1} \tag{5.31}$$

它表示剪枝后整体损失函数减少的程度. 在 T_0 中剪去 $g(t)$ 最小的 T_t, 将得到的子树作为 T_1, 同时将最小的 $g(t)$ 设为 α_1. T_1 为区间 $[\alpha_1, \alpha_2)$ 的最优子树.

如此剪枝下去, 直至得到根结点. 在这一过程中, 不断地增加 α 的值, 产生新的区间.

2. 在剪枝得到的子树序列 $T_0, T_1, \cdots, T_n$ 中通过交叉验证选取最优子树 T_α

具体地, 利用独立的验证数据集, 测试子树序列 $T_0, T_1, \cdots, T_n$ 中各棵子树的平方误差或基尼指数. 平方误差或基尼指数最小的决策树被认为是最优的决策树. 在子树序列中, 每棵子树 $T_1, T_2, \cdots, T_n$ 都对应于一个参数 $\alpha_1, \alpha_2, \cdots, \alpha_n$. 所以, 当最优子树 T_k 确定时, 对应的 α_k 也确定了, 即得到最优决策树 T_α.

现在写出 CART 剪枝算法.

算法 5.7（CART 剪枝算法）

输入：CART 算法生成的决策树 T_0；

输出：最优决策树 T_α。

(1) 设 $k=0$, $T=T_0$。

(2) 设 $\alpha=+\infty$。

(3) 自下而上地对各内部结点 t 计算 $C(T_t)$，$|T_t|$ 以及

$$g(t) = \frac{C(t)-C(T_t)}{|T_t|-1}$$

$$\alpha = \min(\alpha, g(t))$$

这里，T_t 表示以 t 为根结点的子树，$C(T_t)$ 是对训练数据的预测误差，$|T_t|$ 是 T_t 的叶结点个数。

(4) 对 $g(t)=\alpha$ 的内部结点 t 进行剪枝，并对叶结点 t 以多数表决法决定其类，得到树 T。

(5) 设 $k=k+1$, $\alpha_k=\alpha$, $T_k=T$。

(6) 如果 T_k 不是由根结点及两个叶结点构成的树，则回到步骤 (2)；否则令 $T_k=T_n$。

(7) 采用交叉验证法在子树序列 $T_0,T_1,\cdots,T_n$ 中选取最优子树 T_α。∎

本章概要

1. 分类决策树模型是表示基于特征对实例进行分类的树形结构。决策树可以转换成一个 if-then 规则的集合，也可以看作是定义在特征空间划分上的类的条件概率分布。

2. 决策树学习旨在构建一个与训练数据拟合很好，并且复杂度小的决策树。因为从可能的决策树中直接选取最优决策树是 NP 完全问题。现实中采用启发式方法学习次优的决策树。

决策树学习算法包括 3 部分：特征选择、树的生成和树的剪枝。常用的算法有 ID3、C4.5 和 CART。

3. 特征选择的目的在于选取对训练数据能够分类的特征。特征选择的关键是其准则。常用的准则如下：

（1）样本集合 D 对特征 A 的信息增益（ID3）

$$g(D, A) = H(D) - H(D|A)$$

$$H(D) = -\sum_{k=1}^{K} \frac{|C_k|}{|D|} \log_2 \frac{|C_k|}{|D|}$$

$$H(D|A) = \sum_{i=1}^{n} \frac{|D_i|}{|D|} H(D_i)$$

其中，$H(D)$ 是数据集 D 的熵，$H(D_i)$ 是数据集 D_i 的熵，$H(D|A)$ 是数据集 D 对特征 A 的条件熵。D_i 是 D 中特征 A 取第 i 个值的样本子集，C_k 是 D 中属于第 k 类的样本子集。n 是特征 A 取值的个数，K 是类的个数。

（2）样本集合 D 对特征 A 的信息增益比（C4.5）

$$g_R(D, A) = \frac{g(D, A)}{H_A(D)}$$

其中，$g(D, A)$ 是信息增益，$H_A(D)$ 是 D 关于特征 A 的值的熵。

（3）样本集合 D 的基尼指数（CART）

$$\text{Gini}(D) = 1 - \sum_{k=1}^{K} \left(\frac{|C_k|}{|D|}\right)^2$$

特征 A 条件下集合 D 的基尼指数：

$$\text{Gini}(D, A) = \frac{|D_1|}{|D|} \text{Gini}(D_1) + \frac{|D_2|}{|D|} \text{Gini}(D_2)$$

4. 决策树的生成。通常使用信息增益最大、信息增益比最大或基尼指数最小作为特征选择的准则。决策树的生成往往通过计算信息增益或其他指标，从根结点开始，递归地产生决策树。这相当于用信息增益或其他准则不断地选取局部最优的特征，或将训练集分割为能够基本正确分类的子集。

5. 决策树的剪枝。由于生成的决策树存在过拟合问题，需要对它进行剪枝，以简化学到的决策树。决策树的剪枝，往往从已生成的树上剪掉一些叶结点或叶结点以上的子树，并将其父结点或根结点作为新的叶结点，从而简化生成的决策树。

继续阅读

介绍决策树学习方法的文献很多，关于 ID3 可见文献 [1]，C4.5 可见文献 [2]，CART 可见文献 [3,4]。决策树学习一般性介绍可见文献 [5~7]。与决策树类似的分类方法还有决策列表（decision list）。决策列表与决策树可以相互转换[8]，决策列表的学习方法可参见文献 [9]。

习 题

5.1 根据表 5.1 所给的训练数据集，利用信息增益比（C4.5 算法）生成决策树。

5.2 已知如表 5.2 所示的训练数据，试用平方误差损失准则生成一个二叉回归树。

表 5.2 训练数据表

x_i	1	2	3	4	5	6	7	8	9	10
y_i	4.50	4.75	4.91	5.34	5.80	7.05	7.90	8.23	8.70	9.00

5.3 证明 CART 剪枝算法中，当 α 确定时，存在唯一的最小子树 T_α 使损失函数 $C_\alpha(T)$ 最小。

5.4 证明 CART 剪枝算法中求出的子树序列 $\{T_0, T_1, \cdots, T_n\}$ 分别是区间 $\alpha \in [\alpha_i, \alpha_{i+1})$ 的最优子树 T_α，这里 $i = 0, 1, \cdots, n$，$0 = \alpha_0 < \alpha_1 < \cdots < \alpha_n < +\infty$。

参 考 文 献

[1] Olshen R A, Quinlan J R. Induction of decision trees. Machine Learning, 1986, 1(1): 81–106.

[2] Olshen R A, Quinlan J R. C4. 5: programs for machine learning. Morgan Kaufmann, 1992.

[3] Olshen R A, Breiman L, Friedman J, Stone C. Classification and regression trees. Wadsworth, 1984.

[4] Ripley B. Pattern recognition and neural networks. Cambridge University Press, 1996.

[5] Liu B. Web data mining: exploring hyperlinks, contents and usage data. Springer-Verlag, 2006.

[6] Hyafil L, Rivest R L. Constructing optimal binary decision trees is NP-complete. Information Processing Letters, 1976, 5(1): 15–17.

[7] Hastie T, Tibshirani R, Friedman J. The elements of statistical learning: data mining, inference, and prediction. Springer-Verlag, 2001.（中译本：统计学习基础——数据挖掘、推理与预测. 范明，柴玉梅，昝红英等译，北京：电子工业出版社，2004.）

[8] Yamanishi K. A learning criterion for stochastic rules. Machine Learning, 1992, 9(2–3): 165–203.

[9] Li H, Yamanishi K. Text classification using ESC-based stochastic decision lists. Information Processing & Management, 2002, 38(3): 343–361.

[10] Li H, Abe N. Generalizing case frames using a thesaurus and the MDL principle. Computational Linguistics, 1998, 24(2): 217–244.

第 6 章 逻辑斯谛回归与最大熵模型

逻辑斯谛回归（logistic regression）是统计学习中的经典分类方法。最大熵是概率模型学习的一个准则，将其推广到分类问题得到最大熵模型（maximum entropy model）。逻辑斯谛回归模型与最大熵模型都属于对数线性模型。本章首先介绍逻辑斯谛回归模型，然后介绍最大熵模型，最后讲述逻辑斯谛回归与最大熵模型的学习算法，包括改进的迭代尺度算法和拟牛顿法。

6.1 逻辑斯谛回归模型

6.1.1 逻辑斯谛分布

首先介绍逻辑斯谛分布（logistic distribution）。

定义 6.1（逻辑斯谛分布） 设 X 是连续随机变量，X 服从逻辑斯谛分布是指 X 具有下列分布函数和密度函数：

$$F(x) = P(X \leqslant x) = \frac{1}{1+\mathrm{e}^{-(x-\mu)/\gamma}} \tag{6.1}$$

$$f(x) = F'(x) = \frac{\mathrm{e}^{-(x-\mu)/\gamma}}{\gamma(1+\mathrm{e}^{-(x-\mu)/\gamma})^2} \tag{6.2}$$

式中，μ 为位置参数，$\gamma > 0$ 为形状参数。

逻辑斯谛分布的密度函数 $f(x)$ 和分布函数 $F(x)$ 的图形如图 6.1 所示。分布函数属于逻辑斯谛函数，其图形是一条 S 形曲线（sigmoid curve）。该曲线以点 $\left(\mu, \frac{1}{2}\right)$ 为中心对称，即满足

$$F(-x+\mu) - \frac{1}{2} = -F(x+\mu) + \frac{1}{2}$$

曲线在中心附近增长速度较快，在两端增长速度较慢。形状参数 γ 的值越小，曲线在中心附近增长得越快。

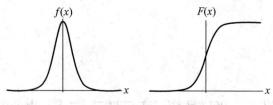

图 6.1　逻辑斯谛分布的密度函数与分布函数

6.1.2　二项逻辑斯谛回归模型

二项逻辑斯谛回归模型（binomial logistic regression model）是一种分类模型，由条件概率分布 $P(Y|X)$ 表示，形式为参数化的逻辑斯谛分布。这里，随机变量 X 取值为实数，随机变量 Y 取值为 1 或 0。我们通过监督学习的方法来估计模型参数。

定义 6.2（逻辑斯谛回归模型）　二项逻辑斯谛回归模型是如下的条件概率分布：

$$P(Y=1|x) = \frac{\exp(w \cdot x + b)}{1 + \exp(w \cdot x + b)} \tag{6.3}$$

$$P(Y=0|x) = \frac{1}{1 + \exp(w \cdot x + b)} \tag{6.4}$$

这里，$x \in \mathbf{R}^n$ 是输入，$Y \in \{0,1\}$ 是输出，$w \in \mathbf{R}^n$ 和 $b \in \mathbf{R}$ 是参数，w 称为权值向量，b 称为偏置，$w \cdot x$ 为 w 和 x 的内积。

对于给定的输入实例 x，按照式 (6.3) 和式 (6.4) 可以求得 $P(Y=1|x)$ 和 $P(Y=0|x)$。逻辑斯谛回归比较两个条件概率值的大小，将实例 x 分到概率值较大的那一类。

有时为了方便，将权值向量和输入向量加以扩充，仍记作 w, x，即 $w = (w^{(1)}, w^{(2)}, \cdots, w^{(n)}, b)^{\mathrm{T}}$，$x = (x^{(1)}, x^{(2)}, \cdots, x^{(n)}, 1)^{\mathrm{T}}$。这时，逻辑斯谛回归模型如下：

$$P(Y=1|x) = \frac{\exp(w \cdot x)}{1 + \exp(w \cdot x)} \tag{6.5}$$

$$P(Y=0|x) = \frac{1}{1 + \exp(w \cdot x)} \tag{6.6}$$

现在考查逻辑斯谛回归模型的特点。一个事件的几率（odds）是指该事件发生的概率与该事件不发生的概率的比值。如果事件发生的概率是 p，那么该事件的几率是 $\frac{p}{1-p}$，该事件的对数几率（log odds）或 logit 函数是

$$\mathrm{logit}(p) = \log \frac{p}{1-p}$$

6.1 逻辑斯谛回归模型

对逻辑斯谛回归而言，由式 (6.5) 与式 (6.6) 得

$$\log \frac{P(Y=1|x)}{1-P(Y=1|x)} = w \cdot x$$

这就是说，在逻辑斯谛回归模型中，输出 $Y=1$ 的对数几率是输入 x 的线性函数。或者说，输出 $Y=1$ 的对数几率是由输入 x 的线性函数表示的模型，即逻辑斯谛回归模型。

换一个角度看，考虑对输入 x 进行分类的线性函数 $w \cdot x$，其值域为实数域。注意，这里 $x \in \mathbf{R}^{n+1}$，$w \in \mathbf{R}^{n+1}$。通过逻辑斯谛回归模型定义式 (6.5) 可以将线性函数 $w \cdot x$ 转换为概率：

$$P(Y=1|x) = \frac{\exp(w \cdot x)}{1+\exp(w \cdot x)}$$

这时，线性函数的值越接近正无穷，概率值就越接近 1；线性函数的值越接近负无穷，概率值就越接近 0（如图 6.1 所示）。这样的模型就是逻辑斯谛回归模型。

6.1.3 模型参数估计

逻辑斯谛回归模型学习时，对于给定的训练数据集 $T = \{(x_1, y_1), (x_2, y_2), \cdots, (x_N, y_N)\}$，其中，$x_i \in \mathbf{R}^n$，$y_i \in \{0, 1\}$，可以应用极大似然估计法估计模型参数，从而得到逻辑斯谛回归模型。

设：

$$P(Y=1|x) = \pi(x), \quad P(Y=0|x) = 1 - \pi(x)$$

似然函数为

$$\prod_{i=1}^{N} [\pi(x_i)]^{y_i} [1-\pi(x_i)]^{1-y_i}$$

对数似然函数为

$$\begin{aligned} L(w) &= \sum_{i=1}^{N} [y_i \log \pi(x_i) + (1-y_i) \log(1-\pi(x_i))] \\ &= \sum_{i=1}^{N} \left[y_i \log \frac{\pi(x_i)}{1-\pi(x_i)} + \log(1-\pi(x_i)) \right] \\ &= \sum_{i=1}^{N} [y_i(w \cdot x_i) - \log(1+\exp(w \cdot x_i))] \end{aligned}$$

对 $L(w)$ 求极大值，得到 w 的估计值。

这样，问题就变成了以对数似然函数为目标函数的最优化问题。逻辑斯谛回归学习中通常采用的方法是梯度下降法及拟牛顿法。

假设 w 的极大似然估计值是 $\hat{w}$，那么学到的逻辑斯谛回归模型为

$$P(Y=1|x) = \frac{\exp(\hat{w}\cdot x)}{1+\exp(\hat{w}\cdot x)}$$

$$P(Y=0|x) = \frac{1}{1+\exp(\hat{w}\cdot x)}$$

6.1.4 多项逻辑斯谛回归

上面介绍的逻辑斯谛回归模型是二项分类模型，用于二类分类。可以将其推广为多项逻辑斯谛回归模型（multi-nominal logistic regression model），用于多类分类。假设离散型随机变量 Y 的取值集合是 $\{1,2,\cdots,K\}$，那么多项逻辑斯谛回归模型是

$$P(Y=k|x) = \frac{\exp(w_k\cdot x)}{1+\sum_{k=1}^{K-1}\exp(w_k\cdot x)}, \quad k=1,2,\cdots,K-1 \tag{6.7}$$

$$P(Y=K|x) = \frac{1}{1+\sum_{k=1}^{K-1}\exp(w_k\cdot x)} \tag{6.8}$$

这里，$x\in \mathbf{R}^{n+1}, w_k\in \mathbf{R}^{n+1}$。

二项逻辑斯谛回归的参数估计法也可以推广到多项逻辑斯谛回归。

6.2 最大熵模型

最大熵模型（maximum entropy model）由最大熵原理推导实现。这里首先叙述一般的最大熵原理，然后讲解最大熵模型的推导，最后给出最大熵模型学习的形式。

6.2.1 最大熵原理

最大熵原理是概率模型学习的一个准则。最大熵原理认为，学习概率模型时，在所有可能的概率模型（分布）中，熵最大的模型是最好的模型。通常用约束条件来确定概率模型的集合，所以，最大熵原理也可以表述为在满足约束条件的模型集合中选取熵最大的模型。

6.2 最大熵模型

假设离散随机变量 X 的概率分布是 $P(X)$，则其熵（参照 5.2.2 节）是

$$H(P) = -\sum_{x} P(x) \log P(x) \tag{6.9}$$

熵满足下列不等式：

$$0 \leqslant H(P) \leqslant \log |X|$$

式中，$|X|$ 是 X 的取值个数，当且仅当 X 的分布是均匀分布时右边的等号成立。这就是说，当 X 服从均匀分布时，熵最大。

直观地，最大熵原理认为要选择的概率模型首先必须满足已有的事实，即约束条件。在没有更多信息的情况下，那些不确定的部分都是"等可能的"。最大熵原理通过熵的最大化来表示等可能性。"等可能"不容易操作，而熵则是一个可优化的数值指标。

首先，通过一个简单的例子来介绍一下最大熵原理[1]。

例 6.1 假设随机变量 X 有 5 个取值 $\{A, B, C, D, E\}$，要估计取各个值的概率 $P(A), P(B), P(C), P(D), P(E)$。

解 这些概率值满足以下约束条件：

$$P(A) + P(B) + P(C) + P(D) + P(E) = 1$$

满足这个约束条件的概率分布有无穷多个。如果没有任何其他信息，仍要对概率分布进行估计，一个办法就是认为这个分布中取各个值的概率是相等的：

$$P(A) = P(B) = P(C) = P(D) = P(E) = \frac{1}{5}$$

等概率表示了对事实的无知。因为没有更多的信息，这种判断是合理的。

有时，能从一些先验知识中得到一些对概率值的约束条件，例如：

$$P(A) + P(B) = \frac{3}{10}$$

$$P(A) + P(B) + P(C) + P(D) + P(E) = 1$$

满足这两个约束条件的概率分布仍然有无穷多个。在缺少其他信息的情况下，可以认为 A 与 B 是等概率的，C, D 与 E 是等概率的，于是，

---

[1] 此例来自参考文献 [1]。

$$P(A) = P(B) = \frac{3}{20}$$

$$P(C) = P(D) = P(E) = \frac{7}{30}$$

如果还有第 3 个约束条件：

$$P(A) + P(C) = \frac{1}{2}$$

$$P(A) + P(B) = \frac{3}{10}$$

$$P(A) + P(B) + P(C) + P(D) + P(E) = 1$$

可以继续按照满足约束条件下求等概率的方法估计概率分布。这里不再继续讨论。以上概率模型学习的方法正是遵循了最大熵原理。∎

图 6.2 提供了用最大熵原理进行概率模型选择的几何解释。概率模型集合 $\mathcal{P}$ 可由欧氏空间中的单纯形（simplex）①表示，如左图的三角形（2-单纯形）。一个点代表一个模型，整个单纯形代表模型集合。右图上的一条直线对应于一个约束条件，直线的交集对应于满足所有约束条件的模型集合。一般地，这样的模型仍有无穷多个。学习的目的是在可能的模型集合中选择最优模型，而最大熵原理则给出最优模型选择的一个准则。

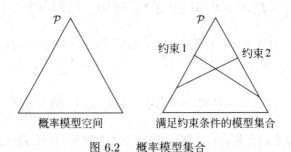

图 6.2　概率模型集合

6.2.2　最大熵模型的定义

最大熵原理是统计学习的一般原理，将它应用到分类得到最大熵模型。

假设分类模型是一个条件概率分布 $P(Y|X)$，$X \in \mathcal{X} \subseteq \mathbf{R}^n$ 表示输入，$Y \in \mathcal{Y}$ 表示输出，$\mathcal{X}$ 和 $\mathcal{Y}$ 分别是输入和输出的集合。这个模型表示的是对于给定的输入 X，以条件概率 $P(Y|X)$ 输出 Y。

---

① 单纯形是在 n 维欧氏空间中的 $n+1$ 个仿射无关的点的集合的凸包。

给定一个训练数据集

$$T = \{(x_1,y_1),(x_2,y_2),\cdots,(x_N,y_N)\}$$

学习的目标是用最大熵原理选择最好的分类模型。

首先考虑模型应该满足的条件。给定训练数据集,可以确定联合分布 $P(X,Y)$ 的经验分布和边缘分布 $P(X)$ 的经验分布,分别以 $\tilde{P}(X,Y)$ 和 $\tilde{P}(X)$ 表示。这里,

$$\tilde{P}(X=x,Y=y) = \frac{\nu(X=x,Y=y)}{N}$$

$$\tilde{P}(X=x) = \frac{\nu(X=x)}{N}$$

其中,$\nu(X=x,Y=y)$ 表示训练数据中样本 (x,y) 出现的频数,$\nu(X=x)$ 表示训练数据中输入 x 出现的频数,N 表示训练样本容量。

用特征函数(feature function)$f(x,y)$ 描述输入 x 和输出 y 之间的某一个事实。其定义是

$$f(x,y) = \begin{cases} 1, & x 与 y 满足某一事实 \\ 0, & 否则 \end{cases}$$

它是一个二值函数[①],当 x 和 y 满足这个事实时取值为 1,否则取值为 0。

特征函数 $f(x,y)$ 关于经验分布 $\tilde{P}(X,Y)$ 的期望值,用 $E_{\tilde{P}}(f)$ 表示:

$$E_{\tilde{P}}(f) = \sum_{x,y} \tilde{P}(x,y)f(x,y)$$

特征函数 $f(x,y)$ 关于模型 $P(Y|X)$ 与经验分布 $\tilde{P}(X)$ 的期望值,用 $E_P(f)$ 表示:

$$E_P(f) = \sum_{x,y} \tilde{P}(x)P(y|x)f(x,y)$$

如果模型能够获取训练数据中的信息,那么就可以假设这两个期望值相等,即

$$E_P(f) = E_{\tilde{P}}(f) \tag{6.10}$$

或

$$\sum_{x,y} \tilde{P}(x)P(y|x)f(x,y) = \sum_{x,y} \tilde{P}(x,y)f(x,y) \tag{6.11}$$

[①] 一般地,特征函数可以是任意实值函数。

我们将式 (6.10) 或式 (6.11) 作为模型学习的约束条件。假如有 n 个特征函数 $f_i(x,y)$, $i=1,2,\cdots,n$, 那么就有 n 个约束条件。

定义 6.3（最大熵模型） 假设满足所有约束条件的模型集合为

$$\mathcal{C} \equiv \{P \in \mathcal{P} | E_P(f_i) = E_{\tilde{P}}(f_i), \quad i = 1, 2, \cdots, n\} \tag{6.12}$$

定义在条件概率分布 $P(Y|X)$ 上的条件熵为

$$H(P) = -\sum_{x,y} \tilde{P}(x) P(y|x) \log P(y|x) \tag{6.13}$$

则模型集合 $\mathcal{C}$ 中条件熵 $H(P)$ 最大的模型称为最大熵模型。式中的对数为自然对数。

6.2.3 最大熵模型的学习

最大熵模型的学习过程就是求解最大熵模型的过程。最大熵模型的学习可以形式化为约束最优化问题。

对于给定的训练数据集 $T = \{(x_1, y_1), (x_2, y_2), \cdots, (x_N, y_N)\}$ 以及特征函数 $f_i(x,y)$, $i = 1, 2, \cdots, n$, 最大熵模型的学习等价于约束最优化问题：

$$\max_{P \in \mathcal{C}} \quad H(P) = -\sum_{x,y} \tilde{P}(x) P(y|x) \log P(y|x)$$

$$\text{s.t.} \quad E_P(f_i) = E_{\tilde{P}}(f_i), \quad i = 1, 2, \cdots, n$$

$$\sum_y P(y|x) = 1$$

按照最优化问题的习惯，将求最大值问题改写为等价的求最小值问题：

$$\min_{P \in \mathcal{C}} \quad -H(P) = \sum_{x,y} \tilde{P}(x) P(y|x) \log P(y|x) \tag{6.14}$$

$$\text{s.t.} \quad E_P(f_i) - E_{\tilde{P}}(f_i) = 0, \quad i = 1, 2, \cdots, n \tag{6.15}$$

$$\sum_y P(y|x) = 1 \tag{6.16}$$

求解约束最优化问题 (6.14)~(6.16)，所得出的解，就是最大熵模型学习的解。下面给出具体推导。

这里，将约束最优化的原始问题转换为无约束最优化的对偶问题[1]。通过求解对

---

[1] 参阅附录 C。

偶问题求解原始问题。

首先，引进拉格朗日乘子 $w_0, w_1, w_2, \cdots, w_n$，定义拉格朗日函数 $L(P, w)$：

$$L(P, w) \equiv -H(P) + w_0 \left(1 - \sum_y P(y|x)\right) + \sum_{i=1}^n w_i(E_{\tilde{P}}(f_i) - E_P(f_i))$$

$$= \sum_{x,y} \tilde{P}(x) P(y|x) \log P(y|x) + w_0 \left(1 - \sum_y P(y|x)\right) +$$

$$\sum_{i=1}^n w_i \left(\sum_{x,y} \tilde{P}(x,y) f_i(x,y) - \sum_{x,y} \tilde{P}(x) P(y|x) f_i(x,y)\right) \quad (6.17)$$

最优化的原始问题是

$$\min_{P \in \mathbf{C}} \max_w L(P, w) \quad (6.18)$$

对偶问题是

$$\max_w \min_{P \in \mathbf{C}} L(P, w) \quad (6.19)$$

由于拉格朗日函数 $L(P, w)$ 是 P 的凸函数，原始问题 (6.18) 的解与对偶问题 (6.19) 的解是等价的。这样，可以通过求解对偶问题 (6.19) 来求解原始问题 (6.18)。

首先，求解对偶问题 (6.19) 内部的极小化问题 $\min_{P \in \mathbf{C}} L(P, w)$。$\min_{P \in \mathbf{C}} L(P, w)$ 是 w 的函数，将其记作

$$\Psi(w) = \min_{P \in \mathbf{C}} L(P, w) = L(P_w, w) \quad (6.20)$$

$\Psi(w)$ 称为对偶函数。同时，将其解记作

$$P_w = \arg\min_{P \in \mathbf{C}} L(P, w) = P_w(y|x) \quad (6.21)$$

具体地，求 $L(P, w)$ 对 $P(y|x)$ 的偏导数

$$\frac{\partial L(P, w)}{\partial P(y|x)} = \sum_{x,y} \tilde{P}(x)(\log P(y|x) + 1) - \sum_y w_0 - \sum_{x,y} \left(\tilde{P}(x) \sum_{i=1}^n w_i f_i(x,y)\right)$$

$$= \sum_{x,y} \tilde{P}(x) \left(\log P(y|x) + 1 - w_0 - \sum_{i=1}^n w_i f_i(x,y)\right)$$

令偏导数等于 0，在 $\tilde{P}(x) > 0$ 的情况下，解得

$$P(y|x) = \exp\left(\sum_{i=1}^{n} w_i f_i(x,y) + w_0 - 1\right) = \frac{\exp\left(\sum_{i=1}^{n} w_i f_i(x,y)\right)}{\exp(1 - w_0)}$$

由于 $\sum_y P(y|x) = 1$，得

$$P_w(y|x) = \frac{1}{Z_w(x)} \exp\left(\sum_{i=1}^{n} w_i f_i(x,y)\right) \tag{6.22}$$

其中，

$$Z_w(x) = \sum_y \exp\left(\sum_{i=1}^{n} w_i f_i(x,y)\right) \tag{6.23}$$

$Z_w(x)$ 称为规范化因子；$f_i(x,y)$ 是特征函数；w_i 是特征的权值。由式 (6.22)、式 (6.23) 表示的模型 $P_w = P_w(y|x)$ 就是最大熵模型。这里，w 是最大熵模型中的参数向量。

之后，求解对偶问题外部的极大化问题

$$\max_w \Psi(w) \tag{6.24}$$

将其解记为 w^*，即

$$w^* = \arg\max_w \Psi(w) \tag{6.25}$$

这就是说，可以应用最优化算法求对偶函数 $\Psi(w)$ 的极大化，得到 w^*，用来表示 $P^* \in \mathcal{C}$。这里，$P^* = P_{w^*} = P_{w^*}(y|x)$ 是学习到的最优模型（最大熵模型）。也就是说，最大熵模型的学习归结为对偶函数 $\Psi(w)$ 的极大化。

例 6.2 学习例 6.1 中的最大熵模型。

解 为了方便，分别以 y_1, y_2, y_3, y_4, y_5 表示 A, B, C, D 和 E，于是最大熵模型学习的最优化问题是

$$\min \quad -H(P) = \sum_{i=1}^{5} P(y_i) \log P(y_i)$$
$$\text{s.t.} \quad P(y_1) + P(y_2) = \tilde{P}(y_1) + \tilde{P}(y_2) = \frac{3}{10}$$
$$\sum_{i=1}^{5} P(y_i) = \sum_{i=1}^{5} \tilde{P}(y_i) = 1$$

引进拉格朗日乘子 w_0, w_1，定义拉格朗日函数

6.2 最大熵模型

$$L(P,w) = \sum_{i=1}^{5} P(y_i)\log P(y_i) + w_1\left(P(y_1)+P(y_2)-\frac{3}{10}\right) + w_0\left(\sum_{i=1}^{5}P(y_i)-1\right)$$

根据拉格朗日对偶性，可以通过求解对偶最优化问题得到原始最优化问题的解，所以求解

$$\max_{w}\min_{P} L(P,w)$$

首先求解 $L(P,w)$ 关于 P 的极小化问题。为此，固定 w_0, w_1，求偏导数：

$$\frac{\partial L(P,w)}{\partial P(y_1)} = 1 + \log P(y_1) + w_1 + w_0$$

$$\frac{\partial L(P,w)}{\partial P(y_2)} = 1 + \log P(y_2) + w_1 + w_0$$

$$\frac{\partial L(P,w)}{\partial P(y_3)} = 1 + \log P(y_3) + w_0$$

$$\frac{\partial L(P,w)}{\partial P(y_4)} = 1 + \log P(y_4) + w_0$$

$$\frac{\partial L(P,w)}{\partial P(y_5)} = 1 + \log P(y_5) + w_0$$

令各偏导数等于 0，解得

$$P(y_1) = P(y_2) = e^{-w_1-w_0-1}$$

$$P(y_3) = P(y_4) = P(y_5) = e^{-w_0-1}$$

于是，

$$\min_{P} L(P,w) = L(P_w, w) = -2e^{-w_1-w_0-1} - 3e^{-w_0-1} - \frac{3}{10}w_1 - w_0$$

再求解 $L(P_w, w)$ 关于 w 的极大化问题：

$$\max_{w} L(P_w, w) = -2e^{-w_1-w_0-1} - 3e^{-w_0-1} - \frac{3}{10}w_1 - w_0$$

分别求 $L(P_w, w)$ 对 w_0, w_1 的偏导数并令其为 0，得到

$$e^{-w_1-w_0-1} = \frac{3}{20}$$

$$e^{-w_0-1} = \frac{7}{30}$$

于是得到所要求的概率分布为

$$P(y_1) = P(y_2) = \frac{3}{20}$$

$$P(y_3) = P(y_4) = P(y_5) = \frac{7}{30}$$

∎

6.2.4 极大似然估计

从以上最大熵模型学习中可以看出，最大熵模型是由式 (6.22)、式 (6.23) 表示的条件概率分布。下面证明对偶函数的极大化等价于最大熵模型的极大似然估计。

已知训练数据的经验概率分布 $\tilde{P}(X,Y)$，条件概率分布 $P(Y|X)$ 的对数似然函数表示为

$$L_{\tilde{P}}(P_w) = \log \prod_{x,y} P(y|x)^{\tilde{P}(x,y)} = \sum_{x,y} \tilde{P}(x,y) \log P(y|x)$$

当条件概率分布 $P(y|x)$ 是最大熵模型 (6.22) 和 (6.23) 时，对数似然函数 $L_{\tilde{P}}(P_w)$ 为

$$\begin{aligned}
L_{\tilde{P}}(P_w) &= \sum_{x,y} \tilde{P}(x,y) \log P(y|x) \\
&= \sum_{x,y} \tilde{P}(x,y) \sum_{i=1}^{n} w_i f_i(x,y) - \sum_{x,y} \tilde{P}(x,y) \log Z_w(x) \\
&= \sum_{x,y} \tilde{P}(x,y) \sum_{i=1}^{n} w_i f_i(x,y) - \sum_{x} \tilde{P}(x) \log Z_w(x) \qquad (6.26)
\end{aligned}$$

再看对偶函数 $\Psi(w)$。由式 (6.17) 及式 (6.20) 可得

$$\begin{aligned}
\Psi(w) &= \sum_{x,y} \tilde{P}(x) P_w(y|x) \log P_w(y|x) + \\
&\quad \sum_{i=1}^{n} w_i \left(\sum_{x,y} \tilde{P}(x,y) f_i(x,y) - \sum_{x,y} \tilde{P}(x) P_w(y|x) f_i(x,y) \right) \\
&= \sum_{x,y} \tilde{P}(x,y) \sum_{i=1}^{n} w_i f_i(x,y) + \sum_{x,y} \tilde{P}(x) P_w(y|x) \left(\log P_w(y|x) - \sum_{i=1}^{n} w_i f_i(x,y) \right) \\
&= \sum_{x,y} \tilde{P}(x,y) \sum_{i=1}^{n} w_i f_i(x,y) - \sum_{x,y} \tilde{P}(x) P_w(y|x) \log Z_w(x) \\
&= \sum_{x,y} \tilde{P}(x,y) \sum_{i=1}^{n} w_i f_i(x,y) - \sum_{x} \tilde{P}(x) \log Z_w(x) \qquad (6.27)
\end{aligned}$$

最后一步用到 $\sum_{y} P(y|x) = 1$。

比较式 (6.26) 和式 (6.27)，可得

$$\Psi(w) = L_{\tilde{P}}(P_w)$$

既然对偶函数 $\Psi(w)$ 等价于对数似然函数 $L_{\tilde{P}}(P_w)$，于是证明了最大熵模型学习中的对偶函数极大化等价于最大熵模型的极大似然估计这一事实。

这样，最大熵模型的学习问题就转换为具体求解对数似然函数极大化或对偶函数极大化的问题。

可以将最大熵模型写成更一般的形式。

$$P_w(y|x) = \frac{1}{Z_w(x)} \exp\left(\sum_{i=1}^{n} w_i f_i(x, y)\right) \tag{6.28}$$

其中，

$$Z_w(x) = \sum_y \exp\left(\sum_{i=1}^{n} w_i f_i(x, y)\right) \tag{6.29}$$

这里，$x \in \mathbf{R}^n$ 为输入，$y \in \{1, 2, \cdots, K\}$ 为输出，$w \in \mathbf{R}^n$ 为权值向量，$f_i(x,y)$，$i = 1, 2, \cdots, n$ 为任意实值特征函数。

最大熵模型与逻辑斯谛回归模型有类似的形式，它们又称为对数线性模型（log linear model）。模型学习就是在给定的训练数据条件下对模型进行极大似然估计或正则化的极大似然估计。

6.3 模型学习的最优化算法

逻辑斯谛回归模型、最大熵模型学习归结为以似然函数为目标函数的最优化问题，通常通过迭代算法求解。从最优化的观点看，这时的目标函数具有很好的性质。它是光滑的凸函数，因此多种最优化的方法都适用，保证能找到全局最优解。常用的方法有改进的迭代尺度法、梯度下降法、牛顿法或拟牛顿法。牛顿法或拟牛顿法一般收敛速度更快。

下面介绍基于改进的迭代尺度法与拟牛顿法的最大熵模型学习算法。梯度下降法参阅附录 A。

6.3.1 改进的迭代尺度法

改进的迭代尺度法（improved iterative scaling，IIS）是一种最大熵模型学习的最优化算法。

已知最大熵模型为

$$P_w(y|x) = \frac{1}{Z_w(x)} \exp\left(\sum_{i=1}^n w_i f_i(x,y)\right)$$

其中，

$$Z_w(x) = \sum_y \exp\left(\sum_{i=1}^n w_i f_i(x,y)\right)$$

对数似然函数为

$$L(w) = \sum_{x,y} \tilde{P}(x,y) \sum_{i=1}^n w_i f_i(x,y) - \sum_x \tilde{P}(x) \log Z_w(x)$$

目标是通过极大似然估计学习模型参数，即求对数似然函数的极大值 $\hat{w}$。

IIS 的想法是：假设最大熵模型当前的参数向量是 $w = (w_1, w_2, \cdots, w_n)^{\mathrm{T}}$，我们希望找到一个新的参数向量 $w + \delta = (w_1 + \delta_1, w_2 + \delta_2, \cdots, w_n + \delta_n)^{\mathrm{T}}$，使得模型的对数似然函数值增大。如果能有这样一种参数向量更新的方法 $\tau : w \to w + \delta$，那么就可以重复使用这一方法，直至找到对数似然函数的最大值。

对于给定的经验分布 $\tilde{P}(x,y)$，模型参数从 w 到 $w + \delta$，对数似然函数的改变量是

$$L(w+\delta) - L(w) = \sum_{x,y} \tilde{P}(x,y) \log P_{w+\delta}(y|x) - \sum_{x,y} \tilde{P}(x,y) \log P_w(y|x)$$

$$= \sum_{x,y} \tilde{P}(x,y) \sum_{i=1}^n \delta_i f_i(x,y) - \sum_x \tilde{P}(x) \log \frac{Z_{w+\delta}(x)}{Z_w(x)}$$

利用不等式

$$-\log \alpha \geqslant 1 - \alpha, \quad \alpha > 0$$

建立对数似然函数改变量的下界：

$$L(w+\delta) - L(w) \geqslant \sum_{x,y} \tilde{P}(x,y) \sum_{i=1}^n \delta_i f_i(x,y) + 1 - \sum_x \tilde{P}(x) \frac{Z_{w+\delta}(x)}{Z_w(x)}$$

$$= \sum_{x,y} \tilde{P}(x,y) \sum_{i=1}^n \delta_i f_i(x,y) + 1 - \sum_x \tilde{P}(x) \sum_y P_w(y|x) \exp \sum_{i=1}^n \delta_i f_i(x,y)$$

将右端记为

$$A(\delta|w) = \sum_{x,y} \tilde{P}(x,y) \sum_{i=1}^n \delta_i f_i(x,y) + 1 - \sum_x \tilde{P}(x) \sum_y P_w(y|x) \exp \sum_{i=1}^n \delta_i f_i(x,y)$$

于是有
$$L(w+\delta) - L(w) \geqslant A(\delta|w)$$
即 $A(\delta|w)$ 是对数似然函数改变量的一个下界。

如果能找到适当的 δ 使下界 $A(\delta|w)$ 提高,那么对数似然函数也会提高。然而,函数 $A(\delta|w)$ 中的 δ 是一个向量,含有多个变量,不易同时优化。IIS 试图一次只优化其中一个变量 δ_i,而固定其他变量 δ_j, $i \neq j$。

为达到这一目的,IIS 进一步降低下界 $A(\delta|w)$。具体地,IIS 引进一个量 $f^\#(x,y)$,
$$f^\#(x,y) = \sum_i f_i(x,y)$$
因为 f_i 是二值函数,故 $f^\#(x,y)$ 表示所有特征在 (x,y) 出现的次数。这样,$A(\delta|w)$ 可以改写为

$$\begin{aligned}A(\delta|w) = &\sum_{x,y} \tilde{P}(x,y) \sum_{i=1}^{n} \delta_i f_i(x,y) + 1 - \\ &\sum_x \tilde{P}(x) \sum_y P_w(y|x) \exp\left(f^\#(x,y) \sum_{i=1}^{n} \frac{\delta_i f_i(x,y)}{f^\#(x,y)}\right)\end{aligned} \quad (6.30)$$

利用指数函数的凸性以及对任意 i,有 $\dfrac{f_i(x,y)}{f^\#(x,y)} \geqslant 0$ 且 $\sum\limits_{i=1}^{n} \dfrac{f_i(x,y)}{f^\#(x,y)} = 1$ 这一事实,根据 Jensen 不等式,得到

$$\exp\left(\sum_{i=1}^{n} \frac{f_i(x,y)}{f^\#(x,y)} \delta_i f^\#(x,y)\right) \leqslant \sum_{i=1}^{n} \frac{f_i(x,y)}{f^\#(x,y)} \exp(\delta_i f^\#(x,y))$$

于是式 (6.30) 可改写为

$$\begin{aligned}A(\delta|w) \geqslant &\sum_{x,y} \tilde{P}(x,y) \sum_{i=1}^{n} \delta_i f_i(x,y) + 1 - \\ &\sum_x \tilde{P}(x) \sum_y P_w(y|x) \sum_{i=1}^{n} \left(\frac{f_i(x,y)}{f^\#(x,y)}\right) \exp(\delta_i f^\#(x,y))\end{aligned} \quad (6.31)$$

记不等式 (6.31) 右端为

$$B(\delta|w) = \sum_{x,y} \tilde{P}(x,y) \sum_{i=1}^{n} \delta_i f_i(x,y) + 1 - \sum_x \tilde{P}(x) \sum_y P_w(y|x) \sum_{i=1}^{n} \left(\frac{f_i(x,y)}{f^\#(x,y)}\right) \exp(\delta_i f^\#(x,y))$$

于是得到
$$L(w+\delta) - L(w) \geqslant B(\delta|w)$$

这里，$B(\delta|w)$ 是对数似然函数改变量的一个新的 (相对不紧的) 下界。

求 $B(\delta|w)$ 对 δ_i 的偏导数：

$$\frac{\partial B(\delta|w)}{\partial \delta_i} = \sum_{x,y} \tilde{P}(x,y) f_i(x,y) - \sum_{x} \tilde{P}(x) \sum_{y} P_w(y|x) f_i(x,y) \exp(\delta_i f^{\#}(x,y)) \quad (6.32)$$

在式 (6.32) 里，除 δ_i 外不含任何其他变量。令偏导数为 0 得到

$$\sum_{x,y} \tilde{P}(x) P_w(y|x) f_i(x,y) \exp(\delta_i f^{\#}(x,y)) = E_{\tilde{P}}(f_i) \quad (6.33)$$

于是，依次对 δ_i 求解方程 (6.33) 可以求出 δ。

这就给出了一种求 w 的最优解的迭代算法，即改进的迭代尺度算法 IIS。

算法 6.1（改进的迭代尺度算法 IIS）

输入：特征函数 $f_1, f_2, \cdots, f_n$；经验分布 $\tilde{P}(X,Y)$，模型 $P_w(y|x)$；

输出：最优参数值 w_i^*；最优模型 P_{w^*}。

(1) 对所有 $i \in \{1, 2, \cdots, n\}$，取初值 $w_i = 0$。

(2) 对每一 $i \in \{1, 2, \cdots, n\}$：

 (a) 令 δ_i 是方程

$$\sum_{x,y} \tilde{P}(x) P(y|x) f_i(x,y) \exp(\delta_i f^{\#}(x,y)) = E_{\tilde{P}}(f_i)$$

的解，这里，

$$f^{\#}(x,y) = \sum_{i=1}^{n} f_i(x,y)$$

 (b) 更新 w_i 值：$w_i \leftarrow w_i + \delta_i$。

(3) 如果不是所有 w_i 都收敛，重复步 (2)。■

这一算法关键的一步是 (a)，即求解方程 (6.33) 中的 δ_i。如果 $f^{\#}(x,y)$ 是常数，即对任何 x, y，有 $f^{\#}(x,y) = M$，那么 δ_i 可以显式地表示成

$$\delta_i = \frac{1}{M} \log \frac{E_{\tilde{P}}(f_i)}{E_P(f_i)} \quad (6.34)$$

如果 $f^{\#}(x,y)$ 不是常数，那么必须通过数值计算求 δ_i。简单有效的方法是牛顿法。

以 $g(\delta_i)=0$ 表示方程 (6.33)，牛顿法通过迭代求得 δ_i^*，使得 $g(\delta_i^*)=0$。迭代公式是

$$\delta_i^{(k+1)} = \delta_i^{(k)} - \frac{g(\delta_i^{(k)})}{g'(\delta_i^{(k)})} \qquad (6.35)$$

只要适当选取初始值 $\delta_i^{(0)}$，由于 δ_i 的方程 (6.33) 有单根，因此牛顿法恒收敛，而且收敛速度很快。

6.3.2 拟牛顿法

最大熵模型学习还可以应用牛顿法或拟牛顿法。参阅附录 B。

对于最大熵模型而言，

$$P_w(y|x) = \frac{\exp\left(\sum_{i=1}^{n} w_i f_i(x,y)\right)}{\sum_y \exp\left(\sum_{i=1}^{n} w_i f_i(x,y)\right)}$$

目标函数：

$$\min_{w \in \mathbf{R}^n} \quad f(w) = \sum_x \tilde{P}(x) \log \sum_y \exp\left(\sum_{i=1}^n w_i f_i(x,y)\right) - \sum_{x,y} \tilde{P}(x,y) \sum_{i=1}^n w_i f_i(x,y)$$

梯度：

$$g(w) = \left(\frac{\partial f(w)}{\partial w_1}, \frac{\partial f(w)}{\partial w_2}, \cdots, \frac{\partial f(w)}{\partial w_n}\right)^{\mathrm{T}}$$

其中

$$\frac{\partial f(w)}{\partial w_i} = \sum_{x,y} \tilde{P}(x) P_w(y|x) f_i(x,y) - E_{\tilde{P}}(f_i), \quad i = 1, 2, \cdots, n$$

相应的拟牛顿法 BFGS 算法如下。

算法 6.2（最大熵模型学习的 BFGS 算法）

输入：特征函数 $f_1, f_2, \cdots, f_n$；经验分布 $\tilde{P}(x,y)$，目标函数 $f(w)$，梯度 $g(w) = \nabla f(w)$，精度要求 ε；

输出：最优参数值 w^*；最优模型 $P_{w^*}(y|x)$。

(1) 选定初始点 $w^{(0)}$，取 B_0 为正定对称矩阵，置 $k = 0$；

(2) 计算 $g_k = g(w^{(k)})$。若 $\|g_k\| < \varepsilon$，则停止计算，得 $w^* = w^{(k)}$；否则转 (3)；

(3) 由 $B_k p_k = -g_k$ 求出 p_k；

(4) 一维搜索：求 λ_k 使得

$$f(w^{(k)} + \lambda_k p_k) = \min_{\lambda \geqslant 0} f(w^{(k)} + \lambda p_k)$$

(5) 置 $w^{(k+1)} = w^{(k)} + \lambda_k p_k$；

(6) 计算 $g_{k+1} = g(w^{(k+1)})$，若 $\|g_{k+1}\| < \varepsilon$，则停止计算，得 $w^* = w^{(k+1)}$；否则，按下式求出 B_{k+1}：

$$B_{k+1} = B_k + \frac{y_k y_k^{\mathrm{T}}}{y_k^{\mathrm{T}} \delta_k} - \frac{B_k \delta_k \delta_k^{\mathrm{T}} B_k}{\delta_k^{\mathrm{T}} B_k \delta_k}$$

其中，

$$y_k = g_{k+1} - g_k, \quad \delta_k = w^{(k+1)} - w^{(k)}$$

(7) 置 $k = k+1$，转 (3)。∎

本章概要

1. 逻辑斯谛回归模型是由以下条件概率分布表示的分类模型。逻辑斯谛回归模型可以用于二类或多类分类。

$$P(Y=k|x) = \frac{\exp(w_k \cdot x)}{1 + \sum_{k=1}^{K-1} \exp(w_k \cdot x)}, \quad k=1,2,\cdots,K-1$$

$$P(Y=K|x) = \frac{1}{1 + \sum_{k=1}^{K-1} \exp(w_k \cdot x)}$$

这里，x 为输入特征，w 为特征的权值。

逻辑斯谛回归模型源自逻辑斯谛分布，其分布函数 $F(x)$ 是 S 形函数。逻辑斯谛回归模型是由输入的线性函数表示的输出的对数几率模型。

2. 最大熵模型是由以下条件概率分布表示的分类模型。最大熵模型也可以用于二类或多类分类。

$$P_w(y|x) = \frac{1}{Z_w(x)} \exp\left(\sum_{i=1}^{n} w_i f_i(x,y)\right)$$

$$Z_w(x) = \sum_{y} \exp\left(\sum_{i=1}^{n} w_i f_i(x,y)\right)$$

其中，$Z_w(x)$ 是规范化因子，f_i 为特征函数，w_i 为特征的权值。

3. 最大熵模型可以由最大熵原理推导得出。最大熵原理是概率模型学习或估计的一个准则。最大熵原理认为在所有可能的概率模型（分布）的集合中，熵最大的模型是最好的模型。

最大熵原理应用到分类模型的学习中，有以下约束最优化问题：

$$\min \quad -H(P) = \sum_{x,y} \tilde{P}(x) P(y|x) \log P(y|x)$$
$$\text{s.t.} \quad P(f_i) - \tilde{P}(f_i) = 0, \quad i = 1, 2, \cdots, n$$
$$\sum_y P(y|x) = 1$$

求解此最优化问题的对偶问题得到最大熵模型。

4. 逻辑斯谛回归模型与最大熵模型都属于对数线性模型。

5. 逻辑斯谛回归模型及最大熵模型学习一般采用极大似然估计，或正则化的极大似然估计。逻辑斯谛回归模型及最大熵模型学习可以形式化为无约束最优化问题。求解该最优化问题的算法有改进的迭代尺度法、梯度下降法、拟牛顿法。

继续阅读

逻辑斯谛回归的介绍参见文献 [1]，最大熵模型的介绍参见文献 [2, 3]。逻辑斯谛回归模型与朴素贝叶斯模型的关系参见文献 [4]，逻辑斯谛回归模型与 AdaBoost 的关系参见文献 [5]，逻辑斯谛回归模型与核函数的关系参见文献 [6]。

习 题

6.1 确认逻辑斯谛分布属于指数分布族。
6.2 写出逻辑斯谛回归模型学习的梯度下降算法。
6.3 写出最大熵模型学习的 DFP 算法。（关于一般的 DFP 算法参见附录 B）

参 考 文 献

[1] Berger A, Della Pietra S D, Pietra V D. A maximum entropy approach to natural language processing. Computational Linguistics, 1996, 22(1): 39–71.

[2] Berger A. The improved iterative scaling algorithm: a gentle introduction. http://www.cs.cmu.edu/afs/cs/user/aberger/www/ps/scaling.ps.

[3] Hastie T, Tibshirani R, Friedman J. The elements of statistical learning: data mining, inference, and prediction. Springer-Verlag. 2001.（中译本：统计学习基础——数据挖掘、推理与预测. 范明，柴玉梅，昝红英等译. 北京：电子工业出版社，2004.）

[4] Mitchell T M. Machine learning. McGraw-Hill Companies, Inc. 1997. （中译本：机器学习. 北京：机械工业出版社, 2003.）

[5] Collins M, Schapire R E, Singer Y. Logistic regression, AdaBoost and Bregman distances. Machine Learning, 2002, 48(1–3): 253–285.

[6] Canu S, Smola A J. Kernel method and exponential family. Neurocomputing, 2005, 69: 714–720.

第 7 章　支持向量机

支持向量机（support vector machines，SVM）是一种二类分类模型。它的基本模型是定义在特征空间上的间隔最大的线性分类器，间隔最大使它有别于感知机；支持向量机还包括核技巧，这使它成为实质上的非线性分类器。支持向量机的学习策略就是间隔最大化，可形式化为一个求解凸二次规划（convex quadratic programming）的问题，也等价于正则化的合页损失函数的最小化问题。支持向量机的学习算法是求解凸二次规划的最优化算法。

支持向量机学习方法包含构建由简至繁的模型：线性可分支持向量机（linear support vector machine in linearly separable case）、线性支持向量机（linear support vector machine）以及非线性支持向量机（non-linear support vector machine）。简单模型是复杂模型的基础，也是复杂模型的特殊情况。当训练数据线性可分时，通过硬间隔最大化（hard margin maximization），学习一个线性的分类器，即线性可分支持向量机，又称为硬间隔支持向量机；当训练数据近似线性可分时，通过软间隔最大化（soft margin maximization），也学习一个线性的分类器，即线性支持向量机，又称为软间隔支持向量机；当训练数据线性不可分时，通过使用核技巧（kernel trick）及软间隔最大化，学习非线性支持向量机。

当输入空间为欧氏空间或离散集合、特征空间为希尔伯特空间时，核函数（kernel function）表示将输入从输入空间映射到特征空间得到的特征向量之间的内积。通过使用核函数可以学习非线性支持向量机，等价于隐式地在高维的特征空间中学习线性支持向量机。这样的方法称为核技巧。核方法（kernel method）是比支持向量机更为一般的机器学习方法。

Cortes 与 Vapnik 提出线性支持向量机，Boser、Guyon 与 Vapnik 又引入核技巧，提出非线性支持向量机。

本章按照上述思路介绍 3 类支持向量机、核函数及一种快速学习算法——序列最小最优化算法（SMO）。

7.1 线性可分支持向量机与硬间隔最大化

7.1.1 线性可分支持向量机

考虑一个二类分类问题。假设输入空间与特征空间为两个不同的空间。输入空间为欧氏空间或离散集合，特征空间为欧氏空间或希尔伯特空间。线性可分支持向量机、线性支持向量机假设这两个空间的元素一一对应，并将输入空间中的输入映射为特征空间中的特征向量。非线性支持向量机利用一个从输入空间到特征空间的非线性映射将输入映射为特征向量。所以，输入都由输入空间转换到特征空间，支持向量机的学习是在特征空间进行的。

假设给定一个特征空间上的训练数据集

$$T = \{(x_1, y_1), (x_2, y_2), \cdots, (x_N, y_N)\}$$

其中，$x_i \in \mathcal{X} = \mathbf{R}^n$，$y_i \in \mathcal{Y} = \{+1, -1\}$，$i = 1, 2, \cdots, N$。$x_i$ 为第 i 个特征向量，也称为实例，y_i 为 x_i 的类标记。当 $y_i = +1$ 时，称 x_i 为正例；当 $y_i = -1$ 时，称 x_i 为负例。(x_i, y_i) 称为样本点。再假设训练数据集是线性可分的（见定义 2.2）。

学习的目标是在特征空间中找到一个分离超平面，能将实例分到不同的类。分离超平面对应于方程 $w \cdot x + b = 0$，它由法向量 w 和截距 b 决定，可用 (w, b) 来表示。分离超平面将特征空间划分为两部分，一部分是正类，一部分是负类。法向量指向的一侧为正类，另一侧为负类。

一般地，当训练数据集线性可分时，存在无穷个分离超平面可将两类数据正确分开。感知机利用误分类最小的策略，求得分离超平面，不过这时的解有无穷多个。线性可分支持向量机利用间隔最大化求最优分离超平面，这时，解是唯一的。

定义 7.1（线性可分支持向量机） 给定线性可分训练数据集，通过间隔最大化或等价地求解相应的凸二次规划问题学习得到的分离超平面为

$$w^* \cdot x + b^* = 0 \tag{7.1}$$

以及相应的分类决策函数

$$f(x) = \text{sign}(w^* \cdot x + b^*) \tag{7.2}$$

称为线性可分支持向量机。

考虑如图 7.1 所示的二维特征空间中的分类问题。图中"○"表示正例，"×"表示负例。训练数据集线性可分，这时有许多直线能将两类数据正确划分。线性可分支持向量机对应着将两类数据正确划分并且间隔最大的直线，如图 7.1 所示。

7.1 线性可分支持向量机与硬间隔最大化

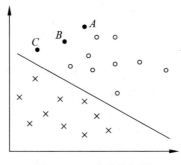

图 7.1 二类分类问题

间隔最大及相应的约束最优化问题将在下面叙述。这里先介绍函数间隔和几何间隔的概念。

7.1.2 函数间隔和几何间隔

在图 7.1 中，有 A,B,C 三个点，表示 3 个实例，均在分离超平面的正类一侧，预测它们的类。点 A 距分离超平面较远，若预测该点为正类，就比较确信预测是正确的；点 C 距分离超平面较近，若预测该点为正类就不那么确信；点 B 介于点 A 与 C 之间，预测其为正类的确信度也在 A 与 C 之间。

一般来说，一个点距离分离超平面的远近可以表示分类预测的确信程度。在超平面 $w \cdot x + b = 0$ 确定的情况下，$|w \cdot x + b|$ 能够相对地表示点 x 距离超平面的远近。而 $w \cdot x + b$ 的符号与类标记 y 的符号是否一致能够表示分类是否正确。所以可用量 $y(w \cdot x + b)$ 来表示分类的正确性及确信度，这就是函数间隔（functional margin）的概念。

定义 7.2（函数间隔） 对于给定的训练数据集 T 和超平面 (w,b)，定义超平面 (w,b) 关于样本点 (x_i, y_i) 的函数间隔为

$$\hat{\gamma}_i = y_i(w \cdot x_i + b) \tag{7.3}$$

定义超平面 (w,b) 关于训练数据集 T 的函数间隔为超平面 (w,b) 关于 T 中所有样本点 (x_i, y_i) 的函数间隔之最小值，即

$$\hat{\gamma} = \min_{i=1,\cdots,N} \hat{\gamma}_i \tag{7.4}$$

函数间隔可以表示分类预测的正确性及确信度。但是选择分离超平面时，只有函数间隔还不够。因为只要成比例地改变 w 和 b，例如将它们改为 $2w$ 和 $2b$，超平面并

没有改变,但函数间隔却成为原来的 2 倍。这一事实启示我们,可以对分离超平面的法向量 w 加某些约束,如规范化,$\|w\|=1$,使得间隔是确定的。这时函数间隔成为几何间隔(geometric margin)。

图 7.2 给出了超平面 (w,b) 及其法向量 w。点 A 表示某一实例 x_i,其类标记为 $y_i=+1$。点 A 与超平面 (w,b) 的距离由线段 AB 给出,记作 γ_i。

$$\gamma_i = \frac{w}{\|w\|} \cdot x_i + \frac{b}{\|w\|}$$

其中,$\|w\|$ 为 w 的 L_2 范数。这是点 A 在超平面正的一侧的情形。如果点 A 在超平面负的一侧,即 $y_i=-1$,那么点与超平面的距离为

$$\gamma_i = -\left(\frac{w}{\|w\|} \cdot x_i + \frac{b}{\|w\|}\right)$$

一般地,当样本点 (x_i,y_i) 被超平面 (w,b) 正确分类时,点 x_i 与超平面 (w,b) 的距离是

$$\gamma_i = y_i\left(\frac{w}{\|w\|} \cdot x_i + \frac{b}{\|w\|}\right)$$

由这一事实导出几何间隔的概念。

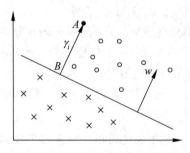

图 7.2　几何间隔

定义 7.3(几何间隔)　对于给定的训练数据集 T 和超平面 (w,b),定义超平面 (w,b) 关于样本点 (x_i,y_i) 的几何间隔为

$$\gamma_i = y_i\left(\frac{w}{\|w\|} \cdot x_i + \frac{b}{\|w\|}\right) \tag{7.5}$$

定义超平面 (w,b) 关于训练数据集 T 的几何间隔为超平面 (w,b) 关于 T 中所有样本点 (x_i,y_i) 的几何间隔之最小值,即

$$\gamma = \min_{i=1,\cdots,N} \gamma_i \tag{7.6}$$

超平面 (w,b) 关于样本点 (x_i, y_i) 的几何间隔一般是实例点到超平面的带符号的距离（signed distance），当样本点被超平面正确分类时就是实例点到超平面的距离。

从函数间隔和几何间隔的定义（式 (7.3)~式 (7.6)）可知，函数间隔和几何间隔有下面的关系：

$$\gamma_i = \frac{\hat{\gamma}_i}{\|w\|} \tag{7.7}$$

$$\gamma = \frac{\hat{\gamma}}{\|w\|} \tag{7.8}$$

如果 $\|w\| = 1$，那么函数间隔和几何间隔相等。如果超平面参数 w 和 b 成比例地改变（超平面没有改变），函数间隔也按此比例改变，而几何间隔不变。

7.1.3 间隔最大化

支持向量机学习的基本想法是求解能够正确划分训练数据集并且几何间隔最大的分离超平面。对线性可分的训练数据集而言，线性可分分离超平面有无穷多个（等价于感知机），但是几何间隔最大的分离超平面是唯一的。这里的间隔最大化又称为硬间隔最大化（与将要讨论的训练数据集近似线性可分时的软间隔最大化相对应）。

间隔最大化的直观解释是：对训练数据集找到几何间隔最大的超平面意味着以充分大的确信度对训练数据进行分类。也就是说，不仅将正负实例点分开，而且对最难分的实例点（离超平面最近的点）也有足够大的确信度将它们分开。这样的超平面应该对未知的新实例有很好的分类预测能力。

1. 最大间隔分离超平面

下面考虑如何求得一个几何间隔最大的分离超平面，即最大间隔分离超平面。具体地，这个问题可以表示为下面的约束最优化问题：

$$\max_{w,b} \quad \gamma \tag{7.9}$$

$$\text{s.t.} \quad y_i\left(\frac{w}{\|w\|} \cdot x_i + \frac{b}{\|w\|}\right) \geqslant \gamma, \quad i = 1, 2, \cdots, N \tag{7.10}$$

即我们希望最大化超平面 (w,b) 关于训练数据集的几何间隔 γ，约束条件表示的是超平面 (w,b) 关于每个训练样本点的几何间隔至少是 γ。

考虑几何间隔和函数间隔的关系式 (7.8)，可将这个问题改写为

$$\max_{w,b} \quad \frac{\hat{\gamma}}{\|w\|} \tag{7.11}$$

$$\text{s.t.} \quad y_i(w \cdot x_i + b) \geqslant \hat{\gamma}, \quad i = 1, 2, \cdots, N \tag{7.12}$$

函数间隔 $\hat{\gamma}$ 的取值并不影响最优化问题的解。事实上，假设将 w 和 b 按比例改变为 λw 和 λb，这时函数间隔成为 $\lambda\hat{\gamma}$。函数间隔的这一改变对上面最优化问题的不等式约束没有影响，对目标函数的优化也没有影响，也就是说，它产生一个等价的最优化问题。这样，就可以取 $\hat{\gamma}=1$。将 $\hat{\gamma}=1$ 代入上面的最优化问题，注意到最大化 $\frac{1}{\|w\|}$ 和最小化 $\frac{1}{2}\|w\|^2$ 是等价的，于是就得到下面的线性可分支持向量机学习的最优化问题：

$$\min_{w,b} \quad \frac{1}{2}\|w\|^2 \tag{7.13}$$

$$\text{s.t.} \quad y_i(w \cdot x_i + b) - 1 \geqslant 0, \quad i = 1, 2, \cdots, N \tag{7.14}$$

这是一个凸二次规划（convex quadratic programming）问题。

凸优化问题是指约束最优化问题

$$\min_{w} \quad f(w) \tag{7.15}$$

$$\text{s.t.} \quad g_i(w) \leqslant 0, \quad i = 1, 2, \cdots, k \tag{7.16}$$

$$\quad h_i(w) = 0, \quad i = 1, 2, \cdots, l \tag{7.17}$$

其中，目标函数 $f(w)$ 和约束函数 $g_i(w)$ 都是 $\mathbf{R}^n$ 上的连续可微的凸函数，约束函数 $h_i(w)$ 是 $\mathbf{R}^n$ 上的仿射函数[①]。

当目标函数 $f(w)$ 是二次函数且约束函数 $g_i(w)$ 是仿射函数时，上述凸最优化问题成为凸二次规划问题。

如果求出了约束最优化问题 (7.13)~(7.14) 的解 w^*, b^*，那么就可以得到最大间隔分离超平面 $w^* \cdot x + b^* = 0$ 及分类决策函数 $f(x) = \text{sign}(w^* \cdot x + b^*)$，即线性可分支持向量机模型。

综上所述，就有下面的线性可分支持向量机的学习算法——最大间隔法（maximum margin method）。

算法 7.1（线性可分支持向量机学习算法——最大间隔法）

输入：线性可分训练数据集 $T = \{(x_1, y_1), (x_2, y_2), \cdots, (x_N, y_N)\}$，其中，$x_i \in \mathcal{X} = \mathbf{R}^n$，$y_i \in \mathcal{Y} = \{-1, +1\}$，$i = 1, 2, \cdots, N$；

输出：最大间隔分离超平面和分类决策函数。

---

① $f(x)$ 称为仿射函数，如果它满足 $f(x) = a \cdot x + b$，$a \in \mathbf{R}^n$，$b \in \mathbf{R}$，$x \in \mathbf{R}^n$。

(1) 构造并求解约束最优化问题：

$$\min_{w,b} \quad \frac{1}{2}\|w\|^2$$
$$\text{s.t.} \quad y_i(w \cdot x_i + b) - 1 \geqslant 0, \quad i = 1, 2, \cdots, N$$

求得最优解 w^*, b^*。

(2) 由此得到分离超平面：

$$w^* \cdot x + b^* = 0$$

分类决策函数

$$f(x) = \text{sign}(w^* \cdot x + b^*)$$

∎

2. 最大间隔分离超平面的存在唯一性

线性可分训练数据集的最大间隔分离超平面是存在且唯一的。

定理 7.1（最大间隔分离超平面的存在唯一性） 若训练数据集 T 线性可分，则可将训练数据集中的样本点完全正确分开的最大间隔分离超平面存在且唯一。

证明 (1) 存在性

由于训练数据集线性可分，所以算法 7.1 中的最优化问题 (7.13)~(7.14) 一定存在可行解。又由于目标函数有下界，所以最优化问题 (7.13)~(7.14) 必有解，记作 (w^*, b^*)。由于训练数据集中既有正类点又有负类点，所以 $(w, b) = (0, b)$ 不是最优化的可行解，因而最优解 (w^*, b^*) 必满足 $w^* \neq 0$。由此得知分离超平面的存在性。

(2) 唯一性

首先证明最优化问题 (7.13)~(7.14) 解中 w^* 的唯一性。假设问题 (7.13)~(7.14) 存在两个最优解 (w_1^*, b_1^*) 和 (w_2^*, b_2^*)。显然 $\|w_1^*\| = \|w_2^*\| = c$，其中 c 是一个常数。令 $w = \dfrac{w_1^* + w_2^*}{2}$, $b = \dfrac{b_1^* + b_2^*}{2}$，易知 (w, b) 是问题 (7.13)~(7.14) 的可行解，从而有

$$c \leqslant \|w\| \leqslant \frac{1}{2}\|w_1^*\| + \frac{1}{2}\|w_2^*\| = c$$

上式表明，式中的不等号可变为等号，即 $\|w\| = \dfrac{1}{2}\|w_1^*\| + \dfrac{1}{2}\|w_2^*\|$，从而有 $w_1^* = \lambda w_2^*$, $|\lambda| = 1$。若 $\lambda = -1$，则 $w = 0$，(w, b) 不是问题 (7.13)~(7.14) 的可行解，矛盾。因此必有 $\lambda = 1$，即

$$w_1^* = w_2^*$$

由此可以把两个最优解 (w_1^*, b_1^*) 和 (w_2^*, b_2^*) 分别写成 (w^*, b_1^*) 和 (w^*, b_2^*)。再证 $b_1^* = b_2^*$。设 x_1' 和 x_2' 是集合 $\{x_i | y_i = +1\}$ 中分别对应于 (w^*, b_1^*) 和 (w^*, b_2^*) 使得问

题的不等式等号成立的点，x_1'' 和 x_2'' 是集合 $\{x_i|y_i=-1\}$ 中分别对应于 (w^*,b_1^*) 和 (w^*,b_2^*) 使得问题的不等式等号成立的点，则由 $b_1^*=-\frac{1}{2}(w^*\cdot x_1'+w^*\cdot x_1'')$，$b_2^*=-\frac{1}{2}(w^*\cdot x_2'+w^*\cdot x_2'')$，得

$$b_1^*-b_2^*=-\frac{1}{2}[w^*\cdot(x_1'-x_2')+w^*\cdot(x_1''-x_2'')]$$

又因为

$$w^*\cdot x_2'+b_1^*\geqslant 1=w^*\cdot x_1'+b_1^*$$
$$w^*\cdot x_1'+b_2^*\geqslant 1=w^*\cdot x_2'+b_2^*$$

所以，$w^*\cdot(x_1'-x_2')=0$。同理有 $w^*\cdot(x_1''-x_2'')=0$。因此，

$$b_1^*-b_2^*=0$$

由 $w_1^*=w_2^*$ 和 $b_1^*=b_2^*$ 可知，两个最优解 (w_1^*,b_1^*) 和 (w_2^*,b_2^*) 是相同的，解的唯一性得证。

由问题 (7.13)~(7.14) 解的唯一性即得分离超平面是唯一的。

（3）分离超平面能将训练数据集中的两类点完全正确地分开。

由解满足问题的约束条件即可得知。∎

3. 支持向量和间隔边界

在线性可分情况下，训练数据集的样本点中与分离超平面距离最近的样本点的实例称为支持向量（support vector）。支持向量是使约束条件式 (7.14) 等号成立的点，即

$$y_i(w\cdot x_i+b)-1=0$$

对 $y_i=+1$ 的正例点，支持向量在超平面

$$H_1:w\cdot x+b=1$$

上，对 $y_i=-1$ 的负例点，支持向量在超平面

$$H_2:w\cdot x+b=-1$$

上。如图 7.3 所示，在 H_1 和 H_2 上的点就是支持向量。

注意到 H_1 和 H_2 平行，并且没有实例点落在它们中间。在 H_1 与 H_2 之间形成一条长带，分离超平面与它们平行且位于它们中央。长带的宽度，即 H_1 与 H_2 之间的距

7.1 线性可分支持向量机与硬间隔最大化

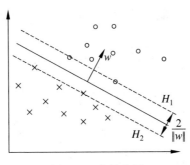

图 7.3 支持向量

离称为间隔（margin）。间隔依赖于分离超平面的法向量 w，等于 $\frac{2}{\|w\|}$。H_1 和 H_2 称为间隔边界。

在决定分离超平面时只有支持向量起作用，而其他实例点并不起作用。如果移动支持向量将改变所求的解；但是如果在间隔边界以外移动其他实例点，甚至去掉这些点，则解是不会改变的。由于支持向量在确定分离超平面中起着决定性作用，所以将这种分类模型称为支持向量机。支持向量的个数一般很少，所以支持向量机由很少的"重要的"训练样本确定。

例 7.1 数据与例 2.1 相同。已知一个如图 7.4 所示的训练数据集，其正例点是 $x_1 = (3,3)^\mathrm{T}$，$x_2 = (4,3)^\mathrm{T}$，负例点是 $x_3 = (1,1)^\mathrm{T}$，试求最大间隔分离超平面。

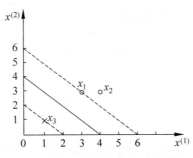

图 7.4 间隔最大分离超平面示例

解 按照算法 7.1，根据训练数据集构造约束最优化问题：

$$\min_{w,b} \quad \frac{1}{2}(w_1^2 + w_2^2)$$
$$\text{s.t.} \quad 3w_1 + 3w_2 + b \geqslant 1$$
$$4w_1 + 3w_2 + b \geqslant 1$$
$$-w_1 - w_2 - b \geqslant 1$$

求得此最优化问题的解 $w_1 = w_2 = \frac{1}{2}$, $b = -2$。于是最大间隔分离超平面为

$$\frac{1}{2}x^{(1)} + \frac{1}{2}x^{(2)} - 2 = 0$$

其中，$x_1 = (3,3)^\mathrm{T}$ 与 $x_3 = (1,1)^\mathrm{T}$ 为支持向量。∎

7.1.4 学习的对偶算法

为了求解线性可分支持向量机的最优化问题 (7.13)~(7.14)，将它作为原始最优化问题，应用拉格朗日对偶性（参阅附录 C），通过求解对偶问题（dual problem）得到原始问题（primal problem）的最优解，这就是线性可分支持向量机的对偶算法（dual algorithm）。这样做的优点，一是对偶问题往往更容易求解；二是自然引入核函数，进而推广到非线性分类问题。

首先构建拉格朗日函数（Lagrange function）。为此，对每一个不等式约束 (7.14) 引进拉格朗日乘子（Lagrange multiplier）$\alpha_i \geqslant 0$, $i = 1, 2, \cdots, N$，定义拉格朗日函数：

$$L(w, b, \alpha) = \frac{1}{2}\|w\|^2 - \sum_{i=1}^{N} \alpha_i y_i (w \cdot x_i + b) + \sum_{i=1}^{N} \alpha_i \tag{7.18}$$

其中，$\alpha = (\alpha_1, \alpha_2, \cdots, \alpha_N)^\mathrm{T}$ 为拉格朗日乘子向量。

根据拉格朗日对偶性，原始问题的对偶问题是极大极小问题：

$$\max_{\alpha} \min_{w,b} L(w, b, \alpha)$$

所以，为了得到对偶问题的解，需要先求 $L(w, b, \alpha)$ 对 w, b 的极小，再求对 α 的极大。

（1）求 $\min\limits_{w,b} L(w, b, \alpha)$

将拉格朗日函数 $L(w, b, \alpha)$ 分别对 w, b 求偏导数并令其等于 0。

$$\nabla_w L(w, b, \alpha) = w - \sum_{i=1}^{N} \alpha_i y_i x_i = 0$$

$$\nabla_b L(w, b, \alpha) = -\sum_{i=1}^{N} \alpha_i y_i = 0$$

得

$$w = \sum_{i=1}^{N} \alpha_i y_i x_i \tag{7.19}$$

7.1 线性可分支持向量机与硬间隔最大化

$$\sum_{i=1}^{N} \alpha_i y_i = 0 \tag{7.20}$$

将式 (7.19) 代入拉格朗日函数 (7.18)，并利用式 (7.20)，即得

$$L(w,b,\alpha) = \frac{1}{2}\sum_{i=1}^{N}\sum_{j=1}^{N}\alpha_i\alpha_j y_i y_j(x_i \cdot x_j) - \sum_{i=1}^{N}\alpha_i y_i\left(\left(\sum_{j=1}^{N}\alpha_j y_j x_j\right) \cdot x_i + b\right) + \sum_{i=1}^{N}\alpha_i$$

$$= -\frac{1}{2}\sum_{i=1}^{N}\sum_{j=1}^{N}\alpha_i\alpha_j y_i y_j(x_i \cdot x_j) + \sum_{i=1}^{N}\alpha_i$$

即

$$\min_{w,b} L(w,b,\alpha) = -\frac{1}{2}\sum_{i=1}^{N}\sum_{j=1}^{N}\alpha_i\alpha_j y_i y_j(x_i \cdot x_j) + \sum_{i=1}^{N}\alpha_i$$

（2）求 $\min\limits_{w,b} L(w,b,\alpha)$ 对 α 的极大，即是对偶问题

$$\max_{\alpha} \quad -\frac{1}{2}\sum_{i=1}^{N}\sum_{j=1}^{N}\alpha_i\alpha_j y_i y_j(x_i \cdot x_j) + \sum_{i=1}^{N}\alpha_i \tag{7.21}$$

$$\text{s.t.} \quad \sum_{i=1}^{N}\alpha_i y_i = 0$$

$$\alpha_i \geqslant 0, \quad i=1,2,\cdots,N$$

将式 (7.21) 的目标函数由求极大转换成求极小，就得到下面与之等价的对偶最优化问题：

$$\min_{\alpha} \quad \frac{1}{2}\sum_{i=1}^{N}\sum_{j=1}^{N}\alpha_i\alpha_j y_i y_j(x_i \cdot x_j) - \sum_{i=1}^{N}\alpha_i \tag{7.22}$$

$$\text{s.t.} \quad \sum_{i=1}^{N}\alpha_i y_i = 0 \tag{7.23}$$

$$\alpha_i \geqslant 0, \quad i=1,2,\cdots,N \tag{7.24}$$

考虑原始最优化问题 (7.13)~(7.14) 和对偶最优化问题 (7.22)~(7.24)，原始问题满足定理 C.2 的条件，所以存在 w^*,α^*,β^*，使 w^* 是原始问题的解，α^*,β^* 是对偶问题的解。这意味着求解原始问题 (7.13)~(7.14) 可以转换为求解对偶问题 (7.22)~(7.24)。

对线性可分训练数据集，假设对偶最优化问题 (7.22)~(7.24) 对 α 的解为 $\alpha^* = (\alpha_1^*,\alpha_2^*,\cdots,\alpha_N^*)^{\mathrm{T}}$，可以由 α^* 求得原始最优化问题 (7.13)~(7.14) 对 (w,b) 的解 w^*,b^*。有下面的定理。

定理 7.2 设 $\alpha^* = (\alpha_1^*, \alpha_2^*, \cdots, \alpha_l^*)^{\mathrm{T}}$ 是对偶最优化问题 (7.22)~(7.24) 的解，则存在下标 j，使得 $\alpha_j^* > 0$，并可按下式求得原始最优化问题 (7.13)~(7.14) 的解 w^*, b^*：

$$w^* = \sum_{i=1}^{N} \alpha_i^* y_i x_i \tag{7.25}$$

$$b^* = y_j - \sum_{i=1}^{N} \alpha_i^* y_i (x_i \cdot x_j) \tag{7.26}$$

证明 根据定理 C.3, KKT 条件成立，即得

$$\nabla_w L(w^*, b^*, \alpha^*) = w^* - \sum_{i=1}^{N} \alpha_i^* y_i x_i = 0 \tag{7.27}$$

$$\nabla_b L(w^*, b^*, \alpha^*) = -\sum_{i=1}^{N} \alpha_i^* y_i = 0$$

$$\alpha_i^* (y_i(w^* \cdot x_i + b^*) - 1) = 0, \quad i = 1, 2, \cdots, N$$

$$y_i(w^* \cdot x_i + b^*) - 1 \geqslant 0, \quad i = 1, 2, \cdots, N$$

$$\alpha_i^* \geqslant 0, \quad i = 1, 2, \cdots, N$$

由此得

$$w^* = \sum_{i} \alpha_i^* y_i x_i$$

其中至少有一个 $\alpha_j^* > 0$（用反证法，假设 $\alpha^* = 0$，由式 (7.27) 可知 $w^* = 0$，而 $w^* = 0$ 不是原始最优化问题 (7.13)~(7.14) 的解，产生矛盾），对此 j 有

$$y_j(w^* \cdot x_j + b^*) - 1 = 0 \tag{7.28}$$

将式 (7.25) 代入式 (7.28) 并注意到 $y_j^2 = 1$，即得

$$b^* = y_j - \sum_{i=1}^{N} \alpha_i^* y_i (x_i \cdot x_j) \qquad \blacksquare$$

由此定理可知，分离超平面可以写成

$$\sum_{i=1}^{N} \alpha_i^* y_i (x \cdot x_i) + b^* = 0 \tag{7.29}$$

分类决策函数可以写成

$$f(x) = \text{sign}\left(\sum_{i=1}^{N} \alpha_i^* y_i (x \cdot x_i) + b^*\right) \tag{7.30}$$

这就是说，分类决策函数只依赖于输入 x 和训练样本输入的内积。式 (7.30) 称为线性可分支持向量机的对偶形式。

综上所述，对于给定的线性可分训练数据集，可以首先求对偶问题 (7.22)~(7.24) 的解 α^*；再利用式 (7.25) 和式 (7.26) 求得原始问题的解 w^*, b^*；从而得到分离超平面及分类决策函数。这种算法称为线性可分支持向量机的对偶学习算法，是线性可分支持向量机学习的基本算法。

算法 7.2（线性可分支持向量机学习算法）

输入：线性可分训练集 $T = \{(x_1, y_1), (x_2, y_2), \cdots, (x_N, y_N)\}$，其中 $x_i \in \mathcal{X} = \mathbf{R}^n$, $y_i \in \mathcal{Y} = \{-1, +1\}$, $i = 1, 2, \cdots, N$；

输出：分离超平面和分类决策函数。

（1）构造并求解约束最优化问题

$$\min_{\alpha} \quad \frac{1}{2} \sum_{i=1}^{N} \sum_{j=1}^{N} \alpha_i \alpha_j y_i y_j (x_i \cdot x_j) - \sum_{i=1}^{N} \alpha_i$$

$$\text{s.t.} \quad \sum_{i=1}^{N} \alpha_i y_i = 0$$

$$\alpha_i \geqslant 0, \quad i = 1, 2, \cdots, N$$

求得最优解 $\alpha^* = (\alpha_1^*, \alpha_2^*, \cdots, \alpha_N^*)^{\text{T}}$。

（2）计算

$$w^* = \sum_{i=1}^{N} \alpha_i^* y_i x_i$$

并选择 α^* 的一个正分量 $\alpha_j^* > 0$，计算

$$b^* = y_j - \sum_{i=1}^{N} \alpha_i^* y_i (x_i \cdot x_j)$$

（3）求得分离超平面

$$w^* \cdot x + b^* = 0$$

分类决策函数：

$$f(x) = \text{sign}(w^* \cdot x + b^*) \qquad \blacksquare$$

在线性可分支持向量机中，由式 (7.25)、式 (7.26) 可知，w^* 和 b^* 只依赖于训练

数据中对应于 $\alpha_i^* > 0$ 的样本点 (x_i, y_i)，而其他样本点对 w^* 和 b^* 没有影响。我们将训练数据中对应于 $\alpha_i^* > 0$ 的实例点 $x_i \in \mathbf{R}^n$ 称为支持向量。

定义 7.4（支持向量） 考虑原始最优化问题 (7.13)~(7.14) 及对偶最优化问题 (7.22)~(7.24)，将训练数据集中对应于 $\alpha_i^* > 0$ 的样本点 (x_i, y_i) 的实例 $x_i \in \mathbf{R}^n$ 称为支持向量。

根据这一定义，支持向量一定在间隔边界上。由 KKT 互补条件可知，

$$\alpha_i^*(y_i(w^* \cdot x_i + b^*) - 1) = 0, \quad i = 1, 2, \cdots, N$$

对应于 $\alpha_i^* > 0$ 的实例 x_i，有

$$y_i(w^* \cdot x_i + b^*) - 1 = 0$$

或

$$w^* \cdot x_i + b^* = \pm 1$$

即 x_i 一定在间隔边界上。这里的支持向量的定义与前面给出的支持向量的定义是一致的。

例 7.2 训练数据与例 7.1 相同。如图 7.4 所示，正例点是 $x_1 = (3,3)^\mathrm{T}$，$x_2 = (4,3)^\mathrm{T}$，负例点是 $x_3 = (1,1)^\mathrm{T}$，试用算法 7.2 求线性可分支持向量机。

解 根据所给数据，对偶问题是

$$\begin{aligned}\min_{\alpha} \quad & \frac{1}{2} \sum_{i=1}^{N} \sum_{j=1}^{N} \alpha_i \alpha_j y_i y_j (x_i \cdot x_j) - \sum_{i=1}^{N} \alpha_i \\ = & \frac{1}{2}(18\alpha_1^2 + 25\alpha_2^2 + 2\alpha_3^2 + 42\alpha_1\alpha_2 - 12\alpha_1\alpha_3 - 14\alpha_2\alpha_3) - \alpha_1 - \alpha_2 - \alpha_3 \\ \text{s.t.} \quad & \alpha_1 + \alpha_2 - \alpha_3 = 0 \\ & \alpha_i \geqslant 0, \quad i = 1, 2, 3\end{aligned}$$

解这一最优化问题。将 $\alpha_3 = \alpha_1 + \alpha_2$ 代入目标函数并记为

$$s(\alpha_1, \alpha_2) = 4\alpha_1^2 + \frac{13}{2}\alpha_2^2 + 10\alpha_1\alpha_2 - 2\alpha_1 - 2\alpha_2$$

对 α_1, α_2 求偏导数并令其为 0，易知 $s(\alpha_1, \alpha_2)$ 在点 $\left(\frac{3}{2}, -1\right)^\mathrm{T}$ 取极值，但该点不满足约束条件 $\alpha_2 \geqslant 0$，所以最小值应在边界上达到。

当 $\alpha_1 = 0$ 时，最小值 $s\left(0, \frac{2}{13}\right) = -\frac{2}{13}$；当 $\alpha_2 = 0$ 时，最小值 $s\left(\frac{1}{4}, 0\right) = -\frac{1}{4}$。于是 $s(\alpha_1, \alpha_2)$ 在 $\alpha_1 = \frac{1}{4}, \alpha_2 = 0$ 达到最小，此时 $\alpha_3 = \alpha_1 + \alpha_2 = \frac{1}{4}$。

这样，$\alpha_1^* = \alpha_3^* = \frac{1}{4}$ 对应的实例点 x_1, x_3 是支持向量。根据式 (7.25) 和式 (7.26) 计算得

$$w_1^* = w_2^* = \frac{1}{2}$$

$$b^* = -2$$

分离超平面为

$$\frac{1}{2}x^{(1)} + \frac{1}{2}x^{(2)} - 2 = 0$$

分类决策函数为

$$f(x) = \text{sign}\left(\frac{1}{2}x^{(1)} + \frac{1}{2}x^{(2)} - 2\right)$$ ∎

对于线性可分问题，上述线性可分支持向量机的学习（硬间隔最大化）算法是完美的。但是，训练数据集线性可分是理想的情形。在现实问题中，训练数据集往往是线性不可分的，即在样本中出现噪声或特异点。此时，有更一般的学习算法。

7.2 线性支持向量机与软间隔最大化

7.2.1 线性支持向量机

线性可分问题的支持向量机学习方法，对线性不可分训练数据是不适用的，因为这时上述方法中的不等式约束并不能都成立。怎么才能将它扩展到线性不可分问题呢？这就需要修改硬间隔最大化，使其成为软间隔最大化。

假设给定一个特征空间上的训练数据集

$$T = \{(x_1, y_1), (x_2, y_2), \cdots, (x_N, y_N)\}$$

其中，$x_i \in \mathcal{X} = \mathbf{R}^n$，$y_i \in \mathcal{Y} = \{+1, -1\}$，$i = 1, 2, \cdots, N$，$x_i$ 为第 i 个特征向量，y_i 为 x_i 的类标记。再假设训练数据集不是线性可分的。通常情况是，训练数据中有一些特异点（outlier），将这些特异点除去后，剩下大部分的样本点组成的集合是线性可分的。

线性不可分意味着某些样本点 (x_i, y_i) 不能满足函数间隔大于等于 1 的约束条件 (7.14)。为了解决这个问题，可以对每个样本点 (x_i, y_i) 引进一个松弛变量 $\xi_i \geqslant 0$，使函数间隔加上松弛变量大于等于 1。这样，约束条件变为

$$y_i(w \cdot x_i + b) \geqslant 1 - \xi_i$$

同时，对每个松弛变量 ξ_i，支付一个代价 ξ_i。目标函数由原来的 $\frac{1}{2}\|w\|^2$ 变成

$$\frac{1}{2}\|w\|^2 + C\sum_{i=1}^{N}\xi_i \tag{7.31}$$

这里，$C > 0$ 称为惩罚参数，一般由应用问题决定，C 值大时对误分类的惩罚增大，C 值小时对误分类的惩罚减小。最小化目标函数 (7.31) 包含两层含义：使 $\frac{1}{2}\|w\|^2$ 尽量小即间隔尽量大，同时使误分类点的个数尽量小，C 是调和二者的系数。

有了上面的思路，可以和训练数据集线性可分时一样来考虑训练数据集线性不可分时的线性支持向量机学习问题。相应于硬间隔最大化，它称为软间隔最大化。

线性不可分的线性支持向量机的学习问题变成如下凸二次规划（convex quadratic programming）问题（原始问题）：

$$\min_{w,b,\xi} \quad \frac{1}{2}\|w\|^2 + C\sum_{i=1}^{N}\xi_i \tag{7.32}$$

$$\text{s.t.} \quad y_i(w\cdot x_i + b) \geqslant 1 - \xi_i, \quad i=1,2,\cdots,N \tag{7.33}$$

$$\xi_i \geqslant 0, \quad i=1,2,\cdots,N \tag{7.34}$$

原始问题 (7.32)~(7.34) 是一个凸二次规划问题，因而关于 (w,b,ξ) 的解是存在的。可以证明 w 的解是唯一的，但 b 的解可能不唯一，而是存在于一个区间[11]。

设问题 (7.32)~(7.34) 的解是 w^*，b^*，于是可以得到分离超平面 $w^* \cdot x + b^* = 0$ 及分类决策函数 $f(x) = \text{sign}(w^* \cdot x + b^*)$。称这样的模型为训练样本线性不可分时的线性支持向量机，简称为线性支持向量机。显然，线性支持向量机包含线性可分支持向量机。由于现实中训练数据集往往是线性不可分的，线性支持向量机具有更广的适用性。

下面给出线性支持向量机的定义。

定义 7.5（线性支持向量机） 对于给定的线性不可分的训练数据集，通过求解凸二次规划问题，即软间隔最大化问题 (7.32)~(7.34)，得到的分离超平面为

$$w^* \cdot x + b^* = 0 \tag{7.35}$$

以及相应的分类决策函数

$$f(x) = \text{sign}(w^* \cdot x + b^*) \tag{7.36}$$

称为线性支持向量机。

7.2.2 学习的对偶算法

原始问题 (7.32)~(7.34) 的对偶问题是

$$\min_{\alpha} \quad \frac{1}{2}\sum_{i=1}^{N}\sum_{j=1}^{N}\alpha_i\alpha_j y_i y_j(x_i \cdot x_j) - \sum_{i=1}^{N}\alpha_i \tag{7.37}$$

$$\text{s.t.} \quad \sum_{i=1}^{N}\alpha_i y_i = 0 \tag{7.38}$$

$$0 \leqslant \alpha_i \leqslant C, \quad i=1,2,\cdots,N \tag{7.39}$$

原始最优化问题 (7.32)~(7.34) 的拉格朗日函数是

$$L(w,b,\xi,\alpha,\mu) \equiv \frac{1}{2}\|w\|^2 + C\sum_{i=1}^{N}\xi_i - \sum_{i=1}^{N}\alpha_i(y_i(w\cdot x_i + b) - 1 + \xi_i) - \sum_{i=1}^{N}\mu_i\xi_i \tag{7.40}$$

其中，$\alpha_i \geqslant 0, \mu_i \geqslant 0$。

对偶问题是拉格朗日函数的极大极小问题。首先求 $L(w,b,\xi,\alpha,\mu)$ 对 w,b,ξ 的极小，由

$$\nabla_w L(w,b,\xi,\alpha,\mu) = w - \sum_{i=1}^{N}\alpha_i y_i x_i = 0$$

$$\nabla_b L(w,b,\xi,\alpha,\mu) = -\sum_{i=1}^{N}\alpha_i y_i = 0$$

$$\nabla_{\xi_i} L(w,b,\xi,\alpha,\mu) = C - \alpha_i - \mu_i = 0$$

得

$$w = \sum_{i=1}^{N}\alpha_i y_i x_i \tag{7.41}$$

$$\sum_{i=1}^{N}\alpha_i y_i = 0 \tag{7.42}$$

$$C - \alpha_i - \mu_i = 0 \tag{7.43}$$

将式 (7.41)~(7.43) 代入式 (7.40)，得

$$\min_{w,b,\xi} L(w,b,\xi,\alpha,\mu) = -\frac{1}{2}\sum_{i=1}^{N}\sum_{j=1}^{N}\alpha_i\alpha_j y_i y_j(x_i \cdot x_j) + \sum_{i=1}^{N}\alpha_i$$

再对 $\min_{w,b,\xi} L(w,b,\xi,\alpha,\mu)$ 求 α 的极大，即得对偶问题：

$$\max_{\alpha} \quad -\frac{1}{2}\sum_{i=1}^{N}\sum_{j=1}^{N}\alpha_i\alpha_j y_i y_j(x_i \cdot x_j) + \sum_{i=1}^{N}\alpha_i \quad (7.44)$$

$$\text{s.t.} \quad \sum_{i=1}^{N}\alpha_i y_i = 0 \quad (7.45)$$

$$C - \alpha_i - \mu_i = 0 \quad (7.46)$$

$$\alpha_i \geqslant 0 \quad (7.47)$$

$$\mu_i \geqslant 0, \quad i=1,2,\cdots,N \quad (7.48)$$

将对偶最优化问题 (7.44)~(7.48) 进行变换：利用等式约束 (7.46) 消去 μ_i，从而只留下变量 α_i，并将约束 (7.46)~(7.48) 写成

$$0 \leqslant \alpha_i \leqslant C \quad (7.49)$$

再将对目标函数求极大转换为求极小，于是得到对偶问题 (7.37)~(7.39)。

可以通过求解对偶问题而得到原始问题的解，进而确定分离超平面和决策函数。为此，就可以定理的形式叙述原始问题的最优解和对偶问题的最优解的关系。

定理 7.3 设 $\alpha^* = (\alpha_1^*, \alpha_2^*, \cdots, \alpha_N^*)^\mathrm{T}$ 是对偶问题 (7.37)~(7.39) 的一个解，若存在 α^* 的一个分量 α_j^*，$0 < \alpha_j^* < C$，则原始问题 (7.32)~(7.34) 的解 w^*, b^* 可按下式求得：

$$w^* = \sum_{i=1}^{N}\alpha_i^* y_i x_i \quad (7.50)$$

$$b^* = y_j - \sum_{i=1}^{N} y_i \alpha_i^* (x_i \cdot x_j) \quad (7.51)$$

证明 原始问题是凸二次规划问题，解满足 KKT 条件。即得

$$\nabla_w L(w^*, b^*, \xi^*, \alpha^*, \mu^*) = w^* - \sum_{i=1}^{N}\alpha_i^* y_i x_i = 0 \quad (7.52)$$

$$\nabla_b L(w^*, b^*, \xi^*, \alpha^*, \mu^*) = -\sum_{i=1}^{N}\alpha_i^* y_i = 0$$

$$\nabla_\xi L(w^*, b^*, \xi^*, \alpha^*, \mu^*) = C - \alpha^* - \mu^* = 0$$

$$\alpha_i^*(y_i(w^* \cdot x_i + b^*) - 1 + \xi_i^*) = 0 \quad (7.53)$$

$$\mu_i^* \xi_i^* = 0 \quad (7.54)$$

7.2 线性支持向量机与软间隔最大化

$$y_i(w^* \cdot x_i + b^*) - 1 + \xi_i^* \geqslant 0$$

$$\xi_i^* \geqslant 0$$

$$\alpha_i^* \geqslant 0$$

$$\mu_i^* \geqslant 0, \quad i = 1, 2, \cdots, N$$

由式 (7.52) 易知式 (7.50) 成立。再由式 (7.53)~(7.54) 可知，若存在 α_j^*，$0 < \alpha_j^* < C$，则 $y_i(w^* \cdot x_i + b^*) - 1 = 0$。由此即得式 (7.51)。∎

由此定理可知，分离超平面可以写成

$$\sum_{i=1}^{N} \alpha_i^* y_i (x \cdot x_i) + b^* = 0 \tag{7.55}$$

分类决策函数可以写成

$$f(x) = \operatorname{sign}\left(\sum_{i=1}^{N} \alpha_i^* y_i (x \cdot x_i) + b^*\right) \tag{7.56}$$

式 (7.56) 为线性支持向量机的对偶形式。

综合前面的结果，有下面的算法。

算法 7.3（线性支持向量机学习算法）

输入：训练数据集 $T = \{(x_1, y_1), (x_2, y_2), \cdots, (x_N, y_N)\}$，其中，$x_i \in \mathcal{X} = \mathbf{R}^n$，$y_i \in \mathcal{Y} = \{-1, +1\}$，$i = 1, 2, \cdots, N$；

输出：分离超平面和分类决策函数。

（1）选择惩罚参数 $C > 0$，构造并求解凸二次规划问题

$$\min_{\alpha} \quad \frac{1}{2} \sum_{i=1}^{N} \sum_{j=1}^{N} \alpha_i \alpha_j y_i y_j (x_i \cdot x_j) - \sum_{i=1}^{N} \alpha_i$$

$$\text{s.t.} \quad \sum_{i=1}^{N} \alpha_i y_i = 0$$

$$0 \leqslant \alpha_i \leqslant C, \quad i = 1, 2, \cdots, N$$

求得最优解 $\alpha^* = (\alpha_1^*, \alpha_2^*, \cdots, \alpha_N^*)^\mathrm{T}$。

（2）计算 $w^* = \sum_{i=1}^{N} \alpha_i^* y_i x_i$

选择 α^* 的一个分量 α_j^* 适合条件 $0 < \alpha_j^* < C$，计算

$$b^* = y_j - \sum_{i=1}^{N} y_i \alpha_i^* (x_i \cdot x_j)$$

（3）求得分离超平面

$$w^* \cdot x + b^* = 0$$

分类决策函数：

$$f(x) = \text{sign}(w^* \cdot x + b^*)$$

∎

步骤 (2) 中，对任一适合条件 $0 < \alpha_j^* < C$ 的 α_j^*，按式 (7.51) 都可求出 b^*，从理论上，原始问题 (7.32)~(7.34) 对 b 的解可能不唯一[11]，然而在实际应用中，往往只会出现算法叙述的情况。

7.2.3 支持向量

在线性不可分的情况下，将对偶问题 (7.37)~(7.39) 的解 $\alpha^* = (\alpha_1^*, \alpha_2^*, \cdots, \alpha_N^*)^{\text{T}}$ 中对应于 $\alpha_i^* > 0$ 的样本点 (x_i, y_i) 的实例 x_i 称为支持向量（软间隔的支持向量）。如图 7.5 所示，这时的支持向量要比线性可分时的情况复杂一些。图中，分离超平面由实线表示，间隔边界由虚线表示，正例点由"○"表示，负例点由"×"表示。图中还标出了实例 x_i 到间隔边界的距离 $\dfrac{\xi_i}{\|w\|}$。

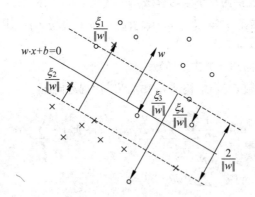

图 7.5 软间隔的支持向量

软间隔的支持向量 x_i 或者在间隔边界上，或者在间隔边界与分离超平面之间，或者在分离超平面误分一侧。若 $\alpha_i^* < C$，则 $\xi_i = 0$，支持向量 x_i 恰好落在间隔边界上；若 $\alpha_i^* = C$，$0 < \xi_i < 1$，则分类正确，x_i 在间隔边界与分离超平面之间；若 $\alpha_i^* = C$，$\xi_i = 1$，则 x_i 在分离超平面上；若 $\alpha_i^* = C$，$\xi_i > 1$，则 x_i 位于分离超平面误分一侧。

7.2.4 合页损失函数

对于线性支持向量机学习来说，其模型为分离超平面 $w^* \cdot x + b^* = 0$ 及决策函数 $f(x) = \text{sign}(w^* \cdot x + b^*)$，其学习策略为软间隔最大化，学习算法为凸二次规划。

线性支持向量机学习还有另外一种解释，就是最小化以下目标函数：

$$\sum_{i=1}^{N} [1 - y_i(w \cdot x_i + b)]_+ + \lambda \|w\|^2 \tag{7.57}$$

目标函数的第 1 项是经验损失或经验风险，函数

$$L(y(w \cdot x + b)) = [1 - y(w \cdot x + b)]_+ \tag{7.58}$$

称为合页损失函数（hinge loss function）。下标"+"表示以下取正值的函数。

$$[z]_+ = \begin{cases} z, & z > 0 \\ 0, & z \leqslant 0 \end{cases} \tag{7.59}$$

这就是说，当样本点 (x_i, y_i) 被正确分类且函数间隔（确信度）$y_i(w \cdot x_i + b)$ 大于 1 时，损失是 0，否则损失是 $1 - y_i(w \cdot x_i + b)$。注意到在图 7.5 中的实例点 x_4 被正确分类，但损失不是 0。目标函数的第 2 项是系数为 λ 的 w 的 L_2 范数，是正则化项。

定理 7.4 线性支持向量机原始最优化问题：

$$\min_{w,b,\xi} \quad \frac{1}{2}\|w\|^2 + C\sum_{i=1}^{N}\xi_i \tag{7.60}$$

$$\text{s.t.} \quad y_i(w \cdot x_i + b) \geqslant 1 - \xi_i, \quad i = 1, 2, \cdots, N \tag{7.61}$$

$$\xi_i \geqslant 0, \quad i = 1, 2, \cdots, N \tag{7.62}$$

等价于最优化问题

$$\min_{w,b} \quad \sum_{i=1}^{N} [1 - y_i(w \cdot x_i + b)]_+ + \lambda \|w\|^2 \tag{7.63}$$

证明 可将最优化问题 (7.63) 写成问题 (7.60)~(7.62)。令

$$[1 - y_i(w \cdot x_i + b)]_+ = \xi_i \tag{7.64}$$

则 $\xi_i \geqslant 0$,式 (7.62) 成立。由式 (7.64),当 $1 - y_i(w \cdot x_i + b) > 0$ 时,有 $y_i(w \cdot x_i + b) = 1 - \xi_i$;当 $1 - y_i(w \cdot x_i + b) \leqslant 0$ 时,$\xi_i = 0$,有 $y_i(w \cdot x_i + b) \geqslant 1 - \xi_i$。故式 (7.61) 成立。于是 w, b, ξ_i 满足约束条件 (7.61)~(7.62)。所以最优化问题 (7.63) 可写成

$$\min_{w,b} \sum_{i=1}^{N} \xi_i + \lambda \|w\|^2$$

若取 $\lambda = \dfrac{1}{2C}$,则

$$\min_{w,b} \frac{1}{C} \left(\frac{1}{2} \|w\|^2 + C \sum_{i=1}^{N} \xi_i \right)$$

与式 (7.60) 等价。

反之,也可将最优化问题 (7.60)~(7.62) 表示成问题 (7.63)。 ■

合页损失函数的图形如图 7.6 所示,横轴是函数间隔 $y(w \cdot x + b)$,纵轴是损失。由于函数形状像一个合页,故名合页损失函数。

图中还画出 0-1 损失函数,可以认为它是二类分类问题的真正的损失函数,而合页损失函数是 0-1 损失函数的上界。由于 0-1 损失函数不是连续可导的,直接优化由其构成的目标函数比较困难,可以认为线性支持向量机是优化由 0-1 损失函数的上界(合页损失函数)构成的目标函数。这时的上界损失函数又称为代理损失函数(surrogate loss function)。

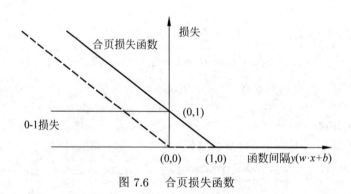

图 7.6　合页损失函数

图 7.6 中虚线显示的是感知机的损失函数 $[-y_i(w \cdot x_i + b)]_+$。这时,当样本点 (x_i, y_i) 被正确分类时,损失是 0,否则损失是 $-y_i(w \cdot x_i + b)$。相比之下,合页损失函数不仅要分类正确,而且确信度足够高时损失才是 0。也就是说,合页损失函数对学习有更高的要求。

7.3 非线性支持向量机与核函数

对解线性分类问题,线性分类支持向量机是一种非常有效的方法。但是,有时分类问题是非线性的,这时可以使用非线性支持向量机。本节叙述非线性支持向量机,其主要特点是利用核技巧(kernel trick)。为此,先要介绍核技巧。核技巧不仅应用于支持向量机,而且应用于其他统计学习问题。

7.3.1 核技巧

1. 非线性分类问题

非线性分类问题是指通过利用非线性模型才能很好地进行分类的问题。先看一个例子:如图 7.7 左图,是一个分类问题,图中"·"表示正实例点,"×"表示负实例点。由图可见,无法用直线(线性模型)将正负实例正确分开,但可以用一条椭圆曲线(非线性模型)将它们正确分开。

一般来说,对给定的一个训练数据集 $T = \{(x_1, y_1), (x_2, y_2), \cdots, (x_N, y_N)\}$,其中,实例 x_i 属于输入空间,$x_i \in \mathcal{X} = \mathbf{R}^n$,对应的标记有两类 $y_i \in \mathcal{Y} = \{-1, +1\}$,$i = 1, 2, \cdots, N$。如果能用 $\mathbf{R}^n$ 中的一个超曲面将正负例正确分开,则称这个问题为非线性可分问题。

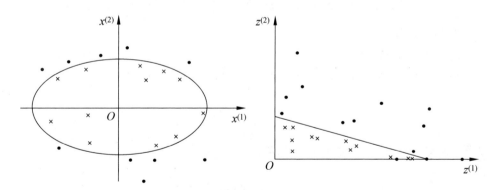

图 7.7 非线性分类问题与核技巧示例

非线性问题往往不好求解,所以希望能用解线性分类问题的方法解决这个问题。所采取的方法是进行一个非线性变换,将非线性问题变换为线性问题,通过解变换后的线性问题的方法求解原来的非线性问题。对图 7.7 所示的例子,通过变换,将左图中椭圆变换成右图中的直线,将非线性分类问题变换为线性分类问题。

设原空间为 $\mathcal{X} \subset \mathbf{R}^2$,$x = (x^{(1)}, x^{(2)})^{\mathrm{T}} \in \mathcal{X}$,新空间为 $\mathcal{Z} \subset \mathbf{R}^2$,$z = (z^{(1)}, z^{(2)})^{\mathrm{T}} \in$

$\mathcal{Z}$，定义从原空间到新空间的变换（映射）：

$$z = \phi(x) = ((x^{(1)})^2, (x^{(2)})^2)^{\mathrm{T}}$$

经过变换 $z = \phi(x)$，原空间 $\mathcal{X} \subset \mathbf{R}^2$ 变换为新空间 $\mathcal{Z} \subset \mathbf{R}^2$，原空间中的点相应地变换为新空间中的点，原空间中的椭圆

$$w_1(x^{(1)})^2 + w_2(x^{(2)})^2 + b = 0$$

变换成为新空间中的直线

$$w_1 z^{(1)} + w_2 z^{(2)} + b = 0$$

在变换后的新空间里，直线 $w_1 z^{(1)} + w_2 z^{(2)} + b = 0$ 可以将变换后的正负实例点正确分开。这样，原空间的非线性可分问题就变成了新空间的线性可分问题。

上面的例子说明，用线性分类方法求解非线性分类问题分为两步：首先使用一个变换将原空间的数据映射到新空间；然后在新空间里用线性分类学习方法从训练数据中学习分类模型。核技巧就属于这样的方法。

核技巧应用到支持向量机，其基本想法就是通过一个非线性变换将输入空间（欧氏空间 $\mathbf{R}^n$ 或离散集合）对应于一个特征空间（希尔伯特空间 $\mathcal{H}$），使得在输入空间 $\mathbf{R}^n$ 中的超曲面模型对应于特征空间 $\mathcal{H}$ 中的超平面模型（支持向量机）。这样，分类问题的学习任务通过在特征空间中求解线性支持向量机就可以完成。

2. 核函数的定义

定义 7.6（核函数） 设 $\mathcal{X}$ 是输入空间（欧氏空间 $\mathbf{R}^n$ 的子集或离散集合），又设 $\mathcal{H}$ 为特征空间（希尔伯特空间），如果存在一个从 $\mathcal{X}$ 到 $\mathcal{H}$ 的映射

$$\phi(x): \mathcal{X} \to \mathcal{H} \tag{7.65}$$

使得对所有 $x, z \in \mathcal{X}$，函数 $K(x, z)$ 满足条件

$$K(x, z) = \phi(x) \bullet \phi(z) \tag{7.66}$$

则称 $K(x, z)$ 为核函数，$\phi(x)$ 为映射函数，式中 $\phi(x) \bullet \phi(z)$ 为 $\phi(x)$ 和 $\phi(z)$ 的内积。

核技巧的想法是，在学习与预测中只定义核函数 $K(x, z)$，而不显式地定义映射函数 ϕ。通常，直接计算 $K(x, z)$ 比较容易，而通过 $\phi(x)$ 和 $\phi(z)$ 计算 $K(x, z)$ 并不容易。注意，ϕ 是输入空间 $\mathbf{R}^n$ 到特征空间 $\mathcal{H}$ 的映射，特征空间 $\mathcal{H}$ 一般是高维的，甚至是无穷维的。可以看到，对于给定的核 $K(x, z)$，特征空间 $\mathcal{H}$ 和映射函数 ϕ 的取法并不唯一，可以取不同的特征空间，即便是在同一特征空间里也可以取不同的映射。

7.3 非线性支持向量机与核函数

下面举一个简单的例子来说明核函数和映射函数的关系。

例 7.3 假设输入空间是 $\mathbf{R}^2$，核函数是 $K(x,z)=(x\cdot z)^2$，试找出其相关的特征空间 $\mathcal{H}$ 和映射 $\phi(x):\mathbf{R}^2\to\mathcal{H}$。

解 取特征空间 $\mathcal{H}=\mathbf{R}^3$，记 $x=(x^{(1)},x^{(2)})^{\mathrm{T}}$，$z=(z^{(1)},z^{(2)})^{\mathrm{T}}$，由于

$$(x\cdot z)^2=(x^{(1)}z^{(1)}+x^{(2)}z^{(2)})^2=(x^{(1)}z^{(1)})^2+2x^{(1)}z^{(1)}x^{(2)}z^{(2)}+(x^{(2)}z^{(2)})^2$$

所以可以取映射

$$\phi(x)=((x^{(1)})^2,\sqrt{2}x^{(1)}x^{(2)},(x^{(2)})^2)^{\mathrm{T}}$$

容易验证 $\phi(x)\cdot\phi(z)=(x\cdot z)^2=K(x,z)$。

仍取 $\mathcal{H}=\mathbf{R}^3$ 以及

$$\phi(x)=\frac{1}{\sqrt{2}}((x^{(1)})^2-(x^{(2)})^2,2x^{(1)}x^{(2)},(x^{(1)})^2+(x^{(2)})^2)^{\mathrm{T}}$$

同样有 $\phi(x)\cdot\phi(z)=(x\cdot z)^2=K(x,z)$。

还可以取 $\mathcal{H}=\mathbf{R}^4$ 和

$$\phi(x)=((x^{(1)})^2,x^{(1)}x^{(2)},x^{(1)}x^{(2)},(x^{(2)})^2)^{\mathrm{T}}$$ ∎

3. 核技巧在支持向量机中的应用

我们注意到在线性支持向量机的对偶问题中，无论是目标函数还是决策函数（分离超平面）都只涉及输入实例与实例之间的内积。在对偶问题的目标函数 (7.37) 中的内积 $x_i\cdot x_j$ 可以用核函数 $K(x_i,x_j)=\phi(x_i)\cdot\phi(x_j)$ 来代替。此时对偶问题的目标函数成为

$$W(\alpha)=\frac{1}{2}\sum_{i=1}^{N}\sum_{j=1}^{N}\alpha_i\alpha_j y_i y_j K(x_i,x_j)-\sum_{i=1}^{N}\alpha_i \tag{7.67}$$

同样，分类决策函数中的内积也可以用核函数代替，而分类决策函数式成为

$$f(x)=\mathrm{sign}\left(\sum_{i=1}^{N_s}a_i^*y_i\phi(x_i)\cdot\phi(x)+b^*\right)$$

$$=\mathrm{sign}\left(\sum_{i=1}^{N_s}a_i^*y_i K(x_i,x)+b^*\right) \tag{7.68}$$

这等价于经过映射函数 ϕ 将原来的输入空间变换到一个新的特征空间，将输入空间中的内积 $x_i\cdot x_j$ 变换为特征空间中的内积 $\phi(x_i)\cdot\phi(x_j)$，在新的特征空间里从训练样本中学习线性支持向量机。当映射函数是非线性函数时，学习到的含有核函数的

支持向量机是非线性分类模型。

也就是说，在核函数 $K(x,z)$ 给定的条件下，可以利用解线性分类问题的方法求解非线性分类问题的支持向量机。学习是隐式地在特征空间进行的，不需要显式地定义特征空间和映射函数。这样的技巧称为核技巧，它是巧妙地利用线性分类学习方法与核函数解决非线性问题的技术。在实际应用中，往往依赖领域知识直接选择核函数，核函数选择的有效性需要通过实验验证。

7.3.2 正定核

已知映射函数 ϕ，可以通过 $\phi(x)$ 和 $\phi(z)$ 的内积求得核函数 $K(x,z)$。不用构造映射 $\phi(x)$ 能否直接判断一个给定的函数 $K(x,z)$ 是不是核函数？或者说，函数 $K(x,z)$ 满足什么条件才能成为核函数？

本节叙述正定核的充要条件。通常所说的核函数就是正定核函数（positive definite kernel function）。为证明此定理先介绍有关的预备知识。

假设 $K(x,z)$ 是定义在 $\mathcal{X} \times \mathcal{X}$ 上的对称函数，并且对任意的 $x_1, x_2, \cdots, x_m \in \mathcal{X}$，$K(x,z)$ 关于 $x_1, x_2, \cdots, x_m$ 的 Gram 矩阵是半正定的。可以依据函数 $K(x,z)$，构成一个希尔伯特空间（Hilbert space），其步骤是：首先定义映射 ϕ 并构成向量空间 $\mathcal{S}$；然后在 $\mathcal{S}$ 上定义内积构成内积空间；最后将 $\mathcal{S}$ 完备化构成希尔伯特空间。

1. 定义映射，构成向量空间 $\mathcal{S}$

先定义映射

$$\phi: x \to K(\,\cdot\,, x) \tag{7.69}$$

根据这一映射，对任意 $x_i \in \mathcal{X}$，$\alpha_i \in \mathbf{R}$，$i = 1, 2, \cdots, m$，定义线性组合

$$f(\,\cdot\,) = \sum_{i=1}^{m} \alpha_i K(\,\cdot\,, x_i) \tag{7.70}$$

考虑由线性组合为元素的集合 $\mathcal{S}$。由于集合 $\mathcal{S}$ 对加法和数乘运算是封闭的，所以 $\mathcal{S}$ 构成一个向量空间。

2. 在 $\mathcal{S}$ 上定义内积，使其成为内积空间

在 $\mathcal{S}$ 上定义一个运算 $*$：对任意 $f, g \in \mathcal{S}$，

$$f(\,\cdot\,) = \sum_{i=1}^{m} \alpha_i K(\,\cdot\,, x_i) \tag{7.71}$$

$$g(\,\cdot\,) = \sum_{j=1}^{l} \beta_j K(\,\cdot\,, z_j) \tag{7.72}$$

7.3 非线性支持向量机与核函数

定义运算 $*$

$$f*g = \sum_{i=1}^{m}\sum_{j=1}^{l}\alpha_i\beta_j K(x_i, z_j) \tag{7.73}$$

证明运算 $*$ 是空间 $\mathcal{S}$ 的内积。为此要证：

(1) $(cf)*g = c(f*g)$, $c \in \mathbf{R}$ \hfill (7.74)

(2) $(f+g)*h = f*h + g*h$, $h \in \mathcal{S}$ \hfill (7.75)

(3) $f*g = g*f$ \hfill (7.76)

(4) $f*f \geqslant 0$, \hfill (7.77)

$$f*f = 0 \Leftrightarrow f = 0 \tag{7.78}$$

其中，(1)~(3) 由式 (7.70)~式 (7.72) 及 $K(x,z)$ 的对称性容易得到。现证 (4) 之式 (7.77)。由式 (7.70) 及式 (7.73) 可得：

$$f*f = \sum_{i,j=1}^{m}\alpha_i\alpha_j K(x_i, x_j)$$

由 Gram 矩阵的半正定性知上式右端非负，即 $f*f \geqslant 0$。

再证 (4) 之式 (7.78)。充分性显然。为证必要性，首先证明不等式：

$$|f*g|^2 \leqslant (f*f)(g*g) \tag{7.79}$$

设 $f, g \in \mathcal{S}$, $\lambda \in \mathbf{R}$, 则 $f + \lambda g \in \mathcal{S}$, 于是，

$$(f+\lambda g)*(f+\lambda g) \geqslant 0$$

$$f*f + 2\lambda(f*g) + \lambda^2(g*g) \geqslant 0$$

其左端是 λ 的二次三项式，非负，其判别式小于等于 0，即

$$(f*g)^2 - (f*f)(g*g) \leqslant 0$$

于是式 (7.79) 得证。现证若 $f*f = 0$, 则 $f = 0$。事实上，若

$$f(\,\cdot\,) = \sum_{i=1}^{m}\alpha_i K(\,\cdot\,, x_i)$$

则按运算 $*$ 的定义式 (7.73)，对任意的 $x \in \mathcal{X}$, 有

$$K(\,\cdot\,,x)*f = \sum_{i=1}^{m}\alpha_i K(x,x_i) = f(x)$$

于是，
$$|f(x)|^2 = |K(\,\cdot\,,x)*f|^2 \tag{7.80}$$

由式 (7.79) 和式 (7.77) 有
$$|K(\,\cdot\,,x)*f|^2 \leqslant (K(\,\cdot\,,x)*K(\,\cdot\,,x))(f*f)$$
$$= K(x,x)(f*f)$$

由式 (7.80) 有
$$|f(x)|^2 \leqslant K(x,x)(f*f)$$

此式表明，当 $f*f=0$ 时，对任意的 x 都有 $|f(x)|=0$。

至此，证明了 $*$ 为向量空间 $\mathcal{S}$ 的内积。赋予内积的向量空间为内积空间。因此 $\mathcal{S}$ 是一个内积空间。既然 $*$ 为 $\mathcal{S}$ 的内积运算，那么仍然用 $\cdot$ 表示，即若

$$f(\,\cdot\,) = \sum_{i=1}^{m}\alpha_i K(\,\cdot\,,x_i), \quad g(\,\cdot\,) = \sum_{j=1}^{l}\beta_j K(\,\cdot\,,z_j)$$

则
$$f\cdot g = \sum_{i=1}^{m}\sum_{j=1}^{l}\alpha_i\beta_j K(x_i,z_j) \tag{7.81}$$

3. 将内积空间 $\mathcal{S}$ 完备化为希尔伯特空间

现在将内积空间 $\mathcal{S}$ 完备化。由式 (7.81) 定义的内积可以得到范数

$$\|f\| = \sqrt{f\cdot f} \tag{7.82}$$

因此，$\mathcal{S}$ 是一个赋范向量空间。根据泛函分析理论，对于不完备的赋范向量空间 $\mathcal{S}$，一定可以使之完备化，得到完备的赋范向量空间 $\mathcal{H}$。一个内积空间，当作为一个赋范向量空间是完备的时候，就是希尔伯特空间。这样，就得到了希尔伯特空间 $\mathcal{H}$。

这一希尔伯特空间 $\mathcal{H}$ 称为再生核希尔伯特空间（reproducing kernel Hilbert space, RKHS）。这是由于核 K 具有再生性，即满足

$$K(\,\cdot\,,x)\cdot f = f(x) \tag{7.83}$$

及
$$K(\,\cdot\,,x)\cdot K(\,\cdot\,,z) = K(x,z) \tag{7.84}$$

称为再生核。

4. 正定核的充要条件

定理 7.5（正定核的充要条件） 设 $K: \mathcal{X} \times \mathcal{X} \to \mathbf{R}$ 是对称函数，则 $K(x,z)$ 为正定核函数的充要条件是对任意 $x_i \in \mathcal{X}$, $i = 1, 2, \cdots, m$, $K(x,z)$ 对应的 Gram 矩阵：

$$K = [K(x_i, x_j)]_{m \times m} \tag{7.85}$$

是半正定矩阵。

证明 必要性。由于 $K(x,z)$ 是 $\mathcal{X} \times \mathcal{X}$ 上的正定核，所以存在从 $\mathcal{X}$ 到希尔伯特空间 $\mathcal{H}$ 的映射 ϕ，使得

$$K(x,z) = \phi(x) \cdot \phi(z)$$

于是，对任意 $x_1, x_2, \cdots, x_m$，构造 $K(x,z)$ 关于 $x_1, x_2, \cdots, x_m$ 的 Gram 矩阵

$$[K_{ij}]_{m \times m} = [K(x_i, x_j)]_{m \times m}$$

对任意 $c_1, c_2, \cdots, c_m \in \mathbf{R}$，有

$$\begin{aligned}
\sum_{i,j=1}^{m} c_i c_j K(x_i, x_j) &= \sum_{i,j=1}^{m} c_i c_j (\phi(x_i) \cdot \phi(x_j)) \\
&= \left(\sum_i c_i \phi(x_i) \right) \cdot \left(\sum_j c_j \phi(x_j) \right) \\
&= \left\| \sum_i c_i \phi(x_i) \right\|^2 \geqslant 0
\end{aligned}$$

表明 $K(x,z)$ 关于 $x_1, x_2, \cdots, x_m$ 的 Gram 矩阵是半正定的。

充分性。已知对称函数 $K(x,z)$ 对任意 $x_1, x_2, \cdots, x_m \in \mathcal{X}$，$K(x,z)$ 关于 $x_1, x_2, \cdots, x_m$ 的 Gram 矩阵是半正定的。根据前面的结果，对给定的 $K(x,z)$，可以构造从 $\mathcal{X}$ 到某个希尔伯特空间 $\mathcal{H}$ 的映射：

$$\phi: x \to K(\,\cdot\,, x) \tag{7.86}$$

由式 (7.83) 可知，

$$K(\,\cdot\,, x) \cdot f = f(x)$$

并且

$$K(\,\cdot\,, x) \cdot K(\,\cdot\,, z) = K(x,z)$$

由式 (7.86) 即得

$$K(x,z) = \phi(x) \cdot \phi(z)$$

表明 $K(x,z)$ 是 $\mathcal{X} \times \mathcal{X}$ 上的核函数。

定理给出了正定核的充要条件，因此可以作为正定核，即核函数的另一定义。

定义 7.7（正定核的等价定义） 设 $\mathcal{X} \subset \mathbf{R}^n$，$K(x,z)$ 是定义在 $\mathcal{X} \times \mathcal{X}$ 上的对称函数，如果对任意 $x_i \in \mathcal{X}$，$i = 1,2,\cdots,m$，$K(x,z)$ 对应的 Gram 矩阵

$$K = [K(x_i, x_j)]_{m \times m} \tag{7.87}$$

是半正定矩阵，则称 $K(x,z)$ 是正定核。

这一定义在构造核函数时很有用。但对于一个具体函数 $K(x,z)$ 来说，检验它是否为正定核函数并不容易，因为要求对任意有限输入集 $\{x_1, x_2, \cdots, x_m\}$ 验证 K 对应的 Gram 矩阵是否为半正定的。在实际问题中往往应用已有的核函数。另外，由 Mercer 定理可以得到 Mercer 核（Mercer kernel）[11]，正定核比 Mercer 核更具一般性。下面介绍一些常用的核函数。

7.3.3 常用核函数

1. 多项式核函数（polynomial kernel function）

$$K(x,z) = (x \cdot z + 1)^p \tag{7.88}$$

对应的支持向量机是一个 p 次多项式分类器。在此情形下，分类决策函数成为

$$f(x) = \text{sign}\left(\sum_{i=1}^{N_s} a_i^* y_i (x_i \cdot x + 1)^p + b^*\right) \tag{7.89}$$

2. 高斯核函数（Gaussian kernel function）

$$K(x,z) = \exp\left(-\frac{\|x-z\|^2}{2\sigma^2}\right) \tag{7.90}$$

对应的支持向量机是高斯径向基函数（radial basis function）分类器。在此情形下，分类决策函数成为

$$f(x) = \text{sign}\left(\sum_{i=1}^{N_s} a_i^* y_i \exp\left(-\frac{\|x-x_i\|^2}{2\sigma^2}\right) + b^*\right) \tag{7.91}$$

3. 字符串核函数（string kernel function）

核函数不仅可以定义在欧氏空间上，还可以定义在离散数据的集合上。比如，字符串核是定义在字符串集合上的核函数。字符串核函数在文本分类、信息检索、生物信息学等方面都有应用。

考虑一个有限字符表 Σ。字符串 s 是从 Σ 中取出的有限个字符的序列,包括空字符串。字符串 s 的长度用 $|s|$ 表示,它的元素记作 $s(1)s(2)\cdots s(|s|)$。两个字符串 s 和 t 的连接记作 st。所有长度为 n 的字符串的集合记作 Σ^n,所有字符串的集合记作 $\Sigma^* = \bigcup_{n=0}^{\infty} \Sigma^n$。

考虑字符串 s 的子串 u。给定一个指标序列 $i = (i_1, i_2, \cdots, i_{|u|})$,$1 \leqslant i_1 < i_2 < \cdots < i_{|u|} \leqslant |s|$,$s$ 的子串定义为 $u = s(i) = s(i_1)s(i_2)\cdots s(i_{|u|})$,其长度记作 $l(i) = i_{|u|} - i_1 + 1$。如果 i 是连续的,则 $l(i) = |u|$;否则,$l(i) > |u|$。

假设 $\mathcal{S}$ 是长度大于或等于 n 的字符串的集合,s 是 $\mathcal{S}$ 的元素。现在建立字符串集合 $\mathcal{S}$ 到特征空间 $\mathcal{H}_n = R^{\Sigma^n}$ 的映射 $\phi_n(s)$。R^{Σ^n} 表示定义在 Σ^n 上的实数空间,其每一维对应一个字符串 $u \in \Sigma^n$,映射 $\phi_n(s)$ 将字符串 s 对应于空间 R^{Σ^n} 的一个向量,其在 u 维上的取值为

$$[\phi_n(s)]_u = \sum_{i:s(i)=u} \lambda^{l(i)} \tag{7.92}$$

这里,$0 < \lambda \leqslant 1$ 是一个衰减参数,$l(i)$ 表示字符串 i 的长度,求和在 s 中所有与 u 相同的子串上进行。

例如,假设 Σ 为英文字符集,n 为 3,$\mathcal{S}$ 为长度大于或等于 3 的字符串的集合。考虑将字符集 $\mathcal{S}$ 映射到特征空间 H_3。H_3 的一维对应于字符串 asd。这时,字符串 "Nasdaq" 与 "lass das" 在这一维上的值分别是 $[\phi_3(\text{Nasdaq})]_{\text{asd}} = \lambda^3$ 和 $[\phi_3(\text{lass}\square\text{das})]_{\text{asd}} = 2\lambda^5$($\square$ 为空格)。在第 1 个字符串里,asd 是连续的子串。在第 2 个字符串里,asd 是长度为 5 的不连续子串,共出现 2 次。

两个字符串 s 和 t 上的字符串核函数是基于映射 ϕ_n 的特征空间中的内积:

$$\begin{aligned} k_n(s,t) &= \sum_{u \in \Sigma^n} [\phi_n(s)]_u [\phi_n(t)]_u \\ &= \sum_{u \in \Sigma^n} \sum_{(i,j):s(i)=t(j)=u} \lambda^{l(i)} \lambda^{l(j)} \end{aligned} \tag{7.93}$$

字符串核函数 $k_n(s,t)$ 给出了字符串 s 和 t 中长度等于 n 的所有子串组成的特征向量的余弦相似度(cosine similarity)。直观上,两个字符串相同的子串越多,它们就越相似,字符串核函数的值就越大。字符串核函数可以由动态规划快速地计算。

7.3.4 非线性支持向量分类机

如上所述,利用核技巧,可以将线性分类的学习方法应用到非线性分类问题中去。将线性支持向量机扩展到非线性支持向量机,只需将线性支持向量机对偶形式中的内

积换成核函数。

定义 7.8（非线性支持向量机） 从非线性分类训练集，通过核函数与软间隔最大化，或凸二次规划 (7.95)~(7.97)，学习得到的分类决策函数

$$f(x) = \text{sign}\left(\sum_{i=1}^{N} \alpha_i^* y_i K(x, x_i) + b^*\right) \tag{7.94}$$

称为非线性支持向量机，$K(x,z)$ 是正定核函数。

下面叙述非线性支持向量机学习算法。

算法 7.4（非线性支持向量机学习算法）

输入：训练数据集 $T = \{(x_1, y_1), (x_2, y_2), \cdots, (x_N, y_N)\}$，其中 $x_i \in \mathcal{X} = \mathbf{R}^n$，$y_i \in \mathcal{Y} = \{-1, +1\}$，$i = 1, 2, \cdots, N$；

输出：分类决策函数。

（1）选取适当的核函数 $K(x,z)$ 和适当的参数 C，构造并求解最优化问题

$$\min_{\alpha} \quad \frac{1}{2} \sum_{i=1}^{N} \sum_{j=1}^{N} \alpha_i \alpha_j y_i y_j K(x_i, x_j) - \sum_{i=1}^{N} \alpha_i \tag{7.95}$$

$$\text{s.t.} \quad \sum_{i=1}^{N} \alpha_i y_i = 0 \tag{7.96}$$

$$0 \leqslant \alpha_i \leqslant C, \quad i = 1, 2, \cdots, N \tag{7.97}$$

求得最优解 $\alpha^* = (\alpha_1^*, \alpha_2^*, \cdots, \alpha_N^*)^\mathrm{T}$。

（2）选择 α^* 的一个正分量 $0 < \alpha_j^* < C$，计算

$$b^* = y_j - \sum_{i=1}^{N} \alpha_i^* y_i K(x_i, x_j)$$

（3）构造决策函数：

$$f(x) = \text{sign}\left(\sum_{i=1}^{N} \alpha_i^* y_i K(x, x_i) + b^*\right)$$

当 $K(x,z)$ 是正定核函数时，问题 (7.95)~(7.97) 是凸二次规划问题，解是存在的。

7.4 序列最小最优化算法

本节讨论支持向量机学习的实现问题。我们知道，支持向量机的学习问题可以形式化为求解凸二次规划问题。这样的凸二次规划问题具有全局最优解，并且有许

多最优化算法可以用于这一问题的求解。但是当训练样本容量很大时，这些算法往往变得非常低效，以致无法使用。所以，如何高效地实现支持向量机学习就成为一个重要的问题。目前人们已提出许多快速实现算法。本节讲述其中的序列最小最优化（sequential minimal optimization，SMO）算法，这种算法 1998 年由 Platt 提出。

SMO 算法要解如下凸二次规划的对偶问题：

$$\min_{\alpha} \quad \frac{1}{2}\sum_{i=1}^{N}\sum_{j=1}^{N}\alpha_i\alpha_j y_i y_j K(x_i, x_j) - \sum_{i=1}^{N}\alpha_i \tag{7.98}$$

$$\text{s.t.} \quad \sum_{i=1}^{N}\alpha_i y_i = 0 \tag{7.99}$$

$$0 \leqslant \alpha_i \leqslant C, \quad i = 1, 2, \cdots, N \tag{7.100}$$

在这个问题中，变量是拉格朗日乘子，一个变量 α_i 对应于一个样本点 (x_i, y_i)；变量的总数等于训练样本容量 N。

SMO 算法是一种启发式算法，其基本思路是：如果所有变量的解都满足此最优化问题的 KKT 条件（Karush-Kuhn-Tucker conditions），那么这个最优化问题的解就得到了。因为 KKT 条件是该最优化问题的充分必要条件。否则，选择两个变量，固定其他变量，针对这两个变量构建一个二次规划问题。这个二次规划问题关于这两个变量的解应该更接近原始二次规划问题的解，因为这会使得原始二次规划问题的目标函数值变得更小。重要的是，这时子问题可以通过解析方法求解，这样就可以大大提高整个算法的计算速度。子问题有两个变量，一个是违反 KKT 条件最严重的那一个，另一个由约束条件自动确定。如此，SMO 算法将原问题不断分解为子问题并对子问题求解，进而达到求解原问题的目的。

注意，子问题的两个变量中只有一个是自由变量。假设 α_1, α_2 为两个变量，$\alpha_3, \alpha_4, \cdots, \alpha_N$ 固定，那么由等式约束 (7.99) 可知

$$\alpha_1 = -y_1 \sum_{i=2}^{N}\alpha_i y_i$$

如果 α_2 确定，那么 α_1 也随之确定。所以子问题中同时更新两个变量。

整个 SMO 算法包括两个部分：求解两个变量二次规划的解析方法和选择变量的启发式方法。

7.4.1 两个变量二次规划的求解方法

不失一般性，假设选择的两个变量是 α_1, α_2，其他变量 $\alpha_i(i = 3, 4, \cdots, N)$ 是固

定的。于是 SMO 的最优化问题 (7.98)~(7.100) 的子问题可以写成：

$$\min_{\alpha_1,\alpha_2} W(\alpha_1,\alpha_2) = \frac{1}{2}K_{11}\alpha_1^2 + \frac{1}{2}K_{22}\alpha_2^2 + y_1y_2K_{12}\alpha_1\alpha_2 - $$
$$(\alpha_1+\alpha_2) + y_1\alpha_1\sum_{i=3}^{N}y_i\alpha_iK_{i1} + y_2\alpha_2\sum_{i=3}^{N}y_i\alpha_iK_{i2} \quad (7.101)$$

$$\text{s.t.} \quad \alpha_1y_1 + \alpha_2y_2 = -\sum_{i=3}^{N}y_i\alpha_i = \varsigma \quad (7.102)$$

$$0 \leqslant \alpha_i \leqslant C, \quad i=1,2 \quad (7.103)$$

其中，$K_{ij} = K(x_i, x_j), i, j = 1, 2, \cdots, N$，$\varsigma$ 是常数，目标函数式 (7.101) 中省略了不含 α_1, α_2 的常数项。

为了求解两个变量的二次规划问题 (7.101)~(7.103)，首先分析约束条件，然后在此约束条件下求极小。

由于只有两个变量 (α_1, α_2)，约束可以用二维空间中的图形表示（如图 7.8 所示）。

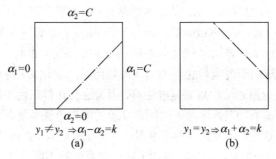

图 7.8　二变量优化问题图示

不等式约束 (7.103) 使得 (α_1, α_2) 在盒子 $[0, C] \times [0, C]$ 内，等式约束 (7.102) 使 (α_1, α_2) 在平行于盒子 $[0, C] \times [0, C]$ 的对角线的直线上。因此要求的是目标函数在一条平行于对角线的线段上的最优值。这使得两个变量的最优化问题成为实质上的单变量的最优化问题，不妨考虑为变量 α_2 的最优化问题。

假设问题 (7.101)~(7.103) 的初始可行解为 $\alpha_1^{\text{old}}, \alpha_2^{\text{old}}$，最优解为 $\alpha_1^{\text{new}}, \alpha_2^{\text{new}}$，并且假设在沿着约束方向未经剪辑时 α_2 的最优解为 $\alpha_2^{\text{new,unc}}$。

由于 α_2^{new} 需满足不等式约束 (7.103)，所以最优值 α_2^{new} 的取值范围必须满足条件

$$L \leqslant \alpha_2^{\text{new}} \leqslant H$$

其中，L 与 H 是 α_2^{new} 所在的对角线段端点的界。如果 $y_1 \neq y_2$（如图 7.8(a) 所示），则

$$L = \max(0, \alpha_2^{\text{old}} - \alpha_1^{\text{old}}), \quad H = \min(C, C + \alpha_2^{\text{old}} - \alpha_1^{\text{old}})$$

7.4 序列最小最优化算法

如果 $y_1 = y_2$（如图 7.8(b) 所示），则

$$L = \max(0, \alpha_2^{\text{old}} + \alpha_1^{\text{old}} - C), \quad H = \min(C, \alpha_2^{\text{old}} + \alpha_1^{\text{old}})$$

下面，首先求沿着约束方向未经剪辑即未考虑不等式约束 (7.103) 时 α_2 的最优解 $\alpha_2^{\text{new,unc}}$；然后再求剪辑后 α_2 的解 α_2^{new}。我们用定理来叙述这个结果。为了叙述简单，记

$$g(x) = \sum_{i=1}^{N} \alpha_i y_i K(x_i, x) + b \tag{7.104}$$

令

$$E_i = g(x_i) - y_i = \left(\sum_{j=1}^{N} \alpha_j y_j K(x_j, x_i) + b \right) - y_i, \quad i = 1, 2 \tag{7.105}$$

当 $i = 1, 2$ 时，E_i 为函数 $g(x)$ 对输入 x_i 的预测值与真实输出 y_i 之差。

定理 7.6 最优化问题 (7.101)~(7.103) 沿着约束方向未经剪辑时的解是

$$\alpha_2^{\text{new,unc}} = \alpha_2^{\text{old}} + \frac{y_2(E_1 - E_2)}{\eta} \tag{7.106}$$

其中，

$$\eta = K_{11} + K_{22} - 2K_{12} = \|\Phi(x_1) - \Phi(x_2)\|^2 \tag{7.107}$$

$\Phi(x)$ 是输入空间到特征空间的映射，E_i，$i = 1, 2$，由式 (7.105) 给出。

经剪辑后 α_2 的解是

$$\alpha_2^{\text{new}} = \begin{cases} H, & \alpha_2^{\text{new,unc}} > H \\ \alpha_2^{\text{new,unc}}, & L \leqslant \alpha_2^{\text{new,unc}} \leqslant H \\ L, & \alpha_2^{\text{new,unc}} < L \end{cases} \tag{7.108}$$

由 α_2^{new} 求得 α_1^{new} 是

$$\alpha_1^{\text{new}} = \alpha_1^{\text{old}} + y_1 y_2 (\alpha_2^{\text{old}} - \alpha_2^{\text{new}}) \tag{7.109}$$

证明 引入记号

$$v_i = \sum_{j=3}^{N} \alpha_j y_j K(x_i, x_j) = g(x_i) - \sum_{j=1}^{2} \alpha_j y_j K(x_i, x_j) - b, \quad i = 1, 2$$

目标函数可写成

$$W(\alpha_1, \alpha_2) = \frac{1}{2}K_{11}\alpha_1^2 + \frac{1}{2}K_{22}\alpha_2^2 + y_1 y_2 K_{12}\alpha_1\alpha_2 - \\ (\alpha_1 + \alpha_2) + y_1 v_1 \alpha_1 + y_2 v_2 \alpha_2 \qquad (7.110)$$

由 $\alpha_1 y_1 = \varsigma - \alpha_2 y_2$ 及 $y_i^2 = 1$,可将 α_1 表示为

$$\alpha_1 = (\varsigma - y_2 \alpha_2) y_1$$

代入式 (7.110),得到只是 α_2 的函数的目标函数:

$$W(\alpha_2) = \frac{1}{2}K_{11}(\varsigma - \alpha_2 y_2)^2 + \frac{1}{2}K_{22}\alpha_2^2 + y_2 K_{12}(\varsigma - \alpha_2 y_2)\alpha_2 - \\ (\varsigma - \alpha_2 y_2) y_1 - \alpha_2 + v_1(\varsigma - \alpha_2 y_2) + y_2 v_2 \alpha_2$$

对 α_2 求导数

$$\frac{\partial W}{\partial \alpha_2} = K_{11}\alpha_2 + K_{22}\alpha_2 - 2K_{12}\alpha_2 - \\ K_{11}\varsigma y_2 + K_{12}\varsigma y_2 + y_1 y_2 - 1 - v_1 y_2 + y_2 v_2$$

令其为 0,得到

$$(K_{11} + K_{22} - 2K_{12})\alpha_2 = y_2(y_2 - y_1 + \varsigma K_{11} - \varsigma K_{12} + v_1 - v_2)$$
$$= y_2 \left[y_2 - y_1 + \varsigma K_{11} - \varsigma K_{12} + \left(g(x_1) - \sum_{j=1}^{2} y_j \alpha_j K_{1j} - b \right) - \right.$$
$$\left. \left(g(x_2) - \sum_{j=1}^{2} y_j \alpha_j K_{2j} - b \right) \right]$$

将 $\varsigma = \alpha_1^{\text{old}} y_1 + \alpha_2^{\text{old}} y_2$ 代入,得到

$$(K_{11}+K_{22}-2K_{12})\alpha_2^{\text{new,unc}} = y_2((K_{11}+K_{22}-2K_{12})\alpha_2^{\text{old}} y_2 + y_2 - y_1 + g(x_1) - g(x_2))$$
$$= (K_{11}+K_{22}-2K_{12})\alpha_2^{\text{old}} + y_2(E_1 - E_2)$$

将 $\eta = K_{11} + K_{22} - 2K_{12}$ 代入,于是得到

$$\alpha_2^{\text{new,unc}} = \alpha_2^{\text{old}} + \frac{y_2(E_1 - E_2)}{\eta}$$

要使其满足不等式约束必须将其限制在区间 $[L,H]$ 内,从而得到 α_2^{new} 的表达式 (7.108)。由等式约束 (7.102),得到 α_1^{new} 的表达式 (7.109)。于是得到最优化问题 (7.101)~(7.103) 的解 $(\alpha_1^{\text{new}},\alpha_2^{\text{new}})$。 ∎

7.4.2 变量的选择方法

SMO 算法在每个子问题中选择两个变量优化,其中至少一个变量是违反 KKT 条件的。

1. 第 1 个变量的选择

SMO 称选择第 1 个变量的过程为外层循环。外层循环在训练样本中选取违反 KKT 条件最严重的样本点,并将其对应的变量作为第 1 个变量。具体地,检验训练样本点 (x_i,y_i) 是否满足 KKT 条件,即

$$\alpha_i = 0 \Leftrightarrow y_i g(x_i) \geqslant 1 \tag{7.111}$$

$$0 < \alpha_i < C \Leftrightarrow y_i g(x_i) = 1 \tag{7.112}$$

$$\alpha_i = C \Leftrightarrow y_i g(x_i) \leqslant 1 \tag{7.113}$$

其中,$g(x_i) = \sum_{j=1}^{N} \alpha_j y_j K(x_i,x_j) + b$。

该检验是在 ε 范围内进行的。在检验过程中,外层循环首先遍历所有满足条件 $0 < \alpha_i < C$ 的样本点,即在间隔边界上的支持向量点,检验它们是否满足 KKT 条件。如果这些样本点都满足 KKT 条件,那么遍历整个训练集,检验它们是否满足 KKT 条件。

2. 第 2 个变量的选择

SMO 称选择第 2 个变量的过程为内层循环。假设在外层循环中已经找到第 1 个变量 α_1,现在要在内层循环中找第 2 个变量 α_2。第 2 个变量选择的标准是希望能使 α_2 有足够大的变化。

由式 (7.106) 和式 (7.108) 可知,α_2^{new} 是依赖于 $|E_1 - E_2|$ 的,为了加快计算速度,一种简单的做法是选择 α_2,使其对应的 $|E_1 - E_2|$ 最大。因为 α_1 已定,E_1 也确定了。如果 E_1 是正的,那么选择最小的 E_i 作为 E_2;如果 E_1 是负的,那么选择最大的 E_i 作为 E_2。为了节省计算时间,将所有 E_i 值保存在一个列表中。

在特殊情况下,如果内层循环通过以上方法选择的 α_2 不能使目标函数有足够的下降,那么采用以下启发式规则继续选择 α_2。遍历在间隔边界上的支持向量点,依次将其对应的变量作为 α_2 试用,直到目标函数有足够的下降。若找不到合适的 α_2,那

么遍历训练数据集；若仍找不到合适的 α_2，则放弃第 1 个 α_1，再通过外层循环寻求另外的 α_1。

3. 计算阈值 b 和差值 E_i

在每次完成两个变量的优化后，都要重新计算阈值 b。当 $0 < \alpha_1^{\text{new}} < C$ 时，由 KKT 条件 (7.112) 可知：

$$\sum_{i=1}^{N} \alpha_i y_i K_{i1} + b = y_1$$

于是，

$$b_1^{\text{new}} = y_1 - \sum_{i=3}^{N} \alpha_i y_i K_{i1} - \alpha_1^{\text{new}} y_1 K_{11} - \alpha_2^{\text{new}} y_2 K_{21} \tag{7.114}$$

由 E_1 的定义式 (7.105) 有

$$E_1 = \sum_{i=3}^{N} \alpha_i y_i K_{i1} + \alpha_1^{\text{old}} y_1 K_{11} + \alpha_2^{\text{old}} y_2 K_{21} + b^{\text{old}} - y_1$$

式 (7.114) 的前两项可写成：

$$y_1 - \sum_{i=3}^{N} \alpha_i y_i K_{i1} = -E_1 + \alpha_1^{\text{old}} y_1 K_{11} + \alpha_2^{\text{old}} y_2 K_{21} + b^{\text{old}}$$

代入式 (7.114)，可得

$$b_1^{\text{new}} = -E_1 - y_1 K_{11}(\alpha_1^{\text{new}} - \alpha_1^{\text{old}}) - y_2 K_{21}(\alpha_2^{\text{new}} - \alpha_2^{\text{old}}) + b^{\text{old}} \tag{7.115}$$

同样，如果 $0 < \alpha_2^{\text{new}} < C$，那么，

$$b_2^{\text{new}} = -E_2 - y_1 K_{12}(\alpha_1^{\text{new}} - \alpha_1^{\text{old}}) - y_2 K_{22}(\alpha_2^{\text{new}} - \alpha_2^{\text{old}}) + b^{\text{old}} \tag{7.116}$$

如果 $\alpha_1^{\text{new}}, \alpha_2^{\text{new}}$ 同时满足条件 $0 < \alpha_i^{\text{new}} < C$，$i = 1, 2$，那么 $b_1^{\text{new}} = b_2^{\text{new}}$。如果 $\alpha_1^{\text{new}}, \alpha_2^{\text{new}}$ 是 0 或者 C，那么 b_1^{new} 和 b_2^{new} 以及它们之间的数都是符合 KKT 条件的阈值，这时选择它们的中点作为 b^{new}。

在每次完成两个变量的优化之后，还必须更新对应的 E_i 值，并将它们保存在列表中。E_i 值的更新要用到 b^{new} 值，以及所有支持向量对应的 α_j：

$$E_i^{\text{new}} = \sum_{S} y_j \alpha_j K(x_i, x_j) + b^{\text{new}} - y_i \tag{7.117}$$

其中，S 是所有支持向量 x_j 的集合。

7.4.3 SMO 算法

算法 7.5（SMO 算法）

输入：训练数据集 $T = \{(x_1, y_1), (x_2, y_2), \cdots, (x_N, y_N)\}$，其中，$x_i \in \mathcal{X} = \mathbf{R}^n$，$y_i \in \mathcal{Y} = \{-1, +1\}$，$i = 1, 2, \cdots, N$，精度 ε；

输出：近似解 $\hat{\alpha}$。

(1) 取初值 $\alpha^{(0)} = 0$，令 $k = 0$；

(2) 选取优化变量 $\alpha_1^{(k)}, \alpha_2^{(k)}$，解析求解两个变量的最优化问题 (7.101)~(7.103)，求得最优解 $\alpha_1^{(k+1)}, \alpha_2^{(k+1)}$，更新 α 为 $\alpha^{(k+1)}$；

(3) 若在精度 ε 范围内满足停机条件

$$\sum_{i=1}^{N} \alpha_i y_i = 0, \quad 0 \leqslant \alpha_i \leqslant C, \quad i = 1, 2, \cdots, N$$

$$y_i \cdot g(x_i) \begin{cases} \geqslant 1, & \{x_i | \alpha_i = 0\} \\ = 1, & \{x_i | 0 < \alpha_i < C\} \\ \leqslant 1, & \{x_i | \alpha_i = C\} \end{cases}$$

其中，

$$g(x_i) = \sum_{j=1}^{N} \alpha_j y_j K(x_j, x_i) + b$$

则转 (4)；否则令 $k = k + 1$，转 (2)；

(4) 取 $\hat{\alpha} = \alpha^{(k+1)}$。 ∎

本 章 概 要

1. 支持向量机最简单的情况是线性可分支持向量机，或硬间隔支持向量机。构建它的条件是训练数据线性可分。其学习策略是最大间隔法。可以表示为凸二次规划问题，其原始最优化问题为

$$\min_{w,b} \quad \frac{1}{2} \|w\|^2$$
$$\text{s.t.} \quad y_i(w \cdot x_i + b) - 1 \geqslant 0, \quad i = 1, 2, \cdots, N$$

求得最优化问题的解为 w^*, b^*，得到线性可分支持向量机，分离超平面是：

$$w^* \cdot x + b^* = 0$$

分类决策函数是：

$$f(x) = \text{sign}(w^* \cdot x + b^*)$$

最大间隔法中，函数间隔与几何间隔是重要的概念。

线性可分支持向量机的最优解存在且唯一。位于间隔边界上的实例点为支持向量。最优分离超平面由支持向量完全决定。

二次规划问题的对偶问题是：

$$\min \quad \frac{1}{2}\sum_{i=1}^{N}\sum_{j=1}^{N}\alpha_i\alpha_j y_i y_j(x_i \cdot x_j) - \sum_{i=1}^{N}\alpha_i$$

$$\text{s.t.} \quad \sum_{i=1}^{N}\alpha_i y_i = 0$$

$$\alpha_i \geqslant 0, \quad i=1,2,\cdots,N$$

通常，通过求解对偶问题学习线性可分支持向量机，即首先求解对偶问题的最优值 α^*，然后求最优值 w^* 和 b^*，得出分离超平面和分类决策函数。

2. 现实中训练数据是线性可分的情形较少，训练数据往往是近似线性可分的，这时使用线性支持向量机，或软间隔支持向量机。线性支持向量机是最基本的支持向量机。

对于噪声或例外，通过引入松弛变量 ξ_i，使其"可分"，得到线性支持向量机学习的凸二次规划问题，其原始最优化问题是：

$$\min_{w,b,\xi} \quad \frac{1}{2}\|w\|^2 + C\sum_{i=1}^{N}\xi_i$$

$$\text{s.t.} \quad y_i(w \cdot x_i + b) \geqslant 1 - \xi_i, \quad i=1,2,\cdots,N$$

$$\xi_i \geqslant 0, \quad i=1,2,\cdots,N$$

求解原始最优化问题的解 w^*, b^*，得到线性支持向量机，其分离超平面为

$$w^* \cdot x + b^* = 0$$

分类决策函数为：
$$f(x) = \text{sign}(w^* \cdot x + b^*)$$

线性支持向量机的解 w^* 唯一但 b^* 不一定唯一。

对偶问题是：
$$\min_{\alpha} \frac{1}{2} \sum_{i=1}^{N} \sum_{j=1}^{N} \alpha_i \alpha_j y_i y_j (x_i \cdot x_j) - \sum_{i=1}^{N} \alpha_i$$
$$\text{s.t.} \quad \sum_{i=1}^{N} \alpha_i y_i = 0$$
$$0 \leqslant \alpha_i \leqslant C, \quad i = 1, 2, \cdots, N$$

线性支持向量机的对偶学习算法，首先求解对偶问题得到最优解 α^*，然后求原始问题最优解 w^* 和 b^*，得出分离超平面和分类决策函数。

对偶问题的解 α^* 中满足 $\alpha_i^* > 0$ 的实例点 x_i 称为支持向量。支持向量可在间隔边界上，也可在间隔边界与分离超平面之间，或者在分离超平面误分一侧。最优分离超平面由支持向量完全决定。

线性支持向量机学习等价于最小化二阶范数正则化的合页函数

$$\sum_{i=1}^{N} [1 - y_i(w \cdot x_i + b)]_+ + \lambda \|w\|^2$$

3. 非线性支持向量机

对于输入空间中的非线性分类问题，可以通过非线性变换将它转化为某个高维特征空间中的线性分类问题，在高维特征空间中学习线性支持向量机。由于在线性支持向量机学习的对偶问题里，目标函数和分类决策函数都只涉及实例与实例之间的内积，所以不需要显式地指定非线性变换，而是用核函数来替换当中的内积。核函数表示，通过一个非线性转换后的两个实例间的内积。具体地，$K(x,z)$ 是一个核函数，或正定核，意味着存在一个从输入空间 $\mathcal{X}$ 到特征空间 $\mathcal{H}$ 的映射 $\phi(x): \mathcal{X} \to \mathcal{H}$，对任意 $x, z \in \mathcal{X}$，有

$$K(x,z) = \phi(x) \cdot \phi(z)$$

对称函数 $K(x,z)$ 为正定核的充要条件如下：对任意 $x_i \in \mathcal{X}$，$i = 1, 2, \cdots, m$，任意正整数 m，对称函数 $K(x,z)$ 对应的 Gram 矩阵是半正定的。

所以，在线性支持向量机学习的对偶问题中，用核函数 $K(x,z)$ 替代内积，求解得到的就是非线性支持向量机

$$f(x) = \text{sign}\left(\sum_{i=1}^{N} \alpha_i^* y_i K(x, x_i) + b^*\right)$$

4. SMO 算法

SMO 算法是支持向量机学习的一种快速算法，其特点是不断地将原二次规划问题分解为只有两个变量的二次规划子问题，并对子问题进行解析求解，直到所有变量满足 KKT 条件为止。这样通过启发式的方法得到原二次规划问题的最优解。因为子问题有解析解，所以每次计算子问题都很快，虽然计算子问题次数很多，但在总体上还是高效的。

继 续 阅 读

线性支持向量机（软间隔）由 Cortes 与 Vapnik 提出 [1]。同时，Boser, Guyon 与 Vapnik 又引入核技巧，提出非线性支持向量机 [2]。Drucker 等人将其扩展到支持向量回归 [3]。Vapnik Vladimir 在他的统计学习理论 [4] 一书中对支持向量机的泛化能力进行了论述。

Platt 提出了支持向量机的快速学习算法 SMO[5]，Joachims 实现的 SVM Light，以及 Chang 与 Lin 实现的 LIBSVM 软件包被广泛使用。①

原始的支持向量机是二类分类模型，又被推广到多类分类支持向量机 [6,7]，以及用于结构预测的结构支持向量机 [8]。

关于支持向量机的文献很多。支持向量机的介绍可参照文献 [9~12]。核方法被认为是比支持向量机更具一般性的机器学习方法。核方法的介绍可参考文献 [13~15]。

习 题

7.1 比较感知机的对偶形式与线性可分支持向量机的对偶形式。

7.2 已知正例点 $x_1 = (1,2)^T$，$x_2 = (2,3)^T$，$x_3 = (3,3)^T$，负例点 $x_4 = (2,1)^T$，$x_5 = (3,2)^T$，试求最大间隔分离超平面和分类决策函数，并在图上画出分离超平面、间隔边界及支持向量。

---

① SVM Light: http://svmlight.joachims.org/。LIBSVM: http://www.csie.ntu.edu.tw/~cjlin/libsvm/。

7.3 线性支持向量机还可以定义为以下形式：

$$\min_{w,b,\xi} \quad \frac{1}{2}\|w\|^2 + C\sum_{i=1}^{N}\xi_i^2$$

$$\text{s.t.} \quad y_i(w \cdot x_i + b) \geqslant 1 - \xi_i, \quad i = 1, 2, \cdots, N$$

$$\xi_i \geqslant 0, \quad i = 1, 2, \cdots, N$$

试求其对偶形式。

7.4 证明内积的正整数幂函数：

$$K(x, z) = (x \cdot z)^p$$

是正定核函数，这里 p 是正整数，$x, z \in \mathbf{R}^n$。

参考文献

[1] Cortes C, Vapnik V. Support-vector networks. Machine Learning, 1995, 20(3): 273–297.

[2] Boser B E, Guyon I M, Vapnik V N. A training algorithm for optimal margin classifiers. In: Haussler D, ed. Proc of the 5th Annual ACM Workshop on COLT. Pittsburgh, PA, 1992, 144–152.

[3] Drucker H, Burges C J C, Kaufman L, et al. Support vector regression machines. In: Advances in Neural Information Processing Systems 9, NIPS 1996. MIT Press, 155–161.

[4] Vapnik Vladimir N. The nature of statistical learning theory. Berlin: Springer-Verlag, 1995.（中译本：统计学习理论的本质．张学工译．北京：清华大学出版社，2000.）

[5] Platt J C. Fast training of support vector machines using sequential minimal optimization. Microsoft Research, http://research.microsoft.com/apps/pubs/?id=68391.

[6] Weston J A E, Watkins C. Support vector machines for multi-class pattern recognition. In: Proceedings of the 7th European Symposium on Articial Neural Networks. 1999.

[7] Crammer K, Singer Y. On the algorithmic implementation of multiclass kernel-based machines. Journal of Machine Learning Research, 2001, 2 (Dec): 265–292.

[8] Tsochantaridis I, Joachims T, Hofmann T, et al. Large margin methods for structured and interdependent output variables. JMLR, 2005, 6: 1453–1484.

[9] Burges J C. A tutorial on support vector machines for pattern recognition. Bell Laboratories, Lucent Technologies. 1997.

[10] Cristianini N, Shawe-Taylor J. An introduction to support vector machines and othre kernel-based learning methods. Cambridge University Press, 2000.（中译本：李国正，王猛，曾华军译．支持向量机导论．北京：电子工业出版社，2004.）

[11] 邓乃扬，田英杰. 数据挖掘中的新方法 —— 支持向量机. 北京：科学出版社，2004.

[12] 邓乃扬，田英杰. 支持向量机 —— 理论，算法与拓展. 北京：科学出版社，2009.

[13] Scholkpf B, Smola A J. Learning with kernels: support vector machines, regularization, optimization, and beyond. MIT Press, 2002.

[14] Herbrich R. Learning kernel classifiers: theory and algorithms. The MIT Press, 2002.

[15] Hofmann T, Scholkopf B, Smola A J. Kernel methods in machine learning. The Annals of Statistics, 2008, 36(3): 1171–1220.

第 8 章　Boosting

Boosting 是一种常用的统计学习方法，应用广泛且有效。在分类问题中，它通过改变训练样本的权重，学习多个分类器，并将这些分类器进行线性组合，提高分类的性能。

本章首先介绍 Boosting 的思路和代表性的 Boosting 算法 AdaBoost；然后通过训练误差分析探讨 AdaBoost 为什么能够提高学习精度；并且从前向分步加法模型的角度解释 AdaBoost；最后叙述 Boosting 更具体的实例——提升树（boosting tree）。AdaBoost 算法是 1995 年由 Freund 和 Schapire 提出的，提升树是 2000 年由 Friedman 等人提出的。

8.1　AdaBoost 算法

8.1.1　Boosting 的基本思路

Boosting 基于这样一种思想：对于一个复杂任务来说，将多个专家的判断进行适当的综合所得出的判断，要比其中任何一个专家单独的判断好。实际上，就是"三个臭皮匠顶个诸葛亮"的道理。

历史上，Kearns 和 Valiant 首先提出了"强可学习"（strongly learnable）和"弱可学习"（weakly learnable）的概念。指出：在概率近似正确（probably approximately correct，PAC）学习的框架中，一个概念（一个类），如果存在一个多项式的学习算法能够学习它，并且正确率很高，那么就称这个概念是强可学习的；一个概念，如果存在一个多项式的学习算法能够学习它，学习的正确率仅比随机猜测略好，那么就称这个概念是弱可学习的。非常有趣的是 Schapire 后来证明强可学习与弱可学习是等价的，也就是说，在 PAC 学习的框架下，一个概念是强可学习的充分必要条件是这个概念是弱可学习的。

这样一来，问题便成为，在学习中，如果已经发现了"弱学习算法"，那么能否将它提升（boost）为"强学习算法"。大家知道，发现弱学习算法通常要比发现强学习算法容易得多。那么如何具体实施提升，便成为开发 Boosting 时所要解决的问题。关于 Boosting 的研究很多，有很多算法被提出。最具代表性的是 AdaBoost 算法（AdaBoost algorithm）。

对于分类问题而言，给定一个训练样本集，求比较粗糙的分类规则（弱分类器）要比求精确的分类规则（强分类器）容易得多。Boosting 就是从弱学习算法出发，反复学习，得到一系列弱分类器（又称为基本分类器），然后组合这些弱分类器，构成一个强分类器。大多数的 Boosting 都是改变训练数据的概率分布（训练数据的权值分布），针对不同的训练数据分布调用弱学习算法学习一系列弱分类器。

这样，对 Boosting 来说，有两个问题需要回答：一是在每一轮如何改变训练数据的权值或概率分布；二是如何将弱分类器组合成一个强分类器。关于第 1 个问题，AdaBoost 的做法是，提高那些被前一轮弱分类器错误分类样本的权值，而降低那些被正确分类样本的权值。这样一来，那些没有得到正确分类的数据，由于其权值的加大而受到后一轮的弱分类器的更大关注。于是，分类问题被一系列的弱分类器"分而治之"。至于第 2 个问题，即弱分类器的组合，AdaBoost 采取加权多数表决的方法。具体地，加大分类误差率小的弱分类器的权值，使其在表决中起较大的作用；减小分类误差率大的弱分类器的权值，使其在表决中起较小的作用。

AdaBoost 的巧妙之处就在于它将这些想法自然且有效地实现在一种算法里。

8.1.2 AdaBoost 算法

现在叙述 AdaBoost 算法。假设给定一个二类分类的训练数据集

$$T = \{(x_1, y_1), (x_2, y_2), \cdots, (x_N, y_N)\}$$

其中，每个样本点由实例与标记组成。实例 $x_i \in \mathcal{X} \subseteq \mathbf{R}^n$，标记 $y_i \in \mathcal{Y} = \{-1, +1\}$，$\mathcal{X}$ 是实例空间，$\mathcal{Y}$ 是标记集合。AdaBoost 利用以下算法，从训练数据中学习一系列弱分类器或基本分类器，并将这些弱分类器线性组合成为一个强分类器。

算法 8.1（AdaBoost）

输入：训练数据集 $T = \{(x_1, y_1), (x_2, y_2), \cdots, (x_N, y_N)\}$，其中 $x_i \in \mathcal{X} \subseteq \mathbf{R}^n$，$y_i \in \mathcal{Y} = \{-1, +1\}$；弱学习算法；

输出：最终分类器 $G(x)$。

(1) 初始化训练数据的权值分布

$$D_1 = (w_{11}, \cdots, w_{1i}, \cdots, w_{1N}), \quad w_{1i} = \frac{1}{N}, \quad i = 1, 2, \cdots, N$$

(2) 对 $m = 1, 2, \cdots, M$

(a) 使用具有权值分布 D_m 的训练数据集学习，得到基本分类器

$$G_m(x): \mathcal{X} \to \{-1, +1\}$$

（b）计算 $G_m(x)$ 在训练数据集上的分类误差率

$$e_m = \sum_{i=1}^{N} P(G_m(x_i) \neq y_i) = \sum_{i=1}^{N} w_{mi} I(G_m(x_i) \neq y_i) \tag{8.1}$$

（c）计算 $G_m(x)$ 的系数

$$\alpha_m = \frac{1}{2} \log \frac{1-e_m}{e_m} \tag{8.2}$$

这里的对数是自然对数。

（d）更新训练数据集的权值分布

$$D_{m+1} = (w_{m+1,1}, \cdots, w_{m+1,i}, \cdots, w_{m+1,N}) \tag{8.3}$$

$$w_{m+1,i} = \frac{w_{mi}}{Z_m} \exp(-\alpha_m y_i G_m(x_i)), \quad i=1,2,\cdots,N \tag{8.4}$$

这里，Z_m 是规范化因子

$$Z_m = \sum_{i=1}^{N} w_{mi} \exp(-\alpha_m y_i G_m(x_i)) \tag{8.5}$$

它使 D_{m+1} 成为一个概率分布。

（3）构建基本分类器的线性组合

$$f(x) = \sum_{m=1}^{M} \alpha_m G_m(x) \tag{8.6}$$

得到最终分类器

$$\begin{aligned} G(x) &= \text{sign}(f(x)) \\ &= \text{sign}\left(\sum_{m=1}^{M} \alpha_m G_m(x)\right) \end{aligned} \tag{8.7} \blacksquare$$

对 AdaBoost 算法作如下说明：

步骤（1） 假设训练数据集具有均匀的权值分布，即每个训练样本在基本分类器的学习中作用相同，这一假设保证第 1 步能够在原始数据上学习基本分类器 $G_1(x)$。

步骤（2） AdaBoost 反复学习基本分类器，在每一轮 $m=1,2,\cdots,M$ 顺次地执行下列操作：

（a）使用当前分布 D_m 加权的训练数据集，学习基本分类器 $G_m(x)$。

(b) 计算基本分类器 $G_m(x)$ 在加权训练数据集上的分类误差率：

$$e_m = \sum_{i=1}^{N} P(G_m(x_i) \neq y_i)$$

$$= \sum_{G_m(x_i) \neq y_i} w_{mi} \tag{8.8}$$

这里，w_{mi} 表示第 m 轮中第 i 个实例的权值，$\sum_{i=1}^{N} w_{mi} = 1$。这表明，$G_m(x)$ 在加权的训练数据集上的分类误差率是被 $G_m(x)$ 误分类样本的权值之和，由此可以看出数据权值分布 D_m 与基本分类器 $G_m(x)$ 的分类误差率的关系。

(c) 计算基本分类器 $G_m(x)$ 的系数 α_m。α_m 表示 $G_m(x)$ 在最终分类器中的重要性。由式 (8.2) 可知，当 $e_m \leqslant \frac{1}{2}$ 时，$\alpha_m \geqslant 0$，并且 α_m 随着 e_m 的减小而增大，所以分类误差率越小的基本分类器在最终分类器中的作用越大。

(d) 更新训练数据的权值分布为下一轮作准备。式 (8.4) 可以写成：

$$w_{m+1,i} = \begin{cases} \dfrac{w_{mi}}{Z_m} \mathrm{e}^{-\alpha_m}, & G_m(x_i) = y_i \\ \dfrac{w_{mi}}{Z_m} \mathrm{e}^{\alpha_m}, & G_m(x_i) \neq y_i \end{cases}$$

由此可知，被基本分类器 $G_m(x)$ 误分类样本的权值得以扩大，而被正确分类样本的权值却得以缩小。两相比较，由式 (8.2) 知误分类样本的权值被放大 $\mathrm{e}^{2\alpha_m} = \dfrac{1-e_m}{e_m}$ 倍。因此，误分类样本在下一轮学习中起更大的作用。不改变所给的训练数据，而不断改变训练数据权值的分布，使得训练数据在基本分类器的学习中起不同的作用，这是 AdaBoost 的一个特点。

步骤 (3) 线性组合 $f(x)$ 实现 M 个基本分类器的加权表决。系数 α_m 表示了基本分类器 $G_m(x)$ 的重要性，这里，所有 α_m 之和并不为 1。$f(x)$ 的符号决定实例 x 的类，$f(x)$ 的绝对值表示分类的确信度。利用基本分类器的线性组合构建最终分类器是 AdaBoost 的另一特点。

8.1.3 AdaBoost 的例子[①]

例 8.1 给定如表 8.1 所示训练数据。假设弱分类器由 $x < v$ 或 $x > v$ 产生，其阈值 v 使该分类器在训练数据集上分类误差率最低。试用 AdaBoost 算法学习一个强分类器。

---

① 例题来源于 http://www.csie.edu.tw。

8.1 AdaBoost 算法

表 8.1 训练数据表

序号	1	2	3	4	5	6	7	8	9	10
x	0	1	2	3	4	5	6	7	8	9
y	1	1	1	−1	−1	−1	1	1	1	−1

解 初始化数据权值分布

$$D_1 = (w_{11}, w_{12}, \cdots, w_{110})$$

$$w_{1i} = 0.1, \quad i = 1, 2, \cdots, 10$$

对 $m=1$,

(a) 在权值分布为 D_1 的训练数据上,阈值 v 取 2.5 时分类误差率最低,故基本分类器为

$$G_1(x) = \begin{cases} 1, & x < 2.5 \\ -1, & x > 2.5 \end{cases}$$

(b) $G_1(x)$ 在训练数据集上的误差率 $e_1 = P(G_1(x_i) \neq y_i) = 0.3$。

(c) 计算 $G_1(x)$ 的系数:$\alpha_1 = \frac{1}{2} \log \frac{1-e_1}{e_1} = 0.4236$。

(d) 更新训练数据的权值分布:

$$D_2 = (w_{21}, \cdots, w_{2i}, \cdots, w_{210})$$

$$w_{2i} = \frac{w_{1i}}{Z_1} \exp(-\alpha_1 y_i G_1(x_i)), \quad i = 1, 2, \cdots, 10$$

$$\begin{aligned} D_2 = (&0.07143, 0.07143, 0.07143, 0.07143, 0.07143, \\ &0.16667, 0.16667, 0.16667, 0.07143) \end{aligned}$$

$$f_1(x) = 0.4236 G_1(x)$$

分类器 $\text{sign}[f_1(x)]$ 在训练数据集上有 3 个误分类点。

对 $m=2$,

(a) 在权值分布为 D_2 的训练数据上,阈值 v 是 8.5 时分类误差率最低,基本分类器为

$$G_2(x) = \begin{cases} 1, & x < 8.5 \\ -1, & x > 8.5 \end{cases}$$

(b) $G_2(x)$ 在训练数据集上的误差率 $e_2 = 0.2143$。

(c) 计算 $\alpha_2 = 0.6496$。

(d) 更新训练数据权值分布：

$$D_3 = (0.0455, 0.0455, 0.0455, 0.1667, 0.1667, 0.1667,$$
$$0.1060, 0.1060, 0.1060, 0.0455)$$
$$f_2(x) = 0.4236G_1(x) + 0.6496G_2(x)$$

分类器 $\text{sign}[f_2(x)]$ 在训练数据集上有 3 个误分类点。

对 $m = 3$，

(a) 在权值分布为 D_3 的训练数据上，阈值 v 是 5.5 时分类误差率最低，基本分类器为

$$G_3(x) = \begin{cases} 1, & x > 5.5 \\ -1, & x < 5.5 \end{cases}$$

(b) $G_3(x)$ 在训练样本集上的误差率 $e_3 = 0.1820$。

(c) 计算 $\alpha_3 = 0.7514$。

(d) 更新训练数据的权值分布：

$$D_4 = (0.125, 0.125, 0.125, 0.102, 0.102, 0.102, 0.065, 0.065, 0.065, 0.125)$$

于是得到：
$$f_3(x) = 0.4236G_1(x) + 0.6496G_2(x) + 0.7514G_3(x)$$

分类器 $\text{sign}[f_3(x)]$ 在训练数据集上误分类点个数为 0。

于是最终分类器为

$$G(x) = \text{sign}[f_3(x)] = \text{sign}[0.4236G_1(x) + 0.6496G_2(x) + 0.7514G_3(x)] \qquad \blacksquare$$

8.2　AdaBoost 算法的训练误差分析

AdaBoost 最基本的性质是它能在学习过程中不断减少训练误差，即在训练数据集上的分类误差率。关于这个问题有下面的定理。

定理 8.1（AdaBoost 的训练误差界）　AdaBoost 算法最终分类器的训练误差界为

$$\frac{1}{N} \sum_{i=1}^{N} I(G(x_i) \neq y_i) \leqslant \frac{1}{N} \sum_{i} \exp(-y_i f(x_i)) = \prod_{m} Z_m \qquad (8.9)$$

这里，$G(x), f(x)$ 和 Z_m 分别由式 (8.7)、式 (8.6) 和式 (8.5) 给出。

证明　当 $G(x_i) \neq y_i$ 时，$y_i f(x_i) < 0$，因而 $\exp(-y_i f(x_i)) \geqslant 1$。由此直接推导出前半部分。

8.2 AdaBoost 算法的训练误差分析

后半部分的推导要用到 Z_m 的定义式 (8.5) 及式 (8.4) 的变形：

$$w_{mi}\exp(-\alpha_m y_i G_m(x_i)) = Z_m w_{m+1,i}$$

现推导如下：

$$\begin{aligned}
\frac{1}{N}\sum_i \exp(-y_i f(x_i)) &= \frac{1}{N}\sum_i \exp\left(-\sum_{m=1}^M \alpha_m y_i G_m(x_i)\right) \\
&= \sum_i w_{1i}\prod_{m=1}^M \exp(-\alpha_m y_i G_m(x_i)) \\
&= Z_1 \sum_i w_{2i}\prod_{m=2}^M \exp(-\alpha_m y_i G_m(x_i)) \\
&= Z_1 Z_2 \sum_i w_{3i}\prod_{m=3}^M \exp(-\alpha_m y_i G_m(x_i)) \\
&= \cdots \\
&= Z_1 Z_2 \cdots Z_{M-1}\sum_i w_{Mi}\exp(-\alpha_M y_i G_M(x_i)) \\
&= \prod_{m=1}^M Z_m
\end{aligned}$$

这一定理说明，可以在每一轮选取适当的 G_m 使得 Z_m 最小，从而使训练误差下降最快。对二类分类问题，有如下结果。

定理 8.2（二类分类问题 AdaBoost 的训练误差界）

$$\begin{aligned}
\prod_{m=1}^M Z_m &= \prod_{m=1}^M [2\sqrt{e_m(1-e_m)}] \\
&= \prod_{m=1}^M \sqrt{(1-4\gamma_m^2)} \\
&\leqslant \exp\left(-2\sum_{m=1}^M \gamma_m^2\right)
\end{aligned} \tag{8.10}$$

这里，$\gamma_m = \frac{1}{2} - e_m$。

证明 由 Z_m 的定义式 (8.5) 及式 (8.8) 得

$$\begin{aligned}
Z_m &= \sum_{i=1}^N w_{mi}\exp(-\alpha_m y_i G_m(x_i)) \\
&= \sum_{y_i = G_m(x_i)} w_{mi}\mathrm{e}^{-\alpha_m} + \sum_{y_i \neq G_m(x_i)} w_{mi}\mathrm{e}^{\alpha_m}
\end{aligned}$$

$$= (1-e_m)\mathrm{e}^{-\alpha_m} + e_m \mathrm{e}^{\alpha_m}$$
$$= 2\sqrt{e_m(1-e_m)}$$
$$= \sqrt{1-4\gamma_m^2} \tag{8.11}$$

至于不等式
$$\prod_{m=1}^{M}\sqrt{(1-4\gamma_m^2)} \leqslant \exp\left(-2\sum_{m=1}^{M}\gamma_m^2\right)$$

则可先由 e^x 和 $\sqrt{1-x}$ 在点 $x=0$ 的泰勒展开式推出不等式 $\sqrt{(1-4\gamma_m^2)} \leqslant \exp(-2\gamma_m^2)$，进而得到。 ∎

推论 8.1 如果存在 $\gamma > 0$，对所有 m 有 $\gamma_m \geqslant \gamma$，则

$$\frac{1}{N}\sum_{i=1}^{N}I(G(x_i) \neq y_i) \leqslant \exp(-2M\gamma^2) \tag{8.12}$$

这表明在此条件下 AdaBoost 的训练误差是以指数速率下降的。这一性质当然是很有吸引力的。

注意，AdaBoost 算法不需要知道下界 γ，这正是 Freund 与 Schapire 设计 AdaBoost 时所考虑的。与一些早期的 Boosting 不同，AdaBoost 具有适应性，即它能适应弱分类器各自的训练误差率。这也是它的名称（适应的提升）的由来，Ada 是 Adaptive 的简写。

8.3 AdaBoost 算法的解释

AdaBoost 算法还有另一个解释，即可以认为 AdaBoost 算法是模型为加法模型、损失函数为指数函数、学习算法为前向分步算法时的二类分类学习方法。

8.3.1 前向分步算法

考虑加法模型（additive model）

$$f(x) = \sum_{m=1}^{M}\beta_m b(x;\gamma_m) \tag{8.13}$$

其中，$b(x;\gamma_m)$ 为基函数，γ_m 为基函数的参数，β_m 为基函数的系数。显然，式 (8.6) 是一个加法模型。

8.3 AdaBoost 算法的解释

在给定训练数据及损失函数 $L(y, f(x))$ 的条件下，学习加法模型 $f(x)$ 成为经验风险极小化即损失函数极小化问题：

$$\min_{\beta_m, \gamma_m} \sum_{i=1}^{N} L\left(y_i, \sum_{m=1}^{M} \beta_m b(x_i; \gamma_m)\right) \tag{8.14}$$

通常这是一个复杂的优化问题。前向分步算法（forward stagewise algorithm）求解这一优化问题的想法是：因为学习的是加法模型，如果能够从前向后，每一步只学习一个基函数及其系数，逐步逼近优化目标函数式 (8.14)，那么就可以简化优化的复杂度。具体地，每步只需优化如下损失函数：

$$\min_{\beta, \gamma} \sum_{i=1}^{N} L(y_i, \beta b(x_i; \gamma)) \tag{8.15}$$

给定训练数据集 $T = \{(x_1, y_1), (x_2, y_2), \cdots, (x_N, y_N)\}$，$x_i \in \mathcal{X} \subseteq \mathbf{R}^n$，$y_i \in \mathcal{Y} = \{-1, +1\}$。损失函数 $L(y, f(x))$ 和基函数的集合 $\{b(x; \gamma)\}$，学习加法模型 $f(x)$ 的前向分步算法如下。

算法 8.2（前向分步算法）

输入：训练数据集 $T = \{(x_1, y_1), (x_2, y_2), \cdots, (x_N, y_N)\}$；损失函数 $L(y, f(x))$；基函数集 $\{b(x; \gamma)\}$；

输出：加法模型 $f(x)$。

（1）初始化 $f_0(x) = 0$；

（2）对 $m = 1, 2, \cdots, M$

（a）极小化损失函数

$$(\beta_m, \gamma_m) = \arg\min_{\beta, \gamma} \sum_{i=1}^{N} L(y_i, f_{m-1}(x_i) + \beta b(x_i; \gamma)) \tag{8.16}$$

得到参数 β_m, γ_m。

（b）更新

$$f_m(x) = f_{m-1}(x) + \beta_m b(x; \gamma_m) \tag{8.17}$$

（3）得到加法模型

$$f(x) = f_M(x) = \sum_{m=1}^{M} \beta_m b(x; \gamma_m) \tag{8.18}$$

∎

这样，前向分步算法将同时求解从 $m = 1$ 到 M 所有参数 β_m, γ_m 的优化问题简化为逐次求解各个 β_m, γ_m 的优化问题。

8.3.2 前向分步算法与 AdaBoost

由前向分步算法可以推导出 AdaBoost，用定理叙述这一关系。

定理 8.3 AdaBoost 算法是前向分步加法算法的特例。这时，模型是由基本分类器组成的加法模型，损失函数是指数函数。

证明 前向分步算法学习的是加法模型，当基函数为基本分类器时，该加法模型等价于 AdaBoost 的最终分类器

$$f(x) = \sum_{m=1}^{M} \alpha_m G_m(x) \tag{8.19}$$

由基本分类器 $G_m(x)$ 及其系数 α_m 组成，$m = 1, 2, \cdots, M$。前向分步算法逐一学习基函数，这一过程与 AdaBoost 算法逐一学习基本分类器的过程一致。下面证明前向分步算法的损失函数是指数损失函数（exponential loss function）

$$L(y, f(x)) = \exp[-yf(x)]$$

时，其学习的具体操作等价于 AdaBoost 算法学习的具体操作。

假设经过 $m-1$ 轮迭代前向分步算法已经得到 $f_{m-1}(x)$：

$$\begin{aligned} f_{m-1}(x) &= f_{m-2}(x) + \alpha_{m-1}G_{m-1}(x) \\ &= \alpha_1 G_1(x) + \cdots + \alpha_{m-1}G_{m-1}(x) \end{aligned}$$

在第 m 轮迭代得到 α_m，$G_m(x)$ 和 $f_m(x)$。

$$f_m(x) = f_{m-1}(x) + \alpha_m G_m(x)$$

目标是使前向分步算法得到的 α_m 和 $G_m(x)$ 使 $f_m(x)$ 在训练数据集 T 上的指数损失最小，即

$$(\alpha_m, G_m(x)) = \arg\min_{\alpha, G} \sum_{i=1}^{N} \exp[-y_i(f_{m-1}(x_i) + \alpha G(x_i))] \tag{8.20}$$

式 (8.20) 可以表示为

$$(\alpha_m, G_m(x)) = \arg\min_{\alpha, G} \sum_{i=1}^{N} \bar{w}_{mi} \exp[-y_i \alpha G(x_i)] \tag{8.21}$$

其中，$\bar{w}_{mi} = \exp[-y_i f_{m-1}(x_i)]$。因为 $\bar{w}_{mi}$ 既不依赖 α 也不依赖于 G，所以与最小化无关。但 $\bar{w}_{mi}$ 依赖于 $f_{m-1}(x)$，随着每一轮迭代而发生改变。

现证使式 (8.21) 达到最小的 α_m^* 和 $G_m^*(x)$ 就是 AdaBoost 算法所得到的 α_m 和 $G_m(x)$。求解式 (8.21) 可分两步：

8.3 AdaBoost 算法的解释

首先，求 $G_m^*(x)$。对任意 $\alpha > 0$，使式 (8.21) 最小的 $G(x)$ 由下式得到：

$$G_m^*(x) = \arg\min_G \sum_{i=1}^N \bar{w}_{mi} I(y_i \neq G(x_i))$$

其中，$\bar{w}_{mi} = \exp[-y_i f_{m-1}(x_i)]$。

此分类器 $G_m^*(x)$ 即为 AdaBoost 算法的基本分类器 $G_m(x)$，因为它是使第 m 轮加权训练数据分类误差率最小的基本分类器。

之后，求 α_m^*。参照式 (8.11)，式 (8.21) 中

$$\sum_{i=1}^N \bar{w}_{mi} \exp[-y_i \alpha G(x_i)] = \sum_{y_i = G_m(x_i)} \bar{w}_{mi} e^{-\alpha} + \sum_{y_i \neq G_m(x_i)} \bar{w}_{mi} e^{\alpha}$$

$$= (e^\alpha - e^{-\alpha}) \sum_{i=1}^N \bar{w}_{mi} I(y_i \neq G(x_i)) + e^{-\alpha} \sum_{i=1}^N \bar{w}_{mi} \quad (8.22)$$

将已求得的 $G_m^*(x)$ 代入式 (8.22)，对 α 求导并使导数为 0，即得到使式 (8.21) 最小的 α。

$$\alpha_m^* = \frac{1}{2} \log \frac{1 - e_m}{e_m}$$

其中，e_m 是分类误差率：

$$e_m = \frac{\sum_{i=1}^N \bar{w}_{mi} I(y_i \neq G_m(x_i))}{\sum_{i=1}^N \bar{w}_{mi}}$$

$$= \sum_{i=1}^N w_{mi} I(y_i \neq G_m(x_i)) \quad (8.23)$$

这里的 α_m^* 与 AdaBoost 算法第 2(c) 步的 α_m 完全一致。

最后来看每一轮样本权值的更新。由

$$f_m(x) = f_{m-1}(x) + \alpha_m G_m(x)$$

以及 $\bar{w}_{mi} = \exp[-y_i f_{m-1}(x_i)]$，可得

$$\bar{w}_{m+1,i} = \bar{w}_{m,i} \exp[-y_i \alpha_m G_m(x)]$$

这与 AdaBoost 算法第 2(d) 步的样本权值的更新，只相差规范化因子，因而等价。∎

8.4 提升树

提升树是以分类树或回归树为基本分类器的 Boosting。提升树被认为是统计学习中性能最好的方法之一。

8.4.1 提升树模型

Boosting 实际采用加法模型（即基函数的线性组合）与前向分步算法。以决策树为基函数的 Boosting 称为提升树（boosting tree）。对分类问题决策树是二叉分类树，对回归问题决策树是二叉回归树。在例 8.1 中看到的基本分类器 $x<v$ 或 $x>v$，可以看作是由一个根结点直接连接两个叶结点的简单决策树，即所谓的决策树桩（decision stump）。提升树模型可以表示为决策树的加法模型：

$$f_M(x) = \sum_{m=1}^{M} T(x;\Theta_m) \tag{8.24}$$

其中，$T(x;\Theta_m)$ 表示决策树，Θ_m 为决策树的参数，M 为树的个数。

8.4.2 提升树算法

提升树算法采用前向分步算法。首先确定初始提升树 $f_0(x)=0$，第 m 步的模型是

$$f_m(x) = f_{m-1}(x) + T(x;\Theta_m) \tag{8.25}$$

其中，$f_{m-1}(x)$ 为当前模型，通过经验风险极小化确定下一棵决策树的参数 Θ_m：

$$\hat{\Theta}_m = \arg\min_{\Theta_m} \sum_{i=1}^{N} L(y_i, f_{m-1}(x_i) + T(x_i;\Theta_m)) \tag{8.26}$$

由于树的线性组合可以很好地拟合训练数据，即使数据中的输入与输出之间的关系很复杂也是如此，所以提升树是一个高功能的学习算法。

下面讨论针对不同问题的提升树学习算法，其主要区别在于使用的损失函数不同。包括用平方误差损失函数的回归问题，用指数损失函数的分类问题，以及用一般损失函数的一般决策问题。

对于二类分类问题，提升树算法只需将 AdaBoost 算法 8.1 中的基本分类器限制为二类分类树即可，可以说这时的提升树算法是 AdaBoost 算法的特殊情况，这里不再细述。下面叙述回归问题的提升树。

8.4 提升树

已知一个训练数据集 $T = \{(x_1, y_1), (x_2, y_2), \cdots, (x_N, y_N)\}$, $x_i \in \mathcal{X} \subseteq \mathbf{R}^n$, $\mathcal{X}$ 为输入空间, $y_i \in \mathcal{Y} \subseteq \mathbf{R}$, $\mathcal{Y}$ 为输出空间。在 5.5 节中已经讨论了回归树的问题。如果将输入空间 $\mathcal{X}$ 划分为 J 个互不相交的区域 $R_1, R_2, \cdots, R_J$, 并且在每个区域上确定输出的常量 c_j, 那么树可表示为

$$T(x; \Theta) = \sum_{j=1}^{J} c_j I(x \in R_j) \tag{8.27}$$

其中, 参数 $\Theta = \{(R_1, c_1), (R_2, c_2), \cdots, (R_J, c_J)\}$ 表示树的区域划分和各区域上的常数。J 是回归树的复杂度即叶结点个数。

回归问题提升树使用以下前向分步算法:

$$f_0(x) = 0$$
$$f_m(x) = f_{m-1}(x) + T(x; \Theta_m), \quad m = 1, 2, \cdots, M$$
$$f_M(x) = \sum_{m=1}^{M} T(x; \Theta_m)$$

在前向分步算法的第 m 步, 给定当前模型 $f_{m-1}(x)$, 需求解

$$\hat{\Theta}_m = \arg\min_{\Theta_m} \sum_{i=1}^{N} L(y_i, f_{m-1}(x_i) + T(x_i; \Theta_m))$$

得到 $\hat{\Theta}_m$, 即第 m 棵树的参数。

当采用平方误差损失函数时,

$$L(y, f(x)) = (y - f(x))^2$$

其损失变为

$$L(y, f_{m-1}(x) + T(x; \Theta_m)) = [y - f_{m-1}(x) - T(x; \Theta_m)]^2$$
$$= [r - T(x; \Theta_m)]^2$$

这里,

$$r = y - f_{m-1}(x) \tag{8.28}$$

是当前模型拟合数据的残差 (residual)。所以, 对回归问题的提升树算法来说, 只需简单地拟合当前模型的残差。这样, 算法是相当简单的。现将回归问题的提升树算法叙述如下。

算法 8.3（回归问题的提升树算法）

输入：训练数据集 $T=\{(x_1,y_1),(x_2,y_2),\cdots,(x_N,y_N)\}$，$x_i\in\mathcal{X}\subseteq\mathbf{R}^n$，$y_i\in\mathcal{Y}\subseteq\mathbf{R}$；

输出：提升树 $f_M(x)$。

（1）初始化 $f_0(x)=0$。

（2）对 $m=1,2,\cdots,M$。

　　（a）按式 (8.27) 计算残差：

$$r_{mi} = y_i - f_{m-1}(x_i), \quad i=1,2,\cdots,N$$

　　（b）拟合残差 r_{mi} 学习一个回归树，得到 $T(x;\Theta_m)$。

　　（c）更新 $f_m(x)=f_{m-1}(x)+T(x;\Theta_m)$。

（3）得到回归问题提升树

$$f_M(x) = \sum_{m=1}^{M} T(x;\Theta_m)$$

例 8.2　已知如表 8.2 所示的训练数据，x 的取值范围为区间 $[0.5,10.5]$，y 的取值范围为区间 $[5.0,10.0]$，学习这个回归问题的提升树模型，考虑只用树桩作为基函数。

表 8.2　训练数据表

x_i	1	2	3	4	5	6	7	8	9	10
y_i	5.56	5.70	5.91	6.40	6.80	7.05	8.90	8.70	9.00	9.05

解　按照算法 8.3，第 1 步求 $f_1(x)$ 即回归树 $T_1(x)$。

首先通过以下优化问题：

$$\min_{s}\left[\min_{c_1}\sum_{x_i\in R_1}(y_i-c_1)^2 + \min_{c_2}\sum_{x_i\in R_2}(y_i-c_2)^2\right]$$

求解训练数据的切分点 s：

$$R_1=\{x|x\leqslant s\}, \quad R_2=\{x|x>s\}$$

容易求得在 R_1，R_2 内部使平方损失误差达到最小值的 c_1，c_2 为

$$c_1=\frac{1}{N_1}\sum_{x_i\in R_1}y_i, \quad c_2=\frac{1}{N_2}\sum_{x_i\in R_2}y_i$$

这里 N_1，N_2 是 R_1，R_2 的样本点数。

求训练数据的切分点。根据所给数据，考虑如下切分点：

1.5, 2.5, 3.5, 4.5, 5.5, 6.5, 7.5, 8.5, 9.5

8.4 提升树

对各切分点，不难求出相应的 R_1, R_2, c_1, c_2 及

$$m(s) = \min_{c_1} \sum_{x_i \in R_1}(y_i - c_1)^2 + \min_{c_2} \sum_{x_i \in R_2}(y_i - c_2)^2$$

例如，当 $s=1.5$ 时，$R_1 = \{1\}$，$R_2 = \{2, 3, \cdots, 10\}$，$c_1 = 5.56$，$c_2 = 7.50$，

$$m(s) = \min_{c_1} \sum_{x_i \in R_1}(y_i - c_1)^2 + \min_{c_2} \sum_{x_i \in R_2}(y_i - c_2)^2 = 0 + 15.72 = 15.72$$

现将 s 及 $m(s)$ 的计算结果列表如下（见表 8.3）。

表 8.3 计算数据表

s	1.5	2.5	3.5	4.5	5.5	6.5	7.5	8.5	9.5
$m(s)$	15.72	12.07	8.36	5.78	3.91	1.93	8.01	11.73	15.74

由表 8.3 可知，当 $s=6.5$ 时 $m(s)$ 达到最小值，此时 $R_1 = \{1, 2, \cdots, 6\}$，$R_2 = \{7, 8, 9, 10\}$，$c_1 = 6.24$，$c_2 = 8.91$，所以回归树 $T_1(x)$ 为

$$T_1(x) = \begin{cases} 6.24, & x < 6.5 \\ 8.91, & x \geqslant 6.5 \end{cases}$$

$$f_1(x) = T_1(x)$$

用 $f_1(x)$ 拟合训练数据的残差见表 8.4，表中 $r_{2i} = y_i - f_1(x_i)$，$i = 1, 2, \cdots, 10$。

表 8.4 残差表

x_i	1	2	3	4	5	6	7	8	9	10
r_{2i}	−0.68	−0.54	−0.33	0.16	0.56	0.81	−0.01	−0.21	0.09	0.14

用 $f_1(x)$ 拟合训练数据的平方损失误差：

$$L(y, f_1(x)) = \sum_{i=1}^{10}(y_i - f_1(x_i))^2 = 1.93$$

第 2 步求 $T_2(x)$。方法与求 $T_1(x)$ 一样，只是拟合的数据是表 8.4 的残差。可以得到：

$$T_2(x) = \begin{cases} -0.52, & x < 3.5 \\ 0.22, & x \geqslant 3.5 \end{cases}$$

$$f_2(x) = f_1(x) + T_2(x) = \begin{cases} 5.72, & x < 3.5 \\ 6.46, & 3.5 \leqslant x < 6.5 \\ 9.13, & x \geqslant 6.5 \end{cases}$$

用 $f_2(x)$ 拟合训练数据的平方损失误差是

$$L(y, f_2(x)) = \sum_{i=1}^{10}(y_i - f_2(x_i))^2 = 0.79$$

继续求得

$$T_3(x) = \begin{cases} 0.15, & x < 6.5 \\ -0.22, & x \geqslant 6.5 \end{cases} \quad L(y, f_3(x)) = 0.47,$$

$$T_4(x) = \begin{cases} -0.16, & x < 4.5 \\ 0.11, & x \geqslant 4.5 \end{cases} \quad L(y, f_4(x)) = 0.30,$$

$$T_5(x) = \begin{cases} 0.07, & x < 6.5 \\ -0.11, & x \geqslant 6.5 \end{cases} \quad L(y, f_5(x)) = 0.23,$$

$$T_6(x) = \begin{cases} -0.15, & x < 2.5 \\ 0.04, & x \geqslant 2.5 \end{cases}$$

$$f_6(x) = f_5(x) + T_6(x) = T_1(x) + \cdots + T_5(x) + T_6(x)$$

$$= \begin{cases} 5.63, & x < 2.5 \\ 5.82, & 2.5 \leqslant x < 3.5 \\ 6.56, & 3.5 \leqslant x < 4.5 \\ 6.83, & 4.5 \leqslant x < 6.5 \\ 8.95, & x \geqslant 6.5 \end{cases}$$

用 $f_6(x)$ 拟合训练数据的平方损失误差是

$$L(y, f_6(x)) = \sum_{i=1}^{10}(y_i - f_6(x_i))^2 = 0.17$$

假设此时已满足误差要求，那么 $f(x) = f_6(x)$ 即为所求提升树。∎

8.4.3 梯度提升

提升树利用加法模型与前向分步算法实现学习的优化过程。当损失函数是平方损失和指数损失函数时，每一步优化是很简单的。但对一般损失函数而言，往往每一步优化并不那么容易。针对这一问题，Freidman 提出了梯度提升（gradient boosting）算

8.4 提升树

法。这是利用最速下降法的近似方法，其关键是利用损失函数的负梯度在当前模型的值

$$-\left[\frac{\partial L(y, f(x_i))}{\partial f(x_i)}\right]_{f(x)=f_{m-1}(x)}$$

作为回归问题提升树算法中的残差的近似值，拟合一个回归树。

算法 8.4（梯度提升算法）

输入：训练数据集 $T=\{(x_1,y_1),(x_2,y_2),\cdots,(x_N,y_N)\}, x_i \in \mathcal{X} \subseteq \mathbf{R}^n, y_i \in \mathcal{Y} \subseteq \mathbf{R}$；损失函数 $L(y, f(x))$；

输出：回归树 $\hat{f}(x)$。

(1) 初始化

$$f_0(x) = \arg\min_c \sum_{i=1}^N L(y_i, c)$$

(2) 对 $m=1,2,\cdots,M$

(a) 对 $i=1,2,\cdots,N$，计算

$$r_{mi} = -\left[\frac{\partial L(y_i, f(x_i))}{\partial f(x_i)}\right]_{f(x)=f_{m-1}(x)}$$

(b) 对 r_{mi} 拟合一个回归树，得到第 m 棵树的叶结点区域 $R_{mj}, j=1,2,\cdots,J$。

(c) 对 $j=1,2,\cdots,J$，计算

$$c_{mj} = \arg\min_c \sum_{x_i \in R_{mj}} L(y_i, f_{m-1}(x_i)+c)$$

(d) 更新 $f_m(x) = f_{m-1}(x) + \sum_{j=1}^J c_{mj} I(x \in R_{mj})$

(3) 得到回归树

$$\hat{f}(x) = f_M(x) = \sum_{m=1}^M \sum_{j=1}^J c_{mj} I(x \in R_{mj})$$ ∎

算法第 1 步初始化，估计使损失函数极小化的常数值，它是只有一个根结点的树。第 2(a) 步计算损失函数的负梯度在当前模型的值，将它作为残差的估计。对于平方损失函数，它就是通常所说的残差；对于一般损失函数，它就是残差的近似值。第 2(b) 步估计回归树叶结点区域，以拟合残差的近似值。第 2(c) 步利用线性搜索估计叶结点区域的值，使损失函数极小化。第 2(d) 步更新回归树。第 3 步得到输出的最终模型 $\hat{f}(x)$。

本章概要

1. Boosting 是将弱学习算法提升为强学习算法的统计学习方法。在分类学习中，提升方法通过反复修改训练数据的权值分布，构建一系列基本分类器（弱分类器），并将这些基本分类器线性组合，构成一个强分类器。代表性的 Boosting 是 AdaBoost 算法。

AdaBoost 模型是弱分类器的线性组合：

$$f(x) = \sum_{m=1}^{M} \alpha_m G_m(x)$$

2. AdaBoost 算法的特点是通过迭代每次学习一个基本分类器。每次迭代中，提高那些被前一轮分类器错误分类数据的权值，而降低那些被正确分类的数据的权值。最后，AdaBoost 将基本分类器的线性组合作为强分类器，其中给分类误差率小的基本分类器以大的权值，给分类误差率大的基本分类器以小的权值。

3. AdaBoost 的训练误差分析表明，AdaBoost 的每次迭代可以减少它在训练数据集上的分类误差率，这说明了它作为 Boosting 的有效性。

4. AdaBoost 算法的一个解释是该算法实际是前向分步算法的一个实现。在这个方法里，模型是加法模型，损失函数是指数损失，算法是前向分步算法。

每一步中极小化损失函数

$$(\beta_m, \gamma_m) = \arg\min_{\beta,\gamma} \sum_{i=1}^{N} L\left(y_i, f_{m-1}(x_i) + \beta b(x_i; \gamma)\right)$$

得到参数 β_m，γ_m。

5. 提升树是以分类树或回归树为基本分类器的 Boosting。提升树被认为是统计学习中最有效的方法之一。

继续阅读

提升方法的介绍可参见文献 [1, 2]。PAC 学习可参见文献 [3]。强可学习与弱可学习的关系可参见文献 [4]。关于 AdaBoost 的最初论文是文献 [5]。关于 AdaBoost 的前向分步加法模型解释参见文献 [6]，提升树与梯度提升可参见文献 [6, 7]。AdaBoost 只是用于二类分类，Schapire 与 Singer 将它扩展到多类分类问题 [8]。AdaBoost 与逻辑斯谛回归的关系也有相关研究 [9]。

习　题

8.1 某公司招聘职员考查身体、业务能力、发展潜力这 3 项。身体分为合格 1、不合格 0 两级，业务能力和发展潜力分为上 1、中 2、下 3 三级。分类为合格 1、不合格 −1 两类。已知 10 个人的数据，如表 8.5 所示。假设弱分类器为决策树桩。试用 AdaBoost 算法学习一个强分类器。

表 8.5　应聘人员情况数据表

	1	2	3	4	5	6	7	8	9	10
身体	0	0	1	1	1	0	1	1	1	0
业务能力	1	3	2	1	2	1	1	1	3	2
发展潜力	3	1	2	3	3	2	2	1	1	1
分类	−1	−1	−1	−1	−1	−1	1	1	−1	−1

8.2 比较支持向量机、AdaBoost、逻辑斯谛回归模型的学习策略与算法。

参 考 文 献

[1] Freund Y, Schapire R E. A short introduction to boosting. Journal of Japanese Society for Artificial Intelligence, 1999, 14(5): 771–780.

[2] Hastie T, Tibshirani R, Friedman J. The elements of statistical learning: data mining, inference, and prediction. Springer-Verlag, 2001.（中译本：统计学习基础——数据挖掘、推理与预测. 范明, 柴玉梅, 昝红英等译. 北京：电子工业出版社，2004.）

[3] Valiant L G. A theory of the learnable. Communications of the ACM, 1984, 27(11): 1134–1142.

[4] Schapire R. The strength of weak learnability. Machine Learning, 1990, 5(2): 197–227.

[5] Freund Y, Schapire R E. A decision-theoretic generalization of on-line learning and an application to boosting. Computational Learning Theory. Lecture Notes in Computer Science, Vol. 904, 1995, 23–37.

[6] Friedman J, Hastie T, Tibshirani R. Additive logistic regression: a statistical view of boosting (with discussions). Annals of Statistics, 2000, 28: 337–407.

[7] Friedman J. Greedy function approximation: a gradient boosting machine. Annals of Statistics, 2001, 29(5): 1189–1232.

[8] Schapire R E, Singer Y. Improved boosting algorithms using confidence-rated predictions. Machine Learning, 1999, 37(3): 297–336.

[9] Collins M, Schapire R E, Singer Y. Logistic regression, AdaBoost and Bregman distances. Machine Learning, 2002, 48(1–3): 253–285.

第9章 EM算法及其推广

EM算法是一种迭代算法,1977年由Dempster等人总结提出,用于含有隐变量(hidden variable)的概率模型参数的极大似然估计,或极大后验概率估计。EM算法的每次迭代由两步组成:E步,求期望(expectation);M步,求极大(maximization)。所以这一算法称为期望极大算法(expectation maximization algorithm),简称EM算法。本章首先叙述EM算法,然后讨论EM算法的收敛性;作为EM算法的应用,介绍高斯混合模型的学习;最后叙述EM算法的推广——GEM算法。

9.1 EM算法的引入

概率模型有时既含有观测变量(observable variable),又含有隐变量或潜在变量(latent variable)。如果概率模型的变量都是观测变量,那么给定数据,可以直接用极大似然估计法,或贝叶斯估计法估计模型参数。但是,当模型含有隐变量时,就不能简单地使用这些估计方法。EM算法就是含有隐变量的概率模型参数的极大似然估计法,或极大后验概率估计法。我们仅讨论极大似然估计,极大后验概率估计与其类似。

9.1.1 EM算法

首先介绍一个使用EM算法的例子。

例9.1(三硬币模型) 假设有3枚硬币,分别记作A,B,C。这些硬币正面出现的概率分别是π,p和q。进行如下掷硬币试验:先掷硬币A,根据其结果选出硬币B或硬币C,正面选硬币B,反面选硬币C;然后掷选出的硬币,掷硬币的结果,出现正面记作1,出现反面记作0;独立地重复n次试验(这里,$n=10$),观测结果如下:

$$1,1,0,1,0,0,1,0,1,1$$

假设只能观测到掷硬币的结果,不能观测掷硬币的过程。问如何估计三硬币正面出现的概率,即三硬币模型的参数。

解 三硬币模型可以写作

$$P(y|\theta) = \sum_z P(y,z|\theta) = \sum_z P(z|\theta)P(y|z,\theta)$$
$$= \pi p^y(1-p)^{1-y} + (1-\pi)q^y(1-q)^{1-y} \tag{9.1}$$

这里，随机变量 y 是观测变量，表示一次试验观测的结果是 1 或 0；随机变量 z 是隐变量，表示未观测到的掷硬币 A 的结果；$\theta = (\pi, p, q)$ 是模型参数。这一模型是以上数据的生成模型。注意，随机变量 y 的数据可以观测，随机变量 z 的数据不可观测。

将观测数据表示为 $Y = (Y_1, Y_2, \cdots, Y_n)^{\mathrm{T}}$，未观测数据表示为 $Z = (Z_1, Z_2, \cdots, Z_n)^{\mathrm{T}}$，则观测数据的似然函数为

$$P(Y|\theta) = \sum_Z P(Z|\theta)P(Y|Z,\theta) \tag{9.2}$$

即

$$P(Y|\theta) = \prod_{j=1}^n [\pi p^{y_j}(1-p)^{1-y_j} + (1-\pi)q^{y_j}(1-q)^{1-y_j}] \tag{9.3}$$

考虑求模型参数 $\theta = (\pi, p, q)$ 的极大似然估计，即

$$\hat{\theta} = \arg\max_\theta \log P(Y|\theta) \tag{9.4}$$

这个问题没有解析解，只有通过迭代的方法求解。EM 算法就是可以用于求解这个问题的一种迭代算法。下面给出针对以上问题的 EM 算法，其推导过程省略。

EM 算法首先选取参数的初值，记作 $\theta^{(0)} = (\pi^{(0)}, p^{(0)}, q^{(0)})$，然后通过下面的步骤迭代计算参数的估计值，直至收敛为止。第 i 次迭代参数的估计值为 $\theta^{(i)} = (\pi^{(i)}, p^{(i)}, q^{(i)})$。EM 算法的第 $i+1$ 次迭代如下。

E 步：计算在模型参数 $\pi^{(i)}$，$p^{(i)}$，$q^{(i)}$ 下观测数据 y_j 来自掷硬币 B 的概率

$$\mu_j^{(i+1)} = \frac{\pi^{(i)}(p^{(i)})^{y_j}(1-p^{(i)})^{1-y_j}}{\pi^{(i)}(p^{(i)})^{y_j}(1-p^{(i)})^{1-y_j} + (1-\pi^{(i)})(q^{(i)})^{y_j}(1-q^{(i)})^{1-y_j}} \tag{9.5}$$

M 步：计算模型参数的新估计值

$$\pi^{(i+1)} = \frac{1}{n}\sum_{j=1}^n \mu_j^{(i+1)} \tag{9.6}$$

9.1 EM算法的引入

$$p^{(i+1)} = \frac{\sum_{j=1}^{n} \mu_j^{(i+1)} y_j}{\sum_{j=1}^{n} \mu_j^{(i+1)}} \tag{9.7}$$

$$q^{(i+1)} = \frac{\sum_{j=1}^{n} (1-\mu_j^{(i+1)}) y_j}{\sum_{j=1}^{n} (1-\mu_j^{(i+1)})} \tag{9.8}$$

进行数值计算。假设模型参数的初值取为

$$\pi^{(0)} = 0.5, \quad p^{(0)} = 0.5, \quad q^{(0)} = 0.5$$

由式 (9.5),对 $y_j = 1$ 与 $y_j = 0$ 均有 $\mu_j^{(1)} = 0.5$。

利用迭代公式 (9.6)~公式 (9.8),得到

$$\pi^{(1)} = 0.5, \quad p^{(1)} = 0.6, \quad q^{(1)} = 0.6$$

由式 (9.5),

$$\mu_j^{(2)} = 0.5, \quad j = 1, 2, \cdots, 10$$

继续迭代,得

$$\pi^{(2)} = 0.5, \quad p^{(2)} = 0.6, \quad q^{(2)} = 0.6$$

于是得到模型参数 θ 的极大似然估计:

$$\hat{\pi} = 0.5, \quad \hat{p} = 0.6, \quad \hat{q} = 0.6$$

$\pi = 0.5$ 表示硬币 A 是均匀的,这一结果容易理解。

如果取初值 $\pi^{(0)} = 0.4$, $p^{(0)} = 0.6$, $q^{(0)} = 0.7$,那么得到的模型参数的极大似然估计是 $\hat{\pi} = 0.4064$, $\hat{p} = 0.5368$, $\hat{q} = 0.6432$。这就是说,EM算法与初值的选择有关,选择不同的初值可能得到不同的参数估计值。 ∎

一般地,用 Y 表示观测随机变量的数据,Z 表示隐随机变量的数据。Y 和 Z 连在一起称为完全数据(complete-data),观测数据 Y 又称为不完全数据(incomplete-data)。假设给定观测数据 Y,其概率分布是 $P(Y|\theta)$,其中 θ 是需要估计的模型参数,那么不完全数据 Y 的似然函数是 $P(Y|\theta)$,对数似然函数 $L(\theta) = \log P(Y|\theta)$;假设 Y 和 Z 的联合概率分布是 $P(Y,Z|\theta)$,那么完全数据的对数似然函数是 $\log P(Y,Z|\theta)$。

EM算法通过迭代求 $L(\theta) = \log P(Y|\theta)$ 的极大似然估计。每次迭代包含两步：E步，求期望；M步，求极大化。下面来介绍EM算法。

算法 9.1（EM算法）

输入：观测变量数据 Y，隐变量数据 Z，联合分布 $P(Y,Z|\theta)$，条件分布 $P(Z|Y,\theta)$；

输出：模型参数 θ。

(1) 选择参数的初值 $\theta^{(0)}$，开始迭代；

(2) E步：记 $\theta^{(i)}$ 为第 i 次迭代参数 θ 的估计值，在第 $i+1$ 次迭代的 E步，计算

$$Q(\theta, \theta^{(i)}) = E_Z[\log P(Y,Z|\theta)|Y, \theta^{(i)}]$$
$$= \sum_Z \log P(Y,Z|\theta) P(Z|Y, \theta^{(i)}) \tag{9.9}$$

这里，$P(Z|Y, \theta^{(i)})$ 是在给定观测数据 Y 和当前的参数估计 $\theta^{(i)}$ 下隐变量数据 Z 的条件概率分布；

(3) M步：求使 $Q(\theta, \theta^{(i)})$ 极大化的 θ，确定第 $i+1$ 次迭代的参数的估计值 $\theta^{(i+1)}$

$$\theta^{(i+1)} = \arg\max_\theta Q(\theta, \theta^{(i)}) \tag{9.10}$$

(4) 重复第 (2) 步和第 (3) 步，直到收敛。 ∎

式 (9.9) 的函数 $Q(\theta, \theta^{(i)})$ 是EM算法的核心，称为 Q 函数（Q function）。

定义 9.1（Q 函数） 完全数据的对数似然函数 $\log P(Y,Z|\theta)$ 关于在给定观测数据 Y 和当前参数 $\theta^{(i)}$ 下对未观测数据 Z 的条件概率分布 $P(Z|Y,\theta^{(i)})$ 的期望称为 Q 函数，即

$$Q(\theta, \theta^{(i)}) = E_Z[\log P(Y,Z|\theta)|Y, \theta^{(i)}] \tag{9.11}$$

下面关于EM算法作几点说明：

步骤 (1)　参数的初值可以任意选择，但需注意EM算法对初值是敏感的。

步骤 (2)　E步求 $Q(\theta, \theta^{(i)})$。Q 函数式中 Z 是未观测数据，Y 是观测数据。注意，$Q(\theta, \theta^{(i)})$ 的第 1 个变元表示要极大化的参数，第 2 个变元表示参数的当前估计值。每次迭代实际在求 Q 函数及其极大。

步骤 (3)　M步求 $Q(\theta, \theta^{(i)})$ 的极大化，得到 $\theta^{(i+1)}$，完成一次迭代 $\theta^{(i)} \to \theta^{(i+1)}$。后面将证明每次迭代使似然函数增大或达到局部极值。

步骤 (4)　给出停止迭代的条件，一般是对较小的正数 $\varepsilon_1, \varepsilon_2$，若满足

$$\|\theta^{(i+1)} - \theta^{(i)}\| < \varepsilon_1 \quad \text{或} \quad \|Q(\theta^{(i+1)}, \theta^{(i)}) - Q(\theta^{(i)}, \theta^{(i)})\| < \varepsilon_2$$

则停止迭代。

9.1.2 EM 算法的导出

上面叙述了 EM 算法。为什么 EM 算法能近似实现对观测数据的极大似然估计呢？下面通过近似求解观测数据的对数似然函数的极大化问题来导出 EM 算法，由此可以清楚地看出 EM 算法的作用。

我们面对一个含有隐变量的概率模型，目标是极大化观测数据（不完全数据）Y 关于参数 θ 的对数似然函数，即极大化

$$L(\theta) = \log P(Y|\theta) = \log \sum_Z P(Y,Z|\theta)$$
$$= \log \left(\sum_Z P(Y|Z,\theta) P(Z|\theta) \right) \tag{9.12}$$

注意到这一极大化的主要困难是式 (9.12) 中有未观测数据并有包含和（或积分）的对数。

事实上，EM 算法是通过迭代逐步近似极大化 $L(\theta)$ 的。假设在第 i 次迭代后 θ 的估计值是 $\theta^{(i)}$。我们希望新估计值 θ 能使 $L(\theta)$ 增加，即 $L(\theta) > L(\theta^{(i)})$，并逐步达到极大值。为此，考虑两者的差：

$$L(\theta) - L(\theta^{(i)}) = \log \left(\sum_Z P(Y|Z,\theta) P(Z|\theta) \right) - \log P(Y|\theta^{(i)})$$

利用 Jensen 不等式（Jensen inequality）①得到其下界：

$$L(\theta) - L(\theta^{(i)}) = \log \left(\sum_Z P(Z|Y,\theta^{(i)}) \frac{P(Y|Z,\theta) P(Z|\theta)}{P(Z|Y,\theta^{(i)})} \right) - \log P(Y|\theta^{(i)})$$
$$\geqslant \sum_Z P(Z|Y,\theta^{(i)}) \log \frac{P(Y|Z,\theta) P(Z|\theta)}{P(Z|Y,\theta^{(i)})} - \log P(Y|\theta^{(i)})$$
$$= \sum_Z P(Z|Y,\theta^{(i)}) \log \frac{P(Y|Z,\theta) P(Z|\theta)}{P(Z|Y,\theta^{(i)}) P(Y|\theta^{(i)})}$$

令

$$B(\theta,\theta^{(i)}) \hat{=} L(\theta^{(i)}) + \sum_Z P(Z|Y,\theta^{(i)}) \log \frac{P(Y|Z,\theta) P(Z|\theta)}{P(Z|Y,\theta^{(i)}) P(Y|\theta^{(i)})} \tag{9.13}$$

则

$$L(\theta) \geqslant B(\theta, \theta^{(i)}) \tag{9.14}$$

---
① 这里用到的是 $\log \sum_j \lambda_j y_j \geqslant \sum_j \lambda_j \log y_j$，其中 $\lambda_j \geqslant 0$，$\sum_j \lambda_j = 1$。

即函数 $B(\theta,\theta^{(i)})$ 是 $L(\theta)$ 的一个下界，而且由式 (9.13) 可知，

$$L(\theta^{(i)}) = B(\theta^{(i)},\theta^{(i)}) \tag{9.15}$$

因此，任何可以使 $B(\theta,\theta^{(i)})$ 增大的 θ，也可以使 $L(\theta)$ 增大。为了使 $L(\theta)$ 有尽可能大的增长，选择 $\theta^{(i+1)}$ 使 $B(\theta,\theta^{(i)})$ 达到极大，即

$$\theta^{(i+1)} = \arg\max_{\theta} B(\theta,\theta^{(i)}) \tag{9.16}$$

现在求 $\theta^{(i+1)}$ 的表达式。省去对 θ 的极大化而言是常数的项，由式 (9.16)、式 (9.13) 及式 (9.10)，有

$$\begin{aligned}
\theta^{(i+1)} &= \arg\max_{\theta}\left(L(\theta^{(i)}) + \sum_Z P(Z|Y,\theta^{(i)})\log\frac{P(Y|Z,\theta)P(Z|\theta)}{P(Z|Y,\theta^{(i)})P(Y|\theta^{(i)})}\right) \\
&= \arg\max_{\theta}\left(\sum_Z P(Z|Y,\theta^{(i)})\log(P(Y|Z,\theta)P(Z|\theta))\right) \\
&= \arg\max_{\theta}\left(\sum_Z P(Z|Y,\theta^{(i)})\log P(Y,Z|\theta)\right) \\
&= \arg\max_{\theta} Q(\theta,\theta^{(i)}) \tag{9.17}
\end{aligned}$$

式 (9.17) 等价于 EM 算法的一次迭代，即求 Q 函数及其极大化。EM 算法是通过不断求解下界的极大化逼近求解对数似然函数极大化的算法。

图 9.1 给出 EM 算法的直观解释。图中上方曲线为 $L(\theta)$，下方曲线为 $B(\theta,\theta^{(i)})$。由式 (9.14)，$B(\theta,\theta^{(i)})$ 为对数似然函数 $L(\theta)$ 的下界。由式 (9.15)，两个函数在点 $\theta = \theta^{(i)}$

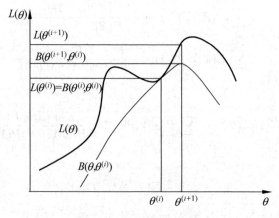

图 9.1　EM 算法的解释

处相等。由式 (9.16) 和式 (9.17)，EM 算法找到下一个点 $\theta^{(i+1)}$ 使函数 $B(\theta,\theta^{(i)})$ 极大化，也使函数 $Q(\theta,\theta^{(i)})$ 极大化。这时由于 $L(\theta) \geqslant B(\theta,\theta^{(i)})$，函数 $B(\theta,\theta^{(i)})$ 的增加，保证对数似然函数 $L(\theta)$ 在每次迭代中也是增加的。EM 算法在点 $\theta^{(i+1)})$ 重新计算 Q 函数值，进行下一次迭代。在这个过程中，对数似然函数 $L(\theta)$ 不断增大。从图可以推断出 EM 算法不能保证找到全局最优值。

9.1.3 EM 算法在无监督学习中的应用

监督学习是由训练数据 $\{(x_1,y_1),(x_2,y_2),\cdots,(x_N,y_N)\}$ 学习条件概率分布 $P(Y|X)$ 或决策函数 $Y = f(X)$ 作为模型，用于分类、回归、标注等任务。这时训练数据中的每个样本点由输入和输出对组成。

有时训练数据只有输入没有对应的输出 $\{(x_1,\cdot),(x_2,\cdot),\cdots,(x_N,\cdot)\}$，从这样的数据学习模型称为无监督学习问题。EM 算法可以用于生成模型的无监督学习。生成模型由联合概率分布 $P(X,Y)$ 表示，可以认为无监督学习训练数据是联合概率分布产生的数据。X 为观测数据，Y 为未观测数据。

9.2 EM 算法的收敛性

EM 算法提供一种近似计算含有隐变量概率模型的极大似然估计的方法。EM 算法的最大优点是简单性和普适性。我们很自然地要问：EM 算法得到的估计序列是否收敛？如果收敛，是否收敛到全局最大值或局部极大值？下面给出关于 EM 算法收敛性的两个定理。

定理 9.1 设 $P(Y|\theta)$ 为观测数据的似然函数，$\theta^{(i)}(i=1,2,\cdots)$ 为 EM 算法得到的参数估计序列，$P(Y|\theta^{(i)})(i=1,2,\cdots)$ 为对应的似然函数序列，则 $P(Y|\theta^{(i)})$ 是单调递增的，即

$$P(Y|\theta^{(i+1)}) \geqslant P(Y|\theta^{(i)}) \tag{9.18}$$

证明 由于

$$P(Y|\theta) = \frac{P(Y,Z|\theta)}{P(Z|Y,\theta)}$$

取对数有

$$\log P(Y|\theta) = \log P(Y,Z|\theta) - \log P(Z|Y,\theta)$$

由式 (9.11)

$$Q(\theta,\theta^{(i)}) = \sum_Z \log P(Y,Z|\theta)P(Z|Y,\theta^{(i)})$$

令

$$H(\theta,\theta^{(i)}) = \sum_Z \log P(Z|Y,\theta) P(Z|Y,\theta^{(i)}) \tag{9.19}$$

于是对数似然函数可以写成

$$\log P(Y|\theta) = Q(\theta,\theta^{(i)}) - H(\theta,\theta^{(i)}) \tag{9.20}$$

在式 (9.20) 中分别取 θ 为 $\theta^{(i)}$ 和 $\theta^{(i+1)}$ 并相减，有

$$\log P(Y|\theta^{(i+1)}) - \log P(Y|\theta^{(i)})$$
$$= [Q(\theta^{(i+1)},\theta^{(i)}) - Q(\theta^{(i)},\theta^{(i)})] - [H(\theta^{(i+1)},\theta^{(i)}) - H(\theta^{(i)},\theta^{(i)})] \tag{9.21}$$

为证式 (9.18)，只需证式 (9.21) 右端是非负的。式 (9.21) 右端的第 1 项，由于 $\theta^{(i+1)}$ 使 $Q(\theta,\theta^{(i)})$ 达到极大，所以有

$$Q(\theta^{(i+1)},\theta^{(i)}) - Q(\theta^{(i)},\theta^{(i)}) \geqslant 0 \tag{9.22}$$

其第 2 项，由式 (9.19) 可得：

$$H(\theta^{(i+1)},\theta^{(i)}) - H(\theta^{(i)},\theta^{(i)}) = \sum_Z \left(\log \frac{P(Z|Y,\theta^{(i+1)})}{P(Z|Y,\theta^{(i)})} \right) P(Z|Y,\theta^{(i)})$$
$$\leqslant \log \left(\sum_Z \frac{P(Z|Y,\theta^{(i+1)})}{P(Z|Y,\theta^{(i)})} P(Z|Y,\theta^{(i)}) \right)$$
$$= \log \left(\sum_Z P(Z|Y,\theta^{(i+1)}) \right) = 0 \tag{9.23}$$

这里的不等号由 Jensen 不等式得到。

由式 (9.22) 和式 (9.23) 即知式 (9.21) 右端是非负的。∎

定理 9.2 设 $L(\theta) = \log P(Y|\theta)$ 为观测数据的对数似然函数，$\theta^{(i)}(i=1,2,\cdots)$ 为 EM 算法得到的参数估计序列，$L(\theta^{(i)})(i=1,2,\cdots)$ 为对应的对数似然函数序列。

（1）如果 $P(Y|\theta)$ 有上界，则 $L(\theta^{(i)}) = \log P(Y|\theta^{(i)})$ 收敛到某一值 L^*；

（2）在函数 $Q(\theta,\theta')$ 与 $L(\theta)$ 满足一定条件下，由 EM 算法得到的参数估计序列 $\theta^{(i)}$ 的收敛值 θ^* 是 $L(\theta)$ 的稳定点。

证明 （1）由 $L(\theta) = \log P(Y|\theta^{(i)})$ 的单调性及 $P(Y|\theta)$ 的有界性立即得到。

（2）证明从略，参阅文献 [5]。∎

定理 9.2 关于函数 $Q(\theta,\theta')$ 与 $L(\theta)$ 的条件在大多数情况下都是满足的。EM 算法的收敛性包含关于对数似然函数序列 $L(\theta^{(i)})$ 的收敛性和关于参数估计序列 $\theta^{(i)}$ 的收敛性两层意思，前者并不蕴涵后者。此外，定理只能保证参数估计序列收敛到对数似然函数序列的稳定点，不能保证收敛到极大值点。所以在应用中，初值的选择变得非常重要，常用的办法是选取几个不同的初值进行迭代，然后对得到的各个估计值加以比较，从中选择最好的。

9.3 EM 算法在高斯混合模型学习中的应用

EM 算法的一个重要应用是高斯混合模型的参数估计。高斯混合模型应用广泛，在许多情况下，EM 算法是学习高斯混合模型（Gaussian mixture model）的有效方法。

9.3.1 高斯混合模型

定义 9.2（高斯混合模型） 高斯混合模型是指具有如下形式的概率分布模型：

$$P(y|\theta) = \sum_{k=1}^{K} \alpha_k \phi(y|\theta_k) \tag{9.24}$$

其中，α_k 是系数，$\alpha_k \geqslant 0$，$\sum_{k=1}^{K} \alpha_k = 1$；$\phi(y|\theta_k)$ 是高斯分布密度，$\theta_k = (\mu_k, \sigma_k^2)$，

$$\phi(y|\theta_k) = \frac{1}{\sqrt{2\pi}\sigma_k} \exp\left(-\frac{(y-\mu_k)^2}{2\sigma_k^2}\right) \tag{9.25}$$

称为第 k 个分模型。

一般混合模型可以由任意概率分布密度代替式 (9.25) 中的高斯分布密度，我们只介绍最常用的高斯混合模型。

9.3.2 高斯混合模型参数估计的 EM 算法

假设观测数据 $y_1, y_2, \cdots, y_N$ 由高斯混合模型生成，

$$P(y|\theta) = \sum_{k=1}^{K} \alpha_k \phi(y|\theta_k) \tag{9.26}$$

其中，$\theta = (\alpha_1, \alpha_2, \cdots, \alpha_K; \theta_1, \theta_2, \cdots, \theta_K)$。我们用 EM 算法估计高斯混合模型的参数 θ。

1. 明确隐变量，写出完全数据的对数似然函数

可以设想观测数据 y_j，$j = 1, 2, \cdots, N$，是这样产生的：首先依概率 α_k 选择第 k 个高斯分布分模型 $\phi(y|\theta_k)$，然后依第 k 个分模型的概率分布 $\phi(y|\theta_k)$ 生成观测数据 y_j。这时观测数据 y_j，$j = 1, 2, \cdots, N$，是已知的；反映观测数据 y_j 来自第 k 个分模型的数据是未知的，$k = 1, 2, \cdots, K$，以隐变量 γ_{jk} 表示，其定义如下：

$$\gamma_{jk} = \begin{cases} 1, & \text{第 } j \text{ 个观测来自第 } k \text{ 个分模型} \\ 0, & \text{否则} \end{cases}$$
$$j = 1, 2, \cdots, N; \quad k = 1, 2, \cdots, K \tag{9.27}$$

γ_{jk} 是 0-1 随机变量。

有了观测数据 y_j 及未观测数据 γ_{jk}，那么完全数据是

$$(y_j, \gamma_{j1}, \gamma_{j2}, \cdots, \gamma_{jK}), \quad j = 1, 2, \cdots, N$$

于是，可以写出完全数据的似然函数：

$$\begin{aligned} P(y, \gamma | \theta) &= \prod_{j=1}^{N} P(y_j, \gamma_{j1}, \gamma_{j2}, \cdots, \gamma_{jK} | \theta) \\ &= \prod_{k=1}^{K} \prod_{j=1}^{N} [\alpha_k \phi(y_j | \theta_k)]^{\gamma_{jk}} \\ &= \prod_{k=1}^{K} \alpha_k^{n_k} \prod_{j=1}^{N} [\phi(y_j | \theta_k)]^{\gamma_{jk}} \\ &= \prod_{k=1}^{K} \alpha_k^{n_k} \prod_{j=1}^{N} \left[\frac{1}{\sqrt{2\pi} \sigma_k} \exp\left(-\frac{(y_j - \mu_k)^2}{2\sigma_k^2}\right) \right]^{\gamma_{jk}} \end{aligned}$$

式中，$n_k = \sum_{j=1}^{N} \gamma_{jk}$，$\sum_{k=1}^{K} n_k = N$。

那么，完全数据的对数似然函数为

$$\log P(y, \gamma | \theta) = \sum_{k=1}^{K} \left\{ n_k \log \alpha_k + \sum_{j=1}^{N} \gamma_{jk} \left[\log\left(\frac{1}{\sqrt{2\pi}}\right) - \log \sigma_k - \frac{1}{2\sigma_k^2}(y_j - \mu_k)^2 \right] \right\}$$

9.3 EM 算法在高斯混合模型学习中的应用

2. EM 算法的 E 步：确定 Q 函数

$$Q(\theta, \theta^{(i)}) = E[\log P(y, \gamma|\theta)|y, \theta^{(i)}]$$

$$= E\left\{\sum_{k=1}^{K}\left\{n_k \log \alpha_k + \sum_{j=1}^{N} \gamma_{jk}\left[\log\left(\frac{1}{\sqrt{2\pi}}\right) - \log \sigma_k - \frac{1}{2\sigma_k^2}(y_j - \mu_k)^2\right]\right\}\right\}$$

$$= \sum_{k=1}^{K}\left\{\sum_{j=1}^{N}(E\gamma_{jk})\log \alpha_k + \sum_{j=1}^{N}(E\gamma_{jk})\left[\log\left(\frac{1}{\sqrt{2\pi}}\right) - \log \sigma_k - \frac{1}{2\sigma_k^2}(y_j - \mu_k)^2\right]\right\}$$

(9.28)

这里需要计算 $E(\gamma_{jk}|y,\theta)$，记为 $\hat{\gamma}_{jk}$。

$$\hat{\gamma}_{jk} = E(\gamma_{jk}|y,\theta) = P(\gamma_{jk}=1|y,\theta)$$

$$= \frac{P(\gamma_{jk}=1, y_j|\theta)}{\sum_{k=1}^{K} P(\gamma_{jk}=1, y_j|\theta)}$$

$$= \frac{P(y_j|\gamma_{jk}=1, \theta)P(\gamma_{jk}=1|\theta)}{\sum_{k=1}^{K} P(y_j|\gamma_{jk}=1, \theta)P(\gamma_{jk}=1|\theta)}$$

$$= \frac{\alpha_k \phi(y_j|\theta_k)}{\sum_{k=1}^{K} \alpha_k \phi(y_j|\theta_k)}, \quad j=1,2,\cdots,N; \quad k=1,2,\cdots,K$$

$\hat{\gamma}_{jk}$ 是在当前模型参数下第 j 个观测数据来自第 k 个分模型的概率，称为分模型 k 对观测数据 y_j 的响应度。

将 $\hat{\gamma}_{jk} = E\gamma_{jk}$ 及 $n_k = \sum_{j=1}^{N} E\gamma_{jk}$ 代入式 (9.28)，即得

$$Q(\theta, \theta^{(i)}) = \sum_{k=1}^{K}\left\{n_k \log \alpha_k + \sum_{j=1}^{N} \hat{\gamma}_{jk}\left[\log\left(\frac{1}{\sqrt{2\pi}}\right) - \log \sigma_k - \frac{1}{2\sigma_k^2}(y_j - \mu_k)^2\right]\right\}$$

(9.29)

3. 确定 EM 算法的 M 步

迭代的 M 步是求函数 $Q(\theta, \theta^{(i)})$ 对 θ 的极大值，即求新一轮迭代的模型参数：

$$\theta^{(i+1)} = \arg\max_{\theta} Q(\theta, \theta^{(i)})$$

用 $\hat{\mu}_k$, $\hat{\sigma}_k^2$ 及 $\hat{\alpha}_k$, $k=1,2,\cdots,K$, 表示 $\theta^{(i+1)}$ 的各参数。求 $\hat{\mu}_k$, $\hat{\sigma}_k^2$ 只需将式 (9.29) 分别对 μ_k, σ_k^2 求偏导数并令其为 0, 即可得到; 求 $\hat{\alpha}_k$ 是在 $\sum_{k=1}^{K}\alpha_k=1$ 条件下求偏导数并令其为 0 得到的。结果如下:

$$\hat{\mu}_k = \frac{\sum_{j=1}^{N}\hat{\gamma}_{jk}y_j}{\sum_{j=1}^{N}\hat{\gamma}_{jk}}, \quad k=1,2,\cdots,K \tag{9.30}$$

$$\hat{\sigma}_k^2 = \frac{\sum_{j=1}^{N}\hat{\gamma}_{jk}(y_j-\mu_k)^2}{\sum_{j=1}^{N}\hat{\gamma}_{jk}}, \quad k=1,2,\cdots,K \tag{9.31}$$

$$\hat{\alpha}_k = \frac{n_k}{N} = \frac{\sum_{j=1}^{N}\hat{\gamma}_{jk}}{N}, \quad k=1,2,\cdots,K \tag{9.32}$$

重复以上计算,直到对数似然函数值不再有明显的变化为止。

现将估计高斯混合模型参数的 EM 算法总结如下。

算法 9.2(高斯混合模型参数估计的EM算法)

输入:观测数据 $y_1,y_2,\cdots,y_N$, 高斯混合模型;

输出:高斯混合模型参数。

(1) 取参数的初始值开始迭代;

(2) E 步:依据当前模型参数,计算分模型 k 对观测数据 y_j 的响应度

$$\hat{\gamma}_{jk} = \frac{\alpha_k\phi(y_j|\theta_k)}{\sum_{k=1}^{K}\alpha_k\phi(y_j|\theta_k)}, \quad j=1,2,\cdots,N; \quad k=1,2,\cdots,K$$

(3) M 步:计算新一轮迭代的模型参数

$$\hat{\mu}_k = \frac{\sum_{j=1}^{N}\hat{\gamma}_{jk}y_j}{\sum_{j=1}^{N}\hat{\gamma}_{jk}}, \quad k=1,2,\cdots,K$$

$$\hat{\sigma}_k^2 = \frac{\sum_{j=1}^{N} \hat{\gamma}_{jk}(y_j - \mu_k)^2}{\sum_{j=1}^{N} \hat{\gamma}_{jk}}, \quad k = 1, 2, \cdots, K$$

$$\hat{\alpha}_k = \frac{\sum_{j=1}^{N} \hat{\gamma}_{jk}}{N}, \quad k = 1, 2, \cdots, K$$

(4) 重复第 2 步和第 3 步，直到收敛。■

9.4 EM算法的推广

EM 算法还可以解释为 F 函数（F function）的极大-极大算法（maximization-maximization algorithm），基于这个解释有若干变形与推广，如广义期望极大（generalized expectation maximization，GEM）算法。下面予以介绍。

9.4.1 F函数的极大-极大算法

首先引入 F 函数并讨论其性质。

定义 9.3（**F 函数**） 假设隐变量数据 Z 的概率分布为 $\tilde{P}(Z)$，定义分布 $\tilde{P}$ 与参数 θ 的函数 $F(\tilde{P}, \theta)$ 如下：

$$F(\tilde{P}, \theta) = E_{\tilde{P}}[\log P(Y, Z|\theta)] + H(\tilde{P}) \tag{9.33}$$

称为 F 函数。式中 $H(\tilde{P}) = -E_{\tilde{P}} \log \tilde{P}(Z)$ 是分布 $\tilde{P}(Z)$ 的熵。

在定义 9.3 中，通常假设 $P(Y, Z|\theta)$ 是 θ 的连续函数，因而 $F(\tilde{P}, \theta)$ 是 $\tilde{P}$ 和 θ 的连续函数。函数 $F(\tilde{P}, \theta)$ 还有以下重要性质。

引理 9.1 对于固定的 θ，存在唯一的分布 $\tilde{P}_\theta$ 极大化 $F(\tilde{P}, \theta)$，这时 $\tilde{P}_\theta$ 由下式给出：

$$\tilde{P}_\theta(Z) = P(Z|Y, \theta) \tag{9.34}$$

并且 $\tilde{P}_\theta$ 随 θ 连续变化。

证明 对于固定的 θ，可以求得使 $F(\tilde{P}, \theta)$ 达到极大的分布 $\tilde{P}_\theta(Z)$。为此，引进拉格朗日乘子 λ，拉格朗日函数为

$$L = E_{\tilde{P}} \log P(Y, Z|\theta) - E_{\tilde{P}} \log \tilde{P}(Z) + \lambda \left(1 - \sum_Z \tilde{P}(Z)\right) \tag{9.35}$$

将其对 $\tilde{P}$ 求偏导数：

$$\frac{\partial L}{\partial \tilde{P}(Z)} = \log P(Y, Z|\theta) - \log \tilde{P}(Z) - 1 - \lambda$$

令偏导数等于 0，得出

$$\lambda = \log P(Y, Z|\theta) - \log \tilde{P}_\theta(Z) - 1$$

由此推出 $\tilde{P}_\theta(Z)$ 与 $P(Y, Z|\theta)$ 成比例

$$\frac{P(Y, Z|\theta)}{\tilde{P}_\theta(Z)} = e^{1+\lambda}$$

再从约束条件 $\sum_Z \tilde{P}_\theta(Z) = 1$ 得式 (9.34)。

由假设 $P(Y, Z|\theta)$ 是 θ 的连续函数，得到 $\tilde{P}_\theta$ 是 θ 的连续函数。∎

引理 9.2 若 $\tilde{P}_\theta(Z) = P(Z|Y, \theta)$，则

$$F(\tilde{P}, \theta) = \log P(Y|\theta) \tag{9.36}$$

证明作为习题，留给读者。

由以上引理，可以得到关于 EM 算法用 F 函数的极大-极大算法的解释。

定理 9.3 设 $L(\theta) = \log P(Y|\theta)$ 为观测数据的对数似然函数，$\theta^{(i)}$，$i = 1, 2, \cdots$，为 EM 算法得到的参数估计序列，函数 $F(\tilde{P}, \theta)$ 由式 (9.33) 定义。如果 $F(\tilde{P}, \theta)$ 在 $\tilde{P}^*$ 和 θ^* 有局部极大值，那么 $L(\theta)$ 也在 θ^* 有局部极大值。类似地，如果 $F(\tilde{P}, \theta)$ 在 $\tilde{P}^*$ 和 θ^* 达到全局最大值，那么 $L(\theta)$ 也在 θ^* 达到全局最大值。

证明 由引理 9.1 和引理 9.2 可知，$L(\theta) = \log P(Y|\theta) = F(\tilde{P}_\theta, \theta)$ 对任意 θ 成立。特别地，对于使 $F(\tilde{P}, \theta)$ 达到极大的参数 θ^*，有

$$L(\theta^*) = F(\tilde{P}_{\theta^*}, \theta^*) = F(\tilde{P}^*, \theta^*) \tag{9.37}$$

为了证明 θ^* 是 $L(\theta)$ 的极大点，需要证明不存在接近 θ^* 的点 θ^{**}，使 $L(\theta^{**}) > L(\theta^*)$。假如存在这样的点 θ^{**}，那么应有 $F(\tilde{P}^{**}, \theta^{**}) > F(\tilde{P}^*, \theta^*)$，这里 $\tilde{P}^{**} = \tilde{P}_{\theta^{**}}$。但因 $\tilde{P}_\theta$

9.4 EM算法的推广

是随 θ 连续变化的，$\tilde{P}^{**}$ 应接近 $\tilde{P}^*$，这与 $\tilde{P}^*$ 和 θ^* 是 $F(\tilde{P},\theta)$ 的局部极大点的假设矛盾。

类似可以证明关于全局最大值的结论。 ∎

定理 9.4 EM算法的一次迭代可由 F 函数的极大-极大算法实现。

设 $\theta^{(i)}$ 为第 i 次迭代参数 θ 的估计，$\tilde{P}^{(i)}$ 为第 i 次迭代函数 $\tilde{P}$ 的估计。在第 $i+1$ 次迭代的两步为：

（1）对固定的 $\theta^{(i)}$，求 $\tilde{P}^{(i+1)}$ 使 $F(\tilde{P},\theta^{(i)})$ 极大化；
（2）对固定的 $\tilde{P}^{(i+1)}$，求 $\theta^{(i+1)}$ 使 $F(\tilde{P}^{(i+1)},\theta)$ 极大化。

证明 （1）由引理 9.1，对于固定的 $\theta^{(i)}$，

$$\tilde{P}^{(i+1)}(Z) = \tilde{P}_{\theta^{(i)}}(Z) = P(Z|Y,\theta^{(i)})$$

使 $F(\tilde{P},\theta^{(i)})$ 极大化。此时，

$$\begin{aligned} F(\tilde{P}^{(i+1)},\theta) &= E_{\tilde{P}^{(i+1)}}[\log P(Y,Z|\theta)] + H(\tilde{P}^{(i+1)}) \\ &= \sum_Z \log P(Y,Z|\theta) P(Z|Y,\theta^{(i)}) + H(\tilde{P}^{(i+1)}) \end{aligned}$$

由 $Q(\theta,\theta^{(i)})$ 的定义式 (9.11) 有

$$F(\tilde{P}^{(i+1)},\theta) = Q(\theta,\theta^{(i)}) + H(\tilde{P}^{(i+1)})$$

（2）固定 $\tilde{P}^{(i+1)}$，求 $\theta^{(i+1)}$ 使 $F(\tilde{P}^{(i+1)},\theta)$ 极大化。得到

$$\theta^{(i+1)} = \arg\max_\theta F(\tilde{P}^{(i+1)},\theta) = \arg\max_\theta Q(\theta,\theta^{(i)})$$

通过以上两步完成了EM算法的一次迭代。由此可知，由EM算法与 F 函数的极大-极大算法得到的参数估计序列 $\theta^{(i)}$，$i=1,2,\cdots$，是一致的。 ∎

这样，就有EM算法的推广。

9.4.2 GEM算法

算法 9.3（GEM算法 1）

输入：观测数据，F 函数；
输出：模型参数。
（1）初始化参数 $\theta^{(0)}$，开始迭代；
（2）第 $i+1$ 次迭代，第 1 步：记 $\theta^{(i)}$ 为参数 θ 的估计值，$\tilde{P}^{(i)}$ 为函数 $\tilde{P}$ 的估计，求 $\tilde{P}^{(i+1)}$ 使 $\tilde{P}$ 极大化 $F(\tilde{P},\theta^{(i)})$；

(3) 第 2 步：求 $\theta^{(i+1)}$ 使 $F(\tilde{P}^{(i+1)}, \theta)$ 极大化；

(4) 重复 (2) 和 (3)，直到收敛。∎

在 GEM 算法 1 中，有时求 $Q(\theta, \theta^{(i)})$ 的极大化是很困难的。下面介绍的 GEM 算法 2 和 GEM 算法 3 并不是直接求 $\theta^{(i+1)}$ 使 $Q(\theta, \theta^{(i)})$ 达到极大的 θ，而是找一个 $\theta^{(i+1)}$ 使得 $Q(\theta^{(i+1)}, \theta^{(i)}) > Q(\theta^{(i)}, \theta^{(i)})$。

算法 9.4（GEM 算法 2）

输入：观测数据，Q 函数；

输出：模型参数。

(1) 初始化参数 $\theta^{(0)}$，开始迭代；

(2) 第 $i+1$ 次迭代，第 1 步：记 $\theta^{(i)}$ 为参数 θ 的估计值，计算

$$Q(\theta, \theta^{(i)}) = E_Z[\log P(Y, Z|\theta)|Y, \theta^{(i)}]$$
$$= \sum_Z P(Z|Y, \theta^{(i)}) \log P(Y, Z|\theta)$$

(3) 第 2 步：求 $\theta^{(i+1)}$ 使

$$Q(\theta^{(i+1)}, \theta^{(i)}) > Q(\theta^{(i)}, \theta^{(i)})$$

(4) 重复 (2) 和 (3)，直到收敛。∎

当参数 θ 的维数为 $d\,(d \geqslant 2)$ 时，可采用一种特殊的 GEM 算法，它将 EM 算法的 M 步分解为 d 次条件极大化，每次只改变参数向量的一个分量，其余分量不改变。

算法 9.5（GEM 算法 3）

输入：观测数据，Q 函数；

输出：模型参数。

(1) 初始化参数 $\theta^{(0)} = (\theta_1^{(0)}, \theta_2^{(0)}, \cdots, \theta_d^{(0)})$，开始迭代；

(2) 第 $i+1$ 次迭代，第 1 步：记 $\theta^{(i)} = (\theta_1^{(i)}, \theta_2^{(i)}, \cdots, \theta_d^{(i)})$ 为参数 $\theta = (\theta_1, \theta_2, \cdots, \theta_d)$ 的估计值，计算

$$Q(\theta, \theta^{(i)}) = E_Z[\log P(Y, Z|\theta)|Y, \theta^{(i)}]$$
$$= \sum_Z P(Z|y, \theta^{(i)}) \log P(Y, Z|\theta)$$

(3) 第 2 步：进行 d 次条件极大化：

首先，在 $\theta_2^{(i)}, \cdots, \theta_d^{(i)}$ 保持不变的条件下求使 $Q(\theta, \theta^{(i)})$ 达到极大的 $\theta_1^{(i+1)}$；

然后，在 $\theta_1 = \theta_1^{(i+1)}$，$\theta_j = \theta_j^{(i)}$，$j = 3, 4, \cdots, d$ 的条件下求使 $Q(\theta, \theta^{(i)})$ 达到极大的 $\theta_2^{(i+1)}$；

如此继续，经过 d 次条件极大化，得到 $\theta^{(i+1)} = (\theta_1^{(i+1)}, \theta_2^{(i+1)}, \cdots, \theta_d^{(i+1)})$ 使得

$$Q(\theta^{(i+1)}, \theta^{(i)}) > Q(\theta^{(i)}, \theta^{(i)})$$

(4) 重复 (2) 和 (3)，直到收敛。　■

本章概要

1. EM 算法是含有隐变量的概率模型极大似然估计或极大后验概率估计的迭代算法。含有隐变量的概率模型的数据表示为 $P(Y, Z|\theta)$。这里，Y 是观测变量的数据，Z 是隐变量的数据，θ 是模型参数。EM 算法通过迭代求解观测数据的对数似然函数 $L(\theta) = \log P(Y|\theta)$ 的极大化，实现极大似然估计。每次迭代包括两步：E 步，求期望，即求 $\log P(Y, Z|\theta)$ 关于 $P(Z|Y, \theta^{(i)})$ 的期望：

$$Q(\theta, \theta^{(i)}) = \sum_Z \log P(Y, Z|\theta) P(Z|Y, \theta^{(i)})$$

称为 Q 函数，这里 $\theta^{(i)}$ 是参数的现估计值；M 步，求极大，即极大化 Q 函数得到参数的新估计值：

$$\theta^{(i+1)} = \arg\max_\theta Q(\theta, \theta^{(i)})$$

在构建具体的 EM 算法时，重要的是定义 Q 函数。每次迭代中，EM 算法通过极大化 Q 函数来增大对数似然函数 $L(\theta)$。

2. EM 算法在每次迭代后均提高观测数据的似然函数值，即

$$P(Y|\theta^{(i+1)}) \geqslant P(Y|\theta^{(i)})$$

在一般条件下 EM 算法是收敛的，但不能保证收敛到全局最优。

3. EM 算法应用极其广泛，主要应用于含有隐变量的概率模型的学习。高斯混合模型的参数估计是 EM 算法的一个重要应用，下一章将要介绍的隐马尔可夫模型的无监督学习也是 EM 算法的一个重要应用。

4. EM 算法还可以解释为 F 函数的极大-极大算法。EM 算法有许多变形，如 GEM 算法。GEM 算法的特点是每次迭代增加 F 函数值（并不一定是极大化 F 函数），从而增加似然函数值。

继续阅读

EM 算法由 Dempster 等人总结提出[1]。类似的算法之前已被提出，如 Baum-Welch 算法，但是都没有 EM 算法那么广泛。EM 算法的介绍可参见文献 [2~4]。EM 算法收敛性定理的有关证明见文献 [5]。GEM 是由 Neal 与 Hinton 提出的[6]。

习　题

9.1　如例 9.1 的三硬币模型。假设观测数据不变，试选择不同的初值，例如，$\pi^{(0)} = 0.46$，$p^{(0)} = 0.55$，$q^{(0)} = 0.67$，求模型参数 $\theta = (\pi, p, q)$ 的极大似然估计。

9.2　证明引理 9.2。

9.3　已知观测数据 $-67, -48, 6, 8, 14, 16, 23, 24, 28, 29, 41, 49, 56, 60, 75$ 试估计两个分量的高斯混合模型的 5 个参数。

9.4　EM 算法可以用到朴素贝叶斯法的无监督学习。试写出其算法。

参考文献

[1] Dempster A P, Laird N M, Rubin D B. Maximum-likelihood from incomplete data via the EM algorithm. *Journal of the Royal Statistic Society (Series B)*, 1977, 39(1): 1–38.

[2] Hastie T, Tibshirani R, Friedman J. The elements of statistical learning: data mining, inference, and prediction. Springer-Verlag, 2001.（中译本：统计学习基础——数据挖掘、推理与预测. 范明, 柴玉梅, 昝红英等译. 北京：电子工业出版社, 2004.）

[3] McLachlan G, Krishnan T. The EM algorithm and extensions. New York: John Wiley & Sons, 1996.

[4] 茆诗松, 王静龙, 濮晓龙. 高等数理统计. 北京：高等教育出版社；海登堡：斯普林格出版社, 1998.

[5] Wu C F J. On the convergence properties of the EM algorithm. The Annals of Statistics, 1983, 11: 95–103.

[6] Radford N, Geoffrey H, Jordan M I. A view of the EM algorithm that justifies incremental, sparse, and other variants. In: Learning in Graphical Models. Cambridge, MA: MIT Press, 1999, 355–368.

第 10 章 隐马尔可夫模型

隐马尔可夫模型（hidden Markov model, HMM）是可用于标注问题的统计学习模型，描述由隐藏的马尔可夫链随机生成观测序列的过程，属于生成模型。本章首先介绍隐马尔可夫模型的基本概念，然后分别叙述隐马尔可夫模型的概率计算算法、学习算法以及预测算法。隐马尔可夫模型在语音识别、自然语言处理、生物信息、模式识别等领域有着广泛的应用。

10.1 隐马尔可夫模型的基本概念

10.1.1 隐马尔可夫模型的定义

定义 10.1（隐马尔可夫模型） 隐马尔可夫模型是关于时序的概率模型，描述由一个隐藏的马尔可夫链随机生成不可观测的状态随机序列，再由各个状态生成一个观测从而产生观测随机序列的过程。隐藏的马尔可夫链随机生成的状态的序列，称为状态序列（state sequence）；每个状态生成一个观测，而由此产生的观测的随机序列，称为观测序列（observation sequence）。序列的每一个位置又可以看作是一个时刻。

隐马尔可夫模型由初始概率分布、状态转移概率分布以及观测概率分布确定。隐马尔可夫模型的形式定义如下：

设 Q 是所有可能的状态的集合，V 是所有可能的观测的集合：

$$Q = \{q_1, q_2, \cdots, q_N\}, \quad V = \{v_1, v_2, \cdots, v_M\}$$

其中，N 是可能的状态数，M 是可能的观测数。

I 是长度为 T 的状态序列，O 是对应的观测序列：

$$I = (i_1, i_2, \cdots, i_T), \quad O = (o_1, o_2, \cdots, o_T)$$

A 是状态转移概率矩阵：

$$A = [a_{ij}]_{N \times N} \tag{10.1}$$

其中,

$$a_{ij} = P(i_{t+1} = q_j | i_t = q_i), \quad i = 1, 2, \cdots, N; \quad j = 1, 2, \cdots, N \tag{10.2}$$

是在时刻 t 处于状态 q_i 的条件下在时刻 $t+1$ 转移到状态 q_j 的概率。

B 是观测概率矩阵:

$$B = [b_j(k)]_{N \times M} \tag{10.3}$$

其中,

$$b_j(k) = P(o_t = v_k | i_t = q_j), \quad k = 1, 2, \cdots, M; \quad j = 1, 2, \cdots, N \tag{10.4}$$

是在时刻 t 处于状态 q_j 的条件下生成观测 v_k 的概率。

π 是初始状态概率向量:

$$\pi = (\pi_i) \tag{10.5}$$

其中,

$$\pi_i = P(i_1 = q_i), \quad i = 1, 2, \cdots, N \tag{10.6}$$

是时刻 $t = 1$ 处于状态 q_i 的概率。

隐马尔可夫模型由初始状态概率向量 π、状态转移概率矩阵 A 和观测概率矩阵 B 决定。π 和 A 决定状态序列,B 决定观测序列。因此,隐马尔可夫模型 λ 可以用三元符号表示,即

$$\lambda = (A, B, \pi) \tag{10.7}$$

A, B, π 称为隐马尔可夫模型的三要素。

状态转移概率矩阵 A 与初始状态概率向量 π 确定了隐藏的马尔可夫链,生成不可观测的状态序列。观测概率矩阵 B 确定了如何从状态生成观测,与状态序列综合确定了如何产生观测序列。

从定义可知,隐马尔可夫模型作了两个基本假设:

(1) 齐次马尔可夫性假设,即假设隐藏的马尔可夫链在任意时刻 t 的状态只依赖于其前一时刻的状态,与其他时刻的状态及观测无关,也与时刻 t 无关:

$$P(i_t | i_{t-1}, o_{t-1}, \cdots, i_1, o_1) = P(i_t | i_{t-1}), \quad t = 1, 2, \cdots, T \tag{10.8}$$

(2) 观测独立性假设,即假设任意时刻的观测只依赖于该时刻的马尔可夫链的状态,与其他观测及状态无关:

$$P(o_t | i_T, o_T, i_{T-1}, o_{T-1}, \cdots, i_{t+1}, o_{t+1}, i_t, i_{t-1}, o_{t-1}, \cdots, i_1, o_1) = P(o_t | i_t) \tag{10.9}$$

10.1 隐马尔可夫模型的基本概念

隐马尔可夫模型可以用于标注，这时状态对应着标记。标注问题是给定观测的序列预测其对应的标记序列。可以假设标注问题的数据是由隐马尔可夫模型生成的。这样我们可以利用隐马尔可夫模型的学习与预测算法进行标注。

下面看一个隐马尔可夫模型的例子。

例 10.1（盒子和球模型）   假设有 4 个盒子，每个盒子里都装有红、白两种颜色的球，盒子里的红、白球数由表 10.1 列出。

表 10.1   各盒子的红、白球数

	\multicolumn{4}{c}{盒 子}
	1	2	3	4
红球数	5	3	6	8
白球数	5	7	4	2

按照下面的方法抽球，产生一个球的颜色的观测序列：

- 开始，从 4 个盒子里以等概率随机选取 1 个盒子，从这个盒子里随机抽出 1 个球，记录其颜色后，放回；
- 然后，从当前盒子随机转移到下一个盒子，规则是：如果当前盒子是盒子 1，那么下一盒子一定是盒子 2；如果当前是盒子 2 或 3，那么分别以概率 0.4 和 0.6 转移到左边或右边的盒子；如果当前是盒子 4，那么各以 0.5 的概率停留在盒子 4 或转移到盒子 3；
- 确定转移的盒子后，再从这个盒子里随机抽出 1 个球，记录其颜色，放回；
- 如此下去，重复进行 5 次，得到一个球的颜色的观测序列：

$$O = (红, 红, 白, 白, 红)$$

在这个过程中，观察者只能观测到球的颜色的序列，观测不到球是从哪个盒子取出的，即观测不到盒子的序列。

在这个例子中有两个随机序列，一个是盒子的序列（状态序列），一个是球的颜色的观测序列（观测序列）。前者是隐藏的，只有后者是可观测的。这是一个隐马尔可夫模型的例子。根据所给条件，可以明确状态集合、观测集合、序列长度以及模型的三要素。

盒子对应状态，状态的集合是：

$$Q = \{盒子1, 盒子2, 盒子3, 盒子4\}, \quad N = 4$$

球的颜色对应观测。观测的集合是：

$$V = \{红, 白\}, \quad M = 2$$

状态序列和观测序列长度 $T=5$。

初始概率分布为

$$\pi = (0.25,\ 0.25,\ 0.25,\ 0.25)^{\mathrm{T}}$$

状态转移概率分布为

$$A = \begin{bmatrix} 0 & 1 & 0 & 0 \\ 0.4 & 0 & 0.6 & 0 \\ 0 & 0.4 & 0 & 0.6 \\ 0 & 0 & 0.5 & 0.5 \end{bmatrix}$$

观测概率分布为

$$B = \begin{bmatrix} 0.5 & 0.5 \\ 0.3 & 0.7 \\ 0.6 & 0.4 \\ 0.8 & 0.2 \end{bmatrix}$$
∎

10.1.2 观测序列的生成过程

根据隐马尔可夫模型定义,可以将一个长度为 T 的观测序列 $O=(o_1,o_2,\cdots,o_T)$ 的生成过程描述如下。

算法 10.1(观测序列的生成)

输入:隐马尔可夫模型 $\lambda=(A,B,\pi)$,观测序列长度 T;

输出:观测序列 $O=(o_1,o_2,\cdots,o_T)$。

(1) 按照初始状态分布 π 产生状态 i_1;

(2) 令 $t=1$;

(3) 按照状态 i_t 的观测概率分布 $b_{i_t}(k)$ 生成 o_t;

(4) 按照状态 i_t 的状态转移概率分布 $\{a_{i_t i_{t+1}}\}$ 产生状态 i_{t+1}, $i_{t+1}=1,2,\cdots,N$;

(5) 令 $t=t+1$;如果 $t<T$,转步 (3);否则,终止。 ∎

10.1.3 隐马尔可夫模型的 3 个基本问题

隐马尔可夫模型有 3 个基本问题:

(1) 概率计算问题。给定模型 $\lambda=(A,B,\pi)$ 和观测序列 $O=(o_1,o_2,\cdots,o_T)$,计算在模型 λ 下观测序列 O 出现的概率 $P(O|\lambda)$。

10.2 概率计算算法

（2）学习问题。已知观测序列 $O = (o_1, o_2, \cdots, o_T)$，估计模型 $\lambda = (A, B, \pi)$ 参数，使得在该模型下观测序列概率 $P(O|\lambda)$ 最大。即用极大似然估计的方法估计参数。

（3）预测问题，也称为解码（decoding）问题。已知模型 $\lambda = (A, B, \pi)$ 和观测序列 $O = (o_1, o_2, \cdots, o_T)$，求对给定观测序列条件概率 $P(I|O)$ 最大的状态序列 $I = (i_1, i_2, \cdots, i_T)$。即给定观测序列，求最有可能的对应的状态序列。

下面各节将逐一介绍这些基本问题的解法。

10.2 概率计算算法

本节介绍计算观测序列概率 $P(O|\lambda)$ 的前向（forward）与后向（backward）算法。先介绍概念上可行但计算上不可行的直接计算法。

10.2.1 直接计算法

给定模型 $\lambda = (A, B, \pi)$ 和观测序列 $O = (o_1, o_2, \cdots, o_T)$，计算观测序列 O 出现的概率 $P(O|\lambda)$。最直接的方法是按概率公式直接计算。通过列举所有可能的长度为 T 的状态序列 $I = (i_1, i_2, \cdots, i_T)$，求各个状态序列 I 与观测序列 $O = (o_1, o_2, \cdots, o_T)$ 的联合概率 $P(O, I|\lambda)$，然后对所有可能的状态序列求和，得到 $P(O|\lambda)$。

状态序列 $I = (i_1, i_2, \cdots, i_T)$ 的概率是：

$$P(I|\lambda) = \pi_{i_1} a_{i_1 i_2} a_{i_2 i_3} \cdots a_{i_{T-1} i_T} \tag{10.10}$$

对固定的状态序列 $I = (i_1, i_2, \cdots, i_T)$，观测序列 $O = (o_1, o_2, \cdots, o_T)$ 的概率是：

$$P(O|I, \lambda) = b_{i_1}(o_1) b_{i_2}(o_2) \cdots b_{i_T}(o_T) \tag{10.11}$$

O 和 I 同时出现的联合概率为

$$\begin{aligned} P(O, I|\lambda) &= P(O|I, \lambda) P(I|\lambda) \\ &= \pi_{i_1} b_{i_1}(o_1) a_{i_1 i_2} b_{i_2}(o_2) \cdots a_{i_{T-1} i_T} b_{i_T}(o_T) \end{aligned} \tag{10.12}$$

然后，对所有可能的状态序列 I 求和，得到观测序列 O 的概率 $P(O|\lambda)$，即

$$\begin{aligned} P(O|\lambda) &= \sum_I P(O|I, \lambda) P(I|\lambda) \\ &= \sum_{i_1, i_2, \cdots, i_T} \pi_{i_1} b_{i_1}(o_1) a_{i_1 i_2} b_{i_2}(o_2) \cdots a_{i_{T-1} i_T} b_{i_T}(o_T) \end{aligned} \tag{10.13}$$

但是，利用公式 (10.13) 计算量很大，是 $O(TN^T)$ 阶的，这种算法不可行。

下面介绍计算观测序列概率 $P(O|\lambda)$ 的有效算法：前向-后向算法（forward-backward algorithm）。

10.2.2 前向算法

首先定义前向概率。

定义 10.2（前向概率） 给定隐马尔可夫模型 λ，定义到时刻 t 部分观测序列为 $o_1, o_2, \cdots, o_t$ 且状态为 q_i 的概率为前向概率，记作

$$\alpha_t(i) = P(o_1, o_2, \cdots, o_t, i_t = q_i | \lambda) \tag{10.14}$$

可以递推地求得前向概率 $\alpha_t(i)$ 及观测序列概率 $P(O|\lambda)$。

算法 10.2（观测序列概率的前向算法）
输入：隐马尔可夫模型 λ，观测序列 O；
输出：观测序列概率 $P(O|\lambda)$。
（1）初值

$$\alpha_1(i) = \pi_i b_i(o_1), \quad i = 1, 2, \cdots, N \tag{10.15}$$

（2）递推 对 $t = 1, 2, \cdots, T-1$，

$$\alpha_{t+1}(i) = \left[\sum_{j=1}^{N} \alpha_t(j) a_{ji}\right] b_i(o_{t+1}), \quad i = 1, 2, \cdots, N \tag{10.16}$$

（3）终止

$$P(O|\lambda) = \sum_{i=1}^{N} \alpha_T(i) \tag{10.17}$$

∎

前向算法，步骤（1）初始化前向概率，是初始时刻的状态 $i_1 = q_i$ 和观测 o_1 的联合概率。步骤（2）是前向概率的递推公式，计算到时刻 $t+1$ 部分观测序列为 $o_1, o_2, \cdots, o_t, o_{t+1}$ 且在时刻 $t+1$ 处于状态 q_i 的前向概率，如图 10.1 所示。在式 (10.16) 的方括弧里，既然 $\alpha_t(j)$ 是到时刻 t 观测到 $o_1, o_2, \cdots, o_t$ 并在时刻 t 处于状态 q_j 的前向概率，那么乘积 $\alpha_t(j) a_{ji}$ 就是到时刻 t 观测到 $o_1, o_2, \cdots, o_t$ 并在时刻 t 处于状态 q_j 而在时刻 $t+1$ 到达状态 q_i 的联合概率。对这个乘积在时刻 t 的所有可能的

N 个状态 q_j 求和,其结果就是到时刻 t 观测为 $o_1, o_2, \cdots, o_t$ 并在时刻 $t+1$ 处于状态 q_i 的联合概率。方括弧里的值与观测概率 $b_i(o_{t+1})$ 的乘积恰好是到时刻 $t+1$ 观测到 $o_1, o_2, \cdots, o_t, o_{t+1}$ 并在时刻 $t+1$ 处于状态 q_i 的前向概率 $\alpha_{t+1}(i)$。步骤(3)给出 $P(O|\lambda)$ 的计算公式。因为

$$\alpha_T(i) = P(o_1, o_2, \cdots, o_T, i_T = q_i | \lambda)$$

所以

$$P(O|\lambda) = \sum_{i=1}^{N} \alpha_T(i)$$

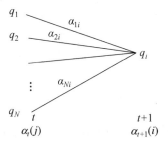

图 10.1　前向概率的递推公式

如图 10.2 所示,前向算法实际是基于"状态序列的路径结构"递推计算 $P(O|\lambda)$ 的算法。前向算法高效的关键是其局部计算前向概率,然后利用路径结构将前向概率"递推"到全局,得到 $P(O|\lambda)$。具体地,在时刻 $t=1$,计算 $\alpha_1(i)$ 的 N 个值 $(i=1,2,\cdots,N)$;在各个时刻 $t=1,2,\cdots,T-1$,计算 $\alpha_{t+1}(i)$ 的 N 个值 $(i=1,2,\cdots,N)$,而且每个 $\alpha_{t+1}(i)$ 的计算利用前一时刻 N 个 $\alpha_t(j)$。减少计算量的原因在于每一次计算直接引用前一个时刻的计算结果,避免重复计算。这样,利用前向概率计算 $P(O|\lambda)$ 的计算量是 $O(N^2 T)$ 阶的,而不是直接计算的 $O(TN^T)$ 阶。

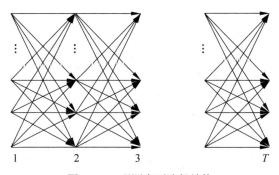

图 10.2　观测序列路径结构

例 10.2 考虑盒子和球模型 $\lambda = (A, B, \pi)$，状态集合 $Q = \{1, 2, 3\}$，观测集合 $V = \{红, 白\}$，

$$A = \begin{bmatrix} 0.5 & 0.2 & 0.3 \\ 0.3 & 0.5 & 0.2 \\ 0.2 & 0.3 & 0.5 \end{bmatrix}, \quad B = \begin{bmatrix} 0.5 & 0.5 \\ 0.4 & 0.6 \\ 0.7 & 0.3 \end{bmatrix}, \quad \pi = \begin{bmatrix} 0.2 \\ 0.4 \\ 0.4 \end{bmatrix}$$

设 $T = 3$，$O = (红, 白, 红)$，试用前向算法计算 $P(O|\lambda)$。

解 按照算法 10.2

（1）计算初值

$$\alpha_1(1) = \pi_1 b_1(o_1) = 0.10$$

$$\alpha_1(2) = \pi_2 b_2(o_1) = 0.16$$

$$\alpha_1(3) = \pi_3 b_3(o_1) = 0.28$$

（2）递推计算

$$\alpha_2(1) = \left[\sum_{i=1}^{3} \alpha_1(i) a_{i1}\right] b_1(o_2) = 0.154 \times 0.5 = 0.077$$

$$\alpha_2(2) = \left[\sum_{i=1}^{3} \alpha_1(i) a_{i2}\right] b_2(o_2) = 0.184 \times 0.6 = 0.1104$$

$$\alpha_2(3) = \left[\sum_{i=1}^{3} \alpha_1(i) a_{i3}\right] b_3(o_2) = 0.202 \times 0.3 = 0.0606$$

$$\alpha_3(1) = \left[\sum_{i=1}^{3} \alpha_2(i) a_{i1}\right] b_1(o_3) = 0.04187$$

$$\alpha_3(2) = \left[\sum_{i=1}^{3} \alpha_2(i) a_{i2}\right] b_2(o_3) = 0.03551$$

$$\alpha_3(3) = \left[\sum_{i=1}^{3} \alpha_2(i) a_{i3}\right] b_3(o_3) = 0.05284$$

（3）终止

$$P(O|\lambda) = \sum_{i=1}^{3} \alpha_3(i) = 0.13022$$

10.2.3 后向算法

定义 10.3（后向概率） 给定隐马尔可夫模型 λ，定义在时刻 t 状态为 q_i 的条件下，从 $t+1$ 到 T 的部分观测序列为 $o_{t+1},o_{t+2},\cdots,o_T$ 的概率为后向概率，记作

$$\beta_t(i) = P(o_{t+1},o_{t+2},\cdots,o_T|i_t = q_i,\lambda) \tag{10.18}$$

可以用递推的方法求得后向概率 $\beta_t(i)$ 及观测序列概率 $P(O|\lambda)$。

算法 10.3（观测序列概率的后向算法）

输入：隐马尔可夫模型 λ，观测序列 O；

输出：观测序列概率 $P(O|\lambda)$。

(1)
$$\beta_T(i) = 1, \quad i = 1,2,\cdots,N \tag{10.19}$$

(2) 对 $t = T-1, T-2, \cdots, 1$

$$\beta_t(i) = \sum_{j=1}^N a_{ij} b_j(o_{t+1}) \beta_{t+1}(j), \quad i = 1,2,\cdots,N \tag{10.20}$$

(3)
$$P(O|\lambda) = \sum_{i=1}^N \pi_i b_i(o_1) \beta_1(i) \tag{10.21}$$

∎

步骤（1）初始化后向概率，对最终时刻的所有状态 q_i 规定 $\beta_T(i) = 1$。步骤（2）是后向概率的递推公式。如图 10.3 所示，为了计算在时刻 t 状态为 q_i 条件下时刻 $t+1$ 之后的观测序列为 $o_{t+1},o_{t+2},\cdots,o_T$ 的后向概率 $\beta_t(i)$，只需考虑在时刻 $t+1$ 所有可能的 N 个状态 q_j 的转移概率（即 a_{ij} 项），以及在此状态下的观测 o_{t+1} 的观测

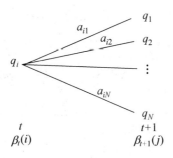

图 10.3 后向概率递推公式

概率（即 $b_j(o_{t+1})$ 项），然后考虑状态 q_j 之后的观测序列的后向概率（即 $\beta_{t+1}(j)$ 项）。步骤（3）求 $P(O|\lambda)$ 的思路与步骤（2）一致，只是初始概率 π_i 代替转移概率。

利用前向概率和后向概率的定义可以将观测序列概率 $P(O|\lambda)$ 统一写成

$$P(O|\lambda) = \sum_{i=1}^{N}\sum_{j=1}^{N} \alpha_t(i) a_{ij} b_j(o_{t+1}) \beta_{t+1}(j), \quad t = 1, 2, \cdots, T-1 \tag{10.22}$$

10.2.4 一些概率与期望值的计算

利用前向概率和后向概率，可以得到关于单个状态和两个状态概率的计算公式。

1. 给定模型 λ 和观测 O，在时刻 t 处于状态 q_i 的概率。记

$$\gamma_t(i) = P(i_t = q_i | O, \lambda) \tag{10.23}$$

可以通过前向后向概率计算。事实上，

$$\gamma_t(i) = P(i_t = q_i | O, \lambda) = \frac{P(i_t = q_i, O|\lambda)}{P(O|\lambda)}$$

由前向概率 $\alpha_t(i)$ 和后向概率 $\beta_t(i)$ 定义可知：

$$\alpha_t(i) \beta_t(i) = P(i_t = q_i, O|\lambda)$$

于是得到：

$$\gamma_t(i) = \frac{\alpha_t(i) \beta_t(i)}{P(O|\lambda)} = \frac{\alpha_t(i) \beta_t(i)}{\sum_{j=1}^{N} \alpha_t(j) \beta_t(j)} \tag{10.24}$$

2. 给定模型 λ 和观测 O，在时刻 t 处于状态 q_i 且在时刻 $t+1$ 处于状态 q_j 的概率。记

$$\xi_t(i,j) = P(i_t = q_i, i_{t+1} = q_j | O, \lambda) \tag{10.25}$$

可以通过前向后向概率计算：

$$\xi_t(i,j) = \frac{P(i_t = q_i, i_{t+1} = q_j, O|\lambda)}{P(O|\lambda)} = \frac{P(i_t = q_i, i_{t+1} = q_j, O|\lambda)}{\sum_{i=1}^{N}\sum_{j=1}^{N} P(i_t = q_i, i_{t+1} = q_j, O|\lambda)}$$

而

$$P(i_t = q_i, i_{t+1} = q_j, O|\lambda) = \alpha_t(i) a_{ij} b_j(o_{t+1}) \beta_{t+1}(j)$$

所以

$$\xi_t(i,j) = \frac{\alpha_t(i)a_{ij}b_j(o_{t+1})\beta_{t+1}(j)}{\sum_{i=1}^{N}\sum_{j=1}^{N}\alpha_t(i)a_{ij}b_j(o_{t+1})\beta_{t+1}(j)} \tag{10.26}$$

3. 将 $\gamma_t(i)$ 和 $\xi_t(i,j)$ 对各个时刻 t 求和，可以得到一些有用的期望值。

（1）在观测 O 下状态 i 出现的期望值：

$$\sum_{t=1}^{T}\gamma_t(i) \tag{10.27}$$

（2）在观测 O 下由状态 i 转移的期望值：

$$\sum_{t=1}^{T-1}\gamma_t(i) \tag{10.28}$$

（3）在观测 O 下由状态 i 转移到状态 j 的期望值：

$$\sum_{t=1}^{T-1}\xi_t(i,j) \tag{10.29}$$

10.3 学习算法

隐马尔可夫模型的学习，根据训练数据是包括观测序列和对应的状态序列还是只有观测序列，可以分别由监督学习与无监督学习实现。本节首先介绍监督学习算法，而后介绍无监督学习算法——Baum-Welch 算法（也就是 EM 算法）。

10.3.1 监督学习方法

假设已给训练数据包含 S 个长度相同的观测序列和对应的状态序列 $\{(O_1,I_1),(O_2,I_2),\cdots,(O_S,I_S)\}$，那么可以利用极大似然估计法来估计隐马尔可夫模型的参数。具体方法如下。

1. 转移概率 a_{ij} 的估计

设样本中时刻 t 处于状态 i 时刻 $t+1$ 转移到状态 j 的频数为 A_{ij}，那么状态转移概率 a_{ij} 的估计是

$$\hat{a}_{ij} = \frac{A_{ij}}{\sum_{j=1}^{N} A_{ij}}, \quad i = 1, 2, \cdots, N; \quad j = 1, 2, \cdots, N \tag{10.30}$$

2. 观测概率 $b_j(k)$ 的估计

设样本中状态为 j 并观测为 k 的频数是 B_{jk}，那么状态为 j 观测为 k 的概率 $b_j(k)$ 的估计是

$$\hat{b}_j(k) = \frac{B_{jk}}{\sum_{k=1}^{M} B_{jk}}, \quad j = 1, 2, \cdots, N; \quad k = 1, 2, \cdots, M \tag{10.31}$$

3. 初始状态概率 π_i 的估计 $\hat{\pi}_i$ 为 S 个样本中初始状态为 q_i 的频率

由于监督学习需要使用标注的训练数据，而人工标注训练数据往往代价很高，有时就会利用无监督学习的方法。

10.3.2 Baum-Welch 算法

假设给定训练数据只包含 S 个长度为 T 的观测序列 $\{O_1, O_2, \cdots, O_S\}$ 而没有对应的状态序列，目标是学习隐马尔可夫模型 $\lambda = (A, B, \pi)$ 的参数。我们将观测序列数据看作观测数据 O，状态序列数据看作不可观测的隐数据 I，那么隐马尔可夫模型事实上是一个含有隐变量的概率模型

$$P(O|\lambda) = \sum_I P(O|I, \lambda) P(I|\lambda) \tag{10.32}$$

它的参数学习可以由 EM 算法实现。

1. 确定完全数据的对数似然函数

所有观测数据写成 $O = (o_1, o_2, \cdots, o_T)$，所有隐数据写成 $I = (i_1, i_2, \cdots, i_T)$，完全数据是 $(O, I) = (o_1, o_2, \cdots, o_T, i_1, i_2, \cdots, i_T)$。完全数据的对数似然函数是 $\log P(O, I|\lambda)$。

2. EM 算法的 E 步: 求 Q 函数 $Q(\lambda, \bar{\lambda})$ [①]

$$Q(\lambda, \bar{\lambda}) = \sum_I \log P(O, I|\lambda) P(O, I|\bar{\lambda}) \tag{10.33}$$

---

① 按照 Q 函数的定义
$$Q(\lambda, \bar{\lambda}) = E_I[\log P(O, I|\lambda) | O, \bar{\lambda}]$$
式 (10.33) 略去了对 λ 而言的常数因子 $1/P(O|\bar{\lambda})$。

10.3 学习算法

其中，$\bar{\lambda}$ 是隐马尔可夫模型参数的当前估计值，λ 是要极大化的隐马尔可夫模型参数。

$$P(O, I|\lambda) = \pi_{i_1} b_{i_1}(o_1) a_{i_1 i_2} b_{i_2}(o_2) \cdots a_{i_{T-1} i_T} b_{i_T}(o_T)$$

于是函数 $Q(\lambda, \bar{\lambda})$ 可以写成：

$$Q(\lambda, \bar{\lambda}) = \sum_I \log \pi_{i_1} P(O, I|\bar{\lambda}) + \sum_I \left(\sum_{t=1}^{T-1} \log a_{i_t i_{t+1}} \right) P(O, I|\bar{\lambda}) + \\ \sum_I \left(\sum_{t=1}^{T} \log b_{i_t}(o_t) \right) P(O, I|\bar{\lambda}) \qquad (10.34)$$

式中求和都是对所有数据的序列总长度 T 进行的。

3. EM 算法的 M 步：极大化 Q 函数 $Q(\lambda, \bar{\lambda})$ 求模型参数 A, B, π

由于要极大化的参数在式 (10.34) 中单独地出现在 3 个项中，所以只需对各项分别极大化。

（1）式 (10.34) 的第 1 项可以写成：

$$\sum_I \log \pi_{i_1} P(O, I|\bar{\lambda}) = \sum_{i=1}^{N} \log \pi_i P(O, i_1 = i|\bar{\lambda})$$

注意到 π_i 满足约束条件 $\sum_{i=1}^{N} \pi_i = 1$，利用拉格朗日乘子法，写出拉格朗日函数：

$$\sum_{i=1}^{N} \log \pi_i P(O, i_1 = i|\bar{\lambda}) + \gamma \left(\sum_{i=1}^{N} \pi_i - 1 \right)$$

对其求偏导数并令结果为 0

$$\frac{\partial}{\partial \pi_i} \left[\sum_{i=1}^{N} \log \pi_i P(O, i_1 = i|\bar{\lambda}) + \gamma \left(\sum_{i=1}^{N} \pi_i - 1 \right) \right] = 0 \qquad (10.35)$$

得

$$P(O, i_1 = i|\bar{\lambda}) + \gamma \pi_i = 0$$

对 i 求和得到 γ

$$\gamma = -P(O|\bar{\lambda})$$

代入式 (10.35) 即得

$$\pi_i = \frac{P(O, i_1 = i|\bar{\lambda})}{P(O|\bar{\lambda})} \qquad (10.36)$$

(2) 式 (10.34) 的第 2 项可以写成

$$\sum_I \left(\sum_{t=1}^{T-1} \log a_{i_t i_{t+1}} \right) P(O, I | \bar{\lambda}) = \sum_{i=1}^{N} \sum_{j=1}^{N} \sum_{t=1}^{T-1} \log a_{ij} P(O, i_t = i, i_{t+1} = j | \bar{\lambda})$$

类似第 1 项，应用具有约束条件 $\sum_{j=1}^{N} a_{ij} = 1$ 的拉格朗日乘子法可以求出

$$a_{ij} = \frac{\sum_{t=1}^{T-1} P(O, i_t = i, i_{t+1} = j | \bar{\lambda})}{\sum_{t=1}^{T-1} P(O, i_t = i | \bar{\lambda})} \tag{10.37}$$

(3) 式 (10.34) 的第 3 项为

$$\sum_I \left(\sum_{t=1}^{T} \log b_{i_t}(o_t) \right) P(O, I | \bar{\lambda}) = \sum_{j=1}^{N} \sum_{t=1}^{T} \log b_j(o_t) P(O, i_t = j | \bar{\lambda})$$

同样用拉格朗日乘子法，约束条件是 $\sum_{k=1}^{M} b_j(k) = 1$。注意，只有在 $o_t = v_k$ 时 $b_j(o_t)$ 对 $b_j(k)$ 的偏导数才不为 0，以 $I(o_t = v_k)$ 表示。求得

$$b_j(k) = \frac{\sum_{t=1}^{T} P(O, i_t = j | \bar{\lambda}) I(o_t = v_k)}{\sum_{t=1}^{T} P(O, i_t = j | \bar{\lambda})} \tag{10.38}$$

10.3.3 Baum-Welch 模型参数估计公式

将式 (10.36)~ 式 (10.38) 中的各概率分别用 $\gamma_t(i)$，$\xi_t(i,j)$ 表示，则可将相应的公式写成：

$$a_{ij} = \frac{\sum_{t=1}^{T-1} \xi_t(i,j)}{\sum_{t=1}^{T-1} \gamma_t(i)} \tag{10.39}$$

$$b_j(k) = \frac{\sum_{t=1, o_t=v_k}^{T} \gamma_t(j)}{\sum_{t=1}^{T} \gamma_t(j)} \tag{10.40}$$

$$\pi_i = \gamma_1(i) \tag{10.41}$$

其中，$\gamma_t(i)$，$\xi_t(i,j)$ 分别由式 (10.24) 及式 (10.26) 给出。式 (10.39)～式 (10.41) 就是 Baum-Welch 算法（Baum-Welch algorithm），它是 EM 算法在隐马尔可夫模型学习中的具体实现，由 Baum 和 Welch 提出。

算法 10.4（Baum-Welch 算法）

输入：观测数据 $O = (o_1, o_2, \cdots, o_T)$；

输出：隐马尔可夫模型参数。

（1）初始化。对 $n=0$，选取 $a_{ij}^{(0)}$，$b_j(k)^{(0)}$，$\pi_i^{(0)}$，得到模型 $\lambda^{(0)} = (A^{(0)}, B^{(0)}, \pi^{(0)})$。

（2）递推。对 $n = 1, 2, \cdots$，

$$a_{ij}^{(n+1)} = \frac{\sum_{t=1}^{T-1} \xi_t(i,j)}{\sum_{t=1}^{T-1} \gamma_t(i)}$$

$$b_j(k)^{(n+1)} = \frac{\sum_{t=1, o_t=v_k}^{T} \gamma_t(j)}{\sum_{t=1}^{T} \gamma_t(j)}$$

$$\pi_i^{(n+1)} = \gamma_1(i)$$

右端各值按观测 $O = (o_1, o_2, \cdots, o_T)$ 和模型 $\lambda^{(n)} = (A^{(n)}, B^{(n)}, \pi^{(n)})$ 计算。式中 $\gamma_t(i)$，$\xi_t(i,j)$ 由式 (10.24) 和式 (10.26) 给出。

（3）终止。得到模型参数 $\lambda^{(n+1)} = (A^{(n+1)}, B^{(n+1)}, \pi^{(n+1)})$。 ∎

10.4 预测算法

下面介绍隐马尔可夫模型预测的两种算法：近似算法与维特比算法（Viterbi algorithm）。

10.4.1 近似算法

近似算法的想法是，在每个时刻 t 选择在该时刻最有可能出现的状态 i_t^*，从而得到一个状态序列 $I^* = (i_1^*, i_2^*, \cdots, i_T^*)$，将它作为预测的结果。

给定隐马尔可夫模型 λ 和观测序列 O，在时刻 t 处于状态 q_i 的概率 $\gamma_t(i)$ 是

$$\gamma_t(i) = \frac{\alpha_t(i)\beta_t(i)}{P(O|\lambda)} = \frac{\alpha_t(i)\beta_t(i)}{\sum_{j=1}^{N} \alpha_t(j)\beta_t(j)} \tag{10.42}$$

在每一时刻 t 最有可能的状态 i_t^* 是

$$i_t^* = \arg\max_{1 \leqslant i \leqslant N} [\gamma_t(i)], \quad t = 1, 2, \cdots, T \tag{10.43}$$

从而得到状态序列 $I^* = (i_1^*, i_2^*, \cdots, i_T^*)$。

近似算法的优点是计算简单，其缺点是不能保证预测的状态序列整体是最有可能的状态序列，因为预测的状态序列可能有实际不发生的部分。事实上，上述方法得到的状态序列中有可能存在转移概率为 0 的相邻状态，即对某些 i, j，$a_{ij} = 0$ 时。尽管如此，近似算法仍然是有用的。

10.4.2 维特比算法

维特比算法实际是用动态规划（dynamic programming）解隐马尔可夫模型预测问题，即用动态规划求概率最大路径（最优路径）。这时一条路径对应着一个状态序列。

根据动态规划原理，最优路径具有这样的特性：如果最优路径在时刻 t 通过结点 i_t^*，那么这一路径从结点 i_t^* 到终点 i_T^* 的部分路径，对于从 i_t^* 到 i_T^* 的所有可能的部分路径来说，必须是最优的。因为假如不是这样，那么从 i_t^* 到 i_T^* 就有另一条更好的部分路径存在，如果把它和从 i_1^* 到达 i_t^* 的部分路径连接起来，就会形成一条比原来的路径更优的路径，这是矛盾的。依据这一原理，我们只需从时刻 $t = 1$ 开始，递推地计算在时刻 t 状态为 i 的各条部分路径的最大概率，直至得到时刻 $t = T$ 状态为 i 的各条路径的最大概率。时刻 $t = T$ 的最大概率即为最优路径的概率 P^*，最优路径的终结点 i_T^* 也同时得到。之后，为了找出最优路径的各个结点，从终结点 i_T^* 开始，由后向前逐步求得结点 $i_{T-1}^*, \cdots, i_1^*$，得到最优路径 $I^* = (i_1^*, i_2^*, \cdots, i_T^*)$。这就是维特比算法。

首先导入两个变量 δ 和 Ψ。定义在时刻 t 状态为 i 的所有单个路径 $(i_1, i_2, \cdots, i_t)$ 中概率最大值为

$$\delta_t(i) = \max_{i_1, i_2, \cdots, i_{t-1}} P(i_t = i, i_{t-1}, \cdots, i_1, o_t, \cdots, o_1 | \lambda), \quad i = 1, 2, \cdots, N \qquad (10.44)$$

由定义可得变量 δ 的递推公式：

$$\begin{aligned}\delta_{t+1}(i) &= \max_{i_1, i_2, \cdots, i_t} P(i_{t+1} = i, i_t, \cdots, i_1, o_{t+1}, \cdots, o_1 | \lambda) \\ &= \max_{1 \leqslant j \leqslant N} [\delta_t(j) a_{ji}] b_i(o_{t+1}), \quad i = 1, 2, \cdots, N; \ t = 1, 2, \cdots, T-1 \end{aligned} \qquad (10.45)$$

定义在时刻 t 状态为 i 的所有单个路径 $(i_1, i_2, \cdots, i_{t-1}, i)$ 中概率最大的路径的第 $t-1$ 个结点为

$$\Psi_t(i) = \arg\max_{1 \leqslant j \leqslant N} [\delta_{t-1}(j) a_{ji}], \quad i = 1, 2, \cdots, N \qquad (10.46)$$

下面介绍维特比算法。

算法 10.5（维特比算法）

输入：模型 $\lambda = (A, B, \pi)$ 和观测 $O = (o_1, o_2, \cdots, o_T)$；

输出：最优路径 $I^* = (i_1^*, i_2^*, \cdots, i_T^*)$。

（1）初始化

$$\delta_1(i) = \pi_i b_i(o_1), \quad i = 1, 2, \cdots, N$$

$$\Psi_1(i) = 0, \quad i = 1, 2, \cdots, N$$

（2）递推。对 $t = 2, 3, \cdots, T$

$$\delta_t(i) = \max_{1 \leqslant j \leqslant N} [\delta_{t-1}(j) a_{ji}] b_i(o_t), \quad i = 1, 2, \cdots, N$$

$$\Psi_t(i) = \arg\max_{1 \leqslant j \leqslant N} [\delta_{t-1}(j) a_{ji}], \quad i = 1, 2, \cdots, N$$

（3）终止

$$P^* = \max_{1 \leqslant i \leqslant N} \delta_T(i)$$

$$i_T^* = \arg\max_{1 \leqslant i \leqslant N} [\delta_T(i)]$$

(4) 最优路径回溯。对 $t = T-1, T-2, \cdots, 1$

$$i_t^* = \Psi_{t+1}(i_{t+1}^*)$$

求得最优路径 $I^* = (i_1^*, i_2^*, \cdots, i_T^*)$。 ∎

下面通过一个例子来说明维特比算法。

例 10.3 例 10.2 的模型 $\lambda = (A, B, \pi)$，

$$A = \begin{bmatrix} 0.5 & 0.2 & 0.3 \\ 0.3 & 0.5 & 0.2 \\ 0.2 & 0.3 & 0.5 \end{bmatrix}, \quad B = \begin{bmatrix} 0.5 & 0.5 \\ 0.4 & 0.6 \\ 0.7 & 0.3 \end{bmatrix}, \quad \pi = \begin{bmatrix} 0.2 \\ 0.4 \\ 0.4 \end{bmatrix}$$

已知观测序列 $O = (红, 白, 红)$，试求最优状态序列，即最优路径 $I^* = (i_1^*, i_2^*, i_3^*)$。

解 如图 10.4 所示，要在所有可能的路径中选择一条最优路径，按照以下步骤处理：

(1) 初始化。在 $t = 1$ 时，对每一个状态 i，$i = 1, 2, 3$，求状态为 i 观测 o_1 为红的概率，记此概率为 $\delta_1(i)$，则

$$\delta_1(i) = \pi_i b_i(o_1) = \pi_i b_i(红), \quad i = 1, 2, 3$$

代入实际数据

$$\delta_1(1) = 0.10, \quad \delta_1(2) = 0.16, \quad \delta_1(3) = 0.28$$

记 $\Psi_1(i) = 0$，$i = 1, 2, 3$。

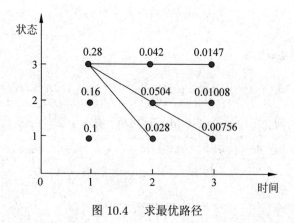

图 10.4 求最优路径

(2) 在 $t = 2$ 时，对每个状态 i，$i = 1, 2, 3$，求在 $t = 1$ 时状态为 j 观测为红并在 $t = 2$ 时状态为 i 观测 o_2 为白的路径的最大概率，记此最大概率为 $\delta_2(i)$，则

10.4 预测算法

$$\delta_2(i) = \max_{1 \leqslant j \leqslant 3}[\delta_1(j)a_{ji}]b_i(o_2)$$

同时，对每个状态 i，$i = 1, 2, 3$，记录概率最大路径的前一个状态 j：

$$\Psi_2(i) = \arg\max_{1 \leqslant j \leqslant 3}[\delta_1(j)a_{ji}], \quad i = 1, 2, 3$$

计算：

$$\delta_2(1) = \max_{1 \leqslant j \leqslant 3}[\delta_1(j)a_{j1}]b_1(o_2)$$
$$= \max_j\{0.10 \times 0.5, 0.16 \times 0.3, 0.28 \times 0.2\} \times 0.5$$
$$= 0.028$$

$$\Psi_2(1) = 3$$

$$\delta_2(2) = 0.0504$$

$$\Psi_2(2) = 3$$

$$\delta_2(3) = 0.042$$

$$\Psi_2(3) = 3$$

同样，在 $t = 3$ 时，

$$\delta_3(i) = \max_{1 \leqslant j \leqslant 3}[\delta_2(j)a_{ji}]b_i(o_3)$$

$$\Psi_3(i) = \arg\max_{1 \leqslant j \leqslant 3}[\delta_2(j)a_{ji}]$$

$$\delta_3(1) = 0.00756$$

$$\Psi_3(1) = 2$$

$$\delta_3(2) = 0.01008$$

$$\Psi_3(2) = 2$$

$$\delta_3(3) = 0.0147$$

$$\Psi_3(3) = 3$$

（3）以 P^* 表示最优路径的概率，则

$$P^* = \max_{1 \leqslant i \leqslant 3} \delta_3(i) = 0.0147$$

最优路径的终点是 i_3^*：

$$i_3^* = \arg\max_i[\delta_3(i)] = 3$$

（4）由最优路径的终点 i_3^*，逆向找到 i_2^*, i_1^*：

在 $t=2$ 时，$\quad i_2^* = \Psi_3(i_3^*) = \Psi_3(3) = 3$

在 $t=1$ 时，$\quad i_1^* = \Psi_2(i_2^*) = \Psi_2(3) = 3$

于是求得最优路径，即最优状态序列 $I^* = (i_1^*, i_2^*, i_3^*) = (3,3,3)$。∎

本章概要

1. 隐马尔可夫模型是关于时序的概率模型，描述由一个隐藏的马尔可夫链随机生成不可观测的状态的序列，再由各个状态随机生成一个观测从而产生观测序列的过程。

隐马尔可夫模型由初始状态概率向量 π、状态转移概率矩阵 A 和观测概率矩阵 B 决定。因此，隐马尔可夫模型可以写成 $\lambda = (A, B, \pi)$。

隐马尔可夫模型是一个生成模型，表示状态序列和观测序列的联合分布，但是状态序列是隐藏的，不可观测的。

隐马尔可夫模型可以用于标注，这时状态对应着标记。标注问题是给定观测序列预测其对应的标记序列。

2. 概率计算问题。给定模型 $\lambda = (A, B, \pi)$ 和观测序列 $O = (o_1, o_2, \cdots, o_T)$，计算在模型 λ 下观测序列 O 出现的概率 $P(O|\lambda)$。前向-后向算法通过递推地计算前向-后向概率可以高效地进行隐马尔可夫模型的概率计算。

3. 学习问题。已知观测序列 $O = (o_1, o_2, \cdots, o_T)$，估计模型 $\lambda = (A, B, \pi)$ 参数，使得在该模型下观测序列概率 $P(O|\lambda)$ 最大。即用极大似然估计的方法估计参数。Baum-Welch 算法，也就是 EM 算法可以高效地对隐马尔可夫模型进行训练。它是一种无监督学习算法。

4. 预测问题。已知模型 $\lambda = (A, B, \pi)$ 和观测序列 $O = (o_1, o_2, \cdots, o_T)$，求对给定观测序列条件概率 $P(I|O)$ 最大的状态序列 $I = (i_1, i_2, \cdots, i_T)$。维特比算法应用动态规划高效地求解最优路径，即概率最大的状态序列。

继续阅读

隐马尔可夫模型的介绍可见文献 [1, 2]，特别地，文献 [1] 是经典的介绍性论文。关于 Baum-Welch 算法可见文献 [3, 4]。可以认为概率上下文无关文法（probabilistic context-free grammar）是隐马尔可夫模型的一种推广，隐马尔可夫模型的不可观测数据是状态序列，而概率上下文无关文法的不可观测数据是上下文无关文法树[5]。动态贝叶斯网络（dynamic Bayesian network）是定义在时序数据上的贝叶斯网络，它包含隐马尔可夫模型，是一种特例[6]。

习　题

10.1　给定盒子和球组成的隐马尔可夫模型 $\lambda = (A, B, \pi)$，其中，

$$A = \begin{bmatrix} 0.5 & 0.2 & 0.3 \\ 0.3 & 0.5 & 0.2 \\ 0.2 & 0.3 & 0.5 \end{bmatrix}, \quad B = \begin{bmatrix} 0.5 & 0.5 \\ 0.4 & 0.6 \\ 0.7 & 0.3 \end{bmatrix}, \quad \pi = (0.2,\ 0.4,\ 0.4)^{\mathrm{T}}$$

设 $T = 4$，$O = $ (红, 白, 红, 白)，试用后向算法计算 $P(O|\lambda)$。

10.2　考虑盒子和球组成的隐马尔可夫模型 $\lambda = (A, B, \pi)$，其中，

$$A = \begin{bmatrix} 0.5 & 0.1 & 0.4 \\ 0.3 & 0.5 & 0.2 \\ 0.2 & 0.2 & 0.6 \end{bmatrix}, \quad B = \begin{bmatrix} 0.5 & 0.5 \\ 0.4 & 0.6 \\ 0.7 & 0.3 \end{bmatrix}, \quad \pi = (0.2,\ 0.3,\ 0.5)^{\mathrm{T}}$$

设 $T = 8$，$O =$ (红, 白, 红, 红, 白, 红, 白, 白)，用前向后向概率计算 $P(i_4 = q_3 | O, \lambda)$。

10.3　在习题 10.1 中，试用维特比算法求最优路径 $I^* = (i_1^*, i_2^*, i_3^*, i_4^*)$。

10.4　试用前向概率和后向概率推导

$$P(O|\lambda) = \sum_{i=1}^{N} \sum_{j=1}^{N} \alpha_t(i) a_{ij} b_j(o_{t+1}) \beta_{t+1}(j), \quad t = 1, 2, \cdots, T-1$$

10.5　比较维特比算法中变量 δ 的计算和前向算法中变量 α 的计算的主要区别。

参 考 文 献

[1] Rabiner L, Juang B. An introduction to hidden Markov Models. IEEE ASSP Magazine, 1986, 3(1): 4–16.

[2] Rabiner L. A tutorial on hidden Markov models and selected applications in speech recognition. Proceedings of IEEE, 1989, 77(2): 257–286.

[3] Baum L, et al. A maximization technique occuring in the statistical analysis of probabilistic functions of Markov chains. Annals of Mathematical Statistics, 1970, 41: 164–171.

[4] Bilmes J A. A gentle tutorial of the EM algorithm and its application to parameter estimation for Gaussian mixture and hidden Markov models. http://ssli.ee.washington.edu/~bilmes/mypubs/bilmes1997-em.pdf.

[5] Lari K, Young S J. Applications of stochastic context-free grammars using the Inside-Outside algorithm. Computer Speech & Language, 1991, 5(3): 237–257.

[6] Ghahramani Z. Learning dynamic Bayesian networks. Lecture Notes in Computer Science, Vol. 1387, Springer, 1997, 168–197.

第 11 章 条件随机场

条件随机场（conditional random field, CRF）是给定一组输入随机变量条件下另一组输出随机变量的条件概率分布模型，其特点是假设输出随机变量构成马尔可夫随机场。条件随机场可以用于不同的预测问题，本书仅论及它在标注问题的应用。因此主要讲述线性链（linear chain）条件随机场，这时，问题变成了由输入序列对输出序列预测的判别模型，形式为对数线性模型，其学习方法通常是极大似然估计或正则化的极大似然估计。线性链条件随机场应用于标注问题是由 Lafferty 等人于 2001 年提出的。

本章首先介绍概率无向图模型，然后叙述条件随机场的定义和各种表示方法，最后介绍条件随机场的 3 个基本问题：概率计算问题、学习问题和预测问题。

11.1 概率无向图模型

概率无向图模型（probabilistic undirected graphical model），又称为马尔可夫随机场（Markov random field），是一个可以由无向图表示的联合概率分布。本节首先叙述概率无向图模型的定义，然后介绍概率无向图模型的因子分解。

11.1.1 模型定义

图（graph）是由结点（node）及连接结点的边（edge）组成的集合。结点和边分别记作 v 和 e，结点和边的集合分别记作 V 和 E，图记作 $G=(V,E)$。无向图是指边没有方向的图。

概率图模型（probabilistic graphical model）是由图表示的概率分布。设有联合概率分布 $P(Y)$，$Y \in \mathcal{Y}$ 是一组随机变量。由无向图 $G=(V,E)$ 表示概率分布 $P(Y)$，即在图 G 中，结点 $v \in V$ 表示一个随机变量 Y_v，$Y=(Y_v)_{v \in V}$；边 $e \in E$ 表示随机变量之间的概率依赖关系。

给定一个联合概率分布 $P(Y)$ 和表示它的无向图 G。首先定义无向图表示的随机变量之间存在的成对马尔可夫性（pairwise Markov property）、局部马尔可夫性（local Markov property）和全局马尔可夫性（global Markov property）。

成对马尔可夫性：设 u 和 v 是无向图 G 中任意两个没有边连接的结点，结点 u 和 v 分别对应随机变量 Y_u 和 Y_v。其他所有结点为 O，对应的随机变量组是 Y_O。成对马尔可夫性是指给定随机变量组 Y_O 的条件下随机变量 Y_u 和 Y_v 是条件独立的，即

$$P(Y_u, Y_v | Y_O) = P(Y_u | Y_O) P(Y_v | Y_O) \tag{11.1}$$

局部马尔可夫性：设 $v \in V$ 是无向图 G 中任意一个结点，W 是与 v 有边连接的所有结点，O 是 v 和 W 以外的其他所有结点。v 表示的随机变量是 Y_v，W 表示的随机变量组是 Y_W，O 表示的随机变量组是 Y_O。局部马尔可夫性是指在给定随机变量组 Y_W 的条件下随机变量 Y_v 与随机变量组 Y_O 是独立的，即

$$P(Y_v, Y_O | Y_W) = P(Y_v | Y_W) P(Y_O | Y_W) \tag{11.2}$$

在 $P(Y_O | Y_W) > 0$ 时，等价地，

$$P(Y_v | Y_W) = P(Y_v | Y_W, Y_O) \tag{11.3}$$

图 11.1 表示由式 (11.2) 或式 (11.3) 所示的局部马尔可夫性。

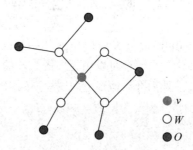

图 11.1　局部马尔可夫性

全局马尔可夫性：设结点集合 A，B 是在无向图 G 中被结点集合 C 分开的任意结点集合，如图 11.2 所示。结点集合 A，B 和 C 所对应的随机变量组分别是 Y_A，Y_B 和 Y_C。全局马尔可夫性是指给定随机变量组 Y_C 条件下随机变量组 Y_A 和 Y_B 是条件独立的，即

$$P(Y_A, Y_B | Y_C) = P(Y_A | Y_C) P(Y_B | Y_C) \tag{11.4}$$

上述成对的、局部的、全局的马尔可夫性定义是等价的[2]。

11.1 概率无向图模型

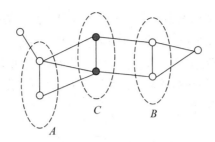

图 11.2　全局马尔可夫性

下面定义概率无向图模型。

定义 11.1（概率无向图模型）　设有联合概率分布 $P(Y)$，由无向图 $G=(V,E)$ 表示，在图 G 中，结点表示随机变量，边表示随机变量之间的依赖关系。如果联合概率分布 $P(Y)$ 满足成对、局部或全局马尔可夫性，就称此联合概率分布为概率无向图模型（probabilistic undirected graphical model），或马尔可夫随机场（Markov random field）。

以上是概率无向图模型的定义，实际上，我们更关心的是如何求其联合概率分布。对给定的概率无向图模型，我们希望将整体的联合概率写成若干子联合概率的乘积的形式，也就是将联合概率进行因子分解，这样便于模型的学习与计算。事实上，概率无向图模型的最大特点就是易于因子分解。下面介绍这一结果。

11.1.2　概率无向图模型的因子分解

首先给出无向图中的团与最大团的定义。

定义 11.2（团与最大团）　无向图 G 中任何两个结点均有边连接的结点子集称为团（clique）。若 C 是无向图 G 的一个团，并且不能再加进任何一个 G 的结点使其成为一个更大的团，则称此 C 为最大团（maximal clique）。

图 11.3 表示由 4 个结点组成的无向图。图中由 2 个结点组成的团有 5 个：$\{Y_1,Y_2\}$，$\{Y_2,Y_3\}$，$\{Y_3,Y_4\}$，$\{Y_4,Y_2\}$ 和 $\{Y_1,Y_3\}$。有 2 个最大团：$\{Y_1,Y_2,Y_3\}$ 和 $\{Y_2,Y_3,Y_4\}$。而 $\{Y_1,Y_2,Y_3,Y_4\}$ 不是一个团，因为 Y_1 和 Y_4 没有边连接。

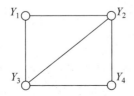

图 11.3　无向图的团和最大团

将概率无向图模型的联合概率分布表示为其最大团上的随机变量的函数的乘积形式的操作，称为概率无向图模型的因子分解（factorization）。

给定概率无向图模型，设其无向图为 G，C 为 G 上的最大团，Y_C 表示 C 对应的随机变量。那么概率无向图模型的联合概率分布 $P(Y)$ 可写作图中所有最大团 C 上的函数 $\Psi_C(Y_C)$ 的乘积形式，即

$$P(Y) = \frac{1}{Z} \prod_C \Psi_C(Y_C) \tag{11.5}$$

其中，Z 是规范化因子（normalization factor），由式

$$Z = \sum_Y \prod_C \Psi_C(Y_C) \tag{11.6}$$

给出。规范化因子保证 $P(Y)$ 构成一个概率分布。函数 $\Psi_C(Y_C)$ 称为势函数（potential function）。这里要求势函数 $\Psi_C(Y_C)$ 是严格正的，通常定义为指数函数：

$$\Psi_C(Y_C) = \exp\{-E(Y_C)\} \tag{11.7}$$

概率无向图模型的因子分解由下述定理来保证。

定理 11.1（Hammersley-Clifford 定理） 概率无向图模型的联合概率分布 $P(Y)$ 可以表示为如下形式：

$$P(Y) = \frac{1}{Z} \prod_C \Psi_C(Y_C)$$

$$Z = \sum_Y \prod_C \Psi_C(Y_C)$$

其中，C 是无向图的最大团，Y_C 是 C 的结点对应的随机变量，$\Psi_C(Y_C)$ 是 C 上定义的严格正函数，乘积是在无向图所有的最大团上进行的。∎

11.2 条件随机场的定义与形式

11.2.1 条件随机场的定义

条件随机场（conditional random field）是给定随机变量 X 条件下，随机变量 Y 的马尔可夫随机场。这里主要介绍定义在线性链上的特殊的条件随机场，称为线性链条件随机场（linear chain conditional random field）。线性链条件随机场可以用于标

注等问题。这时，在条件概率模型 $P(Y|X)$ 中，Y 是输出变量，表示标记序列，X 是输入变量，表示需要标注的观测序列。也把标记序列称为状态序列（参见隐马尔可夫模型）。学习时，利用训练数据集通过极大似然估计或正则化的极大似然估计得到条件概率模型 $\hat{P}(Y|X)$；预测时，对于给定的输入序列 x，求出条件概率 $\hat{P}(y|x)$ 最大的输出序列 $\hat{y}$。

首先定义一般的条件随机场，然后定义线性链条件随机场。

定义 11.3（条件随机场） 设 X 与 Y 是随机变量，$P(Y|X)$ 是在给定 X 的条件下 Y 的条件概率分布。若随机变量 Y 构成一个由无向图 $G=(V,E)$ 表示的马尔可夫随机场，即

$$P(Y_v|X,Y_w,w\neq v)=P(Y_v|X,Y_w,w\sim v) \tag{11.8}$$

对任意结点 v 成立，则称条件概率分布 $P(Y|X)$ 为条件随机场。式中 $w\sim v$ 表示在图 $G=(V,E)$ 中与结点 v 有边连接的所有结点 w，$w\neq v$ 表示结点 v 以外的所有结点，Y_v，Y_u 与 Y_w 为结点 v，u 与 w 对应的随机变量。

在定义中并没有要求 X 和 Y 具有相同的结构。现实中，一般假设 X 和 Y 有相同的图结构。本书主要考虑无向图为如图 11.4 与图 11.5 所示的线性链的情况，即

$$G=(V=\{1,2,\cdots,n\},\ E=\{(i,i+1)\}),\quad i=1,2,\cdots,n-1$$

在此情况下，$X=(X_1,X_2,\cdots,X_n)$，$Y=(Y_1,Y_2,\cdots,Y_n)$，最大团是相邻两个结点的集合。线性链条件随机场有下面的定义。

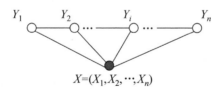

图 11.4　线性链条件随机场

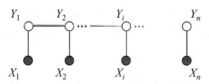

图 11.5　X 和 Y 有相同的图结构的线性链条件随机场

定义 11.4（线性链条件随机场） 设 $X=(X_1,X_2,\cdots,X_n)$，$Y=(Y_1,Y_2,\cdots,Y_n)$ 均为线性链表示的随机变量序列，若在给定随机变量序列 X 的条件下，随机变量序列

Y 的条件概率分布 $P(Y|X)$ 构成条件随机场，即满足马尔可夫性

$$P(Y_i|X,Y_1,\cdots,Y_{i-1},Y_{i+1},\cdots,Y_n) = P(Y_i|X,Y_{i-1},Y_{i+1})$$

$$i = 1, 2, \cdots, n(\text{在}\, i = 1 \,\text{和}\, n \,\text{时只考虑单边}) \tag{11.9}$$

则称 $P(Y|X)$ 为线性链条件随机场。在标注问题中，X 表示输入观测序列，Y 表示对应的输出标记序列或状态序列。

11.2.2 条件随机场的参数化形式

根据定理 11.1，可以给出线性链条件随机场 $P(Y|X)$ 的因子分解式，各因子是定义在相邻两个结点（最大团）上的势函数。

定理 11.2（线性链条件随机场的参数化形式） 设 $P(Y|X)$ 为线性链条件随机场，则在随机变量 X 取值为 x 的条件下，随机变量 Y 取值为 y 的条件概率具有如下形式：

$$P(y|x) = \frac{1}{Z(x)} \exp \left(\sum_{i,k} \lambda_k t_k(y_{i-1}, y_i, x, i) + \sum_{i,l} \mu_l s_l(y_i, x, i) \right) \tag{11.10}$$

其中，

$$Z(x) = \sum_y \exp \left(\sum_{i,k} \lambda_k t_k(y_{i-1}, y_i, x, i) + \sum_{i,l} \mu_l s_l(y_i, x, i) \right) \tag{11.11}$$

式中，t_k 和 s_l 是特征函数，λ_k 和 μ_l 是对应的权值。$Z(x)$ 是规范化因子，求和是在所有可能的输出序列上进行的。

式 (11.10) 和式 (11.11) 是线性链条件随机场模型的基本形式，表示给定输入序列 x，对输出序列 y 预测的条件概率。式 (11.10) 和式 (11.11) 中，t_k 是定义在边上的特征函数，称为转移特征，依赖于当前和前一个位置；s_l 是定义在结点上的特征函数，称为状态特征，依赖于当前位置。t_k 和 s_l 都依赖于位置，是局部特征函数。通常，特征函数 t_k 和 s_l 取值为 1 或 0；当满足特征条件时取值为 1，否则为 0。条件随机场完全由特征函数 t_k, s_l 和对应的权值 λ_k, μ_l 确定。

线性链条件随机场也是对数线性模型（log linear model）。

下面看一个简单的例子。

例 11.1 设有一标注问题：输入观测序列为 $X = (X_1, X_2, X_3)$，输出标记序列为 $Y = (Y_1, Y_2, Y_3)$，Y_1, Y_2, Y_3 取值于 $\mathcal{Y} = \{1, 2\}$。

假设特征 t_k, s_l 和对应的权值 λ_k, μ_l 如下：

$$t_1 = t_1(y_{i-1} = 1, y_i = 2, x, i), \quad i = 2, 3, \quad \lambda_1 = 1$$

这里只注明特征取值为 1 的条件，取值为 0 的条件省略，即

$$t_1(y_{i-1}, y_i, x, i) = \begin{cases} 1, & y_{i-1} = 1, y_i = 2, x, i, (i = 2, 3) \\ 0, & \text{其他} \end{cases}$$

下同。

$$\begin{aligned}
t_2 &= t_2(y_1 = 1, y_2 = 1, x, 2) & \lambda_2 &= 0.6 \\
t_3 &= t_3(y_2 = 2, y_3 = 1, x, 3) & \lambda_3 &= 1 \\
t_4 &= t_4(y_1 = 2, y_2 = 1, x, 2), & \lambda_4 &= 1 \\
t_5 &= t_5(y_2 = 2, y_3 = 2, x, 3), & \lambda_5 &= 0.2 \\
s_1 &= s_1(y_1 = 1, x, 1), & \mu_1 &= 1 \\
s_2 &= s_2(y_i = 2, x, i), i = 1, 2 & \mu_2 &= 0.5 \\
s_3 &= s_3(y_i = 1, x, i), i = 2, 3 & \mu_3 &= 0.8 \\
s_4 &= s_4(y_3 = 2, x, 3), & \mu_4 &= 0.5
\end{aligned}$$

对给定的观测序列 x，求标记序列为 $y = (y_1, y_2, y_3) = (1, 2, 2)$ 的非规范化条件概率（即没有除以规范化因子的条件概率）。

解 由式 (11.10)，线性链条件随机场模型为

$$P(y|x) \propto \exp\left[\sum_{k=1}^{5} \lambda_k \sum_{i=2}^{3} t_k(y_{i-1}, y_i, x, i) + \sum_{k=1}^{4} \mu_k \sum_{i=1}^{3} s_k(y_i, x, i)\right]$$

对给定的观测序列 x，标记序列 $y = (1, 2, 2)$ 的非规范化条件概率为

$$P(y_1 = 1, y_2 = 2, y_3 = 2|x) \propto \exp(3.2) \qquad \blacksquare$$

11.2.3 条件随机场的简化形式

条件随机场还可以由简化形式表示。注意到条件随机场式 (11.10) 中同一特征在各个位置都有定义，可以对同一个特征在各个位置求和，将局部特征函数转化为一个全局特征函数，这样就可以将条件随机场写成权值向量和特征向量的内积形式，即条件随机场的简化形式。

为简便起见，首先将转移特征和状态特征及其权值用统一的符号表示。设有 K_1 个转移特征，K_2 个状态特征，$K = K_1 + K_2$，记

$$f_k(y_{i-1}, y_i, x, i) = \begin{cases} t_k(y_{i-1}, y_i, x, i), & k = 1, 2, \cdots, K_1 \\ s_l(y_i, x, i), & k = K_1 + l;\ l = 1, 2, \cdots, K_2 \end{cases} \quad (11.12)$$

然后，对转移与状态特征在各个位置 i 求和，记作

$$f_k(y, x) = \sum_{i=1}^{n} f_k(y_{i-1}, y_i, x, i), \quad k = 1, 2, \cdots, K \quad (11.13)$$

用 w_k 表示特征 $f_k(y, x)$ 的权值，即

$$w_k = \begin{cases} \lambda_k, & k = 1, 2, \cdots, K_1 \\ \mu_l, & k = K_1 + l; l = 1, 2, \cdots, K_2 \end{cases} \quad (11.14)$$

于是，条件随机场 (11.10)~(11.11) 可表示为

$$P(y|x) = \frac{1}{Z(x)} \exp \sum_{k=1}^{K} w_k f_k(y, x) \quad (11.15)$$

$$Z(x) = \sum_{y} \exp \sum_{k=1}^{K} w_k f_k(y, x) \quad (11.16)$$

若以 w 表示权值向量，即

$$w = (w_1, w_2, \cdots, w_K)^{\mathrm{T}} \quad (11.17)$$

以 $F(y, x)$ 表示全局特征向量，即

$$F(y, x) = (f_1(y, x), f_2(y, x), \cdots, f_K(y, x))^{\mathrm{T}} \quad (11.18)$$

则条件随机场可以写成向量 w 与 $F(y, x)$ 的内积的形式：

$$P_w(y|x) = \frac{\exp(w \cdot F(y, x))}{Z_w(x)} \quad (11.19)$$

其中，

$$Z_w(x) = \sum_{y} \exp(w \cdot F(y, x)) \quad (11.20)$$

11.2.4 条件随机场的矩阵形式

条件随机场还可以由矩阵表示。假设 $P_w(y|x)$ 是由式 (11.15)~式 (11.16) 给出的线性链条件随机场,表示对给定观测序列 x,相应的标记序列 y 的条件概率。对每个标记序列引进特殊的起点和终点状态标记 $y_0 = \text{start}$ 和 $y_{n+1} = \text{stop}$,这时标注序列的概率 $P_w(y|x)$ 可以通过矩阵形式表示并有效计算。

对观测序列 x 的每一个位置 $i = 1, 2, \cdots, n+1$,由于 y_{i-1} 和 y_i 在 m 个标记中取值,可以定义一个 m 阶矩阵随机变量

$$M_i(x) = [M_i(y_{i-1}, y_i | x)] \tag{11.21}$$

矩阵随机变量的元素为

$$M_i(y_{i-1}, y_i | x) = \exp\left(W_i(y_{i-1}, y_i | x)\right) \tag{11.22}$$

$$W_i(y_{i-1}, y_i | x) = \sum_{k=1}^{K} w_k f_k(y_{i-1}, y_i, x, i) \tag{11.23}$$

这里 w_k 和 f_k 分别由式 (11.14) 和式 (11.12) 给出,y_{i-1} 和 y_i 是标记随机变量 Y_{i-1} 和 Y_i 的取值。

这样,给定观测序列 x,相应标记序列 y 的非规范化概率可以通过该序列 $n+1$ 个矩阵的适当元素的乘积 $\prod_{i=1}^{n+1} M_i(y_{i-1}, y_i | x)$ 表示。于是,条件概率 $P_w(y|x)$ 是

$$P_w(y|x) = \frac{1}{Z_w(x)} \prod_{i=1}^{n+1} M_i(y_{i-1}, y_i | x) \tag{11.24}$$

其中,$Z_w(x)$ 为规范化因子,是 $n+1$ 个矩阵的乘积的 (start, stop) 元素,即

$$Z_w(x) = [M_1(x) M_2(x) \cdots M_{n+1}(x)]_{\text{start,stop}} \tag{11.25}$$

注意,$y_0 = \text{start}$ 与 $y_{n+1} = \text{stop}$ 表示开始状态与终止状态,规范化因子 $Z_w(x)$ 是以 start 为起点 stop 为终点通过状态的所有路径 $y_1 y_2 \cdots y_n$ 的非规范化概率 $\prod_{i=1}^{n+1} M_i(y_{i-1}, y_i | x)$ 之和。下面的例子说明了这一事实。

例 11.2 给定一个由图 11.6 所示的线性链条件随机场,观测序列 x,状态序列 y,$i = 1, 2, 3$,$n = 3$,标记 $y_i \in \{1, 2\}$,假设 $y_0 = \text{start} = 1$,$y_4 = \text{stop} = 1$,各个位置

的随机矩阵 $M_1(x), M_2(x), M_3(x), M_4(x)$ 分别是

$$M_1(x) = \begin{bmatrix} a_{01} & a_{02} \\ 0 & 0 \end{bmatrix}, \quad M_2(x) = \begin{bmatrix} b_{11} & b_{12} \\ b_{21} & b_{22} \end{bmatrix}$$

$$M_3(x) = \begin{bmatrix} c_{11} & c_{12} \\ c_{21} & c_{22} \end{bmatrix}, \quad M_4(x) = \begin{bmatrix} 1 & 0 \\ 1 & 0 \end{bmatrix}$$

试求状态序列 y 以 start 为起点 stop 为终点所有路径的非规范化概率及规范化因子。

解 首先计算图 11.6 中从 start 到 stop 对应于 $y = (1,1,1), y = (1,1,2), \cdots, y = (2,2,2)$ 各路径的非规范化概率分别是

$$a_{01}b_{11}c_{11}, \quad a_{01}b_{11}c_{12}, \quad a_{01}b_{12}c_{21}, \quad a_{01}b_{12}c_{22}$$
$$a_{02}b_{21}c_{11}, \quad a_{02}b_{21}c_{12}, \quad a_{02}b_{22}c_{21}, \quad a_{02}b_{22}c_{22}$$

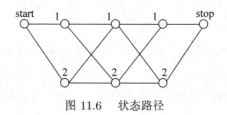

图 11.6 状态路径

然后按式 (11.25) 求规范化因子。通过计算矩阵乘积 $M_1(x)M_2(x)M_3(x)M_4(x)$ 可知，其第 1 行第 1 列的元素为

$$a_{01}b_{11}c_{11} + a_{02}b_{21}c_{11} + a_{01}b_{12}c_{21} + a_{02}b_{22}c_{22}$$
$$+ a_{01}b_{11}c_{12} + a_{02}b_{21}c_{12} + a_{01}b_{12}c_{22} + a_{02}b_{22}c_{21}$$

恰好等于从 start 到 stop 的所有路径的非规范化概率之和，即规范化因子 $Z(x)$。∎

11.3 条件随机场的概率计算问题

条件随机场的概率计算问题是给定条件随机场 $P(Y|X)$，输入序列 x 和输出序列 y，计算条件概率 $P(Y_i = y_i|x)$，$P(Y_{i-1} = y_{i-1}, Y_i = y_i|x)$ 以及相应的数学期望的问题。为了方便起见，像隐马尔可夫模型那样，引进前向-后向向量，递归地计算以上概率及期望值。这样的算法也称为前向-后向算法。

11.3.1 前向-后向算法

对每个指标 $i=0,1,\cdots,n+1$,定义前向向量 $\alpha_i(x)$:

$$\alpha_0(y|x) = \begin{cases} 1, & y = \text{start} \\ 0, & \text{否则} \end{cases} \tag{11.26}$$

递推公式为

$$\alpha_i^{\mathrm{T}}(y_i|x) = \alpha_{i-1}^{\mathrm{T}}(y_{i-1}|x)[M_i(y_{i-1}, y_i|x)], \quad i = 1, 2, \cdots, n+1 \tag{11.27}$$

又可表示为

$$\alpha_i^{\mathrm{T}}(x) = \alpha_{i-1}^{\mathrm{T}}(x) M_i(x) \tag{11.28}$$

$\alpha_i(y_i|x)$ 表示在位置 i 的标记是 y_i 并且从 1 到 i 的前部分标记序列的非规范化概率,y_i 可取的值有 m 个,所以 $\alpha_i(x)$ 是 m 维列向量。

同样,对每个指标 $i=0,1,\cdots,n+1$,定义后向向量 $\beta_i(x)$:

$$\beta_{n+1}(y_{n+1}|x) = \begin{cases} 1, & y_{n+1} = \text{stop} \\ 0, & \text{否则} \end{cases} \tag{11.29}$$

$$\beta_i(y_i|x) = [M_{i+1}(y_i, y_{i+1}|x)]\beta_{i+1}(y_{i+1}|x) \tag{11.30}$$

又可表示为

$$\beta_i(x) = M_{i+1}(x)\beta_{i+1}(x) \tag{11.31}$$

$\beta_i(y_i|x)$ 表示在位置 i 的标记为 y_i 并且从 $i+1$ 到 n 的后部分标记序列的非规范化概率。

11.3.2 概率计算

按照前向-后向向量的定义,很容易计算标记序列在位置 i 是标记 y_i 的条件概率和在位置 $i-1$ 与 i 是标记 y_{i-1} 和 y_i 的条件概率:

$$P(Y_i = y_i|x) = \frac{\alpha_i^{\mathrm{T}}(y_i|x)\beta_i(y_i|x)}{Z(x)} \tag{11.32}$$

$$P(Y_{i-1} = y_{i-1}, Y_i = y_i|x) = \frac{\alpha_{i-1}^{\mathrm{T}}(y_{i-1}|x) M_i(y_{i-1}, y_i|x) \beta_i(y_i|x)}{Z(x)} \tag{11.33}$$

其中，

$$Z(x) = \alpha_n^{\mathrm{T}}(x)\mathbf{1} = \mathbf{1}^{\mathrm{T}}\beta_1(x)$$

$\mathbf{1}$ 是元素均为 1 的 m 维列向量。

11.3.3　期望值的计算

利用前向-后向向量，可以计算特征函数关于联合分布 $P(X,Y)$ 和条件分布 $P(Y|X)$ 的数学期望。

特征函数 f_k 关于条件分布 $P(Y|X)$ 的数学期望是

$$\begin{aligned} E_{P(Y|X)}[f_k] &= \sum_y P(y|x) f_k(y, x) \\ &= \sum_{i=1}^{n+1} \sum_{y_{i-1} y_i} f_k(y_{i-1}, y_i, x, i) \frac{\alpha_{i-1}^{\mathrm{T}}(y_{i-1}|x) M_i(y_{i-1}, y_i|x) \beta_i(y_i|x)}{Z(x)} \\ & \qquad\qquad k = 1, 2, \cdots, K \end{aligned} \tag{11.34}$$

其中，

$$Z(x) = \alpha_n^{\mathrm{T}}(x)\mathbf{1}$$

假设经验分布为 $\tilde{P}(X)$，特征函数 f_k 关于联合分布 $P(X,Y)$ 的数学期望是

$$\begin{aligned} E_{P(X,Y)}[f_k] &= \sum_{x,y} P(x,y) \sum_{i=1}^{n+1} f_k(y_{i-1}, y_i, x, i) \\ &= \sum_x \tilde{P}(x) \sum_y P(y|x) \sum_{i=1}^{n+1} f_k(y_{i-1}, y_i, x, i) \\ &= \sum_x \tilde{P}(x) \sum_{i=1}^{n+1} \sum_{y_{i-1} y_i} f_k(y_{i-1}, y_i, x, i) \frac{\alpha_{i-1}^{\mathrm{T}}(y_{i-1}|x) M_i(y_{i-1}, y_i|x) \beta_i(y_i|x)}{Z(x)} \\ & \qquad\qquad k = 1, 2, \cdots, K \end{aligned} \tag{11.35}$$

其中，

$$Z(x) = \alpha_n^{\mathrm{T}}(x)\mathbf{1}$$

式 (11.34) 和式 (11.35) 是特征函数数学期望的一般计算公式。对于转移特征 $t_k(y_{i-1}, y_i, x, i)$, $k = 1, 2, \cdots, K_1$，可以将式中的 f_k 换成 t_k；对于状态特征，可以将式中的 f_k 换成 s_i，表示为 $s_l(y_i, x, i)$, $k = K_1 + l$, $l = 1, 2, \cdots, K_2$。

有了式 (11.32)∼式 (11.35)，对于给定的观测序列 x 与标记序列 y，可以通过一次前向扫描计算 α_i 及 $Z(x)$，通过一次后向扫描计算 β_i，从而计算所有的概率和特征的期望。

11.4 条件随机场的学习算法

本节讨论给定训练数据集估计条件随机场模型参数的问题，即条件随机场的学习问题。条件随机场模型实际上是定义在时序数据上的对数线性模型，其学习方法包括极大似然估计和正则化的极大似然估计。具体的优化实现算法有改进的迭代尺度法 IIS、梯度下降法以及拟牛顿法（参阅附录 A 和附录 B）。

11.4.1 改进的迭代尺度法

已知训练数据集，由此可知经验概率分布 $\tilde{P}(X, Y)$。可以通过极大化训练数据的对数似然函数来求模型参数。

训练数据的对数似然函数为

$$L(w) = L_{\tilde{P}}(P_w) = \log \prod_{x,y} P_w(y|x)^{\tilde{P}(x,y)} = \sum_{x,y} \tilde{P}(x,y) \log P_w(y|x)$$

当 P_w 是一个由式 (11.15) 和式 (11.16) 给出的条件随机场模型时，对数似然函数为

$$\begin{aligned}
L(w) &= \sum_{x,y} \tilde{P}(x,y) \log P_w(y|x) \\
&= \sum_{x,y} \left[\tilde{P}(x,y) \sum_{k=1}^{K} w_k f_k(y,x) - \tilde{P}(x,y) \log Z_w(x) \right] \\
&= \sum_{j=1}^{N} \sum_{k=1}^{K} w_k f_k(y_j, x_j) - \sum_{j=1}^{N} \log Z_w(x_j)
\end{aligned}$$

改进的迭代尺度法通过迭代的方法不断优化对数似然函数改变量的下界，达到极大化对数似然函数的目的。假设模型的当前参数向量为 $w = (w_1, w_2, \cdots, w_K)^{\mathrm{T}}$，向量的增量为 $\delta = (\delta_1, \delta_2, \cdots, \delta_K)^{\mathrm{T}}$，更新参数向量为 $w + \delta = (w_1 + \delta_1,\ w_2 + \delta_2,\ \cdots,\ w_K +$

$\delta_K)^{\mathrm{T}}$。在每步迭代过程中，改进的迭代尺度法通过依次求解式 (11.36) 和式 (11.37)，得到 $\delta = (\delta_1, \delta_2, \cdots, \delta_K)^{\mathrm{T}}$。推导可参考本书 6.3.1 节。

关于转移特征 t_k 的更新方程为

$$E_{\tilde{P}}[t_k] = \sum_{x,y} \tilde{P}(x,y) \sum_{i=1}^{n+1} t_k(y_{i-1}, y_i, x, i)$$

$$= \sum_{x,y} \tilde{P}(x) P(y|x) \sum_{i=1}^{n+1} t_k(y_{i-1}, y_i, x, i) \exp(\delta_k T(x,y))$$

$$k = 1, 2, \cdots, K_1 \tag{11.36}$$

关于状态特征 s_l 的更新方程为

$$E_{\tilde{P}}[s_l] = \sum_{x,y} \tilde{P}(x,y) \sum_{i=1}^{n+1} s_l(y_i, x, i)$$

$$= \sum_{x,y} \tilde{P}(x) P(y|x) \sum_{i=1}^{n} s_l(y_i, x, i) \exp(\delta_{K_1+l} T(x,y))$$

$$l = 1, 2, \cdots, K_2 \tag{11.37}$$

这里，$T(x, y)$ 是在数据 (x, y) 中出现的所有特征数的总和：

$$T(x, y) = \sum_k f_k(y, x) = \sum_{k=1}^{K} \sum_{i=1}^{n+1} f_k(y_{i-1}, y_i, x, i) \tag{11.38}$$

算法 11.1（条件随机场模型学习的改进的迭代尺度法）

输入：特征函数 $t_1, t_2, \cdots, t_{K_1}$，$s_1, s_2, \cdots, s_{K_2}$；经验分布 $\tilde{P}(x, y)$；

输出：参数估计值 $\hat{w}$；模型 $P_{\hat{w}}$。

(1) 对所有 $k \in \{1, 2, \cdots, K\}$，取初值 $w_k = 0$；

(2) 对每一 $k \in \{1, 2, \cdots, K\}$：

(a) 当 $k = 1, 2, \cdots, K_1$ 时，令 δ_k 是方程

$$\sum_{x,y} \tilde{P}(x) P(y|x) \sum_{i=1}^{n+1} t_k(y_{i-1}, y_i, x, i) \exp(\delta_k T(x, y)) = E_{\tilde{P}}[t_k]$$

的解；

当 $k = K_1 + l$，$l = 1, 2, \cdots, K_2$ 时，令 δ_{K_1+l} 是方程

$$\sum_{x,y} \tilde{P}(x) P(y|x) \sum_{i=1}^{n} s_l(y_i, x, i) \exp(\delta_{K_1+l} T(x, y)) = E_{\tilde{P}}[s_l]$$

的解,式中 $T(x,y)$ 由式 (11.38) 给出。

(b) 更新 w_k 值: $w_k \leftarrow w_k + \delta_k$

(3) 如果不是所有 w_k 都收敛,重复步骤 (2)。∎

在式 (11.36) 和式 (11.37) 中,$T(x,y)$ 表示数据 (x,y) 中的特征总数,对不同的数据 (x,y) 取值可能不同。为了处理这个问题,定义松弛特征

$$s(x,y) = S - \sum_{i=1}^{n+1} \sum_{k=1}^{K} f_k(y_{i-1}, y_i, x, i) \tag{11.39}$$

式中 S 是一个常数。选择足够大的常数 S 使得对训练数据集的所有数据 (x,y),$s(x,y) \geqslant 0$ 成立。这时特征总数可取 S。

由式 (11.36),对于转移特征 t_k,δ_k 的更新方程是

$$\sum_{x,y} \tilde{P}(x) P(y|x) \sum_{i=1}^{n+1} t_k(y_{i-1}, y_i, x, i) \exp(\delta_k S) = E_{\tilde{P}}[t_k] \tag{11.40}$$

$$\delta_k = \frac{1}{S} \log \frac{E_{\tilde{P}}[t_k]}{E_P[t_k]} \tag{11.41}$$

其中,

$$E_P(t_k) = \sum_x \tilde{P}(x) \sum_{i=1}^{n+1} \sum_{y_{i-1}, y_i} t_k(y_{i-1}, y_i, x, i) \frac{\alpha_{i-1}^{\mathrm{T}}(y_{i-1}|x) M_i(y_{i-1}, y_i|x) \beta_i(y_i|x)}{Z(x)} \tag{11.42}$$

同样由式 (11.37),对于状态特征 s_l,δ_k 的更新方程是

$$\sum_{x,y} \tilde{P}(x) P(y|x) \sum_{i=1}^{n} s_l(y_i, x, i) \exp(\delta_{K_1+l} S) = E_{\tilde{P}}[s_l] \tag{11.43}$$

$$\delta_{K_1+l} = \frac{1}{S} \log \frac{E_{\tilde{P}}[s_l]}{E_P[s_l]} \tag{11.44}$$

其中,

$$E_P(s_l) = \sum_x \tilde{P}(x) \sum_{i=1}^{n} \sum_{y_i} s_l(y_i, x, i) \frac{\alpha_i^{\mathrm{T}}(y_i|x) \beta_i(y_i|x)}{Z(x)} \tag{11.45}$$

以上算法称为算法 S。在算法 S 中需要使常数 S 取足够大,这样一来,每步迭代的增量向量会变大,算法收敛会变慢。算法 T 试图解决这个问题。算法 T 对每个观测序列 x 计算其特征总数最大值 $T(x)$:

$$T(x) = \max_y T(x,y) \tag{11.46}$$

利用前向-后向递推公式,可以很容易地计算 $T(x) = t$。

这时,关于转移特征参数的更新方程可以写成:

$$\begin{aligned} E_{\tilde{P}}[t_k] &= \sum_{x,y} \tilde{P}(x) P(y|x) \sum_{i=1}^{n+1} t_k(y_{i-1}, y_i, x, i) \exp(\delta_k T(x)) \\ &= \sum_x \tilde{P}(x) \sum_y P(y|x) \sum_{i=1}^{n+1} t_k(y_{i-1}, y_i, x, i) \exp(\delta_k T(x)) \\ &= \sum_x \tilde{P}(x) a_{k,t} \exp(\delta_k t) \\ &= \sum_{t=0}^{T_{\max}} a_{k,t} \beta_k^t \end{aligned} \tag{11.47}$$

这里,$a_{k,t}$ 是特征 t_k 的期待值,$\delta_k = \log \beta_k$。β_k 是多项式方程 (11.47) 唯一的实根,可以用牛顿法求得。从而求得相关的 δ_k。

同样,关于状态特征的参数更新方程可以写成:

$$\begin{aligned} E_{\tilde{P}}[s_l] &= \sum_{x,y} \tilde{P}(x) P(y|x) \sum_{i=1}^{n} s_l(y_i, x, i) \exp(\delta_{K_1+l} T(x)) \\ &= \sum_x \tilde{P}(x) \sum_y P(y|x) \sum_{i=1}^{n} s_l(y_i, x, i) \exp(\delta_{K_1+l} T(x)) \\ &= \sum_x \tilde{P}(x) b_{l,t} \exp(\delta_k t) \\ &= \sum_{t=0}^{T_{\max}} b_{l,t} \gamma_l^t \end{aligned} \tag{11.48}$$

这里,$b_{l,t}$ 是特征 s_l 的期望值,$\delta_l = \log \gamma_l$,γ_l 是多项式方程 (11.48) 唯一的实根,也可以用牛顿法求得。

11.4.2 拟牛顿法

条件随机场模型学习还可以应用牛顿法或拟牛顿法(参阅附录 B)。对于条件随机场模型

$$P_w(y|x) = \frac{\exp\left(\sum_{i=1}^n w_i f_i(x,y)\right)}{\sum_y \exp\left(\sum_{i=1}^n w_i f_i(x,y)\right)} \tag{11.49}$$

学习的优化目标函数是

$$\min_{w \in \mathbf{R}^n} f(w) = \sum_x \tilde{P}(x) \log \sum_y \exp\left(\sum_{i=1}^n w_i f_i(x,y)\right) - \sum_{x,y} \tilde{P}(x,y) \sum_{i=1}^n w_i f_i(x,y) \tag{11.50}$$

其梯度函数是

$$g(w) = \sum_{x,y} \tilde{P}(x) P_w(y|x) f(x,y) - E_{\tilde{P}}(f) \tag{11.51}$$

拟牛顿法的 BFGS 算法如下。

算法 11.2(条件随机场模型学习的 **BFGS** 算法)

输入：特征函数 $f_1, f_2, \cdots, f_n$；经验分布 $\tilde{P}(X,Y)$；

输出：最优参数值 $\hat{w}$；最优模型 $P_{\hat{w}}(y|x)$。

(1) 选定初始点 $w^{(0)}$，取 $\boldsymbol{B}_0$ 为正定对称矩阵，置 $k=0$。

(2) 计算 $g_k = g(w^{(k)})$。若 $g_k = 0$，则停止计算；否则转 (3)。

(3) 由 $B_k p_k = -g_k$ 求出 p_k。

(4) 一维搜索：求 λ_k 使得

$$f(w^{(k)} + \lambda_k p_k) = \min_{\lambda \geqslant 0} f(w^{(k)} + \lambda p_k)$$

(5) 置 $w^{(k+1)} = w^{(k)} + \lambda_k p_k$。

(6) 计算 $g_{k+1} = g(w^{(k+1)})$，若 $g_{k+1} = 0$，则停止计算；否则，按下式求出 B_{k+1}：

$$B_{k+1} = B_k + \frac{y_k y_k^{\mathrm{T}}}{y_k^{\mathrm{T}} \delta_k} - \frac{B_k \delta_k \delta_k^{\mathrm{T}} B_k}{\delta_k^{\mathrm{T}} B_k \delta_k}$$

其中，

$$y_k = g_{k+1} - g_k, \quad \delta_k = w^{(k+1)} - w^{(k)}$$

(7) 置 $k = k+1$，转 (3)。 ∎

11.5 条件随机场的预测算法

条件随机场的预测问题是给定条件随机场 $P(Y|X)$ 和输入序列（观测序列）x，求条件概率最大的输出序列（标记序列）y^*，即对观测序列进行标注。条件随机场的预测

算法是著名的维特比算法(参阅本书 10.4 节)。

由式 (11.19) 可得：

$$\begin{aligned} y^* &= \arg\max_y P_w(y|x) \\ &= \arg\max_y \frac{\exp(w \cdot F(y,x))}{Z_w(x)} \\ &= \arg\max_y \exp(w \cdot F(y,x)) \\ &= \arg\max_y (w \cdot F(y,x)) \end{aligned}$$

于是，条件随机场的预测问题成为求非规范化概率最大的最优路径问题

$$\max_y (w \cdot F(y,x)) \tag{11.52}$$

这里，路径表示标记序列。其中，

$$w = (w_1, w_2, \cdots, w_K)^{\mathrm{T}}$$

$$F(y,x) = (f_1(y,x), f_2(y,x), \cdots, f_K(y,x))^{\mathrm{T}}$$

$$f_k(y,x) = \sum_{i=1}^n f_k(y_{i-1}, y_i, x, i), \quad k=1,2,\cdots,K$$

注意，这时只需计算非规范化概率，而不必计算概率，可以大大提高效率。为了求解最优路径，将式 (11.52) 写成如下形式：

$$\max_y \sum_{i=1}^n w \cdot F_i(y_{i-1}, y_i, x) \tag{11.53}$$

其中，

$$F_i(y_{i-1}, y_i, x) = (f_1(y_{i-1}, y_i, x, i), f_2(y_{i-1}, y_i, x, i), \cdots, f_K(y_{i-1}, y_i, x, i))^{\mathrm{T}}$$

是局部特征向量。

下面叙述维特比算法。首先求出位置 1 的各个标记 $j=1,2,\cdots,m$ 的非规范化概率：

$$\delta_1(j) = w \cdot F_1(y_0 = \text{start}, y_1 = j, x), \quad j=1,2,\cdots,m \tag{11.54}$$

一般地，由递推公式，求出到位置 i 的各个标记 $l=1,2,\cdots,m$ 的非规范化概率的最大值，同时记录非规范化概率最大值的路径

$$\delta_i(l) = \max_{1 \leqslant j \leqslant m} \{\delta_{i-1}(j) + w \bullet F_i(y_{i-1}=j, y_i=l, x)\}, \quad l=1,2,\cdots,m \tag{11.55}$$

$$\Psi_i(l) = \arg\max_{1 \leqslant j \leqslant m} \{\delta_{i-1}(j) + w \bullet F_i(y_{i-1}=j, y_i=l, x)\}, \quad l=1,2,\cdots,m \tag{11.56}$$

直到 $i=n$ 时终止。这时求得非规范化概率的最大值为

$$\max_y (w \bullet F(y,x)) = \max_{1 \leqslant j \leqslant m} \delta_n(j) \tag{11.57}$$

及最优路径的终点

$$y_n^* = \arg\max_{1 \leqslant j \leqslant m} \delta_n(j) \tag{11.58}$$

由此最优路径终点返回,

$$y_i^* = \Psi_{i+1}(y_{i+1}^*), \quad i=n-1, n-2, \cdots, 1 \tag{11.59}$$

求得最优路径 $y^* = (y_1^*, y_2^*, \cdots, y_n^*)^{\mathrm{T}}$。

综上所述,得到条件随机场预测的维特比算法。

算法 11.3(条件随机场预测的维特比算法)

输入:模型特征向量 $F(y,x)$ 和权值向量 w,观测序列 $x=(x_1, x_2, \cdots, x_n)$;
输出:最优路径 $y^* = (y_1^*, y_2^*, \cdots, y_n^*)^{\mathrm{T}}$。

(1) 初始化

$$\delta_1(j) = w \bullet F_1(y_0=\text{start}, y_1=j, x), \quad j=1,2,\cdots,m$$

(2) 递推。对 $i=2,3,\cdots,n$

$$\delta_i(l) = \max_{1 \leqslant j \leqslant m}\{\delta_{i-1}(j) + w \bullet F_i(y_{i-1}=j, y_i=l, x)\}, \quad l=1,2,\cdots,m$$

$$\Psi_i(l) = \arg\max_{1 \leqslant j \leqslant m}\{\delta_{i-1}(j) + w \bullet F_i(y_{i-1}=j, y_i=l, x)\}, \quad l=1,2,\cdots,m$$

(3) 终止

$$\max_y (w \bullet F(y,x)) = \max_{1 \leqslant j \leqslant m} \delta_n(j)$$

$$y_n^* = \arg\max_{1 \leqslant j \leqslant m} \delta_n(j)$$

(4) 返回路径

$$y_i^* = \Psi_{i+1}(y_{i+1}^*), \quad i=n-1, n-2, \cdots, 1$$

求得最优路径 $y^* = (y_1^*, y_2^*, \cdots, y_n^*)^{\mathrm{T}}$。∎

下面通过一个例子说明维特比算法。

例 11.3 在例 11.1 中，用维特比算法求给定的输入序列（观测序列）x 对应的最优输出序列（标记序列）$y^* = (y_1^*, y_2^*, y_3^*)^\mathrm{T}$。

解 特征函数及对应的权值均在例 11.1 中给出。

现在利用维特比算法求最优路径问题：

$$\max \sum_{i=1}^{3} w \cdot F_i(y_{i-1}, y_i, x)$$

（1）初始化

$$\delta_1(j) = w \cdot F_1(y_0 = \text{start}, y_1 = j, x), \quad j = 1, 2$$

$i = 1$，$\delta_1(1) = 1$，$\delta_1(2) = 0.5$。

（2）递推

$i = 2 \quad \delta_2(l) = \max_j \{\delta_1(j) + w \cdot F_2(j, l, x)\}$

$\delta_2(1) = \max\{1 + \lambda_2 t_2 + \mu_3 s_3, 0.5 + \lambda_4 t_4 + \mu_3 s_3\} = 2.4, \quad \Psi_2(1) = 1$

$\delta_2(2) = \max\{1 + \lambda_1 t_1 + \mu_2 s_2, 0.5 + \mu_2 s_2\} = 2.5, \quad \Psi_2(2) = 1$

$i = 3 \quad \delta_3(l) = \max_j \{\delta_2(j) + w \cdot F_3(j, l, x)\}$

$\delta_3(1) = \max\{2.4 + \mu_3 s_3, 2.5 + \lambda_3 l_3 + \mu_3 s_3\} = 4.3, \quad \Psi_3(1) = 2$

$\delta_3(2) = \max\{2.4 + \lambda_1 t_1 + \mu_4 s_4, 2.5 + \lambda_5 t_5 + \mu_4 s_4\} = 3.9, \quad \Psi_3(2) = 1$

（3）终止

$$\max_y (w \cdot F(y, x)) = \max \delta_3(l) = \delta_3(1) = 4.3$$

$$y_3^* = \arg\max_l \delta_3(l) = 1$$

（4）返回

$$y_2^* = \Psi_3(y_3^*) = \Psi_3(1) = 2$$

$$y_1^* = \Psi_2(y_2^*) = \Psi_2(2) = 1$$

最优标记序列

$$y^* = (y_1^*, y_2^*, y_3^*)^\mathrm{T} = (1, 2, 1)^\mathrm{T} \qquad\blacksquare$$

本章概要

1. 概率无向图模型是由无向图表示的联合概率分布。无向图上的结点之间的连接关系表示了联合分布的随机变量集合之间的条件独立性,即马尔可夫性。因此,概率无向图模型也称为马尔可夫随机场。

概率无向图模型或马尔可夫随机场的联合概率分布可以分解为无向图最大团上的正值函数的乘积的形式。

2. 条件随机场是给定输入随机变量 X 条件下,输出随机变量 Y 的条件概率分布模型,其形式为参数化的对数线性模型。条件随机场的最大特点是假设输出变量之间的联合概率分布构成概率无向图模型,即马尔可夫随机场。条件随机场是判别模型。

3. 线性链条件随机场是定义在观测序列与标记序列上的条件随机场。线性链条件随机场一般表示为给定观测序列条件下的标记序列的条件概率分布,由参数化的对数线性模型表示。模型包含特征及相应的权值,特征是定义在线性链的边与结点上的。线性链条件随机场模型的参数形式是最基本的形式,其他形式是其简化与变形,参数形式的数学表达式是

$$P(y|x) = \frac{1}{Z(x)} \exp\left(\sum_{i,k} \lambda_k t_k(y_{i-1}, y_i, x, i) + \sum_{i,l} \mu_l s_l(y_i, x, i)\right)$$

其中,

$$Z(x) = \sum_y \exp\left(\sum_{i,k} \lambda_k t_k(y_{i-1}, y_i, x, i) + \sum_{i,l} \mu_l s_l(y_i, x, i)\right)$$

4. 线性链条件随机场的概率计算通常利用前向-后向算法。

5. 条件随机场的学习方法通常是极大似然估计方法或正则化的极大似然估计,即在给定训练数据下,通过极大化训练数据的对数似然函数估计模型参数。具体的算法有改进的迭代尺度算法、梯度下降法、拟牛顿法等。

6. 线性链条件随机场的一个重要应用是标注。维特比算法是给定观测序列求条件概率最大的标记序列的方法。

继续阅读

关于概率无向图模型可以参阅文献 [1,2]。关于条件随机场可以参阅文献 [3,4]。在条件随机场提出之前已有最大熵马尔可夫模型等模型被提出[5]。条件随机场可以看作是最大熵马尔可夫模型在标注问题上的推广。支持向量机模型也被推广到标注问题上[6,7]。

习　题

11.1　写出图 11.3 中无向图描述的概率图模型的因子分解式。

11.2　证明 $Z(x) = \alpha_n^\mathrm{T}(x)\mathbf{1} = \mathbf{1}^\mathrm{T}\beta_1(x)$，其中 $\mathbf{1}$ 是元素均为 1 的 m 维列向量。

11.3　写出条件随机场模型学习的梯度下降法。

11.4　参考图 11.6 的状态路径图，假设随机矩阵 $M_1(x), M_2(x), M_3(x), M_4(x)$ 分别是

$$M_1(x) = \begin{bmatrix} 0 & 0 \\ 0.5 & 0.5 \end{bmatrix}, \quad M_2(x) = \begin{bmatrix} 0.3 & 0.7 \\ 0.7 & 0.3 \end{bmatrix}$$

$$M_3(x) = \begin{bmatrix} 0.5 & 0.5 \\ 0.6 & 0.4 \end{bmatrix}, \quad M_4(x) = \begin{bmatrix} 0 & 1 \\ 0 & 1 \end{bmatrix}$$

求以 start $= 2$ 为起点，以 stop $= 2$ 为终点的所有路径的状态序列 y 的概率及概率最大的状态序列。

参 考 文 献

［1］ Bishop M. Pattern recognition and machine learning. Springer-Verlag, 2006.

［2］ Koller D, Friedman N. Probabilistic graphical models: principles and techniques. MIT Press, 2009.

［3］ Lafferty J, McCallum A, Pereira F. Conditional random fields: probabilistic models for segmenting and labeling sequence data. In: International Conference on Machine Learning, 2001.

［4］ Sha F, Pereira F. Shallow parsing with conditional random fields. In: Proceedings of the 2003 Conference of the North American Chapter of Association for Computational Linguistics on Human Language Technology, Vol.1, 2003.

［5］ McCallum A, Freitag D, Pereira F. Maximum entropy Markov models for information extraction and segmentation. In: Proc of the International Conference on Machine Learning, 2000.

［6］ Taskar B, Guestrin C, Koller D. Max-margin Markov networks. In: Proc of the NIPS 2003, 2003.

［7］ Tsochantaridis I, Hofmann T, Joachims T. Support vector machine learning for interdependent and structured output spaces. In: ICML, 2004.

第 12 章　监督学习方法总结

本篇共介绍了 10 种主要的统计学习方法，属于监督学习：感知机、k 近邻法、朴素贝叶斯法、决策树、逻辑斯谛回归与最大熵模型、支持向量机、提升方法、EM 算法、隐马尔可夫模型和条件随机场。现将这 10 种监督学习方法的特点概括总结在表 12.1 中。

表 12.1　10 种监督学习方法特点的概括总结

方法	适用问题	模型特点	模型类型	学习策略	学习的损失函数	学习算法
感知机	二类分类	分离超平面	判别模型	极小化误分点到超平面距离	误分点到超平面距离	随机梯度下降
k 近邻法	多类分类，回归	特征空间，样本点	判别模型	—	—	—
朴素贝叶斯法	多类分类	特征与类别的联合概率分布，条件独立假设	生成模型	极大似然估计，最大后验概率估计	对数似然损失	概率计算公式，EM 算法
决策树	多类分类，回归	分类树，回归树	判别模型	正则化的极大似然估计	对数似然损失	特征选择，生成，剪枝
逻辑斯谛回归与最大熵模型	多类分类	特征条件下类别的条件概率分布，对数线形模型	判别模型	极大似然估计，正则化的极大似然估计	逻辑斯谛损失	改进的迭代尺度算法，梯度下降，拟牛顿法
支持向量机	二类分类	分离超平面，核技巧	判别模型	极小化正则化合页损失，软间隔最大化	合页损失	序列最小最优化算法（SMO）
Boosting	二类分类	弱分类器的线性组合	判别模型	极小化加法模型的指数损失	指数损失	前向分步加法算法
EM 算法[①]	概率模型参数估计	含隐变量概率模型	—	极大似然估计，最大后验概率估计	对数似然损失	迭代算法
隐马尔可夫模型	标注	观测序列与状态序列的联合概率分布模型	生成模型	极大似然估计，最大后验概率估计	对数似然损失	概率计算公式，EM 算法
条件随机场	标注	状态序列条件下观测序列的条件概率分布，对数线性模型	判别模型	极大似然估计，正则化极大似然估计	对数似然损失	改进的迭代尺度算法，梯度下降，拟牛顿法

① EM 算法在这里有些特殊，它是个一般方法，不具有具体模型。

下面对各种方法的特点及其关系进行简单的讨论。

1. 适用问题

本篇主要介绍监督学习方法。监督学习可以认为是学习一个模型，使它能对给定的输入预测相应的输出。监督学习包括分类、标注、回归。本篇主要考虑前两者的学习方法。分类问题是从实例的特征向量到类标记的预测问题，标注问题是从观测序列到标记序列（或状态序列）的预测问题。可以认为分类问题是标注问题的特殊情况。分类问题中可能的预测结果是二类或多类。而标注问题中可能的预测结果是所有的标记序列，其数目是指数级的。

感知机、k 近邻法、朴素贝叶斯法、决策树、逻辑斯谛回归与最大熵模型、支持向量机、提升方法是分类方法。原始的感知机、支持向量机以及 Boosting 是针对二类分类的，可以将它们扩展到多类分类。隐马尔可夫模型、条件随机场是标注方法。EM 算法是含有隐变量的概率模型的一般学习算法，可以用于生成模型的无监督学习。

感知机、k 近邻法、朴素贝叶斯法、决策树是简单的分类方法，具有模型直观、方法简单、实现容易等特点。逻辑斯谛回归与最大熵模型、支持向量机、Boosting 是更复杂但更有效的分类方法，往往分类准确率更高。隐马尔可夫模型、条件随机场是主要的标注方法。通常条件随机场的标注准确率更高。

2. 模型

分类问题与标注问题的预测模型都可以认为是表示从输入空间到输出空间的映射。它们可以写成条件概率分布 $P(Y|X)$ 或决策函数 $Y = f(X)$ 的形式。前者表示给定输入条件下输出的概率模型，后者表示输入到输出的非概率模型。有时，模型更直接地表示为概率模型，或者非概率模型；但有时模型兼有两种解释。

朴素贝叶斯法、隐马尔可夫模型是概率模型。感知机、k 近邻法、支持向量机、提升方法是非概率模型。而决策树、逻辑斯谛回归与最大熵模型、条件随机场既可以看作是概率模型，又可以看作是非概率模型。

直接学习条件概率分布 $P(Y|X)$ 或决策函数 $Y = f(X)$ 的方法为判别方法，对应的模型是判别模型。感知机、k 近邻法、决策树、逻辑斯谛回归与最大熵模型、支持向量机、Boosting、条件随机场是判别方法。首先学习联合概率分布 $P(X,Y)$，从而求得条件概率分布 $P(Y|X)$ 的方法是生成方法，对应的模型是生成模型。朴素贝叶斯法、隐马尔可夫模型是生成方法。图 12.1 给出部分模型之间的关系。

可以用无监督学习的方法学习生成模型。具体地，应用 EM 算法可以学习朴素贝叶斯模型以及隐马尔可夫模型。

决策树是定义在一般的特征空间上的，可以含有连续变量或离散变量。感知机、支持向量机、k 近邻法的特征空间是欧氏空间（更一般地，是希尔伯特空间）。提升方法的模型是弱分类器的线性组合，弱分类器的特征空间就是 Boosting 模型的特征空间。

感知机模型是线性模型，而逻辑斯谛回归与最大熵模型、条件随机场是对数线性模型。k 近邻法、决策树、支持向量机（包含核函数）、Boosting 使用的是非线性模型。

图 12.1 从生成与判别、分类与标注两个方面描述了几个统计学习方法之间的关系。

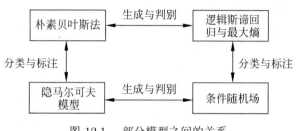

图 12.1　部分模型之间的关系

3. 学习策略

在二类分类的监督学习中，支持向量机、逻辑斯谛回归与最大熵模型、Boosting 各自使用合页损失函数、逻辑斯谛损失函数、指数损失函数。3 种损失函数分别写为

$$[1 - yf(x)]_+ \tag{12.1}$$

$$\log[1 + \exp(-yf(x))] \tag{12.2}$$

$$\exp(-yf(x)) \tag{12.3}$$

这 3 种损失函数都是 0-1 损失函数的上界，具有相似的形状，如图 12.2 所示。所以，可以认为支持向量机、逻辑斯谛回归与最大熵模型、提升方法使用不同的代理损失函数（surrogate loss function）表示分类的损失，定义经验风险或结构风险函数，实现二类分类学习任务。学习的策略是优化以下结构风险函数：

$$\min_{f \in H} \frac{1}{N} \sum_{i=1}^{N} L(y_i, f(x_i)) + \lambda J(f) \tag{12.4}$$

这里，第 1 项为经验风险（经验损失），第 2 项为正则化项，$L(y, f(x))$ 为损失函数，$J(f)$ 为模型的复杂度，$\lambda \geqslant 0$ 为系数。

支持向量机用 L_2 范数表示模型的复杂度。原始的逻辑斯谛回归与最大熵模型没有正则化项，可以给它们加上 L_2 范数正则化项。Boosting 没有显式的正则化项，通常通过早停止（early stopping）的方法达到正则化的效果。

以上二类分类的学习方法可以扩展到多类分类学习以及标注问题，比如标注问题的条件随机场可以看作是分类问题的最大熵模型的推广。

概率模型的学习可以形式化为极大似然估计或贝叶斯估计的最大后验概率估计。

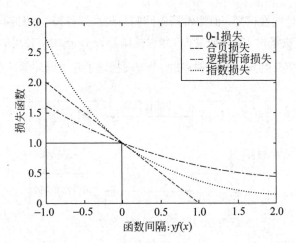

图 12.2　0-1 损失函数、合页损失函数、逻辑斯谛损失函数、指数损失函数的关系

这时，学习的策略是极小化对数似然损失或极小化正则化的对数似然损失。对数似然损失可以写成

$$-\log P(y|x)$$

最大后验概率估计时，正则化项是先验概率的负对数。

决策树学习的策略是正则化的极大似然估计，损失函数是对数似然损失，正则化项是决策树的复杂度。

逻辑斯谛回归与最大熵模型、条件随机场的学习策略既可以看成是极大似然估计（或正则化的极大似然估计），又可以看成是极小化逻辑斯谛损失（或正则化的逻辑斯谛损失）。

朴素贝叶斯模型、隐马尔可夫模型的无监督学习也是极大似然估计或最大后验概率估计，但这时模型含有隐变量。

4. 学习算法

统计学习的问题有了具体的形式以后，就变成了最优化问题。有时，最优化问题比较简单，解析解存在，最优解可以由公式简单计算。但在多数情况下，最优化问题没有解析解，需要用数值计算的方法或启发式的方法求解。

朴素贝叶斯法与隐马尔可夫模型的监督学习，最优解即极大似然估计值，可以由概率计算公式直接计算。

感知机、逻辑斯谛回归与最大熵模型、条件随机场的学习利用梯度下降法、拟牛顿法等。这些都是一般的无约束最优化问题的解法。

支持向量机学习，可以解凸二次规划的对偶问题。有序列最小最优化算法等方法。

决策树学习是基于启发式算法的典型例子。可以认为特征选择、生成、剪枝是启发式地进行正则化的极大似然估计。

提升方法利用学习的模型是加法模型、损失函数是指数损失函数的特点，启发式地从前向后逐步学习模型，以达到逼近优化目标函数的目的。

EM算法是一种迭代地求解含隐变量概率模型参数的方法，它的收敛性可以保证，但是不能保证收敛到全局最优。

支持向量机学习、逻辑斯谛回归与最大熵模型学习、条件随机场学习是凸优化问题，全局最优解保证存在。而其他学习问题则不是凸优化问题。

第 2 篇　无监督学习

第 13 章 无监督学习概论

第 2 篇讲述统计学习或机器学习中的无监督学习方法。无监督学习是从无标注数据中学习模型的机器学习问题，是机器学习的重要组成部分。

本章是无监督学习的概述，首先叙述无监督学习的基本原理，之后介绍无监督学习的基本问题和基本方法。基本问题包括聚类、降维、话题分析和图分析。

13.1 无监督学习基本原理

无监督学习是从无标注的数据中学习数据的统计规律或者说内在结构的机器学习，主要包括聚类、降维、概率估计。无监督学习可以用于数据分析或者监督学习的前处理。

无监督学习使用无标注数据 $U = \{x_1, x_2, \cdots, x_N\}$ 学习或训练，其中 x_i，$i = 1, 2, \cdots, N$，是样本（实例），由特征向量组成。无监督学习的模型是函数 $z = g_\theta(x)$，条件概率分布 $P_\theta(z|x)$，或条件概率分布 $P_\theta(x|z)$。其中 $x \in X$ 是输入，表示样本；$z \in Z$ 是输出，表示对样本的分析结果，可以是类别、转换、概率；θ 是参数。

假设训练数据集由 N 个样本组成，每个样本是一个 M 维向量。训练数据可以由一个矩阵表示，每一行对应一个特征，每一列对应一个样本。

$$X = \begin{bmatrix} x_{11} & \cdots & x_{1N} \\ \vdots & & \vdots \\ x_{M1} & \cdots & x_{MN} \end{bmatrix}$$

其中，x_{ij} 是第 j 个向量的第 i 维；$i = 1, 2, \cdots, M$；$j = 1, 2, \cdots, N$。

无监督学习是一个困难的任务，因为数据没有标注，也就是没有人的指导，机器需要自己从数据中找出规律。模型的输入 x 在数据中可以观测，而输出 z 隐藏在数据中。无监督学习通常需要大量的数据，因为对数据隐藏的规律的发现需要足够的观测。

无监督学习的基本想法是对给定数据（矩阵数据）进行某种"压缩"，从而找到数据的潜在结构。假定损失最小的压缩得到的结果就是最本质的结构。图 13.1 是这种想法的一个示意图。可以考虑发掘数据的纵向结构，把相似的样本聚到同类，即对数据进行聚类。还可以考虑发掘数据的横向结构，把高维空间的向量转换为低维空间的向量，即对数据进行降维。也可以同时考虑发掘数据的纵向与横向结构，假设数据由含有隐式结构的概率模型生成得到，从数据中学习该概率模型。

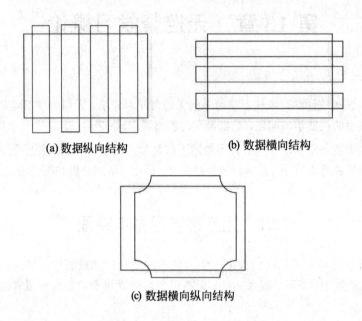

图 13.1　无监督学习的基本想法

13.2　基本问题

1. 聚类

聚类（clustering）是将样本集合中相似的样本（实例）分配到相同的类，不相似的样本分配到不同的类。聚类时，样本通常是欧氏空间中的向量，类别不是事先给定，而是从数据中自动发现，但类别的个数通常是事先给定的。样本之间的相似度或距离由应用决定。如果一个样本只能属于一个类，则称为硬聚类（hard clustering）；如果一个样本可以属于多个类，则称为软聚类（soft clustering）。图 13.2 给出聚类（硬聚类）的例子。二维空间的样本被分到三个不同的类中。

假设输入空间是欧氏空间 $X \subseteq \mathbf{R}^d$，输出空间是类别集合 $Z = \{1, 2, \cdots, k\}$。聚类的模型是函数 $z = g_\theta(x)$ 或者条件概率分布 $P_\theta(z|x)$，其中 $x \in X$ 是样本的向量，$z \in Z$ 是样本的类别，θ 是参数。前者的函数是硬聚类模型，后者的条件概率分布是软聚类模型。

13.2 基本问题

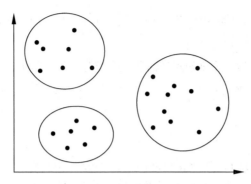

图 13.2 聚类的例子

聚类的过程就是学习聚类模型的过程。硬聚类时，每一个样本属于某一类 $z_i = g_\theta(x_i), i = 1, 2, \cdots, N$；软聚类时，每一个样本依概率属于每一个类 $P_\theta(z_i|x_i), i = 1, 2, \cdots, N$。如图 13.1 所示，聚类可以帮助发现数据中隐藏的纵向结构。（也有例外，co-clustering 是聚类算法，对样本和特征都进行聚类，同时发现数据中的纵向横向结构。）

2. 降维

降维（dimensionality reduction）是将训练数据中的样本（实例）从高维空间转换到低维空间。假设样本原本存在于高维空间，或者近似地存在于高维空间，通过降维则可以更好地表示样本数据的结构，即更好地表示样本之间的关系。高维空间通常是高维的欧氏空间，而低维空间是低维的欧氏空间或者流形（manifold）。低维空间不是事先给定，而是从数据中自动发现，其维数通常是事先给定的。从高维到低维的降维中，要保证样本中的信息损失最小。降维有线性的降维和非线性的降维。图 13.3 给出降维的例子。二维空间的样本存在于一条直线的附近，可以将样本从二维空间转换到一维空间。通过降维可以更好地表示样本之间的关系。

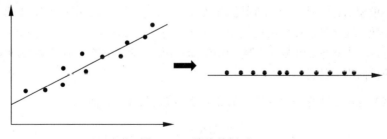

图 13.3 降维的例子

假设输入空间是欧氏空间 $X \subseteq \mathbf{R}^d$，输出空间也是欧氏空间 $Z \subseteq \mathbf{R}^{d'}$，$d' \ll d$，后者的维数低于前者的维数。降维的模型是函数 $z = g_\theta(x)$，其中 $x \in X$ 是样本的高

维向量，$z \in Z$ 是样本的低维向量，θ 是参数。函数可以是线性函数也可以是非线性函数。

降维的过程就是学习降维模型的过程。降维时，每一个样本从高维向量转换为低维向量 $z_i = g_\theta(x_i)$, $i = 1, 2, \cdots, N$。如图 13.1 所示，降维可以帮助发现数据中隐藏的横向结构。

3. 概率模型估计

概率模型估计（probability model estimation），简称概率估计，假设训练数据由一个概率模型生成，由训练数据学习概率模型的结构和参数。概率模型的结构类型，或者说概率模型的集合事先给定，而模型的具体结构与参数从数据中自动学习。学习的目标是找到最有可能生成数据的结构和参数。概率模型包括混合模型、概率图模型等。概率图模型又包括有向图模型和无向图模型。图 13.4 给出混合模型估计的例子。假设数据由高斯混合模型生成，学习的目标是估计这个模型的参数。

图 13.4　概率模型估计的例子

概率模型表示为条件概率分布 $P_\theta(x|z)$，其中随机变量 x 表示观测数据，可以是连续变量也可以是离散变量；随机变量 z 表示隐式结构，是离散变量；随机变量 θ 表示参数。模型是混合模型时，z 表示成分的个数；模型是概率图模型时，z 表示图的结构。

概率模型的一种特殊情况是隐式结构不存在，即满足 $P_\theta(x|z) = P_\theta(x)$。这时条件概率分布估计变成概率分布估计，只要估计分布 $P_\theta(x)$ 的参数即可。传统统计学中的概率密度估计，比如高斯分布参数估计，都属于这种情况。

概率模型估计是从给定的训练数据 $U = \{x_1, x_2, \cdots, x_N\}$ 中学习模型 $P_\theta(x|z)$ 的结构和参数。这样可以计算出模型相关的任意边缘分布和条件分布。注意随机变量 x 是多元变量，甚至是高维多元变量。如图 13.1 所示，概率模型估计可以帮助发现数据中隐藏的横向纵向结构。

软聚类也可以看作是概率模型估计问题。根据贝叶斯公式

$$P(z|x) = \frac{P(z)P(x|z)}{P(x)} \propto P(z)P(x|z) \tag{13.1}$$

假设先验概率服从均匀分布，只需要估计条件概率分布 $P_\theta(x|z)$。这样，可以通过对条件概率分布 $P_\theta(x|z)$ 的估计进行软聚类，这里 z 表示类别，θ 表示参数。

13.3 机器学习三要素

同监督学习一样，无监督学习也有三要素：模型、策略、算法。

模型就是函数 $z = g_\theta(x)$，条件概率分布 $P_\theta(z|x)$，或条件概率分布 $P_\theta(x|z)$，在聚类、降维、概率模型估计中拥有不同的形式。比如，聚类中模型的输出是类别；降维中模型的输出是低维向量；概率模型估计中的模型可以是混合概率模型，也可以是有向概率图模型和无向概率图模型。

策略在不同的问题中有不同的形式，但都可以表示为目标函数的优化。比如，聚类中样本与所属类别中心距离的最小化，降维中样本从高维空间转换到低维空间过程中信息损失的最小化，概率模型估计中模型生成数据概率的最大化。

算法通常是迭代算法，通过迭代达到目标函数的最优化，比如，梯度下降法。

层次聚类法、k 均值聚类是硬聚类方法，高斯混合模型 EM 算法是软聚类方法。主成分分析、潜在语义分析是降维方法。概率潜在语义分析、潜在狄利克雷分配是概率模型估计方法。

13.4 无监督学习方法

1. 聚类

聚类主要用于数据分析，也可以用于监督学习的前处理。聚类可以帮助发现数据中的统计规律。数据通常是连续变量表示的，也可以是离散变量表示的。第 14 章将讲述聚类方法，包括层次聚类和 k 均值聚类。

表 13.1 给出一个简单的数据集合。有 5 个样本 A、B、C、D、E，每个样本有二维特征 x_1, x_2。图 13.5 显示样本在二维实数空间的位置。通过聚类算法，可以将样本分配到两个类别中。假设用 k 均值聚类，$k = 2$。开始可以取任意两点作为两个类的中心；依据样本与类中心的欧氏距离的大小将样本分配到两个类中；然后计算两个类中样本的均值，作为两个类的新的类中心；重复以上操作，直到两类不再改变，最后得到聚类结果，A、B、C 为一个类，D、E 为另一个类。

表 13.1 聚类数据

	A	B	C	D	E
x_1	1	1	0	2	3
x_2	1	0	2	4	5

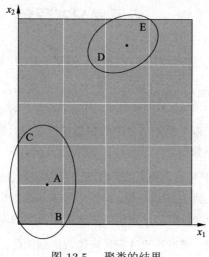

图 13.5 聚类的结果

2. 降维

降维主要用于数据分析,也可以用于监督学习的前处理。降维可以帮助发现高维数据中的统计规律。数据是连续变量表示的。第 16 章介绍降维方法的主成分分析,第 15 章介绍基础的奇异值分解。

表 13.2 给出一个简单的数据集合。有 14 个样本 A、B、C、D 等,每个样本有 9 维特征 $x_1, x_2, \cdots, x_9$。由于数据是高维(多变量)数据,很难观察变量的样本区分能力,也很难观察样本之间的关系。比如样本表示细胞,特征表示细胞中的指标。从数据中很难直接观察到哪些变量能帮助区分细胞,哪些细胞相似,哪些细胞不相似。对数据进行降维,如主成分分析,就可以更直接地分析以上问题。图 13.6 显示对样本集

表 13.2 聚类数据

	A	B	C	D	…
x_1	3	0.25	2.8	0.1	…
x_2	2.9	0.8	2.2	1.8	…
x_3	2.2	1	1.5	3.2	…
x_4	2	1.4	2	0.3	…
x_5	1.3	1.6	1.6	0	…
x_6	1.5	2	2.1	3	…
x_7	1.1	2.2	1.2	2.8	…
x_8	1	2.7	0.9	0.3	…
x_9	0.4	3	0.6	0.1	…

合进行降维（主成分分析）的结果。结果在新的二维实数空间中，有二维新的特征 y_1, y_2，14 个样本分布在不同位置。通过降维，可以发现样本可以分为三个类别。二维新特征由原始特征定义。

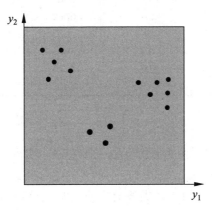

图 13.6　降维（主成分分析）的结果

3. 话题分析

话题分析是文本分析的一种技术。给定一个文本集合，话题分析旨在发现文本集合中每个文本的话题，而话题由单词的集合表示。注意，这里假设有足够数量的文本，如果只有一个文本或几个文本，是不能做话题分析的。话题分析可以形式化为概率模型估计问题，或降维问题。第 17、18、20 章分别介绍话题分析方法的潜在语义分析、概率潜在语义分析、潜在狄利克雷分配。第 19 章介绍基础的马尔可夫链蒙特卡罗法。

表 13.3 给出一个文本数据集合。有 6 个文本，6 个单词，表中数字表示单词在文本中的出现次数。对数据进行话题分析，如潜在狄利克雷分配分析，得到由单词集合表示的话题，以及由话题集合表示的文本。如表 13.4 所示，具体地话题表示为单词的概率分布，文本表示为话题的概率分布。LDA 是含有这些概率分布的模型。直观上，一个话题包含语义相似的单词。一个文本包含若干个话题。

表 13.3　话题分析的数据

单词	文本					
	doc1	doc2	doc3	doc4	doc5	doc6
word1	1	1				
word2	1		1			
word3		1	1			
word4				1	1	
word5				1		1
word6					1	1

表 13.4 话题分析（LDA 分析）的结果

单词	话题		文本	话题	
	topic1	topic2		topic1	topic2
word1	0.33	0	doc1	1	0
word2	0.33	0	doc2	1	0
word3	0.33	0	doc3	1	0
word4	0	0.33	doc4	0	1
word5	0	0.33	doc5	0	1
word6	0	0.33	doc6	0	1

4. 图分析

很多应用中的数据是以图的形式存在，图数据表示实体之间的关系，包括有向图、无向图、超图。图分析（graph analytics）的目的是发掘隐藏在图中的统计规律或潜在结构。链接分析（link analysis）是图分析的一种，包括 PageRank 算法，主要是发现有向图中的重要结点。第 21 章介绍 PageRank 算法。

PageRank 算法是无监督学习方法。给定一个有向图，定义在图上的随机游走即马尔可夫链。随机游走者在有向图上随机跳转，到达一个结点后以等概率跳转到链接出去的结点，并不断持续这个过程。PageRank 算法就是求解该马尔可夫链的平稳分布的算法。一个结点上的平稳概率表示该结点的重要性，称为该结点的 PageRank 值。被指向的结点越多，该结点的 PageRank 值就越大；被指向的结点的 PageRank 值越大，该结点的 PageRank 值就越大。直观上 PageRank 值越大结点也就越重要。

这里简单介绍 PageRank 的原理。图 13.7 是一个简单的有向图，有 4 个结点 A, B, C, D。给定这个图，PageRank 算法通过迭代求出结点的 PageRank 值。首先，对每个结点的概率值初始化，表示各个结点的到达概率，假设是等概率的。下一步，各个结点的概率是上一步各个结点可能跳转到该结点的概率之和，不断迭代，各个结点的到达概率分布趋于平稳分布，也就是 PageRank 值的分布。迭代过程如表 13.5 所示。可以看出结点 C, D 的 PageRank 值更大。

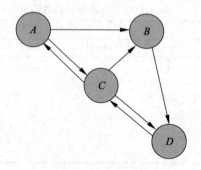

图 13.7 有向图数据

表 13.5　PageRank 计算的结果

结点	步骤		
	第 1 步	第 2 步	第 3 步
A	1/4	2/24	3/24
B	1/4	5/24	4/24
C	1/4	9/24	9/24
D	1/4	8/24	8/24

PageRank 算法最初是为互联网搜索而提出。可以将互联网看作是一个巨大的有向图，网页是结点，网页的超链接是有向边。PageRank 算法可以算出网页的 PageRank 值，表示其重要度，在搜索引擎的排序中网页的重要度起着重要作用。

本 章 概 要

1. 机器学习或统计学习一般包括监督学习、无监督学习、强化学习。

无监督学习是指从无标注数据中学习模型的机器学习问题。无标注数据是自然得到的数据，模型表示数据的类别、转换或概率。无监督学习的本质是学习数据中的统计规律或潜在结构，主要包括聚类、降维、概率估计。

2. 无监督学习可以用于对已有数据的分析，也可以用于对未来数据的预测。学习得到的模型有函数 $z = g(x)$，条件概率分布 $P(z|x)$，或条件概率分布 $P(x|z)$。

无监督学习的基本想法是对给定数据（矩阵数据）进行某种"压缩"，从而找到数据的潜在结构，假定损失最小的压缩得到的结果就是最本质的结构。可以考虑发掘数据的纵向结构，对应聚类。也可以考虑发掘数据的横向结构，对应降维。还可以同时考虑发掘数据的纵向与横向结构，对应概率模型估计。

3. 聚类是将样本集合中相似的样本（实例）分配到相同的类，不相似的样本分配到不同的类。聚类分硬聚类和软聚类。聚类方法有层次聚类和 k 均值聚类。

4. 降维是将样本集合中的样本（实例）从高维空间转换到低维空间。假设样本原本存在于高维空间，或近似地存在于高维空间，通过降维则可以更好地表示样本数据的结构，即更好地表示样本之间的关系。降维有线性降维和非线性降维，降维方法有主成分分析。

5. 概率模型估计假设训练数据由一个概率模型生成，同时利用训练数据学习概率模型的结构和参数。概率模型包括混合模型、概率图模型等。概率图模型又包括有向图模型和无向图模型。

6. 话题分析是文本分析的一种技术。给定一个文本集合，话题分析旨在发现文本集合中每个文本的话题，而话题由单词的集合表示。话题分析方法有潜在语义分析、概率潜在语义分析和潜在狄利克雷分配。

7. 图分析的目的是发掘隐藏在图中的统计规律或潜在结构。链接分析是图分析的一种，主要是发现有向图中的重要结点，包括 PageRank 算法。

继续阅读

无监督学习在主要的机器学习书籍 [1-7] 中都有介绍，可以参考。

参考文献

[1] Hastie T, Tibshirani R, Friedman J. The elements of statistical learning: data mining, inference, and prediction. Springer. 2001. (中译本：统计学习基础 —— 数据挖掘、推理与预测. 范明，柴玉梅，昝红英等译. 北京：电子工业出版社，2004.)

[2] Bishop M. Pattern Recognition and Machine Learning. Springer, 2006.

[3] Koller D, Friedman N. Probabilistic graphical models: principles and techniques. Cambridge, MA: MIT Press, 2009.

[4] Goodfellow I, Bengio Y, Courville A. Deep learning. Cambridge, MA: MIT Press, 2016.

[5] Michelle T M. Machine Learning. McGraw-Hill Companies, Inc. 1997.(中译本：机器学习. 北京：机械工业出版社，2003.)

[6] Barber D. Bayesian reasoning and machine learning, Cambridge, UK: Cambridge University Press, 2012.

[7] 周志华. 机器学习. 北京：清华大学出版社，2017.

第 14 章 聚类方法

聚类是针对给定的样本，依据它们特征的相似度或距离，将其归并到若干个"类"或"簇"的数据分析问题。一个类是给定样本集合的一个子集。直观上，相似的样本聚集在相同的类，不相似的样本分散在不同的类。这里，样本之间的相似度或距离起着重要作用。

聚类的目的是通过得到的类或簇来发现数据的特点或对数据进行处理，在数据挖掘、模式识别等领域有着广泛的应用。聚类属于无监督学习，因为只是根据样本的相似度或距离将其进行归类，而类或簇事先并不知道。

聚类算法很多，本章介绍两种最常用的聚类算法：层次聚类（hierarchical clustering）和 k 均值聚类（k-means clustering）。层次聚类又有聚合（自下而上）和分裂（自上而下）两种方法。聚合法开始将每个样本各自分到一个类；之后将相距最近的两类合并，建立一个新的类，重复此操作直到满足停止条件；得到层次化的类别。分裂法开始将所有样本分到一个类；之后将已有类中相距最远的样本分到两个新的类，重复此操作直到满足停止条件；得到层次化的类别。k 均值聚类是基于中心的聚类方法，通过迭代，将样本分到 k 个类中，使得每个样本与其所属类的中心或均值最近；得到 k 个"平坦的"、非层次化的类别，构成对空间的划分。k 均值聚类的算法 1967 年由 MacQueen 提出。

本章 14.1 节介绍聚类的基本概念，14.2 节和 14.3 节分别叙述层次聚类和 k 均值聚类。

14.1 聚类的基本概念

本节介绍聚类的基本概念，包括样本之间的距离或相似度，类或簇，类与类之间的距离。

14.1.1 相似度或距离

聚类的对象是观测数据，或样本集合。假设有 n 个样本，每个样本由 m 个属性的

特征向量组成。样本集合可以用矩阵 X 表示

$$X = [x_{ij}]_{m \times n} = \begin{bmatrix} x_{11} & x_{12} & \cdots & x_{1n} \\ x_{21} & x_{22} & \cdots & x_{2n} \\ \vdots & \vdots & & \vdots \\ x_{m1} & x_{m2} & \cdots & x_{mn} \end{bmatrix} \tag{14.1}$$

矩阵的第 j 列表示第 j 个样本，$j = 1, 2, \cdots, n$；第 i 行表示第 i 个属性，$i = 1, 2, \cdots, m$；矩阵元素 x_{ij} 表示第 j 个样本的第 i 个属性值，$i = 1, 2, \cdots, m$；$j = 1, 2, \cdots, n$。

聚类的核心概念是相似度（similarity）或距离（distance），有多种相似度或距离的定义。因为相似度直接影响聚类的结果，所以其选择是聚类的根本问题。具体哪种相似度更合适取决于应用问题的特性。

1. 闵可夫斯基距离[①]

在聚类中，可以将样本集合看作是向量空间中点的集合，以该空间的距离表示样本之间的相似度。常用的距离有闵可夫斯基距离，特别是欧氏距离。闵可夫斯基距离越大相似度越小，距离越小相似度越大。

定义 14.1 给定样本集合 X，X 是 m 维实数向量空间 $\mathbf{R}^m$ 中点的集合，其中 $x_i, x_j \in X$，$x_i = (x_{1i}, x_{2i}, \cdots, x_{mi})^\mathrm{T}$，$x_j = (x_{1j}, x_{2j}, \cdots, x_{mj})^\mathrm{T}$，样本 x_i 与样本 x_j 的闵可夫斯基距离（Minkowski distance）定义为

$$d_{ij} = \left(\sum_{k=1}^{m} |x_{ki} - x_{kj}|^p \right)^{\frac{1}{p}} \tag{14.2}$$

这里 $p \geqslant 1$。当 $p = 2$ 时称为欧氏距离（Euclidean distance），即

$$d_{ij} = \left(\sum_{k=1}^{m} |x_{ki} - x_{kj}|^2 \right)^{\frac{1}{2}} \tag{14.3}$$

当 $p = 1$ 时称为曼哈顿距离（Manhattan distance），即

$$d_{ij} = \sum_{k=1}^{m} |x_{ki} - x_{kj}| \tag{14.4}$$

当 $p = \infty$ 时称为切比雪夫距离（Chebyshev distance），取各个坐标数值差的绝对值的最大值，即

$$d_{ij} = \max_{k} |x_{ki} - x_{kj}| \tag{14.5}$$

[①] 在第 3 章叙述了闵可夫斯基距离，现重述，记号有所改变。

2. 马哈拉诺比斯距离

马哈拉诺比斯距离（Mahalanobis distance），简称马氏距离，也是另一种常用的相似度，考虑各个分量（特征）之间的相关性并与各个分量的尺度无关。马哈拉诺比斯距离越大相似度越小，距离越小相似度越大。

定义 14.2 给定一个样本集合 X，$X = [x_{ij}]_{m \times n}$，其协方差矩阵记作 S。样本 x_i 与样本 x_j 之间的马哈拉诺比斯距离 d_{ij} 定义为

$$d_{ij} = \left[(x_i - x_j)^{\mathrm{T}} S^{-1} (x_i - x_j)\right]^{\frac{1}{2}} \tag{14.6}$$

其中

$$x_i = (x_{1i}, x_{2i}, \cdots, x_{mi})^{\mathrm{T}}, \quad x_j = (x_{1j}, x_{2j}, \cdots, x_{mj})^{\mathrm{T}} \tag{14.7}$$

当 S 为单位矩阵时，即样本数据的各个分量互相独立且各个分量的方差为 1 时，由式 (14.6) 知马氏距离就是欧氏距离，所以马氏距离是欧氏距离的推广。

3. 相关系数

样本之间的相似度也可以用相关系数（correlation coefficient）来表示。相关系数的绝对值越接近于 1，表示样本越相似；越接近于 0，表示样本越不相似。

定义 14.3 样本 x_i 与样本 x_j 之间的相关系数定义为

$$r_{ij} = \frac{\sum_{k=1}^{m}(x_{ki} - \bar{x}_i)(x_{kj} - \bar{x}_j)}{\left[\sum_{k=1}^{m}(x_{ki} - \bar{x}_i)^2 \sum_{k=1}^{m}(x_{kj} - \bar{x}_j)^2\right]^{\frac{1}{2}}} \tag{14.8}$$

其中

$$\bar{x}_i = \frac{1}{m}\sum_{k=1}^{m} x_{ki}, \quad \bar{x}_j = \frac{1}{m}\sum_{k=1}^{m} x_{kj}$$

4. 夹角余弦

样本之间的相似度也可以用夹角余弦（cosine）来表示。夹角余弦越接近于 1，表示样本越相似；越接近于 0，表示样本越不相似。

定义 14.4 样本 x_i 与样本 x_j 之间的夹角余弦定义为

$$s_{ij} = \frac{\sum\limits_{k=1}^{m} x_{ki}x_{kj}}{\left[\sum\limits_{k=1}^{m} x_{ki}^2 \sum\limits_{k=1}^{m} x_{kj}^2\right]^{\frac{1}{2}}} \tag{14.9}$$

由上述定义看出，用距离度量相似度时，距离越小样本越相似；用相关系数时，相关系数越大样本越相似。注意不同相似度度量得到的结果并不一定一致。请参照图 14.1。

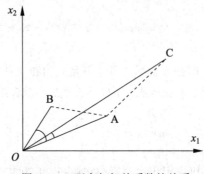

图 14.1 距离与相关系数的关系

从图上可以看出，如果从距离的角度看，A 和 B 比 A 和 C 更相似；但从相关系数的角度看，A 和 C 比 A 和 B 更相似。所以，进行聚类时，选择适合的距离或相似度非常重要。

14.1.2 类或簇

通过聚类得到的类或簇，本质是样本的子集。如果一个聚类方法假定一个样本只能属于一个类，或类的交集为空集，那么该方法称为硬聚类（hard clustering）方法。否则，如果一个样本可以属于多个类，或类的交集不为空集，那么该方法称为软聚类（soft clustering）方法。本章只考虑硬聚类方法。

用 G 表示类或簇（cluster），用 x_i, x_j 表示类中的样本，用 n_G 表示 G 中样本的个数，用 d_{ij} 表示样本 x_i 与样本 x_j 之间的距离。类或簇有多种定义，下面给出几个常见的定义。

14.1 聚类的基本概念

定义 14.5 设 T 为给定的正数，若集合 G 中任意两个样本 x_i, x_j，有

$$d_{ij} \leqslant T$$

则称 G 为一个类或簇。

定义 14.6 设 T 为给定的正数，若对集合 G 的任意样本 x_i，一定存在 G 中的另一个样本 x_j，使得

$$d_{ij} \leqslant T$$

则称 G 为一个类或簇。

定义 14.7 设 T 为给定的正数，若对集合 G 中任意一个样本 x_i，G 中的另一个样本 x_j 满足

$$\frac{1}{n_G - 1} \sum_{x_j \in G} d_{ij} \leqslant T$$

其中 n_G 为 G 中样本的个数，则称 G 为一个类或簇。

定义 14.8 设 T 和 V 为给定的两个正数，如果集合 G 中任意两个样本 x_i, x_j 的距离 d_{ij} 满足

$$\frac{1}{n_G(n_G - 1)} \sum_{x_i \in G} \sum_{x_j \in G} d_{ij} \leqslant T$$

$$d_{ij} \leqslant V$$

则称 G 为一个类或簇。

以上四个定义，第一个定义最常用，并且由它可推出其他三个定义。

类的特征可以通过不同角度来刻画，常用的特征有下面三种：

（1）类的均值 $\bar{x}_G$，又称为类的中心

$$\bar{x}_G = \frac{1}{n_G} \sum_{i=1}^{n_G} x_i \tag{14.10}$$

式中 n_G 是类 G 的样本个数。

（2）类的直径（diameter）D_G

类的直径 D_G 是类中任意两个样本之间的最大距离，即

$$D_G = \max_{x_i, x_j \in G} d_{ij} \tag{14.11}$$

（3）类的样本散布矩阵（scatter matrix）A_G 与样本协方差矩阵（covariance matrix）S_G

类的样本散布矩阵 A_G 为

$$A_G = \sum_{i=1}^{n_G}(x_i - \bar{x}_G)(x_i - \bar{x}_G)^{\mathrm{T}} \tag{14.12}$$

样本协方差矩阵 S_G 为

$$S_G = \frac{1}{n_G - 1} A_G$$

$$= \frac{1}{n_G - 1} \sum_{i=1}^{n_G}(x_i - \bar{x}_G)(x_i - \bar{x}_G)^{\mathrm{T}} \tag{14.13}$$

14.1.3 类与类之间的距离

下面考虑类 G_p 与类 G_q 之间的距离 $D(p,q)$，也称为连接（linkage）。类与类之间的距离也有多种定义。

设类 G_p 包含 n_p 个样本，G_q 包含 n_q 个样本，分别用 $\bar{x}_p$ 和 $\bar{x}_q$ 表示 G_p 和 G_q 的均值，即类的中心。

（1）最短距离或单连接（single linkage）

定义类 G_p 的样本与 G_q 的样本之间的最短距离为两类之间的距离

$$D_{pq} = \min\{d_{ij}|x_i \in G_p, x_j \in G_q\} \tag{14.14}$$

（2）最长距离或完全连接（complete linkage）

定义类 G_p 的样本与 G_q 的样本之间的最长距离为两类之间的距离

$$D_{pq} = \max\{d_{ij}|x_i \in G_p, x_j \in G_q\} \tag{14.15}$$

（3）中心距离

定义类 G_p 与类 G_q 的中心 $\bar{x}_p$ 与 $\bar{x}_q$ 之间的距离为两类之间的距离

$$D_{pq} = d_{\bar{x}_p \bar{x}_q} \tag{14.16}$$

（4）平均距离

定义类 G_p 与类 G_q 任意两个样本之间距离的平均值为两类之间的距离

$$D_{pq} = \frac{1}{n_p n_q} \sum_{x_i \in G_p} \sum_{x_j \in G_q} d_{ij} \tag{14.17}$$

14.2 层次聚类

层次聚类假设类别之间存在层次结构，将样本聚到层次化的类中。层次聚类又有聚合（agglomerative）或自下而上（bottom-up）聚类、分裂（divisive）或自上而下（top-down）聚类两种方法。因为每个样本只属于一个类，所以层次聚类属于硬聚类。

聚合聚类开始将每个样本各自分到一个类；之后将相距最近的两类合并，建立一个新的类，重复此操作直到满足停止条件；得到层次化的类别。分裂聚类开始将所有样本分到一个类；之后将已有类中相距最远的样本分到两个新的类，重复此操作直到满足停止条件；得到层次化的类别。本书只介绍聚合聚类。

聚合聚类的具体过程如下：对于给定的样本集合，开始将每个样本分到一个类；然后按照一定规则，例如类间距离最小，将最满足规则条件的两个类进行合并；如此反复进行，每次减少一个类，直到满足停止条件，如所有样本聚为一类。

由此可知，聚合聚类需要预先确定下面三个要素：

（1）距离或相似度；
（2）合并规则；
（3）停止条件。

根据这些要素的不同组合，就可以构成不同的聚类方法。距离或相似度可以是闵可夫斯基距离、马哈拉诺比斯距离、相关系数、夹角余弦。合并规则一般是类间距离最小，类间距离可以是最短距离、最长距离、中心距离、平均距离。停止条件可以是类的个数达到阈值（极端情况类的个数是 1）、类的直径超过阈值。

如果采用欧氏距离为样本之间距离；类间距离最小为合并规则，其中最短距离为类间距离；类的个数是 1，即所有样本聚为一类，为停止条件，那么聚合聚类的算法如下。

算法 14.1（聚合聚类算法）
输入：n 个样本组成的样本集合及样本之间的距离；
输出：对样本集合的一个层次化聚类。
（1）计算 n 个样本两两之间的欧氏距离 $\{d_{ij}\}$，记作矩阵 $D=[d_{ij}]_{n\times n}$。
（2）构造 n 个类，每个类只包含一个样本。
（3）合并类间距离最小的两个类，其中最短距离为类间距离，构建一个新类。
（4）计算新类与当前各类的距离。若类的个数为 1，终止计算，否则回到步 (3)。∎

可以看出聚合层次聚类算法的复杂度是 $O(n^3 m)$，其中 m 是样本的维数，n 是样本个数。

下面通过一个例子说明聚合层次聚类算法。

例 14.1 给定 5 个样本的集合,样本之间的欧氏距离由如下矩阵 D 表示:

$$D = [d_{ij}]_{5\times 5} = \begin{bmatrix} 0 & 7 & 2 & 9 & 3 \\ 7 & 0 & 5 & 4 & 6 \\ 2 & 5 & 0 & 8 & 1 \\ 9 & 4 & 8 & 0 & 5 \\ 3 & 6 & 1 & 5 & 0 \end{bmatrix}$$

其中 d_{ij} 表示第 i 个样本与第 j 个样本之间的欧氏距离。显然 D 为对称矩阵。应用聚合层次聚类法对这 5 个样本进行聚类。

解 (1) 首先用 5 个样本构建 5 个类,$G_i = \{x_i\}$, $i = 1, 2, \cdots, 5$,这样,样本之间的距离也就变成类之间的距离,所以 5 个类之间的距离矩阵亦为 D。

(2) 由矩阵 D 可以看出,$D_{35} = D_{53} = 1$ 为最小,所以把 G_3 和 G_5 合并为一个新类,记作 $G_6 = \{x_3, x_5\}$。

(3) 计算 G_6 与 G_1, G_2, G_4 之间的最短距离,有

$$D_{61} = 2, \quad D_{62} = 5, \quad D_{64} = 5$$

又注意到其余两类之间的距离是

$$D_{12} = 7, \quad D_{14} = 9, \quad D_{24} = 4$$

显然,$D_{61} = 2$ 最小,所以将 G_1 与 G_6 合并成一个新类,记作 $G_7 = \{x_1, x_3, x_5\}$。

(4) 计算 G_7 与 G_2, G_4 之间的最短距离,

$$D_{72} = 5, \quad D_{74} = 5$$

又注意到

$$D_{24} = 4$$

显然,其中 $D_{24} = 4$ 最小,所以将 G_2 与 G_4 合并成一新类,记作 $G_8 = \{x_2, x_4\}$。

(5) 将 G_7 与 G_8 合并成一个新类,记作 $G_9 = \{x_1, x_2, x_3, x_4, x_5\}$,即将全部样本聚成 1 类,聚类终止。∎

上述层次聚类过程可以用下面的层次聚类图表示。

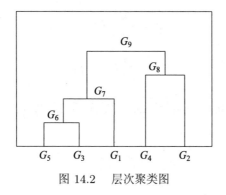

图 14.2　层次聚类图

14.3　k 均值聚类

k 均值聚类是基于样本集合划分的聚类算法。k 均值聚类将样本集合划分为 k 个子集，构成 k 个类，将 n 个样本分到 k 个类中，每个样本到其所属类的中心的距离最小。每个样本只能属于一个类，所以 k 均值聚类是硬聚类。下面分别介绍 k 均值聚类的模型、策略、算法，讨论算法的特性及相关问题。

14.3.1　模型

给定 n 个样本的集合 $X = \{x_1, x_2, \cdots, x_n\}$，每个样本由一个特征向量表示，特征向量的维数是 m。k 均值聚类的目标是将 n 个样本分到 k 个不同的类或簇中，这里假设 $k < n$。k 个类 $G_1, G_2, \cdots, G_k$ 形成对样本集合 X 的划分，其中 $G_i \cap G_j = \varnothing$，$\bigcup_{i=1}^{k} G_i = X$。用 C 表示划分，一个划分对应着一个聚类结果。

划分 C 是一个多对一的函数。事实上，如果把每个样本用一个整数 $i \in \{1, 2, \cdots, n\}$ 表示，每个类也用一个整数 $l \in \{1, 2, \cdots, k\}$ 表示，那么划分或者聚类可以用函数 $l = C(i)$ 表示，其中 $i \in \{1, 2, \cdots, n\}$，$l \in \{1, 2, \cdots, k\}$。所以 k 均值聚类的模型是一个从样本到类的函数。

14.3.2　策略

k 均值聚类归结为样本集合 X 的划分，或者从样本到类的函数的选择问题。k 均值聚类的策略是通过损失函数的最小化选取最优的划分或函数 C^*。

首先，采用欧氏距离平方（squared Euclidean distance）作为样本之间的距离 $d(x_i, x_j)$

$$d(x_i, x_j) = \sum_{k=1}^{m} (x_{ki} - x_{kj})^2$$

$$= \|x_i - x_j\|^2 \tag{14.18}$$

然后，定义样本与其所属类的中心之间的距离的总和为损失函数，即

$$W(C) = \sum_{l=1}^{k} \sum_{C(i)=l} \|x_i - \bar{x}_l\|^2 \tag{14.19}$$

式中 $\bar{x}_l = (\bar{x}_{1l}, \bar{x}_{2l}, \cdots, \bar{x}_{ml})^{\mathrm{T}}$ 是第 l 个类的均值或中心，$n_l = \sum_{i=1}^{n} I(C(i) = l)$，$I(C(i) = l)$ 是指示函数，取值为 1 或 0。函数 $W(C)$ 也称为能量，表示相同类中的样本相似的程度。

k 均值聚类就是求解最优化问题：

$$C^* = \arg\min_{C} W(C)$$

$$= \arg\min_{C} \sum_{l=1}^{k} \sum_{C(i)=l} \|x_i - \bar{x}_l\|^2 \tag{14.20}$$

相似的样本被聚到同类时，损失函数值最小，这个目标函数的最优化能达到聚类的目的。但是，这是一个组合优化问题，n 个样本分到 k 类，所有可能分法的数目是：

$$S(n, k) = \frac{1}{k!} \sum_{l=1}^{k} (-1)^{k-l} \binom{k}{l} l^n \tag{14.21}$$

这个数字是指数级的。事实上，k 均值聚类的最优解求解问题是 NP 困难问题。现实中采用迭代的方法求解。

14.3.3 算法

k 均值聚类的算法是一个迭代的过程，每次迭代包括两个步骤。首先选择 k 个类的中心，将样本逐个指派到与其最近的中心的类中，得到一个聚类结果；然后更新每个类的样本均值，作为类的新的中心；重复以上步骤，直到收敛为止。具体过程如下。

首先，对于给定的中心值 $(m_1, m_2, \cdots, m_k)$，求一个划分 C，使得目标函数极小化：

$$\min_{C} \sum_{l=1}^{k} \sum_{C(i)=l} \|x_i - m_l\|^2 \tag{14.22}$$

14.3 k 均值聚类

就是说在类中心确定的情况下，将每个样本分到一个类中，使样本和其所属类的中心之间的距离总和最小。求解结果，将每个样本指派到与其最近的中心 m_l 的类 G_l 中。

然后，对给定的划分 C，再求各个类的中心 $(m_1, m_2, \cdots, m_k)$，使得目标函数极小化：

$$\min_{m_1, \cdots, m_k} \sum_{l=1}^{k} \sum_{C(i)=l} \|x_i - m_l\|^2$$

就是说在划分确定的情况下，使样本和其所属类的中心之间的距离总和最小。求解结果，对于每个包含 n_l 个样本的类 G_l，更新其均值 m_l：

$$m_l = \frac{1}{n_l} \sum_{C(i)=l} x_i, \quad l = 1, \cdots, k$$

重复以上两个步骤，直到划分不再改变，得到聚类结果。现将 k 均值聚类算法叙述如下。

算法 14.2（k 均值聚类算法）

输入：n 个样本的集合 X；

输出：样本集合的聚类 C^*。

（1）初始化。令 $t = 0$，随机选择 k 个样本点作为初始聚类中心 $m^{(0)} = (m_1^{(0)}, \cdots, m_l^{(0)}, \cdots, m_k^{(0)})$。

（2）对样本进行聚类。对固定的类中心 $m^{(t)} = (m_1^{(t)}, \cdots, m_l^{(t)}, \cdots, m_k^{(t)})$，其中 $m_l^{(t)}$ 为类 G_l 的中心，计算每个样本到类中心的距离，将每个样本指派到与其最近的中心的类中，构成聚类结果 $C^{(t)}$。

（3）计算新的类中心。对聚类结果 $C^{(t)}$，计算当前各个类中的样本的均值，作为新的类中心 $m^{(t+1)} = (m_1^{(t+1)}, \cdots, m_l^{(t+1)}, \cdots, m_k^{(t+1)})$。

（4）如果迭代收敛或符合停止条件，输出 $C^* = C^{(t)}$。

否则，令 $t = t + 1$，返回步 (2)。 ∎

k 均值聚类算法的复杂度是 $O(mnk)$，其中 m 是样本维数，n 是样本个数，k 是类别个数。

例 14.2 给定含有 5 个样本的集合

$$X = \begin{bmatrix} 0 & 0 & 1 & 5 & 5 \\ 2 & 0 & 0 & 0 & 2 \end{bmatrix}$$

试用 k 均值聚类算法将样本聚到 2 个类中。

解 按照算法 14.2，

（1）选择两个样本点作为类的中心。假设选择 $m_1^{(0)} = x_1 = (0,2)^{\mathrm{T}}$, $m_2^{(0)} = x_2 = (0,0)^{\mathrm{T}}$。

（2）以 $m_1^{(0)}$, $m_2^{(0)}$ 为类 $G_1^{(0)}$, $G_2^{(0)}$ 的中心，计算 $x_3 = (1,0)^{\mathrm{T}}$, $x_4 = (5,0)^{\mathrm{T}}$, $x_5 = (5,2)^{\mathrm{T}}$ 与 $m_1^{(0)} = (0,2)^{\mathrm{T}}$, $m_2^{(0)} = (0,0)^{\mathrm{T}}$ 的欧氏距离平方。

对 $x_3 = (1,0)^{\mathrm{T}}$, $d(x_3, m_1^{(0)}) = 5$, $d(x_3, m_2^{(0)}) = 1$, 将 x_3 分到类 $G_2^{(0)}$。

对 $x_4 = (5,0)^{\mathrm{T}}$, $d(x_4, m_1^{(0)}) = 29$, $d(x_4, m_2^{(0)}) = 25$, 将 x_4 分到类 $G_2^{(0)}$。

对 $x_5 = (5,2)^{\mathrm{T}}$, $d(x_5, m_1^{(0)}) = 25$, $d(x_5, m_2^{(0)}) = 29$, 将 x_5 分到类 $G_1^{(0)}$。

（3）得到新的类 $G_1^{(1)} = \{x_1, x_5\}$, $G_2^{(1)} = \{x_2, x_3, x_4\}$, 计算类的中心 $m_1^{(1)}$, $m_2^{(1)}$:

$$m_1^{(1)} = (2.5, 2.0)^{\mathrm{T}}, \quad m_2^{(1)} = (2, 0)^{\mathrm{T}}$$

（4）重复步骤 (2) 和步骤 (3)。

将 x_1 分到类 $G_1^{(1)}$, 将 x_2 分到类 $G_2^{(1)}$, x_3 分到类 $G_2^{(1)}$, x_4 分到类 $G_2^{(1)}$, x_5 分到类 $G_1^{(1)}$。

得到新的类 $G_1^{(2)} = \{x_1, x_5\}$, $G_2^{(2)} = \{x_2, x_3, x_4\}$。

由于得到的新的类没有改变，聚类停止。得到聚类结果：

$$G_1^* = \{x_1, x_5\}, \quad G_2^* = \{x_2, x_3, x_4\} \qquad \blacksquare$$

14.3.4 算法特性

1. 总体特点

k 均值聚类有以下特点：基于划分的聚类方法；类别数 k 事先指定；以欧氏距离平方表示样本之间的距离，以中心或样本的均值表示类别；以样本和其所属类的中心之间的距离的总和为最优化的目标函数；得到的类别是平坦的、非层次化的；算法是迭代算法，不能保证得到全局最优。

2. 收敛性

k 均值聚类属于启发式方法，不能保证收敛到全局最优，初始中心的选择会直接影响聚类结果。注意，类中心在聚类的过程中会发生移动，但是往往不会移动太大，因为在每一步，样本被分到与其最近的中心的类中。

3. 初始类的选择

选择不同的初始中心，会得到不同的聚类结果。针对上面的例 14.2，如果改变两个类的初始中心，比如选择 $m_1^{(0)} = x_1$ 和 $m_2^{(0)} = x_5$，那么 x_2, x_3 会分

到 $G_1^{(0)}$，x_4 会分到 $G_2^{(0)}$，形成聚类结果 $G_1^{(1)} = \{x_1, x_2, x_3\}$，$G_2^{(1)} = \{x_4, x_5\}$。中心是 $m_1^{(1)} = (0.33, 0.67)^{\mathrm{T}}$，$m_2^{(1)} = (5, 1)^{\mathrm{T}}$。继续迭代，聚类结果仍然是 $G_1^{(2)} = \{x_1, x_2, x_3\}$，$G_2^{(2)} = \{x_4, x_5\}$。聚类停止。

初始中心的选择，比如可以用层次聚类对样本进行聚类，得到 k 个类时停止。然后从每个类中选取一个与中心距离最近的点。

4. 类别数 k 的选择

k 均值聚类中的类别数 k 值需要预先指定，而在实际应用中最优的 k 值是不知道的。解决这个问题的一个方法是尝试用不同的 k 值聚类，检验各自得到聚类结果的质量，推测最优的 k 值。聚类结果的质量可以用类的平均直径来衡量。一般地，类别数变小时，平均直径会增加；类别数变大超过某个值以后，平均直径会不变；而这个值正是最优的 k 值。图 14.3 说明类别数与平均直径的关系。实验时，可以采用二分查找，快速找到最优的 k 值。

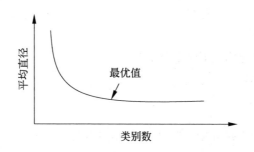

图 14.3　类别数与平均直径的关系

本 章 概 要

1. 聚类是针对给定的样本，依据它们属性的相似度或距离，将其归并到若干个"类"或"簇"的数据分析问题。一个类是样本的一个子集。直观上，相似的样本聚集在同类，不相似的样本分散在不同类。

2. 距离或相似度度量在聚类中起着重要作用。

常用的距离度量有闵可夫斯基距离，包括欧氏距离、曼哈顿距离、切比雪夫距离以及马哈拉诺比斯距离。常用的相似度度量有相关系数、夹角余弦。

用距离度量相似度时，距离越小表示样本越相似；用相关系数时，相关系数越大表示样本越相似。

3. 类是样本的子集，比如有如下基本定义：

用 G 表示类或簇，用 x_i, x_j 等表示类中的样本，用 d_{ij} 表示样本 x_i 与样本 x_j 之间的距离。如果对任意的 $x_i, x_j \in G$，有

$$d_{ij} \leqslant T$$

则称 G 为一个类或簇。

描述类的特征的指标有中心、直径、散布矩阵、协方差矩阵。

4. 聚类过程中用到类与类之间的距离也称为连接。类与类之间的距离包括最短距离、最长距离、中心距离、平均距离。

5. 层次聚类假设类别之间存在层次结构，将样本聚到层次化的类中。层次聚类又有聚合或自下而上、分裂或自上而下两种方法。

聚合聚类开始将每个样本各自分到一个类；之后将相距最近的两类合并，建立一个新的类，重复此操作直到满足停止条件；得到层次化的类别。分裂聚类开始将所有样本分到一个类；之后将已有类中相距最远的样本分到两个新的类，重复此操作直到满足停止条件；得到层次化的类别。

聚合聚类需要预先确定下面三个要素：
（1）距离或相似度；
（2）合并规则；
（3）停止条件。

根据这些概念的不同组合，就可以得到不同的聚类方法。

6. k 均值聚类是常用的聚类算法，有以下特点。基于划分的聚类方法；类别数 k 事先指定；以欧氏距离平方表示样本之间的距离或相似度，以中心或样本的均值表示类别；以样本和其所属类的中心之间的距离的总和为优化的目标函数；得到的类别是平坦的、非层次化的；算法是迭代算法，不能保证得到全局最优。

k 均值聚类算法，首先选择 k 个类的中心，将样本分到与中心最近的类中，得到一个聚类结果；然后计算每个类的样本的均值，作为类的新的中心；重复以上步骤，直到收敛为止。

继续阅读

聚类的方法很多，各种方法的详细介绍可见文献 [1, 2]。层次化聚类的方法可见文献 [2]，k 均值聚类可见文献 [3, 4]。k 均值聚类的扩展有 X-means[5]。其他常用的聚类方法还有基于混合分布的方法，如高斯混合模型与 EM 算法；基于密度的方法，如 DBScan[6]；基于谱聚类的方法，如 Normalized Cuts[7]。以上方法是对样本的聚类，也有对样本与属性同时聚类的方法，如 Co-Clustering[8]。

习　题

14.1　试写出分裂聚类算法，自上而下地对数据进行聚类，并给出其算法复杂度。

14.2　证明类或簇的四个定义中，第一个定义可推出其他三个定义.

14.3　证明式 (14.21) 成立，即 k 均值的可能解的个数是指数级的。

14.4　比较 k 均值聚类与高斯混合模型加 EM 算法的异同。

参 考 文 献

[1]　Jain A, Dubes R. Algorithms for clustering data. Prentice-Hall, 1988.

[2]　Aggarwal C C, Reddy C K. Data clustering: algorithms and applications. CRC Press, 2013.

[3]　MacQueen J B. Some methods for classification and analysis of multivariate observations. Procceedings of 5th Symposium on Mathematical Statistics and Probability, vol.1, pp. 396–410. 1967.

[4]　Hastie T, Tibshirani R, Friedman J. The elements of statistical learning: data mining, inference, and prediction. Springer, 2001.（中译本：统计学习基础——数据挖掘、推理与预测. 范明，柴玉梅，昝红英等译. 北京：电子工业出版社，2004.）

[5]　Pelleg D, Moore A W. X-means: extending K-means with efficient estimation of the number of clusters. Proceedings of ICML, pp. 727–734, 2000.

[6]　Ester M, Kriegel H, Sander J, et al. A density-based algorithm for discovering clusters in large spatial databases with noise. Proceedings of ACM SIGKDD, pp. 226–231. 1996.

[7]　Shi J, Malik J. Normalized cuts and image segmentation. IEEE Transactions on Pattern Analysis and Machine Intelligence, 2000, 22(8): 888–905.

[8]　Dhillon I S. Co-clustering documents and words using bipartite spectral graph partitioning. Proceedings of ACM SIGKDD, pp. 269–274. 2001.

第 15 章 奇异值分解

奇异值分解（singular value decomposition，SVD）是一种矩阵因子分解方法，是线性代数的概念，但在统计学习中被广泛使用，成为其重要工具。本书介绍的主成分分析、潜在语义分析都用到奇异值分解。

任意一个 $m \times n$ 矩阵，都可以表示为三个矩阵的乘积（因子分解）形式，分别是 m 阶正交矩阵、由降序排列的非负的对角线元素组成的 $m \times n$ 矩形对角矩阵和 n 阶正交矩阵，称为该矩阵的奇异值分解。矩阵的奇异值分解一定存在，但不唯一。奇异值分解可以看作是矩阵数据压缩的一种方法，即用因子分解的方式近似地表示原始矩阵，这种近似是在平方损失意义下的最优近似。

15.1 节讲述矩阵奇异值分解的定义与基本定理，叙述奇异值分解的紧凑和截断形式、几何解释、主要性质；15.2 节讲述奇异值分解的算法；15.3 节论述奇异值分解是矩阵的一种最优近似方法。

15.1 奇异值分解的定义与性质

15.1.1 定义与定理

定义 15.1（奇异值分解） 矩阵的奇异值分解是指，将一个非零的 $m \times n$ 实矩阵 A，$A \in \mathbf{R}^{m \times n}$，表示为以下三个实矩阵乘积形式的运算[①]，即进行矩阵的因子分解：

$$A = U\Sigma V^{\mathrm{T}} \tag{15.1}$$

其中 U 是 m 阶正交矩阵（orthogonal matrix），V 是 n 阶正交矩阵，Σ 是由降序排列的非负的对角线元素组成的 $m \times n$ 矩形对角矩阵（rectangular diagonal matrix），满足

[①] 奇异值分解可以更一般地定义在复数矩阵上，这里并不涉及。

$$UU^{\mathrm{T}} = I$$

$$VV^{\mathrm{T}} = I$$

$$\Sigma = \mathrm{diag}(\sigma_1, \sigma_2, \cdots, \sigma_p)$$

$$\sigma_1 \geqslant \sigma_2 \geqslant \cdots \geqslant \sigma_p \geqslant 0$$

$$p = \min(m, n)$$

$U\Sigma V^{\mathrm{T}}$ 称为矩阵 A 的奇异值分解（singular value decomposition, SVD），σ_i 称为矩阵 A 的奇异值（singular value），U 的列向量称为左奇异向量（left singular vector），V 的列向量称为右奇异向量（right singular vector）。

注意奇异值分解不要求矩阵 A 是方阵，事实上矩阵的奇异值分解可以看作是方阵的对角化的推广。

下面看一个奇异值分解的例子。

例 15.1 给定一个 5×4 矩阵 A

$$A = \begin{bmatrix} 1 & 0 & 0 & 0 \\ 0 & 0 & 0 & 4 \\ 0 & 3 & 0 & 0 \\ 0 & 0 & 0 & 0 \\ 2 & 0 & 0 & 0 \end{bmatrix}$$

它的奇异值分解由三个矩阵的乘积 $U\Sigma V^{\mathrm{T}}$ 给出，矩阵 $U, \Sigma, V^{\mathrm{T}}$ 分别为

$$U = \begin{bmatrix} 0 & 0 & \sqrt{0.2} & 0 & \sqrt{0.8} \\ 1 & 0 & 0 & 0 & 0 \\ 0 & 1 & 0 & 0 & 0 \\ 0 & 0 & 0 & 1 & 0 \\ 0 & 0 & \sqrt{0.8} & 0 & -\sqrt{0.2} \end{bmatrix}, \quad \Sigma = \begin{bmatrix} 4 & 0 & 0 & 0 \\ 0 & 3 & 0 & 0 \\ 0 & 0 & \sqrt{5} & 0 \\ 0 & 0 & 0 & 0 \\ 0 & 0 & 0 & 0 \end{bmatrix}$$

$$V^{\mathrm{T}} = \begin{bmatrix} 0 & 0 & 0 & 1 \\ 0 & 1 & 0 & 0 \\ 1 & 0 & 0 & 0 \\ 0 & 0 & 1 & 0 \end{bmatrix}$$

矩阵 Σ 是对角矩阵，对角线外的元素都是 0，对角线上的元素非负，按降序排列。矩

15.1 奇异值分解的定义与性质

阵 U 和 V 是正交矩阵,它们与各自的转置矩阵相乘是单位矩阵,即

$$UU^{\mathrm{T}} = I_5, \quad VV^{\mathrm{T}} = I_4$$

矩阵的奇异值分解不是唯一的。在此例中如果选择 U 为

$$U = \begin{bmatrix} 0 & 0 & \sqrt{0.2} & \sqrt{0.4} & -\sqrt{0.4} \\ 1 & 0 & 0 & 0 & 0 \\ 0 & 1 & 0 & 0 & 0 \\ 0 & 0 & 0 & \sqrt{0.5} & \sqrt{0.5} \\ 0 & 0 & \sqrt{0.8} & -\sqrt{0.1} & \sqrt{0.1} \end{bmatrix}$$

而 Σ 与 V 不变,那么 $U\Sigma V^{\mathrm{T}}$ 也是 A 的一个奇异值分解。 ∎

任意给定一个实矩阵,其奇异值分解是否一定存在呢?答案是肯定的,下面的奇异值分解的基本定理给予保证。

定理 15.1(奇异值分解基本定理) 若 A 为一 $m \times n$ 实矩阵,$A \in \mathbf{R}^{m \times n}$,则 A 的奇异值分解存在

$$A = U\Sigma V^{\mathrm{T}} \tag{15.2}$$

其中 U 是 m 阶正交矩阵,V 是 n 阶正交矩阵,Σ 是 $m \times n$ 矩形对角矩阵,其对角线元素非负,且按降序排列。

证明 证明是构造性的,对给定的矩阵 A,构造出其奇异值分解的各个矩阵。为了方便,不妨假设 $m \geqslant n$,如果 $m < n$ 证明仍然成立。证明由三步完成。[1]

(1) 确定 V 和 Σ

首先构造 n 阶正交实矩阵 V 和 $m \times n$ 矩形对角实矩阵 Σ。

矩阵 A 是 $m \times n$ 实矩阵,则矩阵 $A^{\mathrm{T}}A$ 是 n 阶实对称矩阵。因而 $A^{\mathrm{T}}A$ 的特征值都是实数,并且存在一个 n 阶正交实矩阵 V 实现 $A^{\mathrm{T}}A$ 的对角化,使得 $V^{\mathrm{T}}(A^{\mathrm{T}}A)V = \Lambda$ 成立,其中 Λ 是 n 阶对角矩阵,其对角线元素由 $A^{\mathrm{T}}A$ 的特征值组成。

而且,$A^{\mathrm{T}}A$ 的特征值都是非负的。事实上,令 λ 是 $A^{\mathrm{T}}A$ 的一个特征值,x 是对应的特征向量,则

$$\|Ax\|^2 = x^{\mathrm{T}}A^{\mathrm{T}}Ax = \lambda x^{\mathrm{T}}x = \lambda\|x\|^2$$

于是

$$\lambda = \frac{\|Ax\|^2}{\|x\|^2} \geqslant 0 \tag{15.3}$$

---

[1] 线性代数的基本知识可参见本章的参考文献。

可以假设正交矩阵 V 的列的排列使得对应的特征值形成降序排列

$$\lambda_1 \geqslant \lambda_2 \geqslant \cdots \geqslant \lambda_n \geqslant 0$$

计算特征值的平方根（实际就是矩阵 A 的奇异值）

$$\sigma_j = \sqrt{\lambda_j}, \quad j = 1, 2, \cdots, n$$

设矩阵 A 的秩是 r，$\text{rank}(A) = r$，则矩阵 $A^{\text{T}}A$ 的秩也是 r。由于 $A^{\text{T}}A$ 是对称矩阵，它的秩等于正的特征值的个数，所以

$$\lambda_1 \geqslant \lambda_2 \geqslant \cdots \geqslant \lambda_r > 0, \quad \lambda_{r+1} = \lambda_{r+2} = \cdots = \lambda_n = 0 \tag{15.4}$$

对应地有

$$\sigma_1 \geqslant \sigma_2 \geqslant \cdots \geqslant \sigma_r > 0, \quad \sigma_{r+1} = \sigma_{r+2} = \cdots = \sigma_n = 0 \tag{15.5}$$

令

$$V_1 = \begin{bmatrix} \nu_1 & \nu_2 & \cdots & \nu_r \end{bmatrix}, \quad V_2 = \begin{bmatrix} \nu_{r+1} & \nu_{r+2} & \cdots & \nu_n \end{bmatrix}$$

其中 $\nu_1, \cdots, \nu_r$ 为 $A^{\text{T}}A$ 的正特征值对应的特征向量，$\nu_{r+1}, \cdots, \nu_n$ 为 0 特征值对应的特征向量，则

$$V = \begin{bmatrix} V_1 & V_2 \end{bmatrix} \tag{15.6}$$

这就是矩阵 A 的奇异值分解中的 n 阶正交矩阵 V。

令

$$\Sigma_1 = \begin{bmatrix} \sigma_1 & & & \\ & \sigma_2 & & \\ & & \ddots & \\ & & & \sigma_r \end{bmatrix}$$

则 Σ_1 是一个 r 阶对角矩阵，其对角线元素为按降序排列的正的 $\sigma_1, \cdots, \sigma_r$，于是 $m \times n$ 矩形对角矩阵 Σ 可以表为

$$\Sigma = \begin{bmatrix} \Sigma_1 & 0 \\ 0 & 0 \end{bmatrix} \tag{15.7}$$

这就是矩阵 A 的奇异值分解中的 $m \times n$ 矩形对角矩阵 Σ。

下面推出后面要用到的一个公式。在式 (15.6) 中，V_2 的列向量是 $A^{\text{T}}A$ 对应于特

15.1 奇异值分解的定义与性质

征值为 0 的特征向量。因此

$$A^\mathrm{T} A v_j = 0, \quad j = r+1, \cdots, n \tag{15.8}$$

于是，V_2 的列向量构成了 $A^\mathrm{T} A$ 的零空间 $N(A^\mathrm{T} A)$，而 $N(A^\mathrm{T} A) = N(A)$。所以 V_2 的列向量构成 A 的零空间的一组标准正交基。因此，

$$A V_2 = 0 \tag{15.9}$$

由于 V 是正交矩阵，由式 (15.6) 可得

$$I = VV^\mathrm{T} = V_1 V_1^\mathrm{T} + V_2 V_2^\mathrm{T} \tag{15.10}$$

$$A = AI = AV_1 V_1^\mathrm{T} + AV_2 V_2^\mathrm{T} = AV_1 V_1^\mathrm{T} \tag{15.11}$$

（2）确定 U

接着构造 m 阶正交实矩阵 U。

令

$$u_j = \frac{1}{\sigma_j} A v_j, \quad j = 1, 2, \cdots, r \tag{15.12}$$

$$U_1 = [u_1 \quad u_2 \quad \cdots \quad u_r] \tag{15.13}$$

则有

$$AV_1 = U_1 \Sigma_1 \tag{15.14}$$

U_1 的列向量构成了一组标准正交集，因为

$$\begin{aligned}
u_i^\mathrm{T} u_j &= \left(\frac{1}{\sigma_i} v_i^\mathrm{T} A^\mathrm{T}\right)\left(\frac{1}{\sigma_j} A v_j\right) \\
&= \frac{1}{\sigma_i \sigma_j} v_i^\mathrm{T} (A^\mathrm{T} A v_j) \\
&= \frac{\sigma_j}{\sigma_i} v_i^\mathrm{T} v_j \\
&= \delta_{ij}, \quad i = 1, 2, \cdots, r; \quad j = 1, 2, \cdots, r
\end{aligned} \tag{15.15}$$

由式 (15.12) 和式 (15.15) 可知，$u_1, u_2, \cdots, u_r$ 构成 A 的列空间的一组标准正交基，列空间的维数为 r。如果将 A 看成是从 $\mathbf{R}^n$ 到 $\mathbf{R}^m$ 的线性变换，则 A 的列空间和 A 的值域 $R(A)$ 是相同的。因此 $u_1, u_2, \cdots, u_r$ 也是 $R(A)$ 的一组标准正交基。

若 $R(A)^\perp$ 表示 $R(A)$ 的正交补，则有 $R(A)$ 的维数为 r，$R(A)^\perp$ 的维数为 $m-r$，两者的维数之和等于 m。而且有 $R(A)^\perp = N(A^{\mathrm{T}})$ 成立。[①]

令 $\{u_{r+1}, u_{r+2}, \cdots, u_m\}$ 为 $N(A^{\mathrm{T}})$ 的一组标准正交基，并令

$$U_2 = [u_{r+1} \quad u_{r+2} \quad \cdots \quad u_m]$$
$$U = [U_1 \quad U_2] \tag{15.16}$$

则 $u_1, u_2, \cdots, u_m$ 构成了 $\mathbf{R}^m$ 的一组标准正交基。因此，U 是 m 阶正交矩阵，这就是矩阵 A 的奇异值分解中的 m 阶正交矩阵。

（3）证明 $U\Sigma V^{\mathrm{T}} = A$

由式 (15.6)、式 (15.7)、式 (15.11)、式 (15.14) 和式 (15.16) 得

$$\begin{aligned} U\Sigma V^{\mathrm{T}} &= [U_1 \quad U_2] \begin{bmatrix} \Sigma_1 & 0 \\ 0 & 0 \end{bmatrix} \begin{bmatrix} V_1^{\mathrm{T}} \\ V_2^{\mathrm{T}} \end{bmatrix} \\ &= U_1 \Sigma_1 V_1^{\mathrm{T}} \\ &= A V_1 V_1^{\mathrm{T}} \\ &= A \end{aligned} \tag{15.17}$$

至此证明了矩阵 A 存在奇异值分解。∎

15.1.2 紧奇异值分解与截断奇异值分解

定理 15.1 给出的奇异值分解

$$A = U\Sigma V^{\mathrm{T}}$$

又称为矩阵的完全奇异值分解（full singular value decomposition）。实际常用的是奇异值分解的紧凑形式和截断形式。紧奇异值分解是与原始矩阵等秩的奇异值分解，截断奇异值分解是比原始矩阵低秩的奇异值分解。

1. 紧奇异值分解

定义 15.2 设有 $m \times n$ 实矩阵 A，其秩为 $\mathrm{rank}(A) = r$，$r \leqslant \min(m,n)$，则称 $U_r \Sigma_r V_r^{\mathrm{T}}$ 为 A 的紧奇异值分解（compact singular value decomposition），即

[①] 参照附录 D。

$$A = U_r \Sigma_r V_r^{\mathrm{T}} \tag{15.18}$$

其中 U_r 是 $m \times r$ 矩阵，V_r 是 $n \times r$ 矩阵，Σ_r 是 r 阶对角矩阵；矩阵 U_r 由完全奇异值分解中 U 的前 r 列、矩阵 V_r 由 V 的前 r 列、矩阵 Σ_r 由 Σ 的前 r 个对角线元素得到。紧奇异值分解的对角矩阵 Σ_r 的秩与原始矩阵 A 的秩相等。

例 15.2 由例 15.1 给出的矩阵 A 的秩 $r = 3$，

$$A = \begin{bmatrix} 1 & 0 & 0 & 0 \\ 0 & 0 & 0 & 4 \\ 0 & 3 & 0 & 0 \\ 0 & 0 & 0 & 0 \\ 2 & 0 & 0 & 0 \end{bmatrix}$$

A 的紧奇异值分解是

$$A = U_r \Sigma_r V_r^{\mathrm{T}}$$

其中

$$U_r = \begin{bmatrix} 0 & 0 & \sqrt{0.2} \\ 1 & 0 & 0 \\ 0 & 1 & 0 \\ 0 & 0 & 0 \\ 0 & 0 & \sqrt{0.8} \end{bmatrix}, \quad \Sigma_r = \begin{bmatrix} 4 & 0 & 0 \\ 0 & 3 & 0 \\ 0 & 0 & \sqrt{5} \end{bmatrix}, \quad V_r^{\mathrm{T}} = \begin{bmatrix} 0 & 0 & 0 & 1 \\ 0 & 1 & 0 & 0 \\ 1 & 0 & 0 & 0 \end{bmatrix} \quad \blacksquare$$

2. 截断奇异值分解

在矩阵的奇异值分解中，只取最大的 k 个奇异值（$k < r$，r 为矩阵的秩）对应的部分，就得到矩阵的截断奇异值分解。实际应用中提到矩阵的奇异值分解时，通常指截断奇异值分解。

定义 15.3 设 A 为 $m \times n$ 实矩阵，其秩 $\mathrm{rank}(A) = r$，且 $0 < k < r$，则称 $U_k \Sigma_k V_k^{\mathrm{T}}$ 为矩阵 A 的截断奇异值分解（truncated singular value decomposition）

$$A \approx U_k \Sigma_k V_k^{\mathrm{T}} \tag{15.19}$$

其中 U_k 是 $m \times k$ 矩阵，V_k 是 $n \times k$ 矩阵，Σ_k 是 k 阶对角矩阵；矩阵 U_k 由完全奇异

值分解中 U 的前 k 列、矩阵 V_k 由 V 的前 k 列、矩阵 Σ_k 由 Σ 的前 k 个对角线元素得到。对角矩阵 Σ_k 的秩比原始矩阵 A 的秩低。

例 15.3 由例 15.1 所给出的矩阵 A

$$A = \begin{bmatrix} 1 & 0 & 0 & 0 \\ 0 & 0 & 0 & 4 \\ 0 & 3 & 0 & 0 \\ 0 & 0 & 0 & 0 \\ 2 & 0 & 0 & 0 \end{bmatrix}$$

的秩为 3,若取 $k = 2$ 则其截断奇异值分解是

$$A \approx A_2 = U_2 \Sigma_2 V_2^{\mathrm{T}}$$

其中

$$U_2 = \begin{bmatrix} 0 & 0 \\ 1 & 0 \\ 0 & 1 \\ 0 & 0 \\ 0 & 0 \end{bmatrix}, \quad \Sigma_2 = \begin{bmatrix} 4 & 0 \\ 0 & 3 \end{bmatrix}, \quad V_2^{\mathrm{T}} = \begin{bmatrix} 0 & 0 & 0 & 1 \\ 0 & 1 & 0 & 0 \end{bmatrix}$$

$$A_2 = U_2 \Sigma_2 V_2^{\mathrm{T}} = \begin{bmatrix} 0 & 0 & 0 & 0 \\ 0 & 0 & 0 & 4 \\ 0 & 3 & 0 & 0 \\ 0 & 0 & 0 & 0 \\ 0 & 0 & 0 & 0 \end{bmatrix}$$

这里的 U_2, V_2 是例 15.1 的 U 和 V 的前 2 列,Σ_2 是 Σ 的前 2 行前 2 列。A_2 与 A 比较,A 的元素 1 和 2 在 A_2 中均变成 0。 ■

在实际应用中,常常需要对矩阵的数据进行压缩,将其近似表示,奇异值分解提供了一种方法。后面将要叙述,奇异值分解是在平方损失(弗罗贝尼乌斯范数)意义下对矩阵的最优近似。紧奇异值分解对应着无损压缩,截断奇异值分解对应着有损压缩。

15.1.3 几何解释

从线性变换的角度理解奇异值分解，$m \times n$ 矩阵 A 表示从 n 维空间 $\mathbf{R}^n$ 到 m 维空间 $\mathbf{R}^m$ 的一个线性变换，
$$T: x \to Ax$$
$x \in \mathbf{R}^n$，$Ax \in \mathbf{R}^m$，x 和 Ax 分别是各自空间的向量。线性变换可以分解为三个简单的变换：一个坐标系的旋转或反射变换、一个坐标轴的缩放变换、另一个坐标系的旋转或反射变换。奇异值定理保证这种分解一定存在。这就是奇异值分解的几何解释。

对矩阵 A 进行奇异值分解，得到 $A = U\Sigma V^\mathrm{T}$，V 和 U 都是正交矩阵，所以 V 的列向量 $v_1, v_2, \cdots, v_n$ 构成 $\mathbf{R}^n$ 空间的一组标准正交基，表示 $\mathbf{R}^n$ 中的正交坐标系的旋转或反射变换；U 的列向量 $u_1, u_2, \cdots, u_m$ 构成 $\mathbf{R}^m$ 空间的一组标准正交基，表示 $\mathbf{R}^m$ 中的正交坐标系的旋转或反射变换；Σ 的对角元素 $\sigma_1, \sigma_2, \cdots, \sigma_n$ 是一组非负实数，表示 $\mathbf{R}^n$ 中的原始正交坐标系坐标轴的 $\sigma_1, \sigma_2, \cdots, \sigma_n$ 倍的缩放变换。

任意一个向量 $x \in \mathbf{R}^n$，经过基于 $A = U\Sigma V^\mathrm{T}$ 的线性变换，等价于经过坐标系的旋转或反射变换 V^T，坐标轴的缩放变换 Σ，以及坐标系的旋转或反射变换 U，得到向量 $Ax \in \mathbf{R}^m$。图 15.1 给出直观的几何解释（见文前彩图）。原始空间的标准正交基（红色与黄色），经过坐标系的旋转变换 V^T、坐标轴的缩放变换 Σ（黑色 σ_1, σ_2）、坐标系的旋转变换 U，得到和经过线性变换 A 等价的结果。

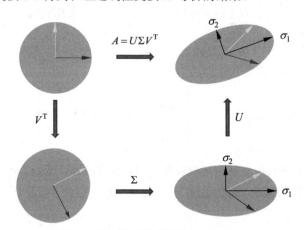

图 15.1 奇异值分解的几何解释 (见彩图)

下面通过一个例子直观地说明奇异值分解的几何意义。

例 15.4 给定一个 2 阶矩阵
$$A = \begin{bmatrix} 3 & 1 \\ 2 & 1 \end{bmatrix}$$

其奇异值分解为

$$U = \begin{bmatrix} 0.8174 & -0.5760 \\ 0.5760 & 0.8174 \end{bmatrix}, \quad \Sigma = \begin{bmatrix} 3.8643 & 0 \\ 0 & 0.2588 \end{bmatrix}, \quad V^{\mathrm{T}} = \begin{bmatrix} 0.9327 & 0.3606 \\ -0.3606 & 0.9327 \end{bmatrix}$$

观察基于矩阵 A 的奇异值分解将 $\mathbf{R}^2$ 的标准正交基

$$e_1 = \begin{bmatrix} 1 \\ 0 \end{bmatrix}, \quad e_2 = \begin{bmatrix} 0 \\ 1 \end{bmatrix}$$

进行线性转换的情况。

首先，V^{T} 表示一个旋转变换，将标准正交基 e_1, e_2 旋转，得到向量 $V^{\mathrm{T}}e_1, V^{\mathrm{T}}e_2$：

$$V^{\mathrm{T}}e_1 = \begin{bmatrix} 0.9327 \\ -0.3606 \end{bmatrix}, \quad V^{\mathrm{T}}e_2 = \begin{bmatrix} 0.3606 \\ 0.9327 \end{bmatrix}$$

其次，Σ 表示一个缩放变换，将向量 $V^{\mathrm{T}}e_1, V^{\mathrm{T}}e_2$ 在坐标轴方向缩放 σ_1 倍和 σ_2 倍，得到向量 $\Sigma V^{\mathrm{T}}e_1, \Sigma V^{\mathrm{T}}e_2$：

$$\Sigma V^{\mathrm{T}}e_1 = \begin{bmatrix} 3.6042 \\ -0.0933 \end{bmatrix}, \quad \Sigma V^{\mathrm{T}}e_2 = \begin{bmatrix} 1.3935 \\ 0.2414 \end{bmatrix}$$

最后，U 表示一个旋转变换，再将向量 $\Sigma V^{\mathrm{T}}e_1, \Sigma V^{\mathrm{T}}e_2$ 旋转，得到向量 $U\Sigma V^{\mathrm{T}}e_1, U\Sigma V^{\mathrm{T}}e_2$，也就是向量 Ae_1 和 Ae_2：

$$Ae_1 = U\Sigma V^{\mathrm{T}}e_1 = \begin{bmatrix} 3 \\ 2 \end{bmatrix}, \quad Ae_2 = U\Sigma V^{\mathrm{T}}e_2 \begin{bmatrix} 1 \\ 1 \end{bmatrix}$$

综上，矩阵的奇异值分解也可以看作是将其对应的线性变换分解为旋转变换、缩放变换及旋转变换的组合。根据定理 15.1，这个变换的组合一定存在。∎

15.1.4　主要性质

（1）设矩阵 A 的奇异值分解为 $A = U\Sigma V^{\mathrm{T}}$，则以下关系成立：

$$A^{\mathrm{T}}A = (U\Sigma V^{\mathrm{T}})^{\mathrm{T}}(U\Sigma V^{\mathrm{T}}) = V(\Sigma^{\mathrm{T}}\Sigma)V^{\mathrm{T}} \tag{15.20}$$

$$AA^{\mathrm{T}} = (U\Sigma V^{\mathrm{T}})(U\Sigma V^{\mathrm{T}})^{\mathrm{T}} = U(\Sigma\Sigma^{\mathrm{T}})U^{\mathrm{T}} \tag{15.21}$$

15.1 奇异值分解的定义与性质

也就是说，矩阵 A^TA 和 AA^T 的特征分解存在，且可以由矩阵 A 的奇异值分解的矩阵表示。V 的列向量是 A^TA 的特征向量，U 的列向量是 AA^T 的特征向量，Σ 的奇异值是 A^TA 和 AA^T 的特征值的平方根。

（2）在矩阵 A 的奇异值分解中，奇异值、左奇异向量和右奇异向量之间存在对应关系。

由 $A = U\Sigma V^T$ 易知

$$AV = U\Sigma$$

比较这一等式两端的第 j 列，得到

$$Av_j = \sigma_j u_j, \quad j = 1, 2, \cdots, n \tag{15.22}$$

这是矩阵 A 的右奇异向量和奇异值、左奇异向量的关系。

类似地，由

$$A^T U = V \Sigma^T$$

得到

$$A^T u_j = \sigma_j v_j, \quad j = 1, 2, \cdots, n \tag{15.23}$$

$$A^T u_j = 0, \quad j = n+1, n+2, \cdots, m \tag{15.24}$$

这是矩阵 A 的左奇异向量和奇异值、右奇异向量的关系。

（3）矩阵 A 的奇异值分解中，奇异值 $\sigma_1, \sigma_2, \cdots, \sigma_n$ 是唯一的，而矩阵 U 和 V 不是唯一的。

（4）矩阵 A 和 Σ 的秩相等，等于正奇异值 σ_i 的个数 r（包含重复的奇异值）。

（5）矩阵 A 的 r 个右奇异向量 $v_1, v_2, \cdots, v_r$ 构成 A^T 的值域 $R(A^T)$ 的一组标准正交基。因为矩阵 A^T 是从 $\mathbf{R}^m$ 映射到 $\mathbf{R}^n$ 的线性变换，则 A^T 的值域 $R(A^T)$ 和 A^T 的列空间是相同的，$v_1, v_2, \cdots, v_r$ 是 A^T 的一组标准正交基，因而也是 $R(A^T)$ 的一组标准正交基。[①]

矩阵 A 的 $n-r$ 个右奇异向量 $v_{r+1}, v_{r+2}, \cdots, v_n$ 构成 A 的零空间 $N(A)$ 的一组标准正交基。

矩阵 A 的 r 个左奇异向量 $u_1, u_2, \cdots, u_r$ 构成值域 $R(A)$ 的一组标准正交基。

矩阵 A 的 $m-r$ 个左奇异向量 $u_{r+1}, u_{r+2}, \cdots, u_m$ 构成 A^T 的零空间 $N(A^T)$ 的一组标准正交基。

---

① 参照附录 D。

15.2 奇异值分解的计算

奇异值分解基本定理证明的过程蕴含了奇异值分解的计算方法。矩阵 A 的奇异值分解可以通过求对称矩阵 $A^\mathrm{T}A$ 的特征值和特征向量得到。$A^\mathrm{T}A$ 的特征向量构成正交矩阵 V 的列；$A^\mathrm{T}A$ 的特征值 λ_j 的平方根为奇异值 σ_j，即

$$\sigma_j = \sqrt{\lambda_j}, \quad j = 1, 2, \cdots, n$$

对其由大到小排列作为对角线元素，构成对角矩阵 Σ；求正奇异值对应的左奇异向量，再求扩充的 A^T 的标准正交基，构成正交矩阵 U 的列。从而得到 A 的奇异值分解 $A = U\Sigma V^\mathrm{T}$。

给定 $m \times n$ 矩阵 A，可以按照上面的叙述写出矩阵奇异值分解的计算过程。

(1) 首先求 $A^\mathrm{T}A$ 的特征值和特征向量。

计算对称矩阵 $W = A^\mathrm{T}A$。

求解特征方程

$$(W - \lambda I)x = 0$$

得到特征值 λ_j，并将特征值由大到小排列

$$\lambda_1 \geqslant \lambda_2 \geqslant \cdots \geqslant \lambda_n \geqslant 0$$

将特征值 $\lambda_j (j = 1, 2, \cdots, n)$ 代入特征方程求得对应的特征向量。

(2) 求 n 阶正交矩阵 V

将特征向量单位化，得到单位特征向量 $v_1, v_2, \cdots, v_n$，构成 n 阶正交矩阵 V：

$$V = \begin{bmatrix} v_1 & v_2 & \cdots & v_n \end{bmatrix}$$

(3) 求 $m \times n$ 对角矩阵 Σ

计算 A 的奇异值

$$\sigma_j = \sqrt{\lambda_j}, \quad j = 1, 2, \cdots, n$$

构造 $m \times n$ 矩形对角矩阵 Σ，主对角线元素是奇异值，其余元素是零，

$$\Sigma = \mathrm{diag}(\sigma_1, \sigma_2, \cdots, \sigma_n)$$

15.2 奇异值分解的计算

（4）求 m 阶正交矩阵 U

对 A 的前 r 个正奇异值，令

$$u_j = \frac{1}{\sigma_j} A v_j, \quad j = 1, 2, \cdots, r$$

得到

$$U_1 = [\ u_1 \quad u_2 \quad \cdots \quad u_r\ ]$$

求 A^{T} 的零空间的一组标准正交基 $\{u_{r+1}, u_{r+2}, \cdots, u_m\}$，令

$$U_2 = [\ u_{r+1} \quad u_{r+2} \quad \cdots \quad u_m\ ]$$

并令

$$U = [\ U_1 \quad U_2\ ]$$

（5）得到奇异值分解

$$A = U \Sigma V^{\mathrm{T}}$$

下面通过一个简单的例题，说明奇异值分解的算法。

例 15.5 试求矩阵

$$A = \begin{bmatrix} 1 & 1 \\ 2 & 2 \\ 0 & 0 \end{bmatrix}$$

的奇异值分解。

解 （1）求矩阵 $A^{\mathrm{T}} A$ 的特征值和特征向量

求对称矩阵 $A^{\mathrm{T}} A$

$$A^{\mathrm{T}} A = \begin{bmatrix} 1 & 2 & 0 \\ 1 & 2 & 0 \end{bmatrix} \begin{bmatrix} 1 & 1 \\ 2 & 2 \\ 0 & 0 \end{bmatrix} = \begin{bmatrix} 5 & 5 \\ 5 & 5 \end{bmatrix}$$

特征值 λ 和特征向量 x 满足特征方程

$$(A^{\mathrm{T}} A - \lambda I) x = 0$$

得到齐次线性方程组

$$\begin{cases} (5-\lambda)x_1 + 5x_2 = 0 \\ 5x_1 + (5-\lambda)x_2 = 0 \end{cases}$$

该方程组有非零解的充要条件是

$$\begin{vmatrix} 5-\lambda & 5 \\ 5 & 5-\lambda \end{vmatrix} = 0$$

即

$$\lambda^2 - 10\lambda = 0$$

解此方程,得矩阵 $A^{\mathrm{T}}A$ 的特征值 $\lambda_1 = 10$ 和 $\lambda_2 = 0$。

将特征值 $\lambda_1 = 10$ 代入线性方程组,得到对应的单位特征向量

$$v_1 = \begin{bmatrix} \dfrac{1}{\sqrt{2}} \\ \dfrac{1}{\sqrt{2}} \end{bmatrix}$$

同样得到特征值 $\lambda_2 = 0$ 对应的单位特征向量

$$v_2 = \begin{bmatrix} \dfrac{1}{\sqrt{2}} \\ -\dfrac{1}{\sqrt{2}} \end{bmatrix}$$

(2) 求正交矩阵 V

构造正交矩阵 V

$$V = \begin{bmatrix} \dfrac{1}{\sqrt{2}} & \dfrac{1}{\sqrt{2}} \\ \dfrac{1}{\sqrt{2}} & -\dfrac{1}{\sqrt{2}} \end{bmatrix}$$

(3) 求对角矩阵 Σ

奇异值为 $\sigma_1 = \sqrt{\lambda_1} = \sqrt{10}$ 和 $\sigma_2 = 0$。构造对角矩阵

$$\Sigma = \begin{bmatrix} \sqrt{10} & 0 \\ 0 & 0 \\ 0 & 0 \end{bmatrix}$$

注意在 Σ 中要加上零行向量,使得 Σ 能够与 U,V 进行矩阵乘法运算。

15.2 奇异值分解的计算

（4）求正交矩阵 U

基于 A 的正奇异值计算得到列向量 u_1

$$u_1 = \frac{1}{\sigma_1} A v_1 = \frac{1}{\sqrt{10}} \begin{bmatrix} 1 & 1 \\ 2 & 2 \\ 0 & 0 \end{bmatrix} \begin{bmatrix} \frac{1}{\sqrt{2}} \\ \frac{1}{\sqrt{2}} \end{bmatrix} = \begin{bmatrix} \frac{1}{\sqrt{5}} \\ \frac{2}{\sqrt{5}} \\ 0 \end{bmatrix}$$

列向量 u_2, u_3 是 A^T 的零空间 $N(A^T)$ 的一组标准正交基。为此，求解以下线性方程组

$$A^T x = \begin{bmatrix} 1 & 2 & 0 \\ 1 & 2 & 0 \end{bmatrix} \begin{bmatrix} x_1 \\ x_2 \\ x_3 \end{bmatrix} = \begin{bmatrix} 0 \\ 0 \end{bmatrix}$$

即

$$x_1 + 2x_2 + 0x_3 = 0$$
$$x_1 = -2x_2 + 0x_3$$

分别取 (x_2, x_3) 为 $(1, 0)$ 和 $(0, 1)$，得到 $N(A^T)$ 的基

$$(-2, 1, 0)^T, \quad (0, 0, 1)^T$$

$N(A^T)$ 的一组标准正交基是

$$u_2 = \left(-\frac{2}{\sqrt{5}}, \frac{1}{\sqrt{5}}, 0 \right)^T, \quad u_3 = (0, 0, 1)^T$$

构造正交矩阵 U

$$U = \begin{bmatrix} \frac{1}{\sqrt{5}} & -\frac{2}{\sqrt{5}} & 0 \\ \frac{2}{\sqrt{5}} & \frac{1}{\sqrt{5}} & 0 \\ 0 & 0 & 1 \end{bmatrix}$$

（5）矩阵 A 的奇异值分解

$$A = U \Sigma V^T = \begin{bmatrix} \frac{1}{\sqrt{5}} & -\frac{2}{\sqrt{5}} & 0 \\ \frac{2}{\sqrt{5}} & \frac{1}{\sqrt{5}} & 0 \\ 0 & 0 & 1 \end{bmatrix} \begin{bmatrix} \sqrt{10} & 0 \\ 0 & 0 \\ 0 & 0 \end{bmatrix} \begin{bmatrix} \frac{1}{\sqrt{2}} & \frac{1}{\sqrt{2}} \\ \frac{1}{\sqrt{2}} & -\frac{1}{\sqrt{2}} \end{bmatrix} \blacksquare$$

上面的算法和例题只是为了说明计算的过程，并不是实际应用中的算法。可以看出，奇异值分解算法关键在于 $A^{\mathrm{T}}A$ 的特征值的计算。实际应用的奇异值分解算法是通过求 $A^{\mathrm{T}}A$ 的特征值进行，但不直接计算 $A^{\mathrm{T}}A$。按照这个思路产生了许多矩阵奇异值分解的有效算法，这里不予介绍，读者可以参考文献 [3, 4]。

15.3 奇异值分解与矩阵近似

15.3.1 弗罗贝尼乌斯范数

奇异值分解也是一种矩阵近似的方法，这个近似是在弗罗贝尼乌斯范数（Frobenius norm）意义下的近似。矩阵的弗罗贝尼乌斯范数是向量的 L_2 范数的直接推广，对应着机器学习中的平方损失函数。

定义 15.4（弗罗贝尼乌斯范数） 设矩阵 $A \in \mathbf{R}^{m\times n}$，$A = [a_{ij}]_{m\times n}$，定义矩阵 A 的弗罗贝尼乌斯范数为

$$\|A\|_F = \left(\sum_{i=1}^{m}\sum_{j=1}^{n}(a_{ij})^2\right)^{\frac{1}{2}} \tag{15.25}$$

引理 15.1 设矩阵 $A \in \mathbf{R}^{m\times n}$，$A$ 的奇异值分解为 $U\Sigma V^{\mathrm{T}}$，其中 $\Sigma = \mathrm{diag}(\sigma_1, \sigma_2, \cdots, \sigma_n)$，则

$$\|A\|_F = (\sigma_1^2 + \sigma_2^2 + \cdots + \sigma_n^2)^{\frac{1}{2}} \tag{15.26}$$

证明 一般地，若 Q 是 m 阶正交矩阵，则有

$$\|QA\|_F = \|A\|_F \tag{15.27}$$

因为

$$\|QA\|_F^2 = \|(Qa_1, Qa_2, \cdots, Qa_n)\|_F^2$$

$$= \sum_{i=1}^{n}\|Qa_i\|_2^2 = \sum_{i=1}^{n}\|a_i\|_2^2 = \|A\|_F^2$$

同样，若 P 是 n 阶正交矩阵，则有

$$\|AP^{\mathrm{T}}\|_F = \|A\|_F \tag{15.28}$$

15.3 奇异值分解与矩阵近似

故

$$\|A\|_F = \|U\Sigma V^\mathrm{T}\|_F = \|\Sigma\|_F \tag{15.29}$$

即

$$\|A\|_F = (\sigma_1^2 + \sigma_2^2 + \cdots + \sigma_n^2)^{\frac{1}{2}} \tag{15.30}$$

∎

15.3.2 矩阵的最优近似

奇异值分解是在平方损失（弗罗贝尼乌斯范数）意义下对矩阵的最优近似，即数据压缩。

定理 15.2 设矩阵 $A \in \mathbf{R}^{m \times n}$，矩阵的秩 $\mathrm{rank}(A) = r$，并设 $\mathcal{M}$ 为 $\mathbf{R}^{m \times n}$ 中所有秩不超过 k 的矩阵集合，$0 < k < r$，则存在一个秩为 k 的矩阵 $X \in \mathcal{M}$，使得

$$\|A - X\|_F = \min_{S \in \mathcal{M}} \|A - S\|_F \tag{15.31}$$

称矩阵 X 为矩阵 A 在弗罗贝尼乌斯范数意义下的最优近似。

本书不证明这一定理，将应用这个结果，通过矩阵 A 的奇异值分解求出近似矩阵 X。

定理 15.3 设矩阵 $A \in \mathbf{R}^{m \times n}$，矩阵的秩 $\mathrm{rank}(A) = r$，有奇异值分解 $A = U\Sigma V^\mathrm{T}$，并设 $\mathcal{M}$ 为 $\mathbf{R}^{m \times n}$ 中所有秩不超过 k 的矩阵的集合，$0 < k < r$，若秩为 k 的矩阵 $X \in \mathcal{M}$ 满足

$$\|A - X\|_F = \min_{S \in \mathcal{M}} \|A - S\|_F \tag{15.32}$$

则

$$\|A - X\|_F = (\sigma_{k+1}^2 + \sigma_{k+2}^2 + \cdots + \sigma_n^2)^{\frac{1}{2}} \tag{15.33}$$

特别地，若 $A' = U\Sigma' V^\mathrm{T}$，其中

$$\Sigma' = \begin{bmatrix} \sigma_1 & & & & & \\ & \ddots & & & 0 & \\ & & \sigma_k & & & \\ & & & 0 & & \\ & 0 & & & \ddots & \\ & & & & & 0 \end{bmatrix} = \begin{bmatrix} \Sigma_k & 0 \\ 0 & 0 \end{bmatrix}$$

则
$$\|A-A'\|_F = (\sigma_{k+1}^2 + \sigma_{k+2}^2 + \cdots + \sigma_n^2)^{\frac{1}{2}} = \min_{S \in \mathcal{M}} \|A-S\|_F \tag{15.34}$$

证明 令 $X \in \mathcal{M}$ 为满足式 (15.32) 的一个矩阵。由于

$$\|A-X\|_F \leqslant \|A-A'\|_F = (\sigma_{k+1}^2 + \sigma_{k+2}^2 + \cdots + \sigma_n^2)^{\frac{1}{2}} \tag{15.35}$$

下面证明
$$\|A-X\|_F \geqslant (\sigma_{k+1}^2 + \sigma_{k+2}^2 + \cdots + \sigma_n^2)^{\frac{1}{2}}$$

于是式 (15.33) 成立。

设 X 的奇异值分解为 $Q\Omega P^{\mathrm{T}}$, 其中

$$\Omega = \begin{bmatrix} \omega_1 & & & & & \\ & \ddots & & & 0 & \\ & & \omega_k & & & \\ & & & 0 & & \\ & 0 & & & \ddots & \\ & & & & & 0 \end{bmatrix} = \begin{bmatrix} \Omega_k & 0 \\ 0 & 0 \end{bmatrix}$$

若令矩阵 $B = Q^{\mathrm{T}} A P$, 则 $A = QBP^{\mathrm{T}}$。由此得到

$$\|A-X\|_F = \|Q(B-\Omega)P^{\mathrm{T}}\|_F = \|B-\Omega\|_F \tag{15.36}$$

用 Ω 分块方法对 B 分块

$$B = \begin{bmatrix} B_{11} & B_{12} \\ B_{21} & B_{22} \end{bmatrix}$$

其中 B_{11} 是 $k \times k$ 子矩阵, B_{12} 是 $k \times (n-k)$ 子矩阵, B_{21} 是 $(m-k) \times k$ 子矩阵, B_{22} 是 $(m-k) \times (n-k)$ 子矩阵。可得

$$\|A-X\|_F^2 = \|B-\Omega\|_F^2$$
$$= \|B_{11}-\Omega_k\|_F^2 + \|B_{12}\|_F^2 + \|B_{21}\|_F^2 + \|B_{22}\|_F^2 \tag{15.37}$$

现证 $B_{12} = 0$, $B_{21} = 0$。用反证法。若 $B_{12} \neq 0$, 令

$$Y = Q \begin{bmatrix} B_{11} & B_{12} \\ 0 & 0 \end{bmatrix} P^{\mathrm{T}}$$

则 $Y \in \mathcal{M}$, 且

$$\|A - Y\|_F^2 = \|B_{21}\|_F^2 + \|B_{22}\|_F^2 < \|A - X\|_F^2 \tag{15.38}$$

这与 X 的定义式 (15.35) 矛盾，证明了 $B_{12} = 0$。同样可证 $B_{21} = 0$。于是

$$\|A - X\|_F^2 = \|B_{11} - \Omega_k\|_F^2 + \|B_{22}\|_F^2 \tag{15.39}$$

再证 $B_{11} = \Omega_k$。为此令

$$Z = Q \begin{bmatrix} B_{11} & 0 \\ 0 & 0 \end{bmatrix} P^{\mathrm{T}}$$

则 $Z \in \mathcal{M}$, 且

$$\|A - Z\|_F^2 = \|B_{22}\|_F^2 \leqslant \|B_{11} - \Omega_k\|_F^2 + \|B_{22}\|_F^2 = \|A - X\|_F^2 \tag{15.40}$$

由式 (15.35) 知, $\|B_{11} - \Omega_k\|_F^2 = 0$, 即 $B_{11} = \Omega_k$。

最后看 B_{22}。若 $(m-k) \times (n-k)$ 子矩阵 B_{22} 有奇异值分解 $U_1 \Lambda V_1^{\mathrm{T}}$, 则

$$\|A - X\|_F = \|B_{22}\|_F = \|\Lambda\|_F \tag{15.41}$$

证明 Λ 的对角线元素为 A 的奇异值。为此, 令

$$U_2 = \begin{bmatrix} I_k & 0 \\ 0 & U_1 \end{bmatrix}, \quad V_2 = \begin{bmatrix} I_k & 0 \\ 0 & V_1 \end{bmatrix}$$

其中 I_k 是 k 阶单位矩阵, U_2, V_2 的分块与 B 的分块一致。注意到 B 及 B_{22} 的奇异值分解, 即得

$$U_2^{\mathrm{T}} Q^{\mathrm{T}} A P V_2 = \begin{bmatrix} \Omega_k & 0 \\ 0 & \Lambda \end{bmatrix} \tag{15.42}$$

$$A = (QU_2) \begin{bmatrix} \Omega_k & 0 \\ 0 & \Lambda \end{bmatrix} (PV_2)^{\mathrm{T}} \tag{15.43}$$

由此可知 Λ 的对角线元素为 A 的奇异值。故有

$$\|A - X\|_F = \|\Lambda\|_F \geqslant (\sigma_{k+1}^2 + \sigma_{k+2}^2 + \cdots + \sigma_n^2)^{\frac{1}{2}} \tag{15.44}$$

于是证明了

$$\|A - X\|_F = (\sigma_{k+1}^2 + \sigma_{k+2}^2 + \cdots + \sigma_n^2)^{\frac{1}{2}} = \|A - A'\|_F \qquad\blacksquare$$

定理 15.3 表明,在秩不超过 k 的 $m \times n$ 矩阵的集合中,存在矩阵 A 的弗罗贝尼乌斯范数意义下的最优近似矩阵 X。$A' = U\Sigma'V^{\mathrm{T}}$ 是达到最优值的一个矩阵。

前面定义了矩阵的紧奇异值分解与截断奇异值分解。事实上紧奇异值分解是在弗罗贝尼乌斯范数意义下的无损压缩,截断奇异值分解是有损压缩。截断奇异值分解得到的矩阵的秩为 k,通常远小于原始矩阵的秩 r,所以是由低秩矩阵实现了对原始矩阵的压缩。

15.3.3 矩阵的外积展开式

下面介绍利用外积展开式对矩阵 A 的近似。矩阵 A 的奇异值分解 $U\Sigma V^{\mathrm{T}}$ 也可以由外积形式表示。事实上,若将 A 的奇异值分解看成矩阵 $U\Sigma$ 和 V^{T} 的乘积,将 $U\Sigma$ 按列向量分块,将 V^{T} 按行向量分块,即得

$$U\Sigma = \begin{bmatrix} \sigma_1 u_1 & \sigma_2 u_2 & \cdots & \sigma_n u_n \end{bmatrix}$$

$$V^{\mathrm{T}} = \begin{bmatrix} v_1^{\mathrm{T}} \\ v_2^{\mathrm{T}} \\ \vdots \\ v_n^{\mathrm{T}} \end{bmatrix}$$

则

$$A = \sigma_1 u_1 v_1^{\mathrm{T}} + \sigma_2 u_2 v_2^{\mathrm{T}} + \cdots + \sigma_n u_n v_n^{\mathrm{T}} \tag{15.45}$$

式 (15.45) 称为矩阵 A 的外积展开式,其中 $u_k v_k^{\mathrm{T}}$ 为 $m \times n$ 矩阵,是列向量 u_k 和行向量 v_k^{T} 的外积,其第 i 行第 j 列元素为 u_k 的第 i 个元素与 v_k^{T} 的第 j 个元素的乘

15.3 奇异值分解与矩阵近似

积。即

$$u_i v_j^{\mathrm{T}} = \begin{bmatrix} u_{1i} \\ u_{2i} \\ \vdots \\ u_{mi} \end{bmatrix} \begin{bmatrix} v_{1j} & v_{2j} & \cdots & v_{nj} \end{bmatrix} = \begin{bmatrix} u_{1i}v_{1j} & u_{1i}v_{2j} & \cdots & u_{1i}v_{nj} \\ u_{2i}v_{1j} & u_{2i}v_{2j} & \cdots & u_{2i}v_{nj} \\ \vdots & \vdots & & \vdots \\ u_{mi}v_{1j} & u_{mi}v_{2j} & \cdots & u_{mi}v_{nj} \end{bmatrix}$$

A 的外积展开式也可以写成下面的形式

$$A = \sum_{k=1}^{n} \sigma_k u_k v_k^{\mathrm{T}} \tag{15.46}$$

其中 $\sigma_k u_k v_k^{\mathrm{T}}$ 是 $m \times n$ 矩阵。式 (15.46) 将矩阵 A 分解为矩阵的有序加权和。

由矩阵 A 的外积展开式知，若 A 的秩为 n，则

$$A = \sigma_1 u_1 v_1^{\mathrm{T}} + \sigma_2 u_2 v_2^{\mathrm{T}} + \cdots + \sigma_n u_n v_n^{\mathrm{T}} \tag{15.47}$$

设矩阵

$$A_{n-1} = \sigma_1 u_1 v_1^{\mathrm{T}} + \sigma_2 u_2 v_2^{\mathrm{T}} + \cdots + \sigma_{n-1} u_{n-1} v_{n-1}^{\mathrm{T}}$$

则 A_{n-1} 的秩为 $n-1$，并且 A_{n-1} 是秩为 $n-1$ 矩阵在弗罗贝尼乌斯范数意义下 A 的最优近似矩阵。

类似地，设矩阵

$$A_{n-2} = \sigma_1 u_1 v_1^{\mathrm{T}} + \sigma_2 u_2 v_2^{\mathrm{T}} + \cdots + \sigma_{n-2} u_{n-2} v_{n-2}^{\mathrm{T}}$$

则 A_{n-2} 的秩为 $n-2$，并且 A_{n-2} 是秩为 $n-2$ 矩阵中在弗罗贝尼乌斯范数意义下 A 的最优近似矩阵。以此类推。一般地，设矩阵

$$A_k = \sigma_1 u_1 v_1^{\mathrm{T}} + \sigma_2 u_2 v_2^{\mathrm{T}} + \cdots + \sigma_k u_k v_k^{\mathrm{T}}$$

则 A_k 的秩为 k，并且 A_k 是秩为 k 的矩阵中在弗罗贝尼乌斯范数意义下 A 的最优近似矩阵。矩阵 A_k 就是 A 的截断奇异值分解。

由于通常奇异值 σ_i 递减很快，所以 k 取很小值时，A_k 也可以对 A 有很好的近似。

例 15.6 由例 15.1 给出的矩阵

$$A = \begin{bmatrix} 1 & 0 & 0 & 0 \\ 0 & 0 & 0 & 4 \\ 0 & 3 & 0 & 0 \\ 0 & 0 & 0 & 0 \\ 2 & 0 & 0 & 0 \end{bmatrix}$$

的秩为 3，求 A 的秩为 2 的最优近似。

解 由例 15.3 可知

$$u_1 = \begin{bmatrix} 0 \\ 1 \\ 0 \\ 0 \\ 0 \end{bmatrix}, \quad u_2 = \begin{bmatrix} 0 \\ 0 \\ 1 \\ 0 \\ 0 \end{bmatrix}, \quad v_1 = \begin{bmatrix} 0 \\ 0 \\ 0 \\ 0 \\ 1 \end{bmatrix}, \quad v_2 = \begin{bmatrix} 0 \\ 1 \\ 0 \\ 0 \end{bmatrix}$$

$$\sigma_1 = 4, \quad \sigma_2 = 3$$

于是得到

$$A_2 = \sigma_1 u_1 v_1^{\mathrm{T}} + \sigma_2 u_2 v_2^{\mathrm{T}} = \begin{bmatrix} 0 & 0 & 0 & 0 \\ 0 & 0 & 0 & 4 \\ 0 & 3 & 0 & 0 \\ 0 & 0 & 0 & 0 \\ 0 & 0 & 0 & 0 \end{bmatrix}$$

以此矩阵作为 A 的最优近似。∎

本 章 概 要

1. 矩阵的奇异值分解是指将 $m \times n$ 实矩阵 A 表示为以下三个实矩阵乘积形式的运算

$$A = U\Sigma V^{\mathrm{T}}$$

其中 U 是 m 阶正交矩阵，V 是 n 阶正交矩阵，Σ 是 $m \times n$ 矩形对角矩阵

$$\Sigma = \mathrm{diag}(\sigma_1, \sigma_2, \cdots, \sigma_p), \quad p = \min\{m, n\}$$

其对角线元素非负，且满足

$$\sigma_1 \geqslant \sigma_2 \geqslant \cdots \geqslant \sigma_p \geqslant 0$$

2. 任意给定一个实矩阵，其奇异值分解一定存在，但并不唯一。

3. 奇异值分解包括紧奇异值分解和截断奇异值分解。紧奇异值分解是与原始矩阵等秩的奇异值分解，截断奇异值分解是比原始矩阵低秩的奇异值分解。

4. 奇异值分解有明确的几何解释。奇异值分解对应三个连续的线性变换：一个旋转变换，一个缩放变换和另一个旋转变换。第一个和第三个旋转变换分别基于空间的标准正交基进行。

5. 设矩阵 A 的奇异值分解为 $A = U\Sigma V^{\mathrm{T}}$，则有

$$A^{\mathrm{T}}A = V(\Sigma^{\mathrm{T}}\Sigma)V^{\mathrm{T}}$$
$$AA^{\mathrm{T}} = U(\Sigma\Sigma^{\mathrm{T}})U^{\mathrm{T}}$$

即对称矩阵 $A^{\mathrm{T}}A$ 和 AA^{T} 的特征分解可以由矩阵 A 的奇异值分解矩阵表示。

6. 矩阵 A 的奇异值分解可以通过求矩阵 $A^{\mathrm{T}}A$ 的特征值和特征向量得到：$A^{\mathrm{T}}A$ 的特征向量构成正交矩阵 V 的列；从 AA^{T} 的特征值 λ_j 的平方根得到奇异值 σ_i，即

$$\sigma_j = \sqrt{\lambda_j}, \quad j = 1, 2, \cdots, n$$

对其由大到小排列，作为对角线元素，构成对角矩阵 Σ；求正奇异值对应的左奇异向量，再求扩充的 A^{T} 的标准正交基，构成正交矩阵 U 的列。

7. 矩阵 $A = [a_{ij}]_{m \times n}$ 的弗罗贝尼乌斯范数定义为

$$\|A\|_F = \left(\sum_{i=1}^{m}\sum_{j=1}^{n}(a_{ij})^2\right)^{\frac{1}{2}}$$

在秩不超过 k 的 $m \times n$ 矩阵的集合中，存在矩阵 A 的弗罗贝尼乌斯范数意义下的最优近似矩阵 X。秩为 k 的截断奇异值分解得到的矩阵 A_k 能够达到这个最优值。奇异值分解是弗罗贝尼乌斯范数意义下，也就是平方损失意义下的矩阵最优近似。

8. 任意一个实矩阵 A 可以由其外积展开式表示

$$A = \sigma_1 u_1 v_1^T + \sigma_2 u_2 v_2^T + \cdots + \sigma_n u_n v_n^T$$

其中 $u_k v_k^T$ 为 $m \times n$ 矩阵，是列向量 u_k 和行向量 v_k^T 的外积，σ_k 为奇异值，u_k，v_k^T，σ_k 通过矩阵 A 的奇异值分解得到。

继续阅读

要进一步了解奇异值分解及相关内容可以参考线性代数教材，例如文献 [1, 2]，也可以观看网上公开课程，例如 "MIT 18.06SC Linear Algebra"，文献 [2] 为其教科书。在计算机上奇异值分解通常用数值计算方法进行，奇异值分解的数值计算方法，可参阅文献 [3, 4]。本章介绍的奇异值分解是定义在矩阵上的，奇异值分解可以扩展到张量（tensor），有两种不同的定义，张量奇异值分解详见文献 [5]。

习　题

15.1 试求矩阵

$$A = \begin{bmatrix} 1 & 2 & 0 \\ 2 & 0 & 2 \end{bmatrix}$$

的奇异值分解。

15.2 试求矩阵

$$A = \begin{bmatrix} 2 & 4 \\ 1 & 3 \\ 0 & 0 \\ 0 & 0 \end{bmatrix}$$

的奇异值分解并写出其外积展开式。

15.3 比较矩阵的奇异值分解与对称矩阵的对角化的异同。

15.4 证明任何一个秩为 1 的矩阵可写成两个向量的外积形式，并给出实例。

15.5 搜索中的点击数据记录用户搜索时提交的查询语句，点击的网页 URL，以及点击的次数，构成一个二部图，其中一个结点集合 $\{q_i\}$ 表示查询，另一个结点集合 $\{u_j\}$ 表示 URL，边表示点击关系，边上的权重表示点击次数。图 15.2 是一个简化的点击数据例。点击数据可以由矩阵表示，试对该矩阵进行奇异值分解，并解释得到的三个矩阵所表示的内容。

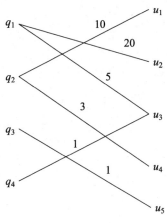

图 15.2　搜索点击数据例

参　考　文　献

[1] Leon S J. Linear algebra with applications. Pearson,2009.（中译本：线性代数. 张文博, 张丽静译. 北京：机械工业出版社，2007.）.

[2] Strang G. Introduction to linear algebra. Fourth Edition. Wellesley-Cambridge Press, 2009.

[3] Cline A K. Dhillon I S. Computation of the singular value decomposition, Handbook of linear algebra. CRC Press, 2006.

[4] 徐树方. 矩阵计算的理论与方法. 北京：北京大学出版社，1995.

[5] Kolda T G, Bader B W. Tensor decompositions and applications. SIAM Review, 2009, 51(3): 455–500.

第 16 章　主成分分析

主成分分析 (principal component analysis, PCA) 是一种常用的无监督学习方法，这一方法利用正交变换把由线性相关变量表示的观测数据转换为少数几个由线性无关变量表示的数据，线性无关的变量称为主成分。主成分的个数通常小于原始变量的个数，所以主成分分析属于降维方法。主成分分析主要用于发现数据中的基本结构，即数据中变量之间的关系，是数据分析的有力工具，也用于其他机器学习方法的前处理。主成分分析属于多元统计分析的经典方法，首先由 Pearson 于 1901 年提出，但只是针对非随机变量，1933 年由 Hotelling 推广到随机变量。

本章 16.1 节介绍主成分分析的基本想法，叙述总体主成分分析的定义、定理与性质。16.2 节介绍样本主成分分析的概念，重点叙述主成分分析的算法，包括协方差矩阵的特征值分解方法和数据矩阵的奇异值分解方法。

16.1　总体主成分分析

16.1.1　基本想法

统计分析中，数据的变量之间可能存在相关性，以致增加了分析的难度。于是，考虑由少数不相关的变量来代替相关的变量，用来表示数据，并且要求能够保留数据中的大部分信息。

主成分分析中，首先对给定数据进行规范化，使得数据每一变量的平均值为 0，方差为 1。之后对数据进行正交变换，原来由线性相关变量表示的数据，通过正交变换变成由若干个线性无关的新变量表示的数据。新变量是可能的正交变换中变量的方差的和（信息保存）最大的，方差表示在新变量上信息的大小。将新变量依次称为第一主成分、第二主成分等。这就是主成分分析的基本思想。通过主成分分析，可以利用主成分近似地表示原始数据，这可理解为发现数据的"基本结构"；也可以把数据由少数主成分表示，这可理解为对数据降维。

下面给出主成分分析的直观解释。数据集合中的样本由实数空间（正交坐标系）

中的点表示，空间的一个坐标轴表示一个变量，规范化处理后得到的数据分布在原点附近。对原坐标系中的数据进行主成分分析等价于进行坐标系旋转变换，将数据投影到新坐标系的坐标轴上；新坐标系的第一坐标轴、第二坐标轴等分别表示第一主成分、第二主成分等，数据在每一轴上的坐标值的平方表示相应变量的方差；并且，这个坐标系是在所有可能的新的坐标系中，坐标轴上的方差的和最大的。

例如，数据由两个变量 x_1 和 x_2 表示，存在于二维空间中，每个点表示一个样本，如图 16.1(a) 所示。对数据已做规范化处理，可以看出，这些数据分布在以原点为中心的左下至右上倾斜的椭圆之内。很明显在这个数据中的变量 x_1 和 x_2 是线性相关的，具体地，当知道其中一个变量 x_1 的取值时，对另一个变量 x_2 的预测不是完全随机的；反之亦然。

主成分分析对数据进行正交变换，具体地，对原坐标系进行旋转变换，并将数据在新坐标系表示，如图 16.1(b) 所示。数据在原坐标系由变量 x_1 和 x_2 表示，通过正交变换后，在新坐标系里，由变量 y_1 和 y_2 表示。主成分分析选择方差最大的方向（第一主成分）作为新坐标系的第一坐标轴，即 y_1 轴，在这里意味着选择椭圆的长轴作为新坐标系的第一坐标轴；之后选择与第一坐标轴正交，且方差次之的方向（第二主成分）作为新坐标系的第二坐标轴，即 y_2 轴，在这里意味着选择椭圆的短轴作为新坐标系的第二坐标轴。在新坐标系里，数据中的变量 y_1 和 y_2 是线性无关的，当知道其中一个变量 y_1 的取值时，对另一个变量 y_2 的预测是完全随机的；反之亦然。如果主成分分析只取第一主成分，即新坐标系的 y_1 轴，那么等价于将数据投影在椭圆长轴上，用这个主轴表示数据，将二维空间的数据压缩到一维空间中。

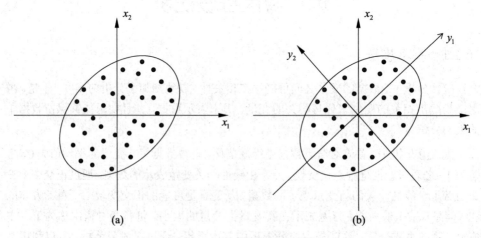

图 16.1　主成分分析的示例

下面再看方差最大的解释。假设有两个变量 x_1 和 x_2，三个样本点 A、B、C，样本分布在由 x_1 和 x_2 轴组成的坐标系中，如图 16.2 所示。对坐标系进行旋转变换，得

到新的坐标轴 y_1，表示新的变量 y_1。样本点 A、B、C 在 y_1 轴上投影，得到 y_1 轴的坐标值 A'、B'、C'。坐标值的平方和 $OA'^2 + OB'^2 + OC'^2$ 表示样本在变量 y_1 上的方差和。主成分分析旨在选取正交变换中方差最大的变量，作为第一主成分，也就是旋转变换中坐标值的平方和最大的轴。注意到旋转变换中样本点到原点的距离的平方和 $OA^2 + OB^2 + OC^2$ 保持不变，根据勾股定理，坐标值的平方和 $OA'^2 + OB'^2 + OC'^2$ 最大等价于样本点到 y_1 轴的距离的平方和 $AA'^2 + BB'^2 + CC'^2$ 最小。所以，等价地，主成分分析在旋转变换中选取离样本点的距离平方和最小的轴，作为第一主成分。第二主成分等的选取，在保证与已选坐标轴正交的条件下，类似地进行。

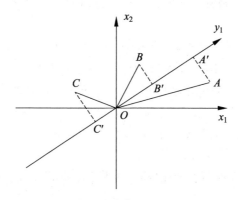

图 16.2　主成分的几何解释

在数据总体（population）上进行的主成分分析称为总体主成分分析，在有限样本上进行的主成分分析称为样本主成分分析，前者是后者的基础。以下分别予以介绍。

16.1.2　定义和导出

假设 $\boldsymbol{x} = (x_1, x_2, \cdots, x_m)^{\mathrm{T}}$ 是 m 维随机变量，其均值向量是 $\boldsymbol{\mu}$

$$\boldsymbol{\mu} = E(\boldsymbol{x}) = (\mu_1, \mu_2, \cdots, \mu_m)^{\mathrm{T}}$$

协方差矩阵是 Σ

$$\Sigma = \mathrm{cov}(\boldsymbol{x}, \boldsymbol{x}) = E[(\boldsymbol{x} - \boldsymbol{\mu})(\boldsymbol{x} - \boldsymbol{\mu})^{\mathrm{T}}]$$

考虑由 m 维随机变量 $\boldsymbol{x}$ 到 m 维随机变量 $\boldsymbol{y} = (y_1, y_2, \cdots, y_m)^{\mathrm{T}}$ 的线性变换

$$y_i = \alpha_i^{\mathrm{T}} \boldsymbol{x} = \alpha_{1i} x_1 + \alpha_{2i} x_2 + \cdots + \alpha_{mi} x_m \tag{16.1}$$

其中 $\alpha_i^{\mathrm{T}} = (\alpha_{1i}, \alpha_{2i}, \cdots, \alpha_{mi})$，$i = 1, 2, \cdots, m$。

由随机变量的性质可知，

$$E(y_i) = \alpha_i^\mathrm{T} \mu, \quad i = 1, 2, \cdots, m \tag{16.2}$$

$$\mathrm{var}(y_i) = \alpha_i^\mathrm{T} \Sigma \alpha_i, \quad i = 1, 2, \cdots, m \tag{16.3}$$

$$\mathrm{cov}(y_i, y_j) = \alpha_i^\mathrm{T} \Sigma \alpha_j, \quad i = 1, 2, \cdots, m; \quad j = 1, 2, \cdots, m \tag{16.4}$$

下面给出总体主成分的定义。

定义 16.1（总体主成分） 给定一个如式 (16.1) 所示的线性变换，如果它们满足下列条件：

（1）系数向量 α_i^T 是单位向量，即 $\alpha_i^\mathrm{T} \alpha_i = 1, i = 1, 2, \cdots, m$；

（2）变量 y_i 与 y_j 互不相关，即 $\mathrm{cov}(y_i, y_j) = 0 (i \neq j)$；

（3）变量 y_1 是 x 的所有线性变换中方差最大的；y_2 是与 y_1 不相关的 x 的所有线性变换中方差最大的；一般地，y_i 是与 $y_1, y_2, \cdots, y_{i-1}\ (i = 1, 2, \cdots, m)$ 都不相关的 x 的所有线性变换中方差最大的；这时分别称 $y_1, y_2, \cdots, y_m$ 为 x 的第一主成分、第二主成分、$\cdots$、第 m 主成分。

定义中的条件 (1) 表明线性变换是正交变换，$\alpha_1, \alpha_2, \cdots, \alpha_m$ 是其一组标准正交基，

$$\alpha_i^\mathrm{T} \alpha_j = \begin{cases} 1, & i = j \\ 0, & i \neq j \end{cases}$$

条件 (2)(3) 给出了一个求主成分的方法：第一步，在 x 的所有线性变换

$$\alpha_1^\mathrm{T} \boldsymbol{x} = \sum_{i=1}^{m} \alpha_{i1} x_i$$

中，在 $\alpha_1^\mathrm{T} \alpha_1 = 1$ 条件下，求方差最大的，得到 x 的第一主成分；第二步，在与 $\alpha_1^\mathrm{T} \boldsymbol{x}$ 不相关的 x 的所有线性变换

$$\alpha_2^\mathrm{T} \boldsymbol{x} = \sum_{i=1}^{m} \alpha_{i2} x_i$$

中，在 $\alpha_2^\mathrm{T} \alpha_2 = 1$ 条件下，求方差最大的，得到 x 的第二主成分；第 k 步，在与 $\alpha_1^\mathrm{T} \boldsymbol{x}, \alpha_2^\mathrm{T} \boldsymbol{x}, \cdots, \alpha_{k-1}^\mathrm{T} \boldsymbol{x}$ 不相关的 x 的所有线性变换

$$\alpha_k^\mathrm{T} \boldsymbol{x} = \sum_{i=1}^{m} \alpha_{ik} x_i$$

中，在 $\alpha_k^\mathrm{T} \alpha_k = 1$ 条件下，求方差最大的，得到 x 的第 k 主成分；如此继续下去，直到得到 x 的第 m 主成分。

16.1.3 主要性质

首先叙述一个关于总体主成分的定理。这一定理阐述了总体主成分与协方差矩阵的特征值和特征向量的关系,同时给出了一个求主成分的方法。

定理 16.1 设 x 是 m 维随机变量,Σ 是 x 的协方差矩阵,Σ 的特征值分别是 $\lambda_1 \geqslant \lambda_2 \geqslant \cdots \geqslant \lambda_m \geqslant 0$,特征值对应的单位特征向量分别是 $\alpha_1, \alpha_2, \cdots, \alpha_m$,则 x 的第 k 主成分是

$$y_k = \alpha_k^{\mathrm{T}} x = \alpha_{1k} x_1 + \alpha_{2k} x_2 + \cdots + \alpha_{mk} x_m, \quad k = 1, 2, \cdots, m \tag{16.5}$$

x 的第 k 主成分的方差是

$$\mathrm{var}(y_k) = \alpha_k^{\mathrm{T}} \Sigma \alpha_k = \lambda_k, \quad k = 1, 2, \cdots, m \tag{16.6}$$

即协方差矩阵 Σ 的第 k 个特征值。[1]

证明 采用拉格朗日乘子法求出主成分。

首先求 x 的第一主成分 $y_1 = \alpha_1^{\mathrm{T}} x$,即求系数向量 α_1。由定义 16.1 知,第一主成分的 α_1 是在 $\alpha_1^{\mathrm{T}} \alpha_1 = 1$ 条件下,x 的所有线性变换中使方差

$$\mathrm{var}(\alpha_1^{\mathrm{T}} x) = \alpha_1^{\mathrm{T}} \Sigma \alpha_1$$

达到最大的。

求第一主成分就是求解约束最优化问题:

$$\begin{aligned} & \max_{\alpha_1} \quad \alpha_1^{\mathrm{T}} \Sigma \alpha_1 \\ & \mathrm{s.t.} \quad \alpha_1^{\mathrm{T}} \alpha_1 = 1 \end{aligned} \tag{16.7}$$

定义拉格朗日函数

$$\alpha_1^{\mathrm{T}} \Sigma \alpha_1 - \lambda(\alpha_1^{\mathrm{T}} \alpha_1 - 1)$$

其中 λ 是拉格朗日乘子。将拉格朗日函数对 α_1 求导,并令其为 0,得

$$\Sigma \alpha_1 - \lambda \alpha_1 = 0$$

---

[1] 若特征值有重根,对应的特征向量组成 m 维空间 $\mathbf{R}^m$ 的一个子空间,子空间的维数等于重根数,在子空间任取一个正交坐标系,这个坐标系的单位向量就可作为特征向量。这时坐标系的取法不唯一。

因此，λ 是 Σ 的特征值，α_1 是对应的单位特征向量。于是，目标函数

$$\alpha_1^\mathrm{T} \Sigma \alpha_1 = \alpha_1^\mathrm{T} \lambda \alpha_1 = \lambda \alpha_1^\mathrm{T} \alpha_1 = \lambda$$

假设 α_1 是 Σ 的最大特征值 λ_1 对应的单位特征向量，显然 α_1 与 λ_1 是最优化问题的解[①]。所以，$\alpha_1^\mathrm{T} x$ 构成第一主成分，其方差等于协方差矩阵的最大特征值

$$\mathrm{var}(\alpha_1^\mathrm{T} x) = \alpha_1^\mathrm{T} \Sigma \alpha_1 = \lambda_1 \tag{16.8}$$

接着求 x 的第二主成分 $y_2 = \alpha_2^\mathrm{T} x$。第二主成分的 α_2 是在 $\alpha_2^\mathrm{T} \alpha_2 = 1$，且 $\alpha_2^\mathrm{T} x$ 与 $\alpha_1^\mathrm{T} x$ 不相关的条件下，x 的所有线性变换中使方差

$$\mathrm{var}(\alpha_2^\mathrm{T} x) = \alpha_2^\mathrm{T} \Sigma \alpha_2$$

达到最大的。

求第二主成分需要求解约束最优化问题

$$\max_{\alpha_2} \quad \alpha_2^\mathrm{T} \Sigma \alpha_2 \tag{16.9}$$
$$\text{s.t.} \quad \alpha_1^\mathrm{T} \Sigma \alpha_2 = 0, \quad \alpha_2^\mathrm{T} \Sigma \alpha_1 = 0$$
$$\alpha_2^\mathrm{T} \alpha_2 = 1$$

注意到

$$\alpha_1^\mathrm{T} \Sigma \alpha_2 = \alpha_2^\mathrm{T} \Sigma \alpha_1 = \alpha_2^\mathrm{T} \lambda_1 \alpha_1 = \lambda_1 \alpha_2^\mathrm{T} \alpha_1 = \lambda_1 \alpha_1^\mathrm{T} \alpha_2$$

以及

$$\alpha_1^\mathrm{T} \alpha_2 = 0, \quad \alpha_2^\mathrm{T} \alpha_1 = 0$$

定义拉格朗日函数

$$\alpha_2^\mathrm{T} \Sigma \alpha_2 - \lambda(\alpha_2^\mathrm{T} \alpha_2 - 1) - \phi \alpha_2^\mathrm{T} \alpha_1$$

其中 λ, ϕ 是拉格朗日乘子。对 α_2 求导，并令其为 0，得

$$2\Sigma \alpha_2 - 2\lambda \alpha_2 - \phi \alpha_1 = 0 \tag{16.10}$$

将方程左乘以 α_1^T 有

$$2\alpha_1^\mathrm{T} \Sigma \alpha_2 - 2\lambda \alpha_1^\mathrm{T} \alpha_2 - \phi \alpha_1^\mathrm{T} \alpha_1 = 0$$

[①] 为了叙述方便，这里将变量和其最优值用同一符号表示。

此式前两项为 0，且 $\alpha_1^T\alpha_1 = 1$，导出 $\phi = 0$，因此式 (16.10) 成为

$$\Sigma\alpha_2 - \lambda\alpha_2 = 0$$

由此，λ 是 Σ 的特征值，α_2 是对应的单位特征向量。于是，目标函数

$$\alpha_2^T\Sigma\alpha_2 = \alpha_2^T\lambda\alpha_2 = \lambda\alpha_2^T\alpha_2 = \lambda$$

假设 α_2 是 Σ 的第二大特征值 λ_2 对应的单位特征向量，显然 α_2 与 λ_2 是以上最优化问题的解[①]。于是 $\alpha_2^T\boldsymbol{x}$ 构成第二主成分，其方差等于协方差矩阵的第二大特征值，

$$\text{var}(\alpha_2^T\boldsymbol{x}) = \alpha_2^T\Sigma\alpha_2 = \lambda_2 \tag{16.11}$$

一般地，$\boldsymbol{x}$ 的第 k 主成分是 $\alpha_k^T\boldsymbol{x}$，并且 $\text{var}(\alpha_k^T\boldsymbol{x}) = \lambda_k$，这里 λ_k 是 Σ 的第 k 个特征值并且 α_k 是对应的单位特征向量。可以从个第 $k-1$ 主成分出发递推证明第 k 个主成分的情况，这里省去。

按照上述方法求得第一、第二、直到第 m 主成分，其系数向量 $\alpha_1, \alpha_2, \cdots, \alpha_m$ 分别是 Σ 的第一个、第二个、直到第 m 个单位特征向量，$\lambda_1, \lambda_2, \cdots, \lambda_m$ 分别是对应的特征值。并且，第 k 主成分的方差等于 Σ 的第 k 个特征值，

$$\text{var}(\alpha_k^T\boldsymbol{x}) = \alpha_k^T\Sigma\alpha_k = \lambda_k, \quad k = 1, 2, \cdots, m \tag{16.12}$$

定理证毕。∎

由定理 16.1 得到

推论 16.1 m 维随机变量 $\boldsymbol{y} = (y_1, y_2, \cdots, y_m)^T$ 的分量依次是 $\boldsymbol{x}$ 的第一主成分到第 m 主成分的充要条件是：

（1）$\boldsymbol{y} = A^T\boldsymbol{x}$，$A$ 为正交矩阵

$$A = \begin{bmatrix} \alpha_{11} & \alpha_{12} & \cdots & \alpha_{1m} \\ \alpha_{21} & \alpha_{22} & \cdots & \alpha_{2m} \\ \vdots & \vdots & & \vdots \\ \alpha_{m1} & \alpha_{m2} & \cdots & \alpha_{mm} \end{bmatrix}$$

[①] 为了叙述方便，这里将变量和其最优值用同一符号表示。

(2) y 的协方差矩阵为对角矩阵

$$\text{cov}(y) = \text{diag}(\lambda_1, \lambda_2, \cdots, \lambda_m)$$

$$\lambda_1 \geqslant \lambda_2 \geqslant \cdots \geqslant \lambda_m$$

其中 λ_k 是 Σ 的第 k 个特征值，α_k 是对应的单位特征向量，$k = 1, 2, \cdots, m$。

以上证明中，λ_k 是 Σ 的第 k 个特征值，α_k 是对应的单位特征向量，即

$$\Sigma \alpha_k = \lambda_k \alpha_k, \quad k = 1, 2, \cdots, m \tag{16.13}$$

用矩阵表示即为

$$\Sigma A = A\Lambda \tag{16.14}$$

这里 $A = [\alpha_{ij}]_{m \times m}$，$\Lambda$ 是对角矩阵，其第 k 个对角元素是 λ_k。因为 A 是正交矩阵，即 $A^\text{T} A = AA^\text{T} = I$，由式 (16.14) 得到两个公式

$$A^\text{T} \Sigma A = \Lambda \tag{16.15}$$

和

$$\Sigma = A\Lambda A^\text{T} \tag{16.16}$$

下面叙述总体主成分的性质：

(1) 总体主成分 y 的协方差矩阵是对角矩阵

$$\text{cov}(y) = \Lambda = \text{diag}(\lambda_1, \lambda_2, \cdots, \lambda_m) \tag{16.17}$$

(2) 总体主成分 y 的方差之和等于随机变量 x 的方差之和，即

$$\sum_{i=1}^{m} \lambda_i = \sum_{i=1}^{m} \sigma_{ii} \tag{16.18}$$

其中 σ_{ii} 是随机变量 x_i 的方差，即协方差矩阵 Σ 的对角元素。事实上，利用式 (16.16) 及矩阵的迹（trace）的性质，可知

$$\sum_{i=1}^{m} \text{var}(x_i) = \text{tr}(\Sigma^\text{T}) = \text{tr}(A\Lambda A^\text{T}) = \text{tr}(A^\text{T} \Lambda A)$$

$$= \text{tr}(\Lambda) = \sum_{i=1}^{m} \lambda_i = \sum_{i=1}^{m} \text{var}(y_i) \tag{16.19}$$

(3）第 k 个主成分 y_k 与变量 x_i 的相关系数 $\rho(y_k, x_i)$ 称为因子负荷量（factor loading），它表示第 k 个主成分 y_k 与变量 x_i 的相关关系。计算公式是

$$\rho(y_k, x_i) = \frac{\sqrt{\lambda_k}\alpha_{ik}}{\sqrt{\sigma_{ii}}}, \quad k, i = 1, 2, \cdots, m \tag{16.20}$$

因为

$$\rho(y_k, x_i) = \frac{\operatorname{cov}(y_k, x_i)}{\sqrt{\operatorname{var}(y_k)\operatorname{var}(x_i)}} = \frac{\operatorname{cov}(\alpha_k^{\mathrm{T}}\boldsymbol{x}, e_i^{\mathrm{T}}\boldsymbol{x})}{\sqrt{\lambda_k}\sqrt{\sigma_{ii}}}$$

其中 e_i 为基本单位向量，其第 i 个分量为 1，其余为 0。再由协方差的性质

$$\operatorname{cov}(\alpha_k^{\mathrm{T}}\boldsymbol{x}, e_i^{\mathrm{T}}\boldsymbol{x}) = \alpha_k^{\mathrm{T}}\Sigma e_i = e_i^{\mathrm{T}}\Sigma \alpha_k = \lambda_k e_i^{\mathrm{T}}\alpha_k = \lambda_k \alpha_{ik}$$

故得式 (16.20)。

(4）第 k 个主成分 y_k 与 m 个变量的因子负荷量满足

$$\sum_{i=1}^{m} \sigma_{ii} \rho^2(y_k, x_i) = \lambda_k \tag{16.21}$$

由式 (16.20) 有

$$\sum_{i=1}^{m} \sigma_{ii} \rho^2(y_k, x_i) = \sum_{i=1}^{m} \lambda_k \alpha_{ik}^2 = \lambda_k \alpha_k^{\mathrm{T}} \alpha_k = \lambda_k$$

(5) m 个主成分与第 i 个变量 x_i 的因子负荷量满足

$$\sum_{k=1}^{m} \rho^2(y_k, x_i) = 1 \tag{16.22}$$

由于 $y_1, y_2, \cdots, y_m$ 互不相关，故

$$\rho^2(x_i, (y_1, y_2, \cdots, y_m)) = \sum_{k=1}^{m} \rho^2(y_k, x_i)$$

又因 x_i 可以表示为 $y_1, y_2, \cdots, y_m$ 的线性组合，所以 x_i 与 $y_1, y_2, \cdots, y_m$ 的相关系数的平方为 1，即

$$\rho^2(x_i, (y_1, y_2, \cdots, y_m)) = 1$$

故得式 (16.22)。

16.1.4 主成分的个数

主成分分析的主要目的是降维,所以一般选择 k($k \ll m$)个主成分(线性无关变量)来代替 m 个原有变量(线性相关变量),使问题得以简化,并能保留原有变量的大部分信息。这里所说的信息是指原有变量的方差。为此,先给出一个定理,说明选择 k 个主成分是最优选择。

定理 16.2 对任意正整数 q,$1 \leqslant q \leqslant m$,考虑正交线性变换

$$y = B^{\mathrm{T}} x \tag{16.23}$$

其中 y 是 q 维向量,B^{T} 是 $q \times m$ 矩阵,令 y 的协方差矩阵为

$$\Sigma_y = B^{\mathrm{T}} \Sigma B \tag{16.24}$$

则 Σ_y 的迹 $\mathrm{tr}(\Sigma_y)$ 在 $B = A_q$ 时取得最大值,其中矩阵 A_q 由正交矩阵 A 的前 q 列组成。

证明 令 β_k 是 B 的第 k 列,由于正交矩阵 A 的列构成 m 维空间的基,所以 β_k 可以由 A 的列表示,即

$$\beta_k = \sum_{j=1}^{m} c_{jk} \alpha_j, \quad k = 1, 2, \cdots, q$$

等价地

$$B = AC \tag{16.25}$$

其中 C 是 $m \times q$ 矩阵,其第 j 行第 k 列元素为 c_{jk}。

首先,

$$B^{\mathrm{T}} \Sigma B = C^{\mathrm{T}} A^{\mathrm{T}} \Sigma A C = C^{\mathrm{T}} \Lambda C = \sum_{j=1}^{m} \lambda_j c_j c_j^{\mathrm{T}}$$

其中 c_j^{T} 是 C 的第 j 行。因此

$$\mathrm{tr}(B^{\mathrm{T}} \Sigma B) = \sum_{j=1}^{m} \lambda_j \mathrm{tr}(c_j c_j^{\mathrm{T}})$$

$$= \sum_{j=1}^{m} \lambda_j \mathrm{tr}(c_j^{\mathrm{T}} c_j)$$

$$= \sum_{j=1}^{m} \lambda_j c_j^{\mathrm{T}} c_j$$

$$= \sum_{j=1}^{m} \sum_{k=1}^{q} \lambda_j c_{jk}^2 \tag{16.26}$$

其次，由式 (16.25) 及 A 的正交性知

$$C = A^{\mathrm{T}} B$$

由于 A 是正交的，B 的列是正交的，所以

$$C^{\mathrm{T}} C = B^{\mathrm{T}} A A^{\mathrm{T}} B = B^{\mathrm{T}} B = I_q$$

即 C 的列也是正交的。于是

$$\mathrm{tr}(C^{\mathrm{T}} C) = \mathrm{tr}(I_q)$$

$$\sum_{j=1}^{m} \sum_{k=1}^{q} c_{jk}^2 = q \tag{16.27}$$

这样，矩阵 C 可以认为是某个 m 阶正交矩阵 D 的前 q 列。正交矩阵 D 的行也正交，所以满足

$$d_j^{\mathrm{T}} d_j = 1, \quad j = 1, 2, \cdots, m$$

其中 d_j^{T} 是 D 的第 j 行。由于矩阵 D 的行包括矩阵 C 的行的前 q 个元素，所以

$$c_j^{\mathrm{T}} c_j \leqslant 1, \quad j = 1, 2, \cdots, m$$

即

$$\sum_{k=1}^{q} c_{jk}^2 \leqslant 1, \quad j = 1, 2, \cdots, m \tag{16.28}$$

注意到在式 (16.26) 中 $\sum_{k=1}^{q} c_{jk}^2$ 是 λ_j 的系数，由式 (16.27) 知这些系数之和是 q，且由式 (16.28) 知这些系数小于等于 1。因为 $\lambda_1 \geqslant \lambda_2 \geqslant \cdots \geqslant \lambda_q \geqslant \cdots \geqslant \lambda_m$，显然，当能找到 c_{jk} 使得

$$\sum_{k=1}^{q} c_{jk}^2 = \begin{cases} 1, & j = 1, \cdots, q \\ 0, & j = q+1, \cdots, m \end{cases} \tag{16.29}$$

时，$\sum_{j=1}^{m} \left(\sum_{k=1}^{q} c_{jk}^2 \right) \lambda_j$ 最大。而当 $B = A_q$ 时，有

$$c_{jk} = \begin{cases} 1, & 1 \leqslant j = k \leqslant q \\ 0, & \text{其他} \end{cases}$$

满足式 (16.29)。所以，当 $B = A_q$ 时，$\mathrm{tr}(\Sigma_{\boldsymbol{y}})$ 达到最大值。∎

定理 16.2 表明，当 $\boldsymbol{x}$ 的线性变换 $\boldsymbol{y}$ 在 $B = A_q$ 时，其协方差矩阵 $\varSigma_{\boldsymbol{y}}$ 的迹 $\mathrm{tr}(\varSigma_{\boldsymbol{y}})$ 取得最大值，这就是说，当取 A 的前 q 列取 $\boldsymbol{x}$ 的前 q 个主成分时，能最大限度地保留原有变量方差的信息。

定理 16.3 考虑正交变换
$$\boldsymbol{y} = B^{\mathrm{T}} \boldsymbol{x}$$
这里 B^{T} 是 $p \times m$ 矩阵，A 和 $\varSigma_{\boldsymbol{y}}$ 的定义与定理 16.2 相同，则 $\mathrm{tr}(\varSigma_{\boldsymbol{y}})$ 在 $B = A_p$ 时取得最小值，其中矩阵 A_p 由 A 的后 p 列组成。

证明类似定理 16.2，有兴趣的读者可以自行证明。定理 16.3 可以理解为，当舍弃 A 的后 p 列，即舍弃变量 $\boldsymbol{x}$ 的后 p 个主成分时，原有变量的方差的信息损失最少。

以上两个定理可以作为选择 k 个主成分的理论依据。具体选择 k 的方法，通常利用方差贡献率。

定义 16.2 第 k 主成分 y_k 的方差贡献率定义为 y_k 的方差与所有方差之和的比，记作 η_k
$$\eta_k = \frac{\lambda_k}{\sum_{i=1}^{m} \lambda_i} \tag{16.30}$$

k 个主成分 $y_1, y_2, \cdots, y_k$ 的累计方差贡献率定义为 k 个方差之和与所有方差之和的比
$$\sum_{i=1}^{k} \eta_i = \frac{\sum_{i=1}^{k} \lambda_i}{\sum_{i=1}^{m} \lambda_i} \tag{16.31}$$

通常取 k 使得累计方差贡献率达到规定的百分比以上，例如 70%～80% 以上。累计方差贡献率反映了主成分保留信息的比例，但它不能反映对某个原有变量 x_i 保留信息的比例，这时通常利用 k 个主成分 $y_1, y_2, \cdots, y_k$ 对原有变量 x_i 的贡献率。

定义 16.3 k 个主成分 $y_1, y_2, \cdots, y_k$ 对原有变量 x_i 的贡献率定义为 x_i 与 $(y_1, y_2, \cdots, y_k)$ 的相关系数的平方，记作 ν_i
$$\nu_i = \rho^2(x_i, (y_1, y_2, \cdots, y_k))$$

计算公式如下：
$$\nu_i = \rho^2(x_i, (y_1, y_2, \cdots, y_k)) = \sum_{j=1}^{k} \rho^2(x_i, y_j) = \sum_{j=1}^{k} \frac{\lambda_j \alpha_{ij}^2}{\sigma_{ii}} \tag{16.32}$$

16.1.5 规范化变量的总体主成分

在实际问题中，不同变量可能有不同的量纲，直接求主成分有时会产生不合理的结果。为了消除这个影响，常常对各个随机变量实施规范化，使其均值为 0，方差为 1。

设 $\boldsymbol{x} = (x_1, x_2, \cdots, x_m)^T$ 为 m 维随机变量，x_i 为第 i 个随机变量，$i = 1, 2, \cdots, m$，令

$$x_i^* = \frac{x_i - E(x_i)}{\sqrt{\operatorname{var}(x_i)}}, \quad i = 1, 2, \cdots, m \tag{16.33}$$

其中 $E(x_i), \operatorname{var}(x_i)$ 分别是随机变量 x_i 的均值和方差，这时 x_i^* 就是 x_i 的规范化随机变量。

显然，规范化随机变量的协方差矩阵就是相关矩阵 R。主成分分析通常在规范化随机变量的协方差矩阵即相关矩阵上进行。

对照总体主成分的性质可知，规范化随机变量的总体主成分有以下性质：

（1）规范化变量主成分的协方差矩阵是

$$\Lambda^* = \operatorname{diag}(\lambda_1^*, \lambda_2^*, \cdots, \lambda_m^*) \tag{16.34}$$

其中 $\lambda_1^* \geqslant \lambda_2^* \geqslant \cdots \geqslant \lambda_m^* \geqslant 0$ 为相关矩阵 R 的特征值。

（2）协方差矩阵的特征值之和为 m

$$\sum_{k=1}^{m} \lambda_k^* = m \tag{16.35}$$

（3）规范化随机变量 x_i^* 与主成分 y_k^* 的相关系数（因子负荷量）为

$$\rho(y_k^*, x_i^*) = \sqrt{\lambda_k^*} e_{ik}^*, \quad k, i = 1, 2, \cdots, m \tag{16.36}$$

其中 $e_k^* = (e_{1k}^*, e_{2k}^*, \cdots, e_{mk}^*)^T$ 为矩阵 R 对应于特征值 λ_k^* 的单位特征向量。

（4）所有规范化随机变量 x_i^* 与主成分 y_k^* 的相关系数的平方和等于 λ_k^*

$$\sum_{i=1}^{m} \rho^2(y_k^*, x_i^*) = \sum_{i=1}^{m} \lambda_k^* e_{ik}^{*2} = \lambda_k^*, \quad k = 1, 2, \cdots, m \tag{16.37}$$

（5）规范化随机变量 x_i^* 与所有主成分 y_k^* 的相关系数的平方和等于 1

$$\sum_{k=1}^{m} \rho^2(y_k^*, x_i^*) = \sum_{k=1}^{m} \lambda_k^* e_{ik}^{*2} = 1, \quad i = 1, 2, \cdots, m \tag{16.38}$$

16.2 样本主成分分析

16.1 节叙述了总体主成分分析,是定义在样本总体上的。在实际问题中,需要在观测数据上进行主成分分析,这就是样本主成分分析。有了总体主成分的概念,容易理解样本主成分的概念。样本主成分也和总体主成分具有相同的性质。所以本节重点叙述样本主成分的算法

16.2.1 样本主成分的定义和性质

假设对 m 维随机变量 $\boldsymbol{x} = (x_1, x_2, \cdots, x_m)^{\mathrm{T}}$ 进行 n 次独立观测,$\boldsymbol{x}_1, \boldsymbol{x}_2, \cdots, \boldsymbol{x}_n$ 表示观测样本,其中 $\boldsymbol{x}_j = (x_{1j}, x_{2j}, \cdots, x_{mj})^{\mathrm{T}}$ 表示第 j 个观测样本,x_{ij} 表示第 j 个观测样本的第 i 个变量,$j = 1, 2, \cdots, n$。观测数据用样本矩阵 $\boldsymbol{X}$ 表示,记作

$$X = [\begin{array}{cccc} \boldsymbol{x}_1 & \boldsymbol{x}_2 & \cdots & \boldsymbol{x}_n \end{array}] = \begin{bmatrix} x_{11} & x_{12} & \cdots & x_{1n} \\ x_{21} & x_{22} & \cdots & x_{2n} \\ \vdots & \vdots & & \vdots \\ x_{m1} & x_{m2} & \cdots & x_{mn} \end{bmatrix} \tag{16.39}$$

给定样本矩阵 X,可以估计样本均值,以及样本协方差。样本均值向量 $\bar{x}$ 为

$$\bar{x} = \frac{1}{n} \sum_{j=1}^{n} \boldsymbol{x}_j \tag{16.40}$$

样本协方差矩阵 S 为

$$S = [s_{ij}]_{m \times m}$$
$$s_{ij} = \frac{1}{n-1} \sum_{k=1}^{n} (x_{ik} - \bar{x}_i)(x_{jk} - \bar{x}_j), \quad i, j = 1, 2, \cdots, m \tag{16.41}$$

其中 $\bar{x}_i = \frac{1}{n} \sum_{k=1}^{n} x_{ik}$ 为第 i 个变量的样本均值,$\bar{x}_j = \frac{1}{n} \sum_{k=1}^{n} x_{jk}$ 为第 j 个变量的样本均值。

样本相关矩阵 R 为

$$R = [r_{ij}]_{m \times m}, \quad r_{ij} = \frac{s_{ij}}{\sqrt{s_{ii} s_{jj}}}, \quad i, j = 1, 2, \cdots, m \tag{16.42}$$

16.2 样本主成分分析

定义 m 维向量 $\boldsymbol{x}=(x_1,x_2,\cdots,x_m)^{\mathrm{T}}$ 到 m 维向量 $\boldsymbol{y}=(y_1,y_2,\cdots,y_m)^{\mathrm{T}}$ 的线性变换

$$\boldsymbol{y}=A^{\mathrm{T}}\boldsymbol{x} \tag{16.43}$$

其中

$$A=\begin{bmatrix} a_1 & a_2 & \cdots & a_m \end{bmatrix}=\begin{bmatrix} a_{11} & a_{12} & \cdots & a_{1m} \\ a_{21} & a_{22} & \cdots & a_{2m} \\ \vdots & \vdots & & \vdots \\ a_{m1} & a_{m2} & \cdots & a_{mm} \end{bmatrix}$$

$$a_i=(a_{1i},a_{2i},\cdots,a_{mi})^{\mathrm{T}}, \quad i=1,2,\cdots,m$$

考虑式 (16.43) 的任意一个线性变换

$$y_i=a_i^{\mathrm{T}}\boldsymbol{x}=a_{1i}\boldsymbol{x}_1+a_{2i}\boldsymbol{x}_2+\cdots+a_{mi}\boldsymbol{x}_m, \quad i=1,2,\cdots,m \tag{16.44}$$

其中 y_i 是 m 维向量 $\boldsymbol{y}$ 的第 i 个变量,相应于容量为 n 的样本 $\boldsymbol{x}_1,\boldsymbol{x}_2,\cdots,\boldsymbol{x}_n$,$y_i$ 的样本均值 $\bar{y}_i$ 为

$$\bar{y}_i=\frac{1}{n}\sum_{j=1}^n a_i^{\mathrm{T}}\boldsymbol{x}_j=a_i^{\mathrm{T}}\bar{\boldsymbol{x}} \tag{16.45}$$

其中 $\bar{\boldsymbol{x}}$ 是随机向量 $\boldsymbol{x}$ 的样本均值

$$\bar{\boldsymbol{x}}=\frac{1}{n}\sum_{j=1}^n \boldsymbol{x}_j$$

y_i 的样本方差 $\mathrm{var}(y_i)$ 为

$$\mathrm{var}(y_i)=\frac{1}{n-1}\sum_{j=1}^n(a_i^{\mathrm{T}}\boldsymbol{x}_j-a_i^{\mathrm{T}}\bar{\boldsymbol{x}})^2$$

$$=a_i^{\mathrm{T}}\left[\frac{1}{n-1}\sum_{j=1}^n(\boldsymbol{x}_j-\bar{\boldsymbol{x}})(\boldsymbol{x}_j-\bar{\boldsymbol{x}})^{\mathrm{T}}\right]a_i=a_i^{\mathrm{T}}Sa_i \tag{16.46}$$

对任意两个线性变换 $y_i=\alpha_i^{\mathrm{T}}\boldsymbol{x}$,$y_k=\alpha_k^{\mathrm{T}}\boldsymbol{x}$,相应于容量为 n 的样本 $\boldsymbol{x}_1,\boldsymbol{x}_2,\cdots,\boldsymbol{x}_n$,$y_i$,$y_k$ 的样本协方差为

$$\mathrm{cov}(y_i,y_k)=a_i^{\mathrm{T}}Sa_k \tag{16.47}$$

现在给出样本主成分的定义。

定义 16.4（样本主成分） 给定样本矩阵 X。样本第一主成分 $y_1 = a_1^T x$ 是在 $a_1^T a_1 = 1$ 条件下，使得 $a_1^T x_j$（$j = 1, 2, \cdots, n$）的样本方差 $a_1^T S a_1$ 最大的 x 的线性变换；样本第二主成分 $y_2 = a_2^T x$ 是在 $a_2^T a_2 = 1$ 和 $a_2^T x_j$ 与 $a_1^T x_j$（$j = 1, 2, \cdots, n$）的样本协方差 $a_1^T S a_2 = 0$ 条件下，使得 $a_2^T x_j$（$j = 1, 2, \cdots, n$）的样本方差 $a_2^T S a_2$ 最大的 x 的线性变换；一般地，样本第 i 主成分 $y_i = a_i^T x$ 是在 $a_i^T a_i = 1$ 和 $a_i^T x_j$ 与 $a_k^T x_j$（$k < i$, $j = 1, 2, \cdots, n$）的样本协方差 $a_k^T S a_i = 0$ 条件下，使得 $a_i^T x_j$（$j = 1, 2, \cdots, n$）的样本方差 $a_i^T S a_i$ 最大的 x 的线性变换。

样本主成分与总体主成分具有同样的性质。这从样本主成分的定义容易看出。只要以样本协方差矩阵 S 代替总体协方差矩阵 Σ 即可。总体主成分的定理 16.2 及定理 16.3 对样本主成分依然成立。样本主成分的性质不再重述。

在使用样本主成分时，一般假设样本数据是规范化的，即对样本矩阵作如下变换：

$$x_{ij}^* = \frac{x_{ij} - \bar{x}_i}{\sqrt{s_{ii}}}, \quad i = 1, 2, \cdots, m; \quad j = 1, 2, \cdots, n \tag{16.48}$$

其中

$$\bar{x}_i = \frac{1}{n} \sum_{j=1}^n x_{ij}, \quad i = 1, 2, \cdots, m$$

$$s_{ii} = \frac{1}{n-1} \sum_{j=1}^n (x_{ij} - \bar{x}_i)^2, \quad i = 1, 2, \cdots, m$$

为了方便，以下将规范化变量 x_{ij}^* 仍记作 x_{ij}，规范化的样本矩阵仍记作 X。这时，样本协方差矩阵 S 就是样本相关矩阵 R

$$R = \frac{1}{n-1} X X^T \tag{16.49}$$

样本协方差矩阵 S 是总体协方差矩阵 Σ 的无偏估计，样本相关矩阵 R 是总体相关矩阵的无偏估计，S 的特征值和特征向量是 Σ 的特征值和特征向量的极大似然估计。关于这个问题本书不作讨论，有兴趣的读者可参阅多元统计的书籍，例如文献 [1]。

16.2.2 相关矩阵的特征值分解算法

传统的主成分分析通过数据的协方差矩阵或相关矩阵的特征值分解进行，现在常用的方法是通过数据矩阵的奇异值分解进行。首先叙述数据的协方差矩阵或相关矩阵的特征值分解方法。

16.2 样本主成分分析

给定样本矩阵 X，利用数据的样本协方差矩阵或者样本相关矩阵的特征值分解进行主成分分析。具体步骤如下：

（1）对观测数据按式 (16.48) 进行规范化处理，得到规范化数据矩阵，仍以 X 表示。

（2）依据规范化数据矩阵，计算样本相关矩阵 R

$$R = [r_{ij}]_{m \times m} = \frac{1}{n-1} X X^\mathrm{T}$$

其中

$$r_{ij} = \frac{1}{n-1} \sum_{l=1}^{n} x_{il} x_{jl}, \quad i,j = 1, 2, \cdots, m$$

（3）求样本相关矩阵 R 的 k 个特征值和对应的 k 个单位特征向量。

求解 R 的特征方程

$$|R - \lambda I| = 0$$

得 R 的 m 个特征值

$$\lambda_1 \geqslant \lambda_2 \geqslant \cdots \geqslant \lambda_m$$

求方差贡献率 $\sum_{i=1}^{k} \eta_i$ 达到预定值的主成分个数 k。

求前 k 个特征值对应的单位特征向量

$$a_i = (a_{1i}, a_{2i}, \cdots, a_{mi})^\mathrm{T}, \quad i = 1, 2, \cdots, k$$

（4）求 k 个样本主成分

以 k 个单位特征向量为系数进行线性变换，求出 k 个样本主成分

$$y_i = a_i^\mathrm{T} \boldsymbol{x}, \quad i = 1, 2, \cdots, k \tag{16.50}$$

（5）计算 k 个主成分 y_j 与原变量 x_i 的相关系数 $\rho(x_i, y_j)$，以及 k 个主成分对原变量 x_i 的贡献率 ν_i。

（6）计算 n 个样本的 k 个主成分值

将规范化样本数据代入 k 个主成分式 (16.50)，得到 n 个样本的主成分值。第 j 个样本 $\boldsymbol{x}_j = (x_{1j}, x_{2j}, \cdots, x_{mj})^\mathrm{T}$ 的第 i 主成分值是

$$y_{ij} = (a_{1i}, a_{2i}, \cdots, a_{mi})(x_{1j}, x_{2j}, \cdots, x_{mj})^\mathrm{T} = \sum_{l=1}^{m} a_{li} x_{lj}$$
$$i = 1, 2, \cdots, m, \quad j = 1, 2, \cdots, n$$

主成分分析得到的结果可以用于其他机器学习方法的输入。比如，将样本点投影到以主成分为坐标轴的空间中，然后应用聚类算法，就可以对样本点进行聚类。

下面举例说明主成分分析方法。

例 16.1 假设有 n 个学生参加四门课程的考试，将学生们的考试成绩看作随机变量的取值，对考试成绩数据进行标准化处理，得到样本相关矩阵 R，列于表 16.1。

表 16.1 样本相关矩阵 R

课程	语文	外语	数学	物理
语文	1	0.44	0.29	0.33
外语	0.44	1	0.35	0.32
数学	0.29	0.35	1	0.60
物理	0.33	0.32	0.60	1

试对数据进行主成分分析。

解 设变量 x_1, x_2, x_3, x_4 分别表示语文、外语、数学、物理的成绩。对样本相关矩阵进行特征值分解，得到相关矩阵的特征值，并按大小排序，

$$\lambda_1 = 2.17, \quad \lambda_2 = 0.87, \quad \lambda_3 = 0.57, \quad \lambda_4 = 0.39$$

这些特征值就是各主成分的方差贡献率。假设要求主成分的累计方差贡献率大于 75%，那么只需取前两个主成分即可，即 $k = 2$，因为

$$\frac{\lambda_1 + \lambda_2}{\sum_{i=1}^{4} \lambda_i} = 0.76$$

求出对应于特征值 λ_1, λ_2 的单位特征向量，列于表 16.2，表中最后一列为主成分的方差贡献率。

表 16.2 单位特征向量和主成分的方差贡献率

项目	x_1	x_2	x_3	x_4	方差贡献率
y_1	0.460	0.476	0.523	0.537	0.543
y_2	0.574	0.486	−0.476	−0.456	0.218

由此按照式 (16.50) 可得第一、第二主成分：

$$y_1 = 0.460x_1 + 0.476x_2 + 0.523x_3 + 0.537x_4$$

$$y_2 = 0.574x_1 + 0.486x_2 - 0.476x_3 - 0.456x_4$$

这就是主成分分析的结果。变量 y_1 和 y_2 表示第一、第二主成分。

接下来由特征值和单位特征向量求出第一、第二主成分的因子负荷量，以及第一、第二主成分对变量 x_i 的贡献率，列于表 16.3。

16.2 样本主成分分析

表 16.3 主成分的因子负荷量和贡献率

项目	x_1	x_2	x_3	x_4
y_1	0.678	0.701	0.770	0.791
y_2	0.536	0.453	−0.444	−0.425
y_1, y_2 对 x_i 的贡献率	0.747	0.697	0.790	0.806

从表 16.3 中可以看出,第一主成分 y_1 对应的因子负荷量 $\rho(y_1, x_i), i=1,2,3,4,$ 均为正数,表明各门课程成绩提高都可使 y_1 提高,也就是说,第一主成分 y_1 反映了学生的整体成绩。还可以看出,因子负荷量的数值相近,且 $\rho(y_1, x_4)$ 的数值最大,这表明物理成绩在整体成绩中占最重要位置。

第二主成分 y_2 对应的因子负荷量 $\rho(y_2, x_i), i=1,2,3,4,$ 有正有负,正的是语文和外语,负的是数学和物理,表明文科成绩提高都可使 y_2 提高,而理科成绩提高都可使 y_2 降低,也就是说,第二主成分 y_2 反映了学生的文科成绩与理科成绩的关系。

图 16.3 将原变量 x_1, x_2, x_3, x_4(分别表示语文、外语、数学、物理)和主成分 y_1, y_2(分别表示整体成绩、文科对理科成绩)的因子负荷量在平面坐标系中表示。可以看出变量之间的关系。4 个原变量聚成了两类:因子负荷量相近的语文、外语为一类,数学、物理为一类,前者反映文科课程成绩,后者反映理科课程成绩。∎

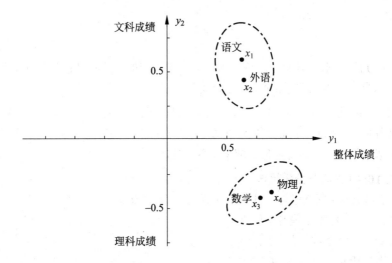

图 16.3 因子负荷量的分布图

16.2.3 数据矩阵的奇异值分解算法

给定样本矩阵 X,利用数据矩阵奇异值分解进行主成分分析。具体过程如下。这里假设有 k 个主成分。

参照式 (15.19)，对于 $m \times n$ 实矩阵 A，假设其秩为 r，$0 < k < r$，则可以将矩阵 A 进行截断奇异值分解

$$A \approx U_k \Sigma_k V_k^{\mathrm{T}}$$

式中 U_k 是 $m \times k$ 矩阵，V_k 是 $n \times k$ 矩阵，Σ_k 是 k 阶对角矩阵；U_k，V_k 分别由取 A 的完全奇异值分解的矩阵 U，V 的前 k 列，Σ_k 由取 A 的完全奇异值分解的矩阵 Σ 的前 k 个对角线元素得到。

定义一个新的 $n \times m$ 矩阵 X'

$$X' = \frac{1}{\sqrt{n-1}} X^{\mathrm{T}} \tag{16.51}$$

X' 的每一列均值为零。不难得知，

$$X'^{\mathrm{T}} X' = \left(\frac{1}{\sqrt{n-1}} X^{\mathrm{T}} \right)^{\mathrm{T}} \left(\frac{1}{\sqrt{n-1}} X^{\mathrm{T}} \right)$$

$$= \frac{1}{n-1} X X^{\mathrm{T}} \tag{16.52}$$

即 $X'^{\mathrm{T}} X'$ 等于 X 的协方差矩阵 S_X。

$$S_X = X'^{\mathrm{T}} X' \tag{16.53}$$

主成分分析归结于求协方差矩阵 S_X 的特征值和对应的单位特征向量，所以问题转化为求矩阵 $X'^{\mathrm{T}} X'$ 的特征值和对应的单位特征向量。

假设 X' 的截断奇异值分解为 $X' = U\Sigma V^{\mathrm{T}}$，那么 V 的列向量就是 $S_X = X'^{\mathrm{T}} X'$ 的单位特征向量。因此，V 的列向量构成 X 的主成分的正交直角坐标系。于是，求 X 主成分可以通过求 X' 的奇异值分解来实现。具体算法如下。

算法 16.1（主成分分析算法）

输入：$m \times n$ 样本矩阵 X，其每一行元素的均值为零；

输出：$k \times n$ 样本主成分矩阵 Y。

参数：主成分个数 k

(1) 构造新的 $n \times m$ 矩阵

$$X' = \frac{1}{\sqrt{n-1}} X^{\mathrm{T}}$$

X' 每一列的均值为零。

(2) 对矩阵 X' 进行截断奇异值分解，得到

$$X' = U\Sigma V^{\mathrm{T}}$$

有 k 个奇异值、奇异向量。矩阵 V^T 和 X 的乘积构成样本主成分矩阵。

(3) 求 $k \times n$ 样本主成分矩阵

$$Y = V^T X$$

本 章 概 要

1. 假设 $\boldsymbol{x}$ 为 m 维随机变量，其均值为 $\boldsymbol{\mu}$，协方差矩阵为 Σ。
考虑由 m 维随机变量 $\boldsymbol{x}$ 到 m 维随机变量 $\boldsymbol{y}$ 的线性变换

$$y_i = \alpha_i^T \boldsymbol{x} = \sum_{k=1}^{m} \alpha_{ki} x_k, \quad i = 1, 2, \cdots, m$$

其中 $\alpha_i^T = (\alpha_{1i}, \alpha_{2i}, \cdots, \alpha_{mi})$。

如果该线性变换满足以下条件，则称之为总体主成分：

(1) $\alpha_i^T \alpha_i = 1, i = 1, 2, \cdots, m$;

(2) $\text{cov}(y_i, y_j) = 0 (i \neq j)$;

(3) 变量 y_1 是 $\boldsymbol{x}$ 的所有线性变换中方差最大的；y_2 是与 y_1 不相关的 $\boldsymbol{x}$ 的所有线性变换中方差最大的；一般地，y_i 是与 $y_1, y_2, \cdots, y_{i-1}, (i = 1, 2, \cdots, m)$ 都不相关的 $\boldsymbol{x}$ 的所有线性变换中方差最大的；这时分别称 $y_1, y_2, \cdots, y_m$ 为 $\boldsymbol{x}$ 的第一主成分、第二主成分、$\cdots$、第 m 主成分。

2. 假设 $\boldsymbol{x}$ 是 m 维随机变量，其协方差矩阵是 Σ，Σ 的特征值分别是 $\lambda_1 \geqslant \lambda_2 \geqslant \cdots \geqslant \lambda_m \geqslant 0$，特征值对应的单位特征向量分别是 $\alpha_1, \alpha_2, \cdots, \alpha_m$，则 $\boldsymbol{x}$ 的第 i 主成分可以写作

$$y_i = \alpha_i^T \boldsymbol{x} = \sum_{k=1}^{m} \alpha_{ki} x_k, \quad i = 1, 2, \cdots, m$$

并且，$\boldsymbol{x}$ 的第 i 主成分的方差是协方差矩阵 Σ 的第 i 个特征值，即

$$\text{var}(y_i) = \alpha_i^T \Sigma \alpha_i = \lambda_i$$

3. 主成分有以下性质：

主成分 $\boldsymbol{y}$ 的协方差矩阵是对角矩阵

$$\text{cov}(\boldsymbol{y}) = \Lambda = \text{diag}(\lambda_1, \lambda_2, \cdots, \lambda_m)$$

主成分 $\boldsymbol{y}$ 的方差之和等于随机变量 $\boldsymbol{x}$ 的方差之和

$$\sum_{i=1}^{m}\lambda_i = \sum_{i=1}^{m}\sigma_{ii}$$

其中 σ_{ii} 是 x_i 的方差,即协方差矩阵 Σ 的对角线元素。

主成分 y_k 与变量 x_i 的相关系数 $\rho(y_k, x_i)$ 称为因子负荷量 (factor loading),它表示第 k 个主成分 y_k 与变量 x_i 的相关关系,即 y_k 对 x_i 的贡献程度。

$$\rho(y_k, x_i) = \frac{\sqrt{\lambda_k}\alpha_{ik}}{\sqrt{\sigma_{ii}}}, \quad k, i = 1, 2, \cdots, m$$

4. 样本主成分分析就是基于样本协方差矩阵的主成分分析。

给定样本矩阵

$$X = \begin{bmatrix} \boldsymbol{x}_1 & \boldsymbol{x}_2 & \cdots & \boldsymbol{x}_n \end{bmatrix} = \begin{bmatrix} x_{11} & x_{12} & \cdots & x_{1n} \\ x_{21} & x_{22} & \cdots & x_{2n} \\ \vdots & \vdots & & \vdots \\ x_{m1} & x_{m2} & \cdots & x_{mn} \end{bmatrix}$$

其中 $\boldsymbol{x}_j = (x_{1j}, x_{2j}, \cdots, x_{mj})^{\mathrm{T}}$ 是 $\boldsymbol{x}$ 的第 j 个独立观测样本,$j = 1, 2, \cdots, n$。

X 的样本协方差矩阵

$$S = [s_{ij}]_{m \times m}, \quad s_{ij} = \frac{1}{n-1}\sum_{k=1}^{n}(x_{ik} - \bar{x}_i)(x_{jk} - \bar{x}_j)$$

$$i = 1, 2, \cdots, m, \quad j = 1, 2, \cdots, m$$

其中 $\bar{x}_i = \frac{1}{n}\sum_{k=1}^{n} x_{ik}$。

给定样本数据矩阵 X,考虑向量 $\boldsymbol{x}$ 到 $\boldsymbol{y}$ 的线性变换

$$\boldsymbol{y} = A^{\mathrm{T}}\boldsymbol{x}$$

这里

$$A = \begin{bmatrix} \boldsymbol{a}_1 & \boldsymbol{a}_2 & \cdots & \boldsymbol{a}_m \end{bmatrix} = \begin{bmatrix} a_{11} & a_{12} & \cdots & a_{1m} \\ a_{21} & a_{22} & \cdots & a_{2m} \\ \vdots & \vdots & & \vdots \\ a_{m1} & a_{m2} & \cdots & a_{mm} \end{bmatrix}$$

如果该线性变换满足以下条件，则称之为样本主成分。样本第一主成分 $y_1 = a_1^T \boldsymbol{x}$ 是在 $a_1^T a_1 = 1$ 条件下，使得 $a_1^T \boldsymbol{x}_j (j = 1, 2, \cdots, n)$ 的样本方差 $a_1^T S a_1$ 最大的 $\boldsymbol{x}$ 的线性变换；样本第二主成分 $y_2 = a_2^T \boldsymbol{x}$ 是在 $a_2^T a_2 = 1$ 和 $a_2^T \boldsymbol{x}_j$ 与 $a_1^T \boldsymbol{x}_j (j = 1, 2, \cdots, n)$ 的样本协方差 $a_1^T S a_2 = 0$ 条件下，使得 $a_2^T \boldsymbol{x}_j (j = 1, 2, \cdots, n)$ 的样本方差 $a_2^T S a_2$ 最大的 $\boldsymbol{x}$ 的线性变换；一般地，样本第 i 主成分 $y_i = a_i^T \boldsymbol{x}$ 是在 $a_i^T a_i = 1$ 和 $a_i^T \boldsymbol{x}_j$ 与 $a_k^T \boldsymbol{x}_j (k < i, j = 1, 2, \cdots, n)$ 的样本协方差 $a_k^T S a_i = 0$ 条件下，使得 $a_i^T \boldsymbol{x}_j (j = 1, 2, \cdots, n)$ 的样本方差 $a_i^T S a_i$ 最大的 $\boldsymbol{x}$ 的线性变换。

5. 主成分分析方法主要有两种，可以通过相关矩阵的特征值分解或样本矩阵的奇异值分解进行。

（1）相关矩阵的特征值分解算法。针对 $m \times n$ 样本矩阵 X，求样本相关矩阵

$$R = \frac{1}{n-1} X X^T$$

再求样本相关矩阵的 k 个特征值和对应的单位特征向量，构造正交矩阵

$$V = (v_1, v_2, \cdots, v_k)$$

V 的每一列对应一个主成分，得到 $k \times n$ 样本主成分矩阵

$$Y = V^T X$$

（2）矩阵 X 的奇异值分解算法。针对 $m \times n$ 样本矩阵 X

$$X' = \frac{1}{\sqrt{n-1}} X^T$$

对矩阵 X' 进行截断奇异值分解，保留 k 个奇异值、奇异向量，得到

$$X' = U S V^T$$

V 的每一列对应一个主成分，得到 $k \times n$ 样本主成分矩阵 Y

$$Y = V^T X$$

继续阅读

要进一步了解主成分分析，可参阅文献 [1~4]。可以通过核方法隐式地在高维空间中进行主成分分析，相关的方法称为核主成分分析（kernel principal component analysis）[5]。主成分分析是关于一组变量之间的相关关系的分析方法，典型相关分析（canonical correlation analysis）是关于两组变量之间的相关关系的分析方法[6]。

近年，强健的主成分分析（robust principal component analysis）被提出，是主成分分析的扩展，适合于严重受损数据的基本结构发现[7]。

习 题

16.1 对以下样本数据进行主成分分析：

$$X = \begin{bmatrix} 2 & 3 & 3 & 4 & 5 & 7 \\ 2 & 4 & 5 & 5 & 6 & 8 \end{bmatrix}$$

16.2 证明样本协方差矩阵 S 是总体协方差矩阵方差 Σ 的无偏估计。

16.3 设 X 为数据规范化样本矩阵，则主成分等价于求解以下最优化问题：

$$\min_{L} \quad \|X - L\|_F$$
$$\text{s.t.} \quad \text{rank}(L) \leqslant k$$

这里 F 是弗罗贝尼乌斯范数，k 是主成分个数。试问为什么？

参 考 文 献

［1］方开泰. 实用多元统计分析. 上海: 华东师范大学出版社, 1989.
［2］夏绍玮, 杨家本, 杨振斌. 系统工程概论. 北京: 清华大学出版社, 1995.
［3］Jolliffe I. Principal component analysis, Second Edition. John Wiley & Sons, 2002.
［4］Shlens J. A tutorial on principal component analysis. arXiv preprint arXiv: 14016.1100, 2014.
［5］Schölkopf B, Smola A, Müller K-R. Kernel principal component analysis. Artificial Neural Networks—ICANN'97. Springer, 1997: 583–588.
［6］Hardoon D R, Szedmak S, Shawe-Taylor J. Canonical correlation analysis: an overview with application to learning methods. Neural Computation, 2004, 16(12): 2639–2664.
［7］Candes E J, Li X D, Ma Y, et al. Robust principal component analysis? Journal of the ACM (JACM), 2011, 58(3): 11.

第 17 章 潜在语义分析

潜在语义分析（latent semantic analysis，LSA）是一种无监督学习方法，主要用于文本的话题分析，其特点是通过矩阵分解发现文本与单词之间的基于话题的语义关系。潜在语义分析由 Deerwester 等于 1990 年提出，最初应用于文本信息检索，所以也被称为潜在语义索引（latent semantic indexing，LSI），在推荐系统、图像处理、生物信息学等领域也有广泛应用。

文本信息处理中，传统的方法以单词向量表示文本的语义内容，以单词向量空间的度量表示文本之间的语义相似度。潜在语义分析旨在解决这种方法不能准确表示语义的问题，试图从大量的文本数据中发现潜在的话题，以话题向量表示文本的语义内容，以话题向量空间的度量更准确地表示文本之间的语义相似度。这也是话题分析（topic modeling）的基本想法。

潜在语义分析使用的是非概率的话题分析模型。具体地，将文本集合表示为单词-文本矩阵，对单词-文本矩阵进行奇异值分解，从而得到话题向量空间，以及文本在话题向量空间的表示。奇异值分解（singular value decomposition，SVD）即在第 15 章介绍的矩阵因子分解方法，其特点是分解的矩阵正交。

非负矩阵分解（non-negative matrix factorization，NMF）是另一种矩阵的因子分解方法，其特点是分解的矩阵非负。1999 年 Lee 和 Sheung 的论文[3]发表之后，非负矩阵分解引起高度重视和广泛使用。非负矩阵分解也可以用于话题分析。

本章 17.1 节介绍单词向量空间模型和话题向量空间模型，指出进行潜在语义分析的必要性。17.2 节叙述潜在语义分析的奇异值分解算法。17.3 节叙述非负矩阵分解算法。

17.1 单词向量空间与话题向量空间

17.1.1 单词向量空间

文本信息处理，比如文本信息检索、文本数据挖掘的一个核心问题是对文本的语义内容进行表示,并进行文本之间的语义相似度计算。最简单的方法是利用向量空间模型 (vector space model, VSM),也就是单词向量空间模型 (word vector space model)。向量空间模型的基本想法是,给定一个文本,用一个向量表示该文本的"语义",向量的每一维对应一个单词,其数值为该单词在该文本中出现的频数或权值;基本假设是文本中所有单词的出现情况表示了文本的语义内容;文本集合中的每个文本都表示为一个向量,存在于一个向量空间;向量空间的度量,如内积或标准化内积表示文本之间的"语义相似度"。

例如,文本信息检索的任务是,用户提出查询时,帮助用户找到与查询最相关的文本,以排序的形式展示给用户。一个最简单的做法是采用单词向量空间模型,将查询与文本表示为单词的向量,计算查询向量与文本向量的内积,作为语义相似度,以这个相似度的高低对文本进行排序。在这里,查询被看成是一个伪文本,查询与文本的语义相似度表示查询与文本的相关性。

下面给出严格定义。给定一个含有 n 个文本的集合 $D = \{d_1, d_2, \cdots, d_n\}$,以及在所有文本中出现的 m 个单词的集合 $W = \{w_1, w_2, \cdots, w_m\}$。将单词在文本中出现的数据用一个单词-文本矩阵 (word-document matrix) 表示,记作 X

$$X = \begin{bmatrix} x_{11} & x_{12} & \cdots & x_{1n} \\ x_{21} & x_{22} & \cdots & x_{2n} \\ \vdots & \vdots & & \vdots \\ x_{m1} & x_{m2} & \cdots & x_{mn} \end{bmatrix} \tag{17.1}$$

这是一个 $m \times n$ 矩阵,元素 x_{ij} 表示单词 w_i 在文本 d_j 中出现的频数或权值。由于单词的种类很多,而每个文本中出现单词的种类通常较少,所以单词-文本矩阵是一个稀疏矩阵。

权值通常用单词频率-逆文本频率 (term frequency-inverse document frequency, TF-IDF) 表示,其定义是

$$\text{TFIDF}_{ij} = \frac{\text{tf}_{ij}}{\text{tf}_{\bullet j}} \log \frac{\text{df}}{\text{df}_i}, \quad i = 1, 2, \cdots, m; \quad j = 1, 2, \cdots, n \tag{17.2}$$

式中 tf_{ij} 是单词 w_i 出现在文本 d_j 中的频数,$\text{tf}_{\bullet j}$ 是文本 d_j 中出现的所有单词的频数之和,df_i 是含有单词 w_i 的文本数,df 是文本集合 D 的全部文本数。直观上,一个单词在一个文本中出现的频数越高,这个单词在这个文本中的重要度就越高;一个单词在整个文本集合中出现的文本数越少,这个单词就越能表示其所在文本的特点,重要度就越高;一个单词在一个文本的 TF-IDF 是两种重要度的积,表示综合重要度。

单词向量空间模型直接使用单词-文本矩阵的信息。单词-文本矩阵的第 j 列向量

17.1 单词向量空间与话题向量空间

x_j 表示文本 d_j

$$x_j = \begin{bmatrix} x_{1j} \\ x_{2j} \\ \vdots \\ x_{mj} \end{bmatrix}, \quad j = 1, 2, \cdots, n \tag{17.3}$$

其中 x_{ij} 是单词 w_i 在文本 d_j 的权值，$i = 1, 2, \cdots, m$，权值越大，该单词在该文本中的重要度就越高。这时矩阵 X 也可以写作 $X = [x_1 \quad x_2 \quad \cdots \quad x_n]$。

两个单词向量的内积或标准化内积（余弦）表示对应的文本之间的语义相似度。因此，文本 d_i 与 d_j 之间的相似度为

$$x_i \bullet x_j, \quad \frac{x_i \bullet x_j}{\|x_i\| \|x_j\|} \tag{17.4}$$

式中 $\bullet$ 表示向量的内积，$\| \bullet \|$ 表示向量的范数。

直观上，在两个文本中共同出现的单词越多，其语义内容就越相近，这时，对应的单词向量同不为零的维度就越多，内积就越大（单词向量元素的值都是非负的），表示两个文本在语义内容上越相似。这个模型虽然简单，却能很好地表示文本之间的语义相似度，与人们对语义相似度的判断接近，在一定程度上能够满足应用的需求，至今仍在文本信息检索、文本数据挖掘等领域被广泛使用，可以认为是文本信息处理的一个基本原理。注意，两个文本的语义相似度并不是由一两个单词是否在两个文本中出现决定，而是由所有的单词在两个文本中共同出现的"模式"决定。

单词向量空间模型的优点是模型简单，计算效率高。因为单词向量通常是稀疏的，两个向量的内积计算只需要在其同不为零的维度上进行即可，需要的计算很少，可以高效地完成。单词向量空间模型也有一定的局限性，体现在内积相似度未必能够准确表达两个文本的语义相似度上。因为自然语言的单词具有一词多义性（polysemy）及多词一义性（synonymy），即同一个单词可以表示多个语义，多个单词可以表示同一个语义，所以基于单词向量的相似度计算存在不精确的问题。

图 17.1 给出一个例子。单词-文本矩阵，每一行表示一个单词，每一列表示一个文本，矩阵的每一个元素表示单词在文本中出现的频数，频数 0 省略。单词向量空间模型中，文本 d_1 与 d_2 相似度并不高，尽管两个文本的内容相似，这是因为同义词 "airplane" 与 "aircraft" 被当作了两个独立的单词，单词向量空间模型不考虑单词的同义性，在此情况下无法进行准确的相似度计算。另一方面，文本 d_3 与 d_4 有一定的相似度，尽管两个文本的内容并不相似，这是因为单词 "apple" 具有多义，可以表示 "apple computer" 和 "fruit"，单词向量空间模型不考虑单词的多义性，在此情况下也无法进行准确的相似度计算。

	d_1	d_2	d_3	d_4
airplane	2			
aircraft		2		
computer			1	
apple			2	3
fruit				1
produce	1	2	2	1

图 17.1　单词-文本矩阵例

17.1.2　话题向量空间

两个文本的语义相似度可以体现在两者的话题相似度上。所谓话题（topic），并没有严格的定义，就是指文本所讨论的内容或主题。一个文本一般含有若干个话题。如果两个文本的话题相似，那么两者的语义应该也相似。话题可以由若干个语义相关的单词表示，同义词（如"airplane"与"aircraft"）可以表示同一个话题，而多义词（如"apple"）可以表示不同的话题。这样，基于话题的模型就可以解决上述基于单词的模型存在的问题。

可以设想定义一种话题向量空间模型（topic vector space model）。给定一个文本，用话题空间的一个向量表示该文本，该向量的每一分量对应一个话题，其数值为该话题在该文本中出现的权值。用两个向量的内积或标准化内积表示对应的两个文本的语义相似度。注意话题的个数通常远远小于单词的个数，话题向量空间模型更加抽象。事实上潜在语义分析正是构建话题向量空间的方法（即话题分析的方法），单词向量空间模型与话题向量空间模型可以互为补充，现实中，两者可以同时使用。

1. 话题向量空间

给定一个文本集合 $D = \{d_1, d_2, \cdots, d_n\}$ 和一个相应的单词集合 $W = \{w_1, w_2, \cdots, w_m\}$。可以获得其单词-文本矩阵 X，X 构成原始的单词向量空间，每一列是一个文本在单词向量空间中的表示。

$$X = \begin{bmatrix} x_{11} & x_{12} & \cdots & x_{1n} \\ x_{21} & x_{22} & \cdots & x_{2n} \\ \vdots & \vdots & & \vdots \\ x_{m1} & x_{m2} & \cdots & x_{mn} \end{bmatrix} \tag{17.5}$$

17.1 单词向量空间与话题向量空间

矩阵 X 也可以写作 $X = [x_1 \quad x_2 \quad \cdots \quad x_n]$。

假设所有文本共含有 k 个话题。假设每个话题由一个定义在单词集合 W 上的 m 维向量表示，称为话题向量，即

$$t_l = \begin{bmatrix} t_{1l} \\ t_{2l} \\ \vdots \\ t_{ml} \end{bmatrix}, \quad l = 1, 2, \cdots, k \tag{17.6}$$

其中 t_{il} 是单词 w_i 在话题 t_l 的权值，$i = 1, 2, \cdots, m$，权值越大，该单词在该话题中的重要度就越高。这 k 个话题向量 $t_1, t_2, \cdots, t_k$ 张成一个话题向量空间（topic vector space），维数为 k。注意话题向量空间 T 是单词向量空间 X 的一个子空间。

话题向量空间 T 也可以表示为一个矩阵，称为单词-话题矩阵（word-topic matrix），记作

$$T = \begin{bmatrix} t_{11} & t_{12} & \cdots & t_{1k} \\ t_{21} & t_{22} & \cdots & t_{2k} \\ \vdots & \vdots & & \vdots \\ t_{m1} & t_{m2} & \cdots & t_{mk} \end{bmatrix} \tag{17.7}$$

矩阵 T 也可以写作 $T = [t_1 \quad t_2 \quad \cdots \quad t_k]$。

2. 文本在话题向量空间的表示

现在考虑文本集合 D 的文本 d_j，在单词向量空间中由一个向量 x_j 表示，将 x_j 投影到话题向量空间 T 中，得到在话题向量空间的一个向量 y_j，y_j 是一个 k 维向量，其表达式为

$$y_j = \begin{bmatrix} y_{1j} \\ y_{2j} \\ \vdots \\ y_{kj} \end{bmatrix}, \quad j = 1, 2, \cdots, n \tag{17.8}$$

其中 y_{lj} 是文本 d_j 在话题 t_l 的权值，$l = 1, 2, \cdots, k$，权值越大，该话题在该文本中的重要度就越高。

矩阵 Y 表示话题在文本中出现的情况，称为话题-文本矩阵（topic-document

matrix），记作

$$Y = \begin{bmatrix} y_{11} & y_{12} & \cdots & y_{1n} \\ y_{21} & y_{22} & \cdots & y_{2n} \\ \vdots & \vdots & & \vdots \\ y_{k1} & y_{k2} & \cdots & y_{kn} \end{bmatrix} \quad (17.9)$$

矩阵 Y 也可以写作 $Y = [y_1 \ y_2 \ \cdots \ y_n]$。

3. 从单词向量空间到话题向量空间的线性变换

这样一来，在单词向量空间的文本向量 x_j 可以通过它在话题空间中的向量 y_j 近似表示，具体地由 k 个话题向量以 y_j 为系数的线性组合近似表示。

$$x_j \approx y_{1j}t_1 + y_{2j}t_2 + \cdots + y_{kj}t_k, \quad j = 1, 2, \cdots, n \quad (17.10)$$

所以，单词-文本矩阵 X 可以近似地表示为单词-话题矩阵 T 与话题-文本矩阵 Y 的乘积形式。这就是潜在语义分析。

$$X \approx TY \quad (17.11)$$

直观上潜在语义分析是将文本在单词向量空间的表示通过线性变换转换为在话题向量空间中的表示，如图 17.2 所示。这个线性变换由矩阵因子分解式 (17.11) 的形式体现。图 17.3 示意性地表示实现潜在语义分析的矩阵因子分解。

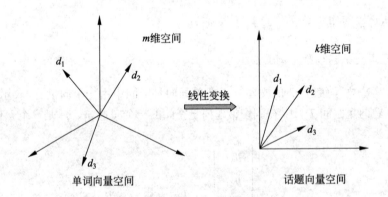

图 17.2 将文本在单词向量空间的表示通过线性变换转换为话题空间的表示

在原始的单词向量空间中，两个文本 d_i 与 d_j 的相似度可以由对应的向量的内积表示，即 $x_i \cdot x_j$。经过潜在语义分析之后，在话题向量空间中，两个文本 d_i 与 d_j 的相似度可以由对应的向量的内积即 $y_i \cdot y_j$ 表示。

要进行潜在语义分析，需要同时决定两部分的内容，一是话题向量空间 T，二是

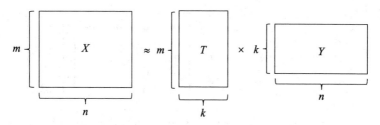

图 17.3　潜在语义分析通过矩阵因子分解实现，单词-文本矩阵 X 可以近似地表示为单词-话题矩阵 T 与话题-文本矩阵 Y 的乘积形式

文本在话题空间的表示 Y，使两者的乘积是原始矩阵数据的近似，而这一结果完全从话题-文本矩阵的信息中获得。

17.2　潜在语义分析算法

潜在语义分析利用矩阵奇异值分解，具体地，对单词-文本矩阵进行奇异值分解，将其左矩阵作为话题向量空间，将其对角矩阵与右矩阵的乘积作为文本在话题向量空间的表示。

17.2.1　矩阵奇异值分解算法

1. 单词-文本矩阵

给定文本集合 $D = \{d_1, d_2, \cdots, d_n\}$ 和单词集合 $W = \{w_1, w_2, \cdots, w_m\}$。潜在语义分析首先将这些数据表示成一个单词-文本矩阵

$$X = \begin{bmatrix} x_{11} & x_{12} & \cdots & x_{1n} \\ x_{21} & x_{22} & \cdots & x_{2n} \\ \vdots & \vdots & & \vdots \\ x_{m1} & x_{m2} & \cdots & x_{mn} \end{bmatrix} \tag{17.12}$$

这是一个 $m \times n$ 矩阵，元素 x_{ij} 表示单词 w_i 在文本 d_j 中出现的频数或权值。

2. 截断奇异值分解

潜在语义分析根据确定的话题个数 k 对单词-文本矩阵 X 进行截断奇异值分解

$$X \approx U_k \Sigma_k V_k^{\mathrm{T}} = [u_1 \quad u_2 \quad \cdots \quad u_k] \begin{bmatrix} \sigma_1 & 0 & 0 & 0 \\ 0 & \sigma_2 & 0 & 0 \\ 0 & 0 & \ddots & 0 \\ 0 & 0 & 0 & \sigma_k \end{bmatrix} \begin{bmatrix} v_1^{\mathrm{T}} \\ v_2^{\mathrm{T}} \\ \vdots \\ v_k^{\mathrm{T}} \end{bmatrix} \tag{17.13}$$

式中 $k \leqslant n \leqslant m$,$U_k$ 是 $m \times k$ 矩阵,它的列由 X 的前 k 个互相正交的左奇异向量组成,Σ_k 是 k 阶对角方阵,对角元素为前 k 个最大奇异值,V_k 是 $n \times k$ 矩阵,它的列由 X 的前 k 个互相正交的右奇异向量组成。

3. 话题向量空间

在单词-文本矩阵 X 的截断奇异值分解式 (17.13) 中,矩阵 U_k 的每一个列向量 $u_1, u_2, \cdots, u_k$ 表示一个话题,称为话题向量。由这 k 个话题向量张成一个子空间

$$U_k = \begin{bmatrix} u_1 & u_2 & \cdots & u_k \end{bmatrix}$$

称为话题向量空间。

4. 文本的话题空间表示

有了话题向量空间,接着考虑文本在话题空间的表示。将式 (17.13) 写作

$$\begin{aligned} X &= \begin{bmatrix} x_1 & x_2 & \cdots & x_n \end{bmatrix} \approx U_k \Sigma_k V_k^{\mathrm{T}} \\ &= \begin{bmatrix} u_1 & u_2 & \cdots & u_k \end{bmatrix} \begin{bmatrix} \sigma_1 & & & \\ & \sigma_2 & & 0 \\ & 0 & \ddots & \\ & & & \sigma_k \end{bmatrix} \begin{bmatrix} v_{11} & v_{21} & \cdots & v_{n1} \\ v_{12} & v_{22} & \cdots & v_{n2} \\ \vdots & \vdots & & \vdots \\ v_{1k} & v_{2k} & \cdots & v_{nk} \end{bmatrix} \\ &= \begin{bmatrix} u_1 & u_2 & \cdots & u_k \end{bmatrix} \begin{bmatrix} \sigma_1 v_{11} & \sigma_1 v_{21} & \cdots & \sigma_1 v_{n1} \\ \sigma_2 v_{12} & \sigma_2 v_{22} & \cdots & \sigma_2 v_{n2} \\ \vdots & \vdots & & \vdots \\ \sigma_k v_{1k} & \sigma_k v_{2k} & \cdots & \sigma_k v_{nk} \end{bmatrix} \end{aligned} \tag{17.14}$$

其中

$$u_l = \begin{bmatrix} u_{1l} \\ u_{2l} \\ \vdots \\ u_{ml} \end{bmatrix}, \quad l = 1, 2, \cdots, k$$

由式 (17.14) 知，矩阵 X 的第 j 列向量 x_j 满足

$$x_j \approx U_k(\Sigma_k V_k^{\mathrm{T}})_j$$

$$= \begin{bmatrix} u_1 & u_2 & \cdots & u_k \end{bmatrix} \begin{bmatrix} \sigma_1 v_{j1} \\ \sigma_2 v_{j2} \\ \vdots \\ \sigma_k v_{jk} \end{bmatrix}$$

$$= \sum_{l=1}^{k} \sigma_l v_{jl} u_l, \quad j = 1, 2, \cdots, n \tag{17.15}$$

式中 $(\Sigma_k V_k^{\mathrm{T}})_j$ 是矩阵 $(\Sigma_k V_k^{\mathrm{T}})$ 的第 j 列向量。式 (17.15) 是文本 d_j 的近似表达式，由 k 个话题向量 u_l 的线性组合构成。矩阵 $(\Sigma_k V_k^{\mathrm{T}})$ 的每一个列向量

$$\begin{bmatrix} \sigma_1 v_{11} \\ \sigma_2 v_{12} \\ \vdots \\ \sigma_k v_{1k} \end{bmatrix}, \begin{bmatrix} \sigma_1 v_{21} \\ \sigma_2 v_{22} \\ \vdots \\ \sigma_k v_{2k} \end{bmatrix}, \cdots, \begin{bmatrix} \sigma_1 v_{n1} \\ \sigma_2 v_{n2} \\ \vdots \\ \sigma_k v_{nk} \end{bmatrix}$$

是一个文本在话题向量空间的表示。

综上，可以通过对单词-文本矩阵的奇异值分解进行潜在语义分析

$$X \approx U_k \Sigma_k V_k^{\mathrm{T}} = U_k(\Sigma_k V_k^{\mathrm{T}}) \tag{17.16}$$

得到话题空间 U_k，以及文本在话题空间的表示 $(\Sigma_k V_k^{\mathrm{T}})$。

17.2.2 例子

下面介绍潜在语义分析的一个例子[①]。假设有 9 个文本，11 个单词，单词-文本矩阵 X 为 11×9 矩阵，矩阵的元素是单词在文本中出现的频数，表示如下：

[①] http://www.puffinwarellc.com/index.php/news-and-articles/articles/33-latent-semantic-analysis-tutorial.html?showall=1

Index Words	Titles								
	T1	T2	T3	T4	T5	T6	T7	T8	T9
book			1	1					
dads						1			1
dummies		1						1	
estate							1		1
guide	1					1			
investing	1	1	1		1	1	1	1	1
market	1		1						
real							1		1
rich						2			1
stock	1		1						
value				1	1				

进行潜在语义分析。实施对矩阵的截断奇异值分解，假设话题的个数是 3，矩阵的截断奇异值分解结果为

Book	0.15	−0.27	0.04
Dads	0.24	0.38	−0.09
Dummies	0.13	−0.17	0.07
Estate	0.18	0.19	0.45
Guide	0.22	0.09	−0.46
Investing	0.74	−0.21	0.21
Market	0.18	−0.30	−0.28
Real	0.18	0.19	0.45
Rich	0.36	0.59	−0.34
Stock	0.25	−0.42	−0.28
Value	0.12	−0.14	0.23

$*$

3.91	0	0
0	2.61	0
0	0	2.00

$*$

	T1	T2	T3	T4	T5	T6	T7	T8	T9
	0.35	0.22	0.34	0.26	0.22	0.49	0.28	0.29	0.44
	−0.32	−0.15	−0.46	−0.24	−0.14	0.55	0.07	−0.31	0.44
	−0.41	0.14	−0.16	0.25	0.22	−0.51	0.55	0.00	0.34

可以看出，左矩阵 U_3 有 3 个列向量（左奇异向量）。第 1 列向量 u_1 的值均为正，第 2 列向量 u_2 和第 3 列向量 u_3 的值有正有负。中间的对角矩阵 Σ_3 的元素是 3 个由大到小的奇异值（正值）。右矩阵是 V_3^{T}，其转置矩阵 V_3 也有 3 个列向量（右奇异向量）。第 1 列向量 v_1 的值也都为正，第 2 列向量 v_2 和第 3 列向量 v_3 的值有正有负。

现在，将 Σ_3 与 V_3^{T} 相乘，整体变成两个矩阵乘积的形式

$$X \approx U_3(\Sigma_3 V_3^{\mathrm{T}})$$

$$= \begin{bmatrix} 0.15 & -0.27 & 0.04 \\ 0.24 & 0.38 & -0.09 \\ 0.13 & -0.17 & 0.07 \\ 0.18 & 0.19 & 0.45 \\ 0.22 & 0.09 & -0.46 \\ 0.74 & -0.21 & 0.21 \\ 0.18 & -0.30 & -0.28 \\ 0.18 & 0.19 & 0.45 \\ 0.36 & 0.59 & -0.34 \\ 0.25 & -0.42 & -0.28 \\ 0.12 & -0.14 & 0.23 \end{bmatrix} \begin{bmatrix} 1.37 & 0.86 & 1.33 & 1.02 & 0.86 & 1.92 & 1.09 & 1.13 & 1.72 \\ -0.84 & -0.39 & -1.20 & -0.63 & -0.37 & 1.44 & 0.18 & -0.81 & 1.15 \\ -0.82 & 0.28 & -0.32 & 0.50 & 0.44 & -1.02 & 1.10 & 0.00 & 0.68 \end{bmatrix}$$

矩阵 U_3 有 3 个列向量，表示 3 个话题，矩阵 U_3 表示话题向量空间。矩阵 $(\Sigma_3 V_3^{\mathrm{T}})$ 有 9 个列向量，表示 9 个文本，矩阵 $(\Sigma_3 V_3^{\mathrm{T}})$ 是文本集合在话题向量空间的表示。

17.3 非负矩阵分解算法

非负矩阵分解也可以用于话题分析。对单词-文本矩阵进行非负矩阵分解，将其左矩阵作为话题向量空间，将其右矩阵作为文本在话题向量空间的表示。注意通常单词-文本矩阵是非负的。

17.3.1 非负矩阵分解

若一个矩阵的所有元素非负，则称该矩阵为非负矩阵，若 X 是非负矩阵，则记作 $X \geqslant 0$。

给定一个非负矩阵 $X \geqslant 0$，找到两个非负矩阵 $W \geqslant 0$ 和 $H \geqslant 0$，使得

$$X \approx WH \tag{17.17}$$

即将非负矩阵 X 分解为两个非负矩阵 W 和 H 的乘积的形式，称为非负矩阵分解。因为 WH 与 X 完全相等很难实现，所以只要求 WH 与 X 近似相等。

假设非负矩阵 X 是 $m \times n$ 矩阵，非负矩阵 W 和 H 分别为 $m \times k$ 矩阵和 $k \times n$ 矩阵。假设 $k < \min(m, n)$，即 W 和 H 小于原矩阵 X，所以非负矩阵分解是对原数据的压缩。

由式 (17.17) 知，矩阵 X 的第 j 列向量 x_j 满足

$$\begin{aligned} x_j &\approx W h_j \\ &= \begin{bmatrix} w_1 & w_2 & \cdots & w_k \end{bmatrix} \begin{bmatrix} h_{1j} \\ h_{2j} \\ \vdots \\ h_{kj} \end{bmatrix} \\ &= \sum_{l=1}^{k} h_{lj} w_l, \quad j = 1, 2, \cdots, n \end{aligned} \tag{17.18}$$

其中 h_j 是矩阵 H 的第 j 列，w_l 是矩阵 W 的第 l 列，h_{lj} 是 h_j 的第 l 个元素，$l = 1, 2, \cdots, k$。

式 (17.18) 表示，矩阵 X 的第 j 列 x_j 可以由矩阵 W 的 k 个列 w_l 的线性组合逼近，线性组合的系数是矩阵 H 的第 j 列 h_j 的元素。这里矩阵 W 的列向量为一组基，矩阵 H 的列向量为线性组合系数。称 W 为基矩阵，H 为系数矩阵。非负矩阵分解旨在用较少的基向量、系数向量来表示较大的数据矩阵。

17.3.2 潜在语义分析模型

给定一个 $m \times n$ 非负的单词-文本矩阵 $X \geqslant 0$。假设文本集合共包含 k 个话题，对 X 进行非负矩阵分解。即求非负的 $m \times k$ 矩阵 $W \geqslant 0$ 和 $k \times n$ 矩阵 $H \geqslant 0$，使得

$$X \approx WH \tag{17.19}$$

令 $W = [w_1 \ w_2 \ \cdots \ w_k]$ 为话题向量空间，$w_1, w_2, \cdots, w_k$ 表示文本集合的 k 个话题，令 $H = [h_1 \ h_2 \ \cdots \ h_n]$ 为文本在话题向量空间的表示，$h_1, h_2, \cdots, h_n$ 表示文本集合的 n 个文本。这就是基于非负矩阵分解的潜在语义分析模型。

非负矩阵分解具有很直观的解释，话题向量和文本向量都非负，对应着"伪概率分布"，向量的线性组合表示局部叠加构成整体。

17.3.3 非负矩阵分解的形式化

非负矩阵分解可以形式化为最优化问题求解。首先定义损失函数或代价函数。

第一种损失函数是平方损失。设两个非负矩阵 $A = [a_{ij}]_{m \times n}$ 和 $B = [b_{ij}]_{m \times n}$，平方损失函数定义为

$$\|A - B\|^2 = \sum_{i,j}(a_{ij} - b_{ij})^2 \tag{17.20}$$

其下界是 0，当且仅当 $A = B$ 时达到下界。

另一种损失函数是散度（divergence）。设两个非负矩阵 $A = [a_{ij}]_{m \times n}$ 和 $B = [b_{ij}]_{m \times n}$，散度损失函数定义为

$$D(A\|B) = \sum_{i,j}\left(a_{ij} \log \frac{a_{ij}}{b_{ij}} - a_{ij} + b_{ij}\right) \tag{17.21}$$

其下界也是 0，当且仅当 $A = B$ 时达到下界。A 和 B 不对称。当 $\sum_{i,j} a_{ij} = \sum_{i,j} b_{ij} = 1$ 时散度损失函数退化为 Kullback-Leiber 散度或相对熵，这时 A 和 B 是概率分布。

接着定义以下的最优化问题。

目标函数 $\|X-WH\|^2$ 关于 W 和 H 的最小化，满足约束条件 $W, H \geqslant 0$，即

$$\min_{W,H} \quad \|X-WH\|^2 \tag{17.22}$$
$$\text{s.t.} \quad W, H \geqslant 0$$

或者，目标函数 $D(X\|WH)$ 关于 W 和 H 的最小化，满足约束条件 $W, H \geqslant 0$，即

$$\min_{W,H} \quad D(X\|WH) \tag{17.23}$$
$$\text{s.t.} \quad W, H \geqslant 0$$

17.3.4 算法

考虑求解最优化问题 (17.22) 和问题 (17.23)。由于目标函数 $\|X-WH\|^2$ 和 $D(X\|WH)$ 只是对变量 W 和 H 之一的凸函数，而不是同时对两个变量的凸函数，因此找到全局最优（最小值）比较困难，可以通过数值最优化方法求局部最优（极小值）。梯度下降法比较容易实现，但是收敛速度慢。共轭梯度法收敛速度快，但实现比较复杂。Lee 和 Seung 提出了新的基于"乘法更新规则"的优化算法，交替地对 W 和 H 进行更新，其理论依据是下面的定理。

定理 17.1 平方损失 $\|X-WH\|^2$ 对下列乘法更新规则

$$H_{lj} \leftarrow H_{lj} \frac{(W^\mathrm{T} X)_{lj}}{(W^\mathrm{T} WH)_{lj}} \tag{17.24}$$

$$W_{il} \leftarrow W_{il} \frac{(XH^\mathrm{T})_{il}}{(WHH^\mathrm{T})_{il}} \tag{17.25}$$

是非增的。当且仅当 W 和 H 是平方损失函数的稳定点时函数的更新不变。

定理 17.2 散度损失 $D(X-WH)$ 对下列乘法更新规则

$$H_{lj} \leftarrow H_{lj} \frac{\sum_i [W_{il} X_{ij}/(WH)_{ij}]}{\sum_i W_{il}} \tag{17.26}$$

$$W_{il} \leftarrow W_{il} \frac{\sum_j [H_{lj} X_{ij}/(WH)_{ij}]}{\sum_j H_{lj}} \tag{17.27}$$

是非增的。当且仅当 W 和 H 是散度损失函数的稳定点时函数的更新不变。

定理 17.1 和定理 17.2 给出了乘法更新规则。定理的证明可以参阅文献 [4]。

现叙述非负矩阵分解的算法。只介绍第一个问题 (17.22) 的算法，第二个问题 (17.23) 的算法类似。

最优化目标函数是 $\|X - WH\|^2$，为了方便将目标函数乘以 $1/2$，其最优解与原问题相同，记作

$$J(W, H) = \frac{1}{2}\|X - WH\|^2 = \frac{1}{2}\sum [X_{ij} - (WH)_{ij}]^2$$

应用梯度下降法求解。首先求目标函数的梯度

$$\frac{\partial J(W, H)}{\partial W_{il}} = -\sum_j [X_{ij} - (WH)_{ij}]H_{lj}$$

$$= -[(XH^{\mathrm{T}})_{il} - (WHH^{\mathrm{T}})_{il}] \tag{17.28}$$

同样可得

$$\frac{\partial J(W, H)}{\partial H_{lj}} = -[(W^{\mathrm{T}}X)_{lj} - (W^{\mathrm{T}}WH)_{lj}] \tag{17.29}$$

然后求得梯度下降法的更新规则，由式 (17.28) 和式 (17.29) 有

$$W_{il} = W_{il} + \lambda_{il}[(XH^{\mathrm{T}})_{il} - (WHH^{\mathrm{T}})_{il}] \tag{17.30}$$

$$H_{lj} = H_{lj} + \mu_{lj}[(W^{\mathrm{T}}X)_{lj} - (W^{\mathrm{T}}WH)_{lj}] \tag{17.31}$$

式中 λ_{il}, μ_{lj} 是步长。选取

$$\lambda_{il} = \frac{W_{il}}{(WHH^{\mathrm{T}})_{il}}, \quad \mu_{lj} = \frac{H_{lj}}{(W^{\mathrm{T}}WH)_{lj}} \tag{17.32}$$

即得乘法更新规则

$$W_{il} = W_{il}\frac{(XH^{\mathrm{T}})_{il}}{(WHH^{\mathrm{T}})_{il}}, \quad i = 1, 2, \cdots, m; \quad l = 1, 2, \cdots, k \tag{17.33}$$

$$H_{lj} = H_{lj}\frac{(W^{\mathrm{T}}X)_{lj}}{(W^{\mathrm{T}}WH)_{lj}}, \quad l = 1, 2, \cdots, k; \quad j = 1, 2, \cdots, n \tag{17.34}$$

选取初始矩阵 W 和 H 为非负矩阵，可以保证迭代过程及结果的矩阵 W 和 H 均为非负。

下面叙述基于乘法更新规则的矩阵非负分解迭代算法。算法交替对 W 和 H 迭代，每次迭代对 W 的列向量归一化，使基向量为单位向量。

算法 17.1（非负矩阵分解的迭代算法）

输入：单词-文本矩阵 $X \geqslant 0$，文本集合的话题个数 k，最大迭代次数 t；

输出：话题矩阵 W，文本表示矩阵 H。

(1) 初始化

$W \geqslant 0$，并对 W 的每一列数据归一化；

$H \geqslant 0$；

(2) 迭代

对迭代次数由 1 到 t 执行下列步骤：

(a) 更新 W 的元素，对 l 从 1 到 k，i 从 1 到 m 按式 (17.33) 更新 W_{il}；

(b) 更新 H 的元素，对 l 从 1 到 k，j 从 1 到 n 按式 (17.34) 更新 H_{lj}。∎

本 章 概 要

1. 单词向量空间模型通过单词的向量表示文本的语义内容。以单词-文本矩阵 X 为输入，其中每一行对应一个单词，每一列对应一个文本，每一个元素表示单词在文本中的频数或权值（如 TF-IDF）。

$$X = \begin{bmatrix} x_{11} & x_{12} & \cdots & x_{1n} \\ x_{21} & x_{22} & \cdots & x_{2n} \\ \vdots & \vdots & & \vdots \\ x_{m1} & x_{m2} & \cdots & x_{mn} \end{bmatrix}$$

单词向量空间模型认为，这个矩阵的每一列向量是单词向量，表示一个文本，两个单词向量的内积或标准化内积表示文本之间的语义相似度。

2. 话题向量空间模型通过话题的向量表示文本的语义内容。假设有话题-文本矩阵

$$Y = \begin{bmatrix} y_{11} & y_{12} & \cdots & y_{1n} \\ y_{21} & y_{22} & \cdots & y_{2n} \\ \vdots & \vdots & & \vdots \\ y_{k1} & y_{k2} & \cdots & y_{kn} \end{bmatrix}$$

其中每一行对应一个话题，每一列对应一个文本，每一个元素表示话题在文本中的权值。话题向量空间模型认为，这个矩阵的每一列向量是话题向量，表示一个文本，两个

话题向量的内积或标准化内积表示文本之间的语义相似度。假设有单词-话题矩阵 T

$$T = \begin{bmatrix} t_{11} & t_{12} & \cdots & t_{1k} \\ t_{21} & t_{22} & \cdots & t_{2k} \\ \vdots & \vdots & & \vdots \\ t_{m1} & t_{m2} & \cdots & t_{mk} \end{bmatrix}$$

其中每一行对应一个单词，每一列对应一个话题，每一个元素表示单词在话题中的权值。

给定一个单词-文本矩阵 X

$$X = \begin{bmatrix} x_{11} & x_{12} & \cdots & x_{1n} \\ x_{21} & x_{22} & \cdots & x_{2n} \\ \vdots & \vdots & & \vdots \\ x_{m1} & x_{m2} & \cdots & x_{mn} \end{bmatrix}$$

潜在语义分析的目标是找到合适的单词-话题矩阵 T 与话题-文本矩阵 Y，将单词-文本矩阵 X 近似地表示为 T 与 Y 的乘积形式。

$$X \approx TY$$

等价地，潜在语义分析将文本在单词向量空间的表示 X 通过线性变换 T 转换为话题向量空间中的表示 Y。

潜在语义分析的关键是对单词-文本矩阵进行以上的矩阵因子分解（话题分析）。

3. 潜在语义分析的算法是奇异值分解。通过对单词-文本矩阵进行截断奇异值分解，得到

$$X \approx U_k \Sigma_k V_k^{\mathrm{T}} = U_k (\Sigma_k V_k^{\mathrm{T}})$$

矩阵 U_k 表示话题空间，矩阵 $(\Sigma_k V_k^{\mathrm{T}})$ 是文本在话题空间的表示。

4. 非负矩阵分解也可以用于话题分析。非负矩阵分解将非负的单词-文本矩阵近似分解成两个非负矩阵 W 和 H 的乘积，得到

$$X \approx WH$$

矩阵 W 表示话题空间，矩阵 H 是文本在话题空间的表示。

非负矩阵分解可以表示为以下的最优化问题：

$$\min_{W,H} \|X - WH\|^2$$

$$\text{s.t.} \quad W, H \geqslant 0$$

非负矩阵分解的算法是迭代算法。乘法更新规则的迭代算法，交替地对 W 和 H 进行更新。本质是梯度下降法，通过定义特殊的步长和非负的初始值，保证迭代过程及结果的矩阵 W 和 H 均为非负。

继续阅读

文献 [1] 为潜在语义分析的原始论文，相关的介绍还有文献 [2]，主要是关于基于矩阵奇异值分解的潜在语义分析。基于非负矩阵分解的潜在语义分析可以参照文献 [3~5]。还有基于稀疏矩阵分解的方法 [6]。后两种方法可以通过并行计算实现，大大提高计算效率。

习 题

17.1 试将图 17.1 的例子进行潜在语义分析，并对结果进行观察。

17.2 给出损失函数是散度损失时的非负矩阵分解（潜在语义分析）的算法。

17.3 给出潜在语义分析的两种算法的计算复杂度，包括奇异值分解法和非负矩阵分解法。

17.4 列出潜在语义分析与主成分分析的异同。

参 考 文 献

[1] Deerwester S C, Dumais S T, Landauer T K, et al. Indexing by latent semantic analysis. Journal of the Association for Information Science and Technology, 1990, 41: 391–407.

[2] Landauer T K. Latent semantic analysis. In: Encyclopedia of Cognitive Science, Wiley, 2006.

[3] Lee D D, Seung H S. Learning the parts of objects by non-negative matrix factorization. Nature, 1999, 401(6755): 788–791.

[4] Lee D D, Seung H S. Algorithms for non-negative matrix factorization. Advances in Neural Information Processing Systems, 2001: 556–562.

[5] Xu W, Liu X, Gong Y. Document clustering based on non-negative matrix factorization. Proceedings of the 26th Annual International ACM SIGIR Conference on Research and Development in Information Retrieval, 2003.

[6] Wang Q, Xu J, Li H, et al. Regularized latent semantic indexing. Proceedings of the 34th International ACM SIGIR Conference on Research and Development in Information Retrieval, 2011.

第 18 章 概率潜在语义分析

概率潜在语义分析（probabilistic latent semantic analysis, PLSA），也称概率潜在语义索引（probabilistic latent semantic indexing, PLSI），是一种利用概率生成模型对文本集合进行话题分析的无监督学习方法。模型的最大特点是用隐变量表示话题；整个模型表示文本生成话题，话题生成单词，从而得到单词-文本共现数据的过程；假设每个文本由一个话题分布决定，每个话题由一个单词分布决定。

概率潜在语义分析受潜在语义分析的启发，1999 年由 Hofmann 提出，前者基于概率模型，后者基于非概率模型。概率潜在语义分析最初用于文本数据挖掘，后来扩展到其他领域。

首先在 18.1 节叙述概率潜在语义分析的模型，包括生成模型和共现模型。然后在 18.2 节介绍概率潜在语义分析模型的学习策略和算法。

18.1 概率潜在语义分析模型

首先叙述概率潜在语义分析的直观解释。概率潜在语义分析模型有生成模型，以及等价的共现模型。先介绍生成模型，然后介绍共现模型，最后讲解模型的性质。

18.1.1 基本想法

给定一个文本集合，每个文本讨论若干个话题，每个话题由若干个单词表示。对文本集合进行概率潜在语义分析，就能够发现每个文本的话题，以及每个话题的单词。话题是不能从数据中直接观察到的，是潜在的。

文本集合转换为文本-单词共现数据，具体表现为单词-文本矩阵，图 18.1 给出一个单词-文本矩阵的例子（详见文前彩图）。每一行对应一个单词，每一列对应一个文本，每一个元素表示单词在文本中出现的次数。一个话题表示一个语义内容。文本数据基于如下的概率模型产生（共现模型）：首先有话题的概率分布，然后有话题给定条件下文本的条件概率分布，以及话题给定条件下单词的条件概率分布。概率潜在语分析就是发现由隐变量表示的话题,即潜在语义。直观上,语义相近的单词、语义相近的文本会被聚到相同的"软的类别"中,而话题所表示的就是这样的软的类别。假设有 3 个潜在的话题,图中红、绿、蓝框各自表示一个话题。

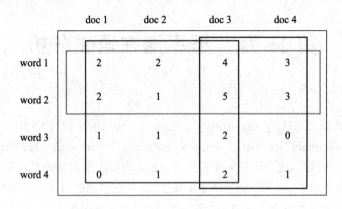

图 18.1　概率潜在语义分析的直观解释 (见彩图)

18.1.2　生成模型

假设有单词集合 $W = \{w_1, w_2, \cdots, w_M\}$,其中 M 是单词个数;文本(指标)集合 $D = \{d_1, d_2, \cdots, d_N\}$,其中 N 是文本个数;话题集合 $Z = \{z_1, z_2, \cdots, z_K\}$,其中 K 是预先设定的话题个数。随机变量 w 取值于单词集合;随机变量 d 取值于文本集合,随机变量 z 取值于话题集合。概率分布 $P(d)$、条件概率分布 $P(z|d)$、条件概率分布 $P(w|z)$ 皆属于多项分布,其中 $P(d)$ 表示生成文本 d 的概率,$P(z|d)$ 表示文本 d 生成话题 z 的概率,$P(w|z)$ 表示话题 z 生成单词 w 的概率。

每个文本 d 拥有自己的话题概率分布 $P(z|d)$,每个话题 z 拥有自己的单词概率分布 $P(w|z)$;也就是说一个文本的内容由其相关话题决定,一个话题的内容由其相关单词决定。

生成模型通过以下步骤生成文本-单词共现数据:

(1) 依据概率分布 $P(d)$,从文本 (指标) 集合中随机选取一个文本 d,共生成 N 个文本;针对每个文本,执行以下操作;

(2) 在文本 d 给定条件下,依据条件概率分布 $P(z|d)$,从话题集合随机选取一个话题 z,共生成 L 个话题,这里 L 是文本长度;

(3) 在话题 z 给定条件下,依据条件概率分布 $P(w|z)$,从单词集合中随机选取一个单词 w。

注意这里为叙述方便,假设文本都是等长的,现实中不需要这个假设。

生成模型中，单词变量 w 与文本变量 d 是观测变量，话题变量 z 是隐变量。也就是说模型生成的是单词-话题-文本三元组 (w,z,d) 的集合，但观测到的是单词-文本二元组 (w,d) 的集合，观测数据表示为单词-文本矩阵 T 的形式，矩阵 T 的行表示单词，列表示文本，元素表示单词-文本对 (w,d) 的出现次数。

从数据的生成过程可以推出，文本-单词共现数据 T 的生成概率为所有单词-文本对 (w,d) 的生成概率的乘积，

$$P(T) = \prod_{(w,d)} P(w,d)^{n(w,d)} \tag{18.1}$$

这里 $n(w,d)$ 表示 (w,d) 的出现次数，单词-文本对出现的总次数是 $N \times L$。每个单词-文本对 (w,d) 的生成概率由以下公式决定：

$$\begin{aligned} P(w,d) &= P(d)P(w|d) \\ &= P(d)\sum_z P(w,z|d) \\ &= P(d)\sum_z P(z|d)P(w|z) \end{aligned} \tag{18.2}$$

式 (18.2) 即生成模型的定义。

生成模型假设在话题 z 给定条件下，单词 w 与文本 d 条件独立，即

$$P(w,z|d) = P(z|d)\,P(w|z) \tag{18.3}$$

生成模型属于概率有向图模型，可以用有向图（directed graph）表示，如图 18.2 所示。图中实心圆表示观测变量，空心圆表示隐变量，箭头表示概率依存关系，方框表示多次重复，方框内数字表示重复次数。文本变量 d 是一个观测变量，话题变量 z 是一个隐变量，单词变量 w 是一个观测变量。

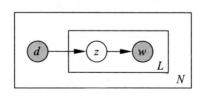

图 18.2 　概率潜在语义分析的生成模型

18.1.3　共现模型

可以定义与以上的生成模型等价的共现模型。

文本-单词共现数据 T 的生成概率为所有单词-文本对 (w,d) 的生成概率的乘积：

$$P(T) = \prod_{(w,d)} P(w,d)^{n(w,d)} \tag{18.4}$$

每个单词-文本对 (w,d) 的概率由以下公式决定：

$$P(w,d) = \sum_{z \in Z} P(z) P(w|z) P(d|z) \tag{18.5}$$

式 (18.5) 即共现模型的定义。容易验证，生成模型 (18.2) 和共现模型 (18.5) 是等价的。

共现模型假设在话题 z 给定条件下，单词 w 与文本 d 是条件独立的，即

$$P(w,d|z) = P(w|z) P(d|z) \tag{18.6}$$

图 18.3 所示是共现模型。图中文本变量 d 是一个观测变量，单词变量 w 是一个观测变量，话题变量 z 是一个隐变量。图 18.1 是共现模型的直观解释。

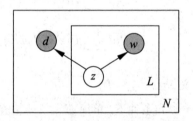

图 18.3 概率潜在语义模型的共现模型

虽然生成模型与共现模型在概率公式意义上是等价的，但是拥有不同的性质。生成模型刻画文本-单词共现数据生成的过程，共现模型描述文本-单词共现数据拥有的模式。生成模型式 (18.2) 中单词变量 w 与文本变量 d 是非对称的，而共现模型式 (18.5) 中单词变量 w 与文本变量 d 是对称的；所以前者也称为非对称模型，后者也称为对称模型。由于两个模型的形式不同，其学习算法的形式也不同。

18.1.4 模型性质

1. 模型参数

如果直接定义单词与文本的共现概率 $P(w,d)$，模型参数的个数是 $O(M \cdot N)$，其中 M 是单词数，N 是文本数。概率潜在语义分析的生成模型和共现模型的参数个数是 $O(M \cdot K + N \cdot K)$，其中 K 是话题数。现实中 $K \ll M$，所以概率潜在语义分析通过话题对数据进行了更简洁地表示，减少了学习过程中过拟合的可能性。图 18.4 显示模型中文本、话题、单词之间的关系。

18.1 概率潜在语义分析模型　　343

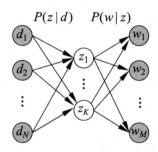

图 18.4　概率潜在语义分析中文本、话题、单词之间的关系

2. 模型的几何解释

下面给出生成模型的几何解释。概率分布 $P(w|d)$ 表示文本 d 生成单词 w 的概率,

$$\sum_{i=1}^{M} P(w_i|d) = 1, \quad 0 \leqslant P(w_i|d) \leqslant 1, \quad i = 1, \cdots, M$$

可以由 M 维空间的 $(M-1)$ 单纯形（simplex）中的点表示。图 18.5 为三维空间的情况。单纯形上的每个点表示一个分布 $P(w|d)$（分布的参数向量），所有的分布 $P(w|d)$（分布的参数向量）都在单纯形上，称这个 $(M-1)$ 单纯形为单词单纯形。

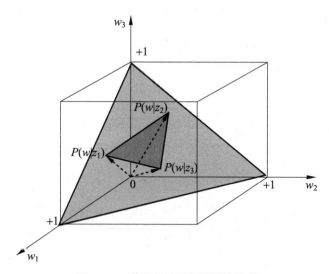

图 18.5　单词单纯形与话题单纯形

从式 (18.2) 可知,概率潜在分析模型（生成模型）中的文本概率分布 $P(w|d)$ 有下面的关系成立:

$$P(w|d) = \sum_{z} P(z|d)P(w|z) \tag{18.7}$$

这里概率分布 $P(w|z)$ 表示话题 z 生成单词 w 的概率。

概率分布 $P(w|z)$ 也存在于 M 维空间中的 $(M-1)$ 单纯形之中。如果有 K 个话题，那么就有 K 个概率分布 $P(w|z_k)$, $k = 1, 2, \cdots, K$, 由 $(M-1)$ 单纯形上的 K 个点表示（参照图 18.5）。以这 K 个点为顶点，构成一个 $(K-1)$ 单纯形，称为话题单纯形。话题单纯形是单词单纯形的子单纯形。参阅图 18.5。

从式 (18.7) 知，生成模型中文本的分布 $P(w|d)$ 可以由 K 个话题的分布 $P(w|z_k)$, $k = 1, \cdots, K$, 的线性组合表示，文本对应的点就在 K 个话题的点构成的 $(K-1)$ 话题单纯形中。这就是生成模型的几何解释。注意通常 $K \ll M$，概率潜在语义模型存在于一个相对很小的参数空间中。图 18.5 中显示的是 $M = 3$, $K = 3$ 时的情况。当 $K = 2$ 时话题单纯形是一个线段，当 $K = 1$ 时话题单纯形是一个点。

3. 与潜在语义分析的关系

概率潜在语义分析模型（共现模型）可以在潜在语义分析模型的框架下描述。图 18.6 显示潜在语义分析，对单词-文本矩阵进行奇异值分解得到 $X = U\Sigma V^{\mathrm{T}}$，其中 U 和 V 为正交矩阵，Σ 为非负降序对角矩阵（参照第 17 章）。

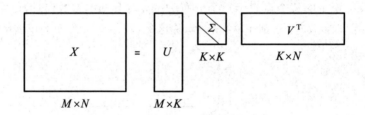

图 18.6　概率潜在语义分析与潜在语义分析的关系

共现模型 (18.5) 也可以表示为三个矩阵乘积的形式。这样，概率潜在语义分析与潜在语义分析的对应关系可以从中看得很清楚。下面是共现模型的矩阵乘积形式：

$$\begin{aligned}
X' &= U'\Sigma'V'^{\mathrm{T}} \\
X' &= [P(w,d)]_{M \times N} \\
U' &= [P(w|z)]_{M \times K} \\
\Sigma' &= [P(z)]_{K \times K} \\
V' &= [P(d|z)]_{N \times K}
\end{aligned} \quad (18.8)$$

概率潜在语义分析模型 (18.8) 中的矩阵 U' 和 V' 是非负的、规范化的，表示条件概率分布，而潜在语义分析模型中的矩阵 U 和 V 是正交的，未必非负，并不表示概率分布。

18.2 概率潜在语义分析的算法

概率潜在语义分析模型是含有隐变量的模型，其学习通常使用 EM 算法。本节介绍生成模型学习的 EM 算法。

EM 算法是一种迭代算法，每次迭代包括交替的两步：E 步，求期望；M 步，求极大。E 步是计算 Q 函数，即完全数据的对数似然函数对不完全数据的条件分布的期望。M 步是对 Q 函数极大化，更新模型参数。详细介绍见第 9 章。下面叙述生成模型的 EM 算法。

设单词集合为 $W = \{w_1, w_2, \cdots, w_M\}$，文本集合为 $D = \{d_1, d_2, \cdots, d_N\}$，话题集合为 $Z = \{z_1, z_2, \cdots, z_K\}$。给定单词-文本共现数据 $T = \{n(w_i, d_j)\}, i = 1, 2, \cdots, M, \ j = 1, 2, \cdots, N$，目标是估计概率潜在语义分析模型（生成模型）的参数。如果使用极大似然估计，对数似然函数是

$$L = \sum_{i=1}^{M} \sum_{j=1}^{N} n(w_i, d_j) \log P(w_i, d_j)$$

$$= \sum_{i=1}^{M} \sum_{j=1}^{N} n(w_i, d_j) \log \left[\sum_{k=1}^{K} P(w_i|z_k) P(z_k|d_j) \right]$$

但是模型含有隐变量，对数似然函数的优化无法用解析方法求解，这时使用 EM 算法。应用 EM 算法的核心是定义 Q 函数。

E 步：计算 Q 函数

Q 函数为完全数据的对数似然函数对不完全数据的条件分布的期望。针对概率潜在语义分析的生成模型，Q 函数是

$$Q = \sum_{k=1}^{K} \left\{ \sum_{j=1}^{N} n(d_j) \Big[\log P(d_j) + \sum_{i=1}^{M} \frac{n(w_i, d_j)}{n(d_j)} \log P(w_i|z_k) P(z_k|d_j) \Big] \right\} P(z_k|w_i, d_j) \tag{18.9}$$

式中 $n(d_j) = \sum_{i=1}^{M} n(w_i, d_j)$ 表示文本 d_j 中的单词个数，$n(w_i, d_j)$ 表示单词 w_i 在文本 d_j 中出现的次数。条件概率分布 $P(z_k|w_i, d_j)$ 代表不完全数据，是已知变量。条件概率分布 $P(w_i|z_k)$ 和 $P(z_k|d_j)$ 的乘积代表完全数据，是未知变量。

由于可以从数据中直接统计得出 $P(d_j)$ 的估计，这里只考虑 $P(w_i|z_k), P(z_k|d_j)$ 的估计，可将 Q 函数简化为函数 Q'

$$Q' = \sum_{i=1}^{M} \sum_{j=1}^{N} n(w_i, d_j) \sum_{k=1}^{K} P(z_k|w_i, d_j) \log[P(w_i|z_k) P(z_k|d_j)] \tag{18.10}$$

Q' 函数中的 $P(z_k|w_i, d_j)$ 可以根据贝叶斯公式计算

$$P(z_k|w_i, d_j) = \frac{P(w_i|z_k) P(z_k|d_j)}{\sum_{k=1}^{K} P(w_i|z_k) P(z_k|d_j)} \tag{18.11}$$

其中 $P(z_k|d_j)$ 和 $P(w_i|z_k)$ 由上一步迭代得到。

M 步：极大化 Q 函数。

通过约束最优化求解 Q 函数的极大值，这时 $P(z_k|d_j)$ 和 $P(w_i|z_k)$ 是变量。因为变量 $P(w_i|z_k)$，$P(z_k|d_j)$ 形成概率分布，满足约束条件

$$\sum_{i=1}^{M} P(w_i|z_k) = 1, \quad k = 1, 2, \cdots, K$$

$$\sum_{k=1}^{K} P(z_k|d_j) = 1, \quad j = 1, 2, \cdots, N$$

应用拉格朗日法，引入拉格朗日乘子 τ_k 和 ρ_j，定义拉格朗日函数 Λ

$$\Lambda = Q' + \sum_{k=1}^{K} \tau_k \left(1 - \sum_{i=1}^{M} P(w_i|z_k)\right) + \sum_{j=1}^{N} \rho_j \left(1 - \sum_{k=1}^{K} P(z_k|d_j)\right)$$

将拉格朗日函数 Λ 分别对 $P(w_i|z_k)$ 和 $P(z_k|d_j)$ 求偏导数，并令其等于 0，得到下面的方程组

$$\sum_{j=1}^{N} n(w_i, d_j) P(z_k|w_i, d_j) - \tau_k P(w_i|z_k) = 0, \quad i = 1, 2, \cdots, M; \quad k = 1, 2, \cdots, K$$

$$\sum_{i=1}^{M} n(w_i, d_j) P(z_k|w_i, d_j) - \rho_j P(z_k|d_j) = 0, \quad j = 1, 2, \cdots, N; \quad k = 1, 2, \cdots, K$$

解方程组得到 M 步的参数估计公式：

$$P(w_i|z_k) = \frac{\sum_{j=1}^{N} n(w_i, d_j) P(z_k|w_i, d_j)}{\sum_{m=1}^{M} \sum_{j=1}^{N} n(w_m, d_j) P(z_k|w_m, d_j)} \tag{18.12}$$

$$P(z_k|d_j) = \frac{\sum_{i=1}^{M} n(w_i,d_j)P(z_k|w_i,d_j)}{n(d_j)} \tag{18.13}$$

总结有下面的算法:

算法 18.1(概率潜在语义模型参数估计的 EM 算法)

输入:设单词集合为 $W = \{w_1, w_2, \cdots, w_M\}$,文本集合为 $D = \{d_1, d_2, \cdots, d_N\}$,话题集合为 $Z = \{z_1, z_2, \cdots, z_K\}$,共现数据 $\{n(w_i, d_j)\}, i = 1, 2, \cdots, M, j = 1, 2, \cdots, N$;

输出:$P(w_i|z_k)$ 和 $P(z_k|d_j)$。

(1)设置参数 $P(w_i|z_k)$ 和 $P(z_k|d_j)$ 的初始值。

(2)迭代执行以下 E 步,M 步,直到收敛为止。

E 步:
$$P(z_k|w_i,d_j) = \frac{P(w_i|z_k)P(z_k|d_j)}{\sum_{k=1}^{K} P(w_i|z_k)P(z_k|d_j)}$$

M 步:
$$P(w_i|z_k) = \frac{\sum_{j=1}^{N} n(w_i,d_j)P(z_k|w_i,d_j)}{\sum_{m=1}^{M}\sum_{j=1}^{N} n(w_m,d_j)P(z_k|w_m,d_j)}$$

$$P(z_k|d_j) = \frac{\sum_{i=1}^{M} n(w_i,d_j)P(z_k|w_i,d_j)}{n(d_j)}$$
∎

本 章 概 要

1. 概率潜在语义分析是利用概率生成模型对文本集合进行话题分析的方法。概率潜在语义分析受潜在语义分析的启发提出,两者可以通过矩阵分解关联起来。

给定一个文本集合,通过概率潜在语义分析,可以得到各个文本生成话题的条件概率分布,以及各个话题生成单词的条件概率分布。

概率潜在语义分析的模型有生成模型,以及等价的共现模型。其学习策略是观测数据的极大似然估计,其学习算法是 EM 算法。

2. 生成模型表示文本生成话题，话题生成单词，从而得到单词-文本共现数据的过程；假设每个文本由一个话题分布决定，每个话题由一个单词分布决定。单词变量 w 与文本变量 d 是观测变量话题变量 z 是隐变量。生成模型的定义如下：

$$P(T) = \prod_{(w,d)} P(w,d)^{n(w,d)}$$

$$P(w,d) = P(d)P(w|d) = P(d)\sum_{z} P(z|d)P(w|z)$$

3. 共现模型描述文本单词共现数据拥有的模式。共现模型的定义如下：

$$P(T) = \prod_{(w,d)} P(w,d)^{n(w,d)}$$

$$P(w,d) = \sum_{z \in Z} P(z)P(w|z)P(d|z)$$

4. 概率潜在语义分析的模型的参数个数是 $O(M \cdot K + N \cdot K)$。现实中 $K \ll M$，所以概率潜在语义分析通过话题对数据进行了更简洁地表示，实现了数据压缩。

5. 模型中的概率分布 $P(w|d)$ 可以由参数空间中的单纯形表示。M 维参数空间中，单词单纯形表示所有可能的文本的分布，在其中的话题单纯形表示在 K 个话题定义下的所有可能的文本的分布。话题单纯形是单词单纯形的子集，表示潜在语义空间。

6. 概率潜在语义分析的学习通常采用 EM 算法。通过迭代学习模型的参数，$P(w|z)$ 和 $P(z|d)$，而 $P(d)$ 可直接统计得出。

继续阅读

概率潜在语义分析的原始文献有 [1-3]。在文献 [4] 中，作者讨论了概率潜在语义分析与非负矩阵分解的关系。

习　题

18.1　证明生成模型与共现模型是等价的。

18.2　推导共现模型的 EM 算法。

18.3　对以下文本数据集进行概率潜在语义分析。

Index Words	Titles								
	T1	T2	T3	T4	T5	T6	T7	T8	T9
book			1	1					
dads						1			1
dummies		1						1	
estate							1		1
guide	1					1			
investing	1	1	1	1	1	1	1	1	1
market	1		1						
real							1		1
rich						2			1
stock	1		1					1	
value				1	1				

参 考 文 献

[1] Hofmann T. Probabilistic latent semantic analysis. Proceedings of the Fifteenth Conference on Uncertainty in Artificial Intelligence, 1999: 289–296.

[2] Hofmann T. Probabilistic latent semantic indexing. Proceedings of the 22nd Annual International ACM SIGIR Conference on Research and Development in Information Retrieval, 1999.

[3] Hofmann T. Unsupervised learning by probabilistic latent semantic analysis. Machine Learning, 2001, 42: 177–196.

[4] Ding C, Li T, Peng W. On the equivalence between non-negative matrix factorization and probabilistic latent semantic indexing. Computational Statistics & Data Analysis, 2008, 52(8): 3913–3927.

第 19 章　马尔可夫链蒙特卡罗法

蒙特卡罗法（Monte Carlo method），也称为统计模拟方法（statistical simulation method），是通过从概率模型的随机抽样进行近似数值计算的方法。马尔可夫链蒙特卡罗法（Markov Chain Monte Carlo，MCMC），则是以马尔可夫链（Markov chain）为概率模型的蒙特卡罗法。马尔可夫链蒙特卡罗法构建一个马尔可夫链，使其平稳分布就是要进行抽样的分布，首先基于该马尔可夫链进行随机游走，产生样本的序列，之后使用该平稳分布的样本进行近似数值计算。

Metropolis-Hastings 算法是最基本的马尔可夫链蒙特卡罗法，Metropolis 等人在 1953 年提出原始的算法，Hastings 在 1970 年对之加以推广，形成了现在的形式。吉布斯抽样（Gibbs sampling）是更简单、使用更广泛的马尔可夫链蒙特卡罗法，1984 年由 S. Geman 和 D. Geman 提出。

马尔可夫链蒙特卡罗法被应用于概率分布的估计、定积分的近似计算、最优化问题的近似求解等问题，特别是被应用于统计学习中概率模型的学习与推理，是重要的统计学习计算方法。

本章首先在 19.1 节介绍一般的蒙特卡罗法，在 19.2 节介绍马尔可夫链，然后在 19.3 节叙述马尔可夫链蒙特卡罗的一般方法，最后在 19.4 节和 19.5 节分别讲述 Metropolis-Hastings 算法和吉布斯抽样。

19.1　蒙特卡罗法

本节介绍一般的蒙特卡罗法在随机抽样、数学期望估计、定积分计算的应用。马尔可夫链蒙特卡罗法是蒙特卡罗法的一种方法。

19.1.1　随机抽样

统计学和机器学习的目的是基于数据对概率分布的特征进行推断，蒙特卡罗法要解决的问题是，假设概率分布的定义已知，通过抽样获得概率分布的随机样本，并通过得到的随机样本对概率分布的特征进行分析。比如，从样本得到经验分布，从而估计总体分布；或者从样本计算出样本均值，从而估计总体期望。所以蒙特卡罗法的核心是随机抽样（random sampling）。

一般的蒙特卡罗法有直接抽样法、接受-拒绝抽样法、重要性抽样法等。接受-拒绝抽样法、重要性抽样法适合于概率密度函数复杂（如密度函数含有多个变量，各变量相互不独立，密度函数形式复杂），不能直接抽样的情况。

这里介绍接受-拒绝抽样法（accept-reject sampling method）。假设有随机变量 x，取值 $x \in \mathcal{X}$，其概率密度函数为 $p(x)$。目标是得到该概率分布的随机样本，以对这个概率分布进行分析。

接受-拒绝法的基本想法如下。假设 $p(x)$ 不可以直接抽样。找一个可以直接抽样的分布，称为建议分布（proposal distribution）。假设 $q(x)$ 是建议分布的概率密度函数，并且有 $q(x)$ 的 c 倍一定大于等于 $p(x)$，其中 $c > 0$，如图 19.1 所示（详见文前彩图）。按照 $q(x)$ 进行抽样，假设得到结果是 x^*，再按照 $\dfrac{p(x^*)}{cq(x^*)}$ 的比例随机决定是否接受 x^*。直观上，落到 $p(x^*)$ 范围内的就接受（绿色），落到 $p(x^*)$ 范围外的就拒绝（红色）。接受-拒绝法实际是按照 $p(x)$ 的涵盖面积（或涵盖体积）占 $cq(x)$ 的涵盖面积（或涵盖体积）的比例进行抽样。

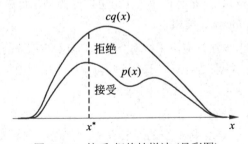

图 19.1　接受-拒绝抽样法 (见彩图)

接受-拒绝法的具体算法如下。

算法 19.1（接受-拒绝法）

输入：抽样的目标概率分布的概率密度函数 $p(x)$；

输出：概率分布的随机样本 $x_1, x_2, \cdots, x_n$。

参数：样本数 n

(1) 选择概率密度函数为 $q(x)$ 的概率分布，作为建议分布，使其对任一 x 满足 $cq(x) \geqslant p(x)$，其中 $c > 0$。

(2) 按照建议分布 $q(x)$ 随机抽样得到样本 x^*，再按照均匀分布在 $(0,1)$ 范围内抽样得到 u。

(3) 如果 $u \leqslant \dfrac{p(x^*)}{cq(x^*)}$，则将 x^* 作为抽样结果；否则，回到步骤 (2)。

（4）直至得到 n 个随机样本，结束。∎

接受-拒绝法的优点是容易实现，缺点是效率可能不高。如果 $p(x)$ 的涵盖体积占 $cq(x)$ 的涵盖体积的比例很低，就会导致拒绝的比例很高，抽样效率很低。注意，一般是在高维空间进行抽样，即使 $p(x)$ 与 $cq(x)$ 很接近，两者涵盖体积的差异也可能很大（与我们在三维空间的直观不同）。

19.1.2 数学期望估计

一般的蒙特卡罗法，如直接抽样法、接受-拒绝抽样法、重要性抽样法，也可以用于数学期望估计（estimation of mathematical expectation）。假设有随机变量 x，取值 $x \in \mathcal{X}$，其概率密度函数为 $p(x)$，$f(x)$ 为定义在 $\mathcal{X}$ 上的函数，目标是求函数 $f(x)$ 关于密度函数 $p(x)$ 的数学期望 $E_{p(x)}[f(x)]$。

针对这个问题，蒙特卡罗法按照概率分布 $p(x)$ 独立地抽取 n 个样本 $x_1, x_2, \cdots, x_n$，比如用以上的抽样方法，之后计算函数 $f(x)$ 的样本均值 $\hat{f}_n$

$$\hat{f}_n = \frac{1}{n} \sum_{i=1}^{n} f(x_i) \tag{19.1}$$

作为数学期望 $E_{p(x)}[f(x)]$ 的近似值。

根据大数定律可知，当样本容量增大时，样本均值以概率 1 收敛于数学期望：

$$\hat{f}_n \to E_{p(x)}[f(x)], \quad n \to \infty \tag{19.2}$$

这样就得到了数学期望的近似计算方法：

$$E_{p(x)}[f(x)] \approx \frac{1}{n} \sum_{i=1}^{n} f(x_i) \tag{19.3}$$

19.1.3 积分计算

一般的蒙特卡罗法也可以用于定积分的近似计算，称为蒙特卡罗积分（Monte Carlo integration）。假设有一个函数 $h(x)$，目标是计算该函数的积分

$$\int_{\mathcal{X}} h(x) \, \mathrm{d}x$$

如果能够将函数 $h(x)$ 分解成一个函数 $f(x)$ 和一个概率密度函数 $p(x)$ 的乘积的形式，那么就有

$$\int_{\mathcal{X}} h(x)\,\mathrm{d}x = \int_{\mathcal{X}} f(x)\,p(x)\,\mathrm{d}x = E_{p(x)}[f(x)] \tag{19.4}$$

于是函数 $h(x)$ 的积分可以表示为函数 $f(x)$ 关于概率密度函数 $p(x)$ 的数学期望。实际上,给定一个概率密度函数 $p(x)$,只要取 $f(x) = \dfrac{h(x)}{p(x)}$,就可得式 (19.4)。就是说,任何一个函数的积分都可以表示为某一个函数的数学期望的形式。而函数的数学期望又可以通过函数的样本均值估计。于是,就可以利用样本均值来近似计算积分。这就是蒙特卡罗积分的基本想法。

$$\int_{\mathcal{X}} h(x)\,\mathrm{d}x = E_{p(x)}[f(x)] \approx \frac{1}{n}\sum_{i=1}^{n} f(x_i) \tag{19.5}$$

例 19.1[①] 用蒙特卡罗积分法求 $\int_0^1 \mathrm{e}^{-x^2/2}\,\mathrm{d}x$

解 令 $f(x) = \mathrm{e}^{-x^2/2}$
$$p(x) = 1 \quad (0 < x < 1)$$

也就是说,假设随机变量 x 在 $(0,1)$ 区间遵循均匀分布。

使用蒙特卡罗积分法,如图 19.2 所示,在 $(0,1)$ 区间按照均匀分布抽取 10 个随机样本 $x_1, x_2, \cdots, x_{10}$。计算样本的函数均值 $\hat{f}_{10}$

$$\hat{f}_{10} = \frac{1}{10}\sum_{i=1}^{10} \mathrm{e}^{-x_i^2/2} = 0.832$$

也就是积分的近似。随机样本数越大,计算就越精确。∎

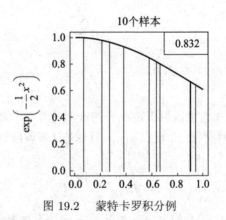

图 19.2 蒙特卡罗积分例

---

① 例 19.1~例 19.2 来自 Jarad Niemi。

例 19.2 用蒙特卡罗积分法求 $\int_{-\infty}^{\infty} x \frac{1}{\sqrt{2\pi}} \exp\left(\frac{-x^2}{2}\right) \mathrm{d}x$。

解 令 $f(x) = x$
$$p(x) = \frac{1}{\sqrt{2\pi}} \exp\left(\frac{-x^2}{2}\right)$$

$p(x)$ 是标准正态分布的密度函数。

使用蒙特卡罗积分法，按照标准正态分布在区间 $(-\infty, \infty)$ 抽样 $x_1, x_2, \cdots, x_n$，取其平均值，就得到要求的积分值。当样本增大时，积分值趋于 0。 ∎

本章介绍的马尔科夫链蒙特卡罗法也适合于概率密度函数复杂，不能直接抽样的情况，旨在解决一般的蒙特卡罗法，如接受-拒绝抽样法、重要性抽样法，抽样效率不高的问题。一般的蒙特卡罗法中的抽样样本是独立的，而马尔可夫链蒙特卡罗法中的抽样样本不是独立的，样本序列形成马尔可夫链。

19.2 马尔可夫链

本节首先给出马尔可夫链的定义，之后介绍马尔可夫链的一些性质。马尔可夫链蒙特卡罗法用到这些性质。

19.2.1 基本定义

定义 19.1（马尔可夫链） 考虑一个随机变量的序列 $X = \{X_0, X_1, \cdots, X_t, \cdots\}$，这里 X_t 表示时刻 t 的随机变量，$t = 0, 1, 2, \cdots$。每个随机变量 X_t ($t = 0, 1, 2, \cdots$) 的取值集合相同，称为状态空间，表示为 $\mathcal{S}$。随机变量可以是离散的，也可以是连续的。以上随机变量的序列构成随机过程（stochastic process）。

假设在时刻 0 的随机变量 X_0 遵循概率分布 $P(X_0) = \pi_0$，称为初始状态分布。在某个时刻 $t \geq 1$ 的随机变量 X_t 与前一个时刻的随机变量 X_{t-1} 之间有条件分布 $P(X_t|X_{t-1})$，如果 X_t 只依赖于 X_{t-1}，而不依赖于过去的随机变量 $\{X_0, X_1, \cdots, X_{t-2}\}$，这一性质称为马尔可夫性，即

$$P(X_t|X_0, X_1, \cdots, X_{t-1}) = P(X_t|X_{t-1}), \quad t = 1, 2, \cdots \tag{19.6}$$

具有马尔可夫性的随机序列 $X = \{X_0, X_1, \cdots, X_t, \cdots\}$ 称为马尔可夫链（Markov chain），或马尔可夫过程（Markov process）。条件概率分布 $P(X_t|X_{t-1})$ 称为马尔可夫链的转移概率分布。转移概率分布决定了马尔可夫链的特性。

马尔可夫性的直观解释是"未来只依赖于现在（假设现在已知），而与过去无关"。这个假设在许多应用中是合理的。

若转移概率分布 $P(X_t|X_{t-1})$ 与 t 无关，即

$$P(X_{t+s}|X_{t-1+s}) = P(X_t|X_{t-1}), \quad t = 1, 2, \cdots; \quad s = 1, 2, \cdots \quad (19.7)$$

则称该马尔可夫链为时间齐次的马尔可夫链（time homogenous Markov chain）。本书中提到的马尔可夫链都是时间齐次的。

以上定义的是一阶马尔可夫链，可以扩展到 n 阶马尔可夫链，满足 n 阶马尔可夫性

$$P(X_t|X_0 X_1 \cdots X_{t-2} X_{t-1}) = P(X_t|X_{t-n} \cdots X_{t-2} X_{t-1}) \quad (19.8)$$

本书主要考虑一阶马尔可夫链。容易验证 n 阶马尔可夫链可以转换为一阶马尔可夫链。

19.2.2 离散状态马尔可夫链

1. 转移概率矩阵和状态分布

离散状态马尔可夫链 $X = \{X_0, X_1, \cdots, X_t, \cdots\}$，随机变量 X_t ($t = 0, 1, 2, \cdots$) 定义在离散空间 $\mathcal{S}$，转移概率分布可以由矩阵表示。

若马尔可夫链在时刻 $(t-1)$ 处于状态 j，在时刻 t 移动到状态 i，将转移概率记作

$$p_{ij} = (X_t = i|X_{t-1} = j), \quad i = 1, 2, \cdots; \quad j = 1, 2, \cdots \quad (19.9)$$

满足

$$p_{ij} \geqslant 0, \quad \sum_i p_{ij} = 1$$

马尔可夫链的转移概率 p_{ij} 可以由矩阵表示，即

$$P = \begin{bmatrix} p_{11} & p_{12} & p_{13} & \cdots \\ p_{21} & p_{22} & p_{23} & \cdots \\ p_{31} & p_{32} & p_{33} & \cdots \\ \cdots & \cdots & \cdots & \cdots \end{bmatrix} \quad (19.10)$$

称为马尔可夫链的转移概率矩阵，转移概率矩阵 P 满足条件 $p_{ij} \geqslant 0$, $\sum_i p_{ij} = 1$。满足这两个条件的矩阵称为随机矩阵（stochastic matrix）。注意这里矩阵列元素之和为 1。

19.2 马尔可夫链

考虑马尔可夫链 $X = \{X_0, X_1, \cdots, X_t, \cdots\}$ 在时刻 t ($t = 0, 1, 2, \cdots$) 的概率分布，称为时刻 t 的状态分布，记作

$$\pi(t) = \begin{bmatrix} \pi_1(t) \\ \pi_2(t) \\ \vdots \end{bmatrix} \tag{19.11}$$

其中 $\pi_i(t)$ 表示时刻 t 状态为 i 的概率 $P(X_t = i)$，

$$\pi_i(t) = P(X_t = i), \quad i = 1, 2, \cdots$$

特别地，马尔可夫链的初始状态分布可以表示为

$$\pi(0) = \begin{bmatrix} \pi_1(0) \\ \pi_2(0) \\ \vdots \end{bmatrix} \tag{19.12}$$

其中 $\pi_i(0)$ 表示时刻 0 状态为 i 的概率 $P(X_0 = i)$。通常初始分布 $\pi(0)$ 的向量只有一个分量是 1，其余分量都是 0，表示马尔可夫链从一个具体状态开始。

有限离散状态的马尔可夫链可以由有向图表示。结点表示状态，边表示状态之间的转移，边上的数值表示转移概率。从一个初始状态出发，根据有向边上定义的概率在状态之间随机跳转（或随机转移），就可以产生状态的序列。马尔可夫链实际上是刻画随时间在状态之间转移的模型，假设未来的转移状态只依赖于现在的状态，而与过去的状态无关。

下面通过一个简单的例子给出马尔可夫链的直观解释。假设观察某地的天气，按日依次是"晴，雨，晴，晴，晴，雨，晴……"，具有一定的规律。马尔可夫链可以刻画这个过程。假设天气的变化具有马尔可夫性，即明天的天气只依赖于今天的天气，而与昨天及以前的天气无关。这个假设经验上是合理的，至少是现实情况的近似。具体地，比如，如果今天是晴天，那么明天是晴天的概率是 0.9，是雨天的概率是 0.1；如果今天是雨天，那么明天是晴天的概率是 0.5，是雨天的概率也是 0.5。图 19.3 表示这个马尔可夫链。基于这个马尔可夫链，从一个初始状态出发，随时间在状态之间随机转移，就可以产生天气的序列，可以对天气进行预测。

下面看一个马尔可夫链应用的例子。自然语言处理、语音处理中经常用到语言模型（language model），是建立在词表上的 n 阶马尔可夫链。比如，在英语语音识别中，语音模型产生出两个候选："How to recognize speech" 与 "How to wreck a nice

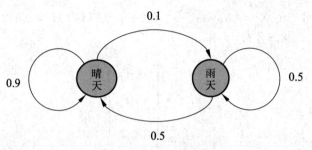

图 19.3 马尔可夫链例

beach"①,要判断哪个可能性更大。显然从语义的角度前者的可能性更大,语言模型可以帮助做出这个判断。

将一个语句看作是一个单词的序列 $w_1w_2\cdots w_s$,目标是计算其概率。同一个语句很少在语料中重复多次出现,所以直接从语料中估计每个语句的概率是困难的。语言模型用局部的单词序列的概率,组合计算出全局的单词序列的概率,可以很好地解决这个问题。

假设每个单词只依赖于其前面出现的单词,也就是说单词序列具有马尔可夫性,那么可以定义一阶马尔可夫链,即语言模型,如下计算语句的概率。

$$P(w_1w_2\cdots w_s)$$
$$= P(w_1)P(w_2|w_1)P(w_3|w_1w_2)\cdots P(w_i|w_1w_2\cdots w_{i-1})\cdots P(w_s|w_1w_2\cdots w_{s-1})$$
$$= P(w_1)P(w_2|w_1)P(w_3|w_2)\cdots P(w_i|w_{i-1})\cdots P(w_s|w_{s-1})$$

这里第三个等式基于马尔可夫链假设。这个马尔可夫链中,状态空间为词表,一个位置上单词的产生只依赖于前一个位置的单词,而不依赖于更前面的单词。以上是一阶马尔可夫链,一般可以扩展到 n 阶马尔可夫链。

语言模型的学习等价于确定马尔可夫链中的转移概率值,如果有充分的语料,转移概率可以直接从语料中估计。直观上,"wreck a nice"出现之后,下面出现"beach"的概率极低,所以第二个语句的概率应该更小,从语言模型的角度看第一个语句的可能性更大。

马尔可夫链 X 在时刻 t 的状态分布,可以由在时刻 $(t-1)$ 的状态分布以及转移概率分布决定
$$\pi(t) = P\pi(t-1) \tag{19.13}$$

这是因为

---

① 这两句英文的发音相近,但后者语义不可解释。

19.2 马尔可夫链

$$\pi_i(t) = P(X_t = i)$$
$$= \sum_m P(X_t = i | X_{t-1} = m) P(X_{t-1} = m)$$
$$= \sum_m p_{im} \pi_m(t-1)$$

马尔可夫链在时刻 t 的状态分布，可以通过递推得到。事实上，由式 (19.13)

$$\pi(t) = P\pi(t-1) = P(P\pi(t-2)) = P^2 \pi(t-2)$$

递推得到

$$\pi(t) = P^t \pi(0) \tag{19.14}$$

这里的 P^t 称为 t 步转移概率矩阵，

$$P_{ij}^t = P(X_t = i | X_0 = j)$$

表示时刻 0 从状态 j 出发，时刻 t 达到状态 i 的 t 步转移概率。P^t 也是随机矩阵。式 (19.14) 说明，马尔可夫链的状态分布由初始分布和转移概率分布决定。

对图 19.3 中的马尔可夫链，转移矩阵为

$$P = \begin{bmatrix} 0.9 & 0.5 \\ 0.1 & 0.5 \end{bmatrix}$$

如果第一天是晴天的话，其天气概率分布（初始状态分布）如下：

$$\pi(0) = \begin{bmatrix} 1 \\ 0 \end{bmatrix}$$

根据这个马尔可夫链模型，可以计算第二天、第三天及之后的天气概率分布（状态分布）。

$$\pi(1) = P\pi(0) = \begin{bmatrix} 0.9 & 0.5 \\ 0.1 & 0.5 \end{bmatrix} \begin{bmatrix} 1 \\ 0 \end{bmatrix} = \begin{bmatrix} 0.9 \\ 0.1 \end{bmatrix}$$

$$\pi(2) = P^2\pi(0) = \begin{bmatrix} 0.9 & 0.5 \\ 0.1 & 0.5 \end{bmatrix}^2 \begin{bmatrix} 1 \\ 0 \end{bmatrix} = \begin{bmatrix} 0.86 \\ 0.14 \end{bmatrix}$$

2. 平稳分布

定义 19.2（平稳分布） 设有马尔可夫链 $X = \{X_0, X_1, \cdots, X_t, \cdots\}$，其状态空间为 $\mathcal{S}$，转移概率矩阵为 $P = (p_{ij})$，如果存在状态空间 $\mathcal{S}$ 上的一个分布

$$\pi = \begin{bmatrix} \pi_1 \\ \pi_2 \\ \vdots \end{bmatrix}$$

使得

$$\pi = P\pi \tag{19.15}$$

则称 π 为马尔可夫链 $X = \{X_0, X_1, \cdots, X_t, \cdots\}$ 的平稳分布。

直观上，如果马尔可夫链的平稳分布存在，那么以该平稳分布作为初始分布，面向未来进行随机状态转移，之后任何一个时刻的状态分布都是该平稳分布。

引理 19.1 给定一个马尔可夫链 $X = \{X_0, X_1, \cdots, X_t, \cdots\}$，状态空间为 $\mathcal{S}$，转移概率矩阵为 $P = (p_{ij})$，则分布 $\pi = (\pi_1, \pi_2, \cdots)^{\mathrm{T}}$ 为 X 的平稳分布的充分必要条件是 $\pi = (\pi_1, \pi_2, \cdots)^{\mathrm{T}}$ 是下列方程组的解：

$$x_i = \sum_j p_{ij} x_j, \quad i = 1, 2, \cdots \tag{19.16}$$

$$x_i \geqslant 0, \quad i = 1, 2, \cdots \tag{19.17}$$

$$\sum_i x_i = 1 \tag{19.18}$$

证明 必要性。假设 $\pi = (\pi_1, \pi_2, \cdots)^{\mathrm{T}}$ 是平稳分布，显然满足式 (19.17) 和式 (19.18)。又

$$\pi_i = \sum_j p_{ij} \pi_j, \quad i = 1, 2, \cdots$$

即 $\pi = (\pi_1, \pi_2, \cdots)^{\mathrm{T}}$ 满足式 (19.16)。

充分性。由式 (19.17) 和式 (19.18) 知 $\pi = (\pi_1, \pi_2, \cdots)^{\mathrm{T}}$ 是一概率分布。假设 $\pi = (\pi_1, \pi_2, \cdots)^{\mathrm{T}}$ 为 X_t 的分布，则

$$P(X_t = i) = \pi_i = \sum_j p_{ij} \pi_j = \sum_j p_{ij} P(X_{t-1} = j), \quad i = 1, 2, \cdots$$

$\pi = (\pi_1, \pi_2, \cdots)^{\mathrm{T}}$ 也为 X_{t-1} 的分布。事实上这对任意 t 成立。所以 $\pi = (\pi_1, \pi_2, \cdots)^{\mathrm{T}}$ 是马尔可夫链的平稳分布。∎

引理 19.1 给出一个求马尔可夫链平稳分布的方法。

例 19.3 设有图 19.4 所示马尔可夫链，其转移概率矩阵为

$$P = \begin{bmatrix} 1/2 & 1/2 & 1/4 \\ 1/4 & 0 & 1/4 \\ 1/4 & 1/2 & 1/2 \end{bmatrix}$$

求其平稳分布。

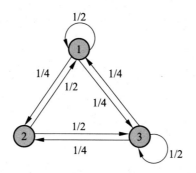

图 19.4 马尔可夫链例

解 设平稳分布为 $\pi = (x_1, x_2, x_3)^{\mathrm{T}}$，则由式 (19.16)～式 (19.18) 有

$$x_1 = \frac{1}{2}x_1 + \frac{1}{2}x_2 + \frac{1}{4}x_3$$

$$x_2 = \frac{1}{4}x_1 + \frac{1}{4}x_3$$

$$x_3 = \frac{1}{4}x_1 + \frac{1}{2}x_2 + \frac{1}{2}x_3$$

$$x_1 + x_2 + x_3 = 1$$

$$x_i \geqslant 0, \quad i = 1, 2, 3$$

解方程组，得到唯一的平稳分布

$$\pi = (2/5 \quad 1/5 \quad 2/5)^{\mathrm{T}} \qquad \blacksquare$$

例 19.4 设有图 19.5 所示马尔可夫链，其转移概率分布如下，求其平稳分布。

$$\begin{bmatrix} 1 & 1/3 & 0 \\ 0 & 1/3 & 0 \\ 0 & 1/3 & 1 \end{bmatrix}$$

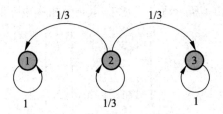

图 19.5　马尔可夫链例

解　这个马尔可夫链的平稳分布并不唯一，$\pi = (3/4\ 0\ 1/4)^{\mathrm{T}}$，$\pi = (2/3\ 0\ 1/3)^{\mathrm{T}}$ 等皆为其平稳分布。∎

马尔可夫链可能存在唯一平稳分布，无穷多个平稳分布，或不存在平稳分布[①]。

19.2.3　连续状态马尔可夫链

连续状态马尔可夫链 $X = \{X_0, X_1, \cdots, X_t, \cdots\}$，随机变量 $X_t(t = 0, 1, 2, \cdots)$ 定义在连续状态空间 $\mathcal{S}$，转移概率分布由概率转移核或转移核（transition kernel）表示。

设 $\mathcal{S}$ 是连续状态空间，对任意的 $x \in \mathcal{S}, A \subset \mathcal{S}$，转移核 $P(x, A)$ 定义为

$$P(x, A) = \int_A p(x, y) \mathrm{d}y \tag{19.19}$$

其中 $p(x, \cdot)$ 是概率密度函数，满足 $p(x, \cdot) \geqslant 0$，$P(x, \mathcal{S}) = \int_{\mathcal{S}} p(x, y)\,\mathrm{d}y = 1$。转移核 $P(x, A)$ 表示从 $x \sim A$ 的转移概率

$$P(X_t = A | X_{t-1} = x) = P(x, A) \tag{19.20}$$

有时也将概率密度函数 $p(x, \cdot)$ 称为转移核。

若马尔可夫链的状态空间 $\mathcal{S}$ 上的概率分布 $\pi(x)$ 满足条件

$$\pi(y) = \int p(x, y)\pi(x)\mathrm{d}x, \quad \forall y \in \mathcal{S} \tag{19.21}$$

则称分布 $\pi(x)$ 为该马尔可夫链的平稳分布。等价地，

$$\pi(A) = \int P(x, A)\pi(x)\mathrm{d}x, \quad \forall A \subset \mathcal{S} \tag{19.22}$$

[①] 当离散状态马尔可夫链有无穷个状态时，有可能没有平稳分布。

19.2 马尔可夫链

或简写为

$$\pi = P\pi \tag{19.23}$$

19.2.4 马尔可夫链的性质

以下介绍离散状态马尔可夫链的性质。可以自然推广到连续状态马尔可夫链。

1. 不可约

定义 19.3（不可约） 设有马尔可夫链 $X = \{X_0, X_1, \cdots, X_t, \cdots\}$，状态空间为 $\mathcal{S}$，对于任意状态 $i, j \in \mathcal{S}$，如果存在一个时刻 $t(t > 0)$ 满足

$$P(X_t = i | X_0 = j) > 0 \tag{19.24}$$

也就是说，时刻 0 从状态 j 出发，时刻 t 到达状态 i 的概率大于 0，则称此马尔可夫链 X 是不可约的（irreducible），否则称马尔可夫链是可约的（reducible）。

直观上，一个不可约的马尔可夫链，从任意状态出发，当经过充分长时间后，可以到达任意状态。例 19.3 中的马尔可夫链是不可约的，例 19.5 中的马尔可夫链是可约的。

例 19.5 图 19.6 所示马尔可夫链是可约的。

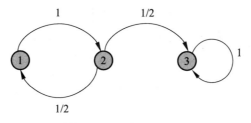

图 19.6 马尔可夫链例

解 转移概率矩阵

$$\begin{bmatrix} 0 & 1/2 & 0 \\ 1 & 0 & 0 \\ 0 & 1/2 & 1 \end{bmatrix}$$

平稳分布 $\pi = (0 \ \ 0 \ \ 1)^\mathrm{T}$。此马尔可夫链，转移到状态 3 后，就在该状态上循环跳转，不能到达状态 1 和状态 2，最终停留在状态 3。∎

2. 非周期

定义 19.4（非周期） 设有马尔可夫链 $X = \{X_0, X_1, \cdots, X_t, \cdots\}$，状态空间

为 $\mathcal{S}$，对于任意状态 $i \in \mathcal{S}$，如果时刻 0 从状态 i 出发，t 时刻返回状态的所有时间长 $\{t : P(X_t = i | X_0 = i) > 0\}$ 的最大公约数是 1，则称此马尔可夫链 X 是非周期的（aperiodic），否则称马尔可夫链是周期的（periodic）。

直观上，一个非周期性的马尔可夫链，不存在一个状态，从这一个状态出发，再返回到这个状态时所经历的时间长呈一定的周期性。例 19.3 中的马尔可夫链是非周期的，例 19.6 中的马尔可夫链是周期的。

例 19.6 图 19.7 所示的马尔可夫链是周期的。

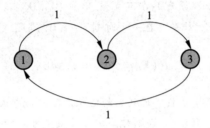

图 19.7 马尔可夫链例

解 转移概率矩阵
$$\begin{bmatrix} 0 & 0 & 1 \\ 1 & 0 & 0 \\ 0 & 1 & 0 \end{bmatrix}$$

其平稳分布是 $\pi = (1/3 \quad 1/3 \quad 1/3)^{\mathrm{T}}$。此马尔可夫链从每个状态出发，返回该状态的时刻都是 3 的倍数，$\{3, 6, 9\}$，具有周期性，最终停留在每个状态的概率都为 1/3。∎

定理 19.2 不可约且非周期的有限状态马尔可夫链，有唯一平稳分布存在。

3. 正常返

定义 19.5（正常返） 设有马尔可夫链 $X = \{X_0, X_1, \cdots, X_t, \cdots\}$，状态空间为 $\mathcal{S}$，对于任意状态 $i, j \in \mathcal{S}$，定义概率 p_{ij}^t 为时刻 0 从状态 j 出发，时刻 t 首次转移到状态 i 的概率，即 $p_{ij}^t = P(X_t = i, X_s \neq i, s = 1, 2, \cdots, t-1 | X_0 = j), t = 1, 2, \cdots$。若对所有状态 i, j 都满足 $\lim_{t \to \infty} p_{ij}^t > 0$，则称马尔可夫链 X 是正常返的（positive recurrent）。

直观上，一个正常返的马尔可夫链，其中任意一个状态，从其他任意一个状态出发，当时间趋于无穷时，首次转移到这个状态的概率不为 0。例 19.7 中的马尔可夫链根据不同条件是正常返的或不是正常返的。

例 19.7 图 19.8 所示无限状态马尔可夫链，当 $p > q$ 时是正常返的，当 $p \leqslant q$ 不是正常返的。

19.2 马尔可夫链

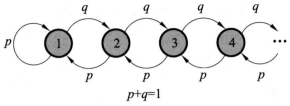

图 19.8 马尔可夫链例

解 转移概率矩阵

$$\begin{bmatrix} p & p & 0 & 0 & \\ q & 0 & p & 0 & \cdots \\ 0 & q & 0 & p & \\ 0 & 0 & q & 0 & \\ & & \vdots & & \ddots \end{bmatrix}$$

当 $p > q$ 时,平稳分布是

$$\pi_i = \left(\frac{q}{p}\right)^i \left(\frac{p-q}{p}\right), \quad i = 1, 2, \cdots$$

当时间趋于无穷时,转移到任何一个状态的概率不为 0,马尔可夫链是正常返的。

当 $p \leqslant q$ 时,不存在平稳分布,马尔可夫链不是正常返的。∎

定理 19.3 不可约、非周期且正常返的马尔可夫链,有唯一平稳分布存在。

4. 遍历定理

下面叙述马尔可夫链的遍历定理。

定理 19.4(遍历定理) 设有马尔可夫链 $X = \{X_0, X_1, \cdots, X_t, \cdots\}$,状态空间为 $\mathcal{S}$,若马尔可夫链 X 是不可约、非周期且正常返的,则该马尔可夫链有唯一平稳分布 $\pi = (\pi_1, \pi_2, \cdots)^{\mathrm{T}}$,并且转移概率的极限分布是马尔可夫链的平稳分布

$$\lim_{t \to \infty} P(X_t = i | X_0 = j) = \pi_i, \quad i = 1, 2, \cdots; \quad j = 1, 2, \cdots \tag{19.25}$$

若 $f(X)$ 是定义在状态空间上的函数,$E_\pi[|f(X)|] < \infty$,则

$$P\{\hat{f}_t \to E_\pi[f(X)]\} = 1 \tag{19.26}$$

这里

$$\hat{f}_t = \frac{1}{t} \sum_{s=1}^{t} f(x_s)$$

$E_\pi[f(X)] = \sum_i f(i)\pi_i$ 是 $f(X)$ 关于平稳分布 $\pi = (\pi_1, \pi_2, \cdots)^{\mathrm{T}}$ 的数学期望，式 (19.26) 表示

$$\hat{f}_t \to E_\pi[f(X)], \quad t \to \infty \tag{19.27}$$

几乎处处成立或以概率 1 成立。

遍历定理的直观解释：满足相应条件的马尔可夫链，当时间趋于无穷时，马尔可夫链的状态分布趋近于平稳分布，随机变量的函数的样本均值以概率 1 收敛于该函数的数学期望。样本均值可以认为是时间均值，而数学期望是空间均值。遍历定理实际表述了遍历性的含义：当时间趋于无穷时，时间均值等于空间均值。遍历定理的三个条件：不可约、非周期、正常返，保证了当时间趋于无穷时达到任意一个状态的概率不为 0。

理论上并不知道经过多少次迭代，马尔可夫链的状态分布才能接近于平稳分布，在实际应用遍历定理时，取一个足够大的整数 m，经过 m 次迭代之后认为状态分布就是平稳分布，这时计算从第 $m+1$ 次迭代到第 n 次迭代的均值，即

$$\hat{E}f = \frac{1}{n-m} \sum_{i=m+1}^{n} f(x_i) \tag{19.28}$$

称为遍历均值。

5. 可逆马尔可夫链

定义 19.6（可逆马尔可夫链） 设有马尔可夫链 $X = \{X_0, X_1, \cdots, X_t, \cdots\}$，状态空间为 $\mathcal{S}$，转移概率矩阵为 P，如果有状态分布 $\pi = (\pi_1, \pi_2, \cdots)^{\mathrm{T}}$，对于任意状态 $i, j \in \mathcal{S}$，对任意一个时刻 t 满足

$$P(X_t = i | X_{t-1} = j)\pi_j = P(X_{t-1} = j | X_t = i)\pi_i, \quad i, j = 1, 2, \cdots \tag{19.29}$$

或简写为

$$p_{ij}\pi_j = p_{ji}\pi_i, \quad i, j = 1, 2, \cdots \tag{19.30}$$

则称此马尔可夫链 X 为可逆马尔可夫链（reversible Markov chain），式 (19.30) 称为细致平衡方程（detailed balance equation）。

直观上，如果有可逆的马尔可夫链，那么以该马尔可夫链的平稳分布作为初始分布，进行随机状态转移，无论是面向未来还是面向过去，任何一个时刻的状态分布都是该平稳分布。例 19.3 中的马尔可夫链是可逆的，例 19.8 中的马尔可夫链是不可逆的。

例 19.8 图 19.9 所示马尔可夫链是不可逆的。

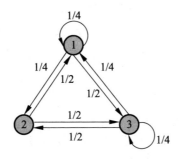

图 19.9　马尔可夫链例

解　转移概率矩阵

$$\begin{bmatrix} 1/4 & 1/2 & 1/4 \\ 1/4 & 0 & 1/2 \\ 1/2 & 1/2 & 1/4 \end{bmatrix}$$

平稳分布 $\pi = (8/25 \quad 7/25 \quad 2/5)^{\mathrm{T}}$。不满足细致平稳方程。　∎

定理 19.5（细致平衡方程）　满足细致平衡方程的状态分布 π 就是该马尔可夫链的平稳分布。即

$$P\pi = \pi$$

证明　事实上

$$(P\pi)_i = \sum_j p_{ij}\pi_j = \sum_j p_{ji}\pi_i = \pi_i \sum_j p_{ji} = \pi_i, \quad i = 1, 2, \cdots \tag{19.31}$$

　∎

定理 19.5 说明，可逆马尔可夫链一定有唯一平稳分布，给出了一个马尔可夫链有平稳分布的充分条件（不是必要条件）。也就是说，可逆马尔可夫链满足遍历定理 19.4 的条件。

19.3　马尔可夫链蒙特卡罗法

19.3.1　基本想法

假设目标是对一个概率分布进行随机抽样，或者是求函数关于该概率分布的数学期望。可以采用传统的蒙特卡罗法，如接受-拒绝法、重要性抽样法，也可以使用马尔

可夫链蒙特卡罗法。马尔可夫链蒙特卡罗法更适合于随机变量是多元的、密度函数是非标准形式的、随机变量各分量不独立等情况。

假设多元随机变量 x，满足 $x \in \mathcal{X}$，其概率密度函数为 $p(x)$，$f(x)$ 为定义在 $x \in \mathcal{X}$ 上的函数，目标是获得概率分布 $p(x)$ 的样本集合，以及求函数 $f(x)$ 的数学期望 $E_{p(x)}[f(x)]$。

应用马尔可夫链蒙特卡罗法解决这个问题。基本想法是：在随机变量 x 的状态空间 $\mathcal{S}$ 上定义一个满足遍历定理的马尔可夫链 $X = \{X_0, X_1, \cdots, X_t, \cdots\}$，使其平稳分布就是抽样的目标分布 $p(x)$。然后在这个马尔可夫链上进行随机游走，每个时刻得到一个样本。根据遍历定理，当时间趋于无穷时，样本的分布趋近平稳分布，样本的函数均值趋近函数的数学期望。所以，当时间足够长时（时刻大于某个正整数 m），在之后的时间（时刻小于等于某个正整数 n, $n > m$）里随机游走得到的样本集合 $\{x_{m+1}, x_{m+2}, \cdots, x_n\}$ 就是目标概率分布的抽样结果，得到的函数均值（遍历均值）就是要计算的数学期望值：

$$\hat{E}f = \frac{1}{n-m} \sum_{i=m+1}^{n} f(x_i) \tag{19.32}$$

到时刻 m 为止的时间段称为燃烧期。

如何构建具体的马尔可夫链成为这个方法的关键。连续变量的时候，需要定义转移核函数；离散变量的时候，需要定义转移矩阵。一个方法是定义特殊的转移核函数或者转移矩阵，构建可逆马尔可夫链，这样可以保证遍历定理成立。常用的马尔可夫链蒙特卡罗法有 Metropolis-Hastings 算法、吉布斯抽样。

由于这个马尔可夫链满足遍历定理，随机游走的起始点并不影响得到的结果，即从不同的起始点出发，都会收敛到同一平稳分布。

马尔可夫链蒙特卡罗法的收敛性的判断通常是经验性的，比如，在马尔可夫链上进行随机游走，检验遍历均值是否收敛。具体地，每隔一段时间取一次样本，得到多个样本以后，计算遍历均值，当计算的均值稳定后，认为马尔可夫链已经收敛。再比如，在马尔可夫链上并行进行多个随机游走，比较各个随机游走的遍历均值是否接近一致。

马尔可夫链蒙特卡罗法中得到的样本序列，相邻的样本点是相关的，而不是独立的。因此，在需要独立样本时，可以在该样本序列中再次进行随机抽样，比如每隔一段时间取一次样本，将这样得到的子样本集合作为独立样本集合。

马尔可夫链蒙特卡罗法比接受-拒绝法更容易实现，因为只需要定义马尔可夫链，而不需要定义建议分布。一般来说马尔可夫链蒙特卡罗法比接受-拒绝法效率更高，没有大量被拒绝的样本，虽然燃烧期的样本也要抛弃。

19.3.2 基本步骤

根据上面的讨论,可以将马尔可夫链蒙特卡罗法概括为以下三步:

(1) 首先,在随机变量 x 的状态空间 $\mathcal{S}$ 上构造一个满足遍历定理的马尔可夫链,使其平稳分布为目标分布 $p(x)$;

(2) 从状态空间的某一点 x_0 出发,用构造的马尔可夫链进行随机游走,产生样本序列 $x_0, x_1, \cdots, x_t, \cdots$。

(3) 应用马尔可夫链的遍历定理,确定正整数 m 和 n,$(m < n)$,得到样本集合 $\{x_{m+1}, x_{m+2}, \cdots, x_n\}$,求得函数 $f(x)$ 的均值(遍历均值)

$$\hat{E}f = \frac{1}{n-m} \sum_{i=m+1}^{n} f(x_i) \tag{19.33}$$

就是马尔可夫链蒙特卡罗法的计算公式。

这里有几个重要问题:
(1) 如何定义马尔可夫链,保证马尔可夫链蒙特卡罗法的条件成立。
(2) 如何确定收敛步数 m,保证样本抽样的无偏性。
(3) 如何确定迭代步数 n,保证遍历均值计算的精度。

19.3.3 马尔可夫链蒙特卡罗法与统计学习

马尔可夫链蒙特卡罗法在统计学习,特别是贝叶斯学习中,起着重要的作用。主要是因为马尔可夫链蒙特卡罗法可以用在概率模型的学习和推理上。

假设观测数据由随机变量 $y \in \mathcal{Y}$ 表示,模型由随机变量 $x \in \mathcal{X}$ 表示,贝叶斯学习通过贝叶斯定理计算给定数据条件下模型的后验概率,并选择后验概率最大的模型。后验概率

$$p(x|y) = \frac{p(x)p(y|x)}{\int_{\mathcal{X}} p(y|x')p(x')\mathrm{d}x'} \tag{19.34}$$

贝叶斯学习中经常需要进行三种积分运算:归范化(normalization)、边缘化(marginalization)、数学期望(expectation)。

后验概率计算中需要归范化计算:

$$\int_{\mathcal{X}} p(y|x')p(x')\mathrm{d}x' \tag{19.35}$$

如果有隐变量 $z\in\mathcal{Z}$，后验概率的计算需要边缘化计算：

$$p(x|y) = \int_{\mathcal{Z}} p(x,z|y)\mathrm{d}z \tag{19.36}$$

如果有一个函数 $f(x)$，可以计算该函数的关于后验概率分布的数学期望：

$$E_{P(x|y)}[f(x)] = \int_{\mathcal{X}} f(x)p(x|y)\mathrm{d}x \tag{19.37}$$

当观测数据和模型都很复杂的时候，以上的积分计算变得困难。马尔可夫链蒙特卡罗法为这些计算提供了一个通用的有效解决方案。

19.4 Metropolis-Hastings 算法

本节叙述 Metropolis-Hastings 算法，是马尔可夫链蒙特卡罗法的代表算法。

19.4.1 基本原理

1. 马尔可夫链

假设要抽样的概率分布为 $p(x)$。Metropolis-Hastings 算法采用转移核为 $p(x,x')$ 的马尔可夫链：

$$p(x,x') = q(x,x')\alpha(x,x') \tag{19.38}$$

其中 $q(x,x')$ 和 $\alpha(x,x')$ 分别称为建议分布（proposal distribution）和接受分布（acceptance distribution）。

建议分布 $q(x,x')$ 是另一个马尔可夫链的转移核，并且 $q(x,x')$ 是不可约的，即其概率值恒不为 0，同时是一个容易抽样的分布。接受分布 $\alpha(x,x')$ 是

$$\alpha(x,x') = \min\left\{1, \frac{p(x')q(x',x)}{p(x)q(x,x')}\right\} \tag{19.39}$$

这时，转移核 $p(x,x')$ 可以写成

$$p(x,x') = \begin{cases} q(x,x'), & p(x')q(x',x) \geqslant p(x)q(x,x') \\ q(x',x)\dfrac{p(x')}{p(x)}, & p(x')q(x',x) < p(x)q(x,x') \end{cases} \tag{19.40}$$

转移核为 $p(x,x')$ 的马尔可夫链上的随机游走以以下方式进行。如果在时刻

19.4 Metropolis-Hastings 算法

$(t-1)$ 处于状态 x，即 $x_{t-1} = x$，则先按建议分布 $q(x, x')$ 抽样产生一个候选状态 x'，然后按照接受分布 $\alpha(x, x')$ 抽样决定是否接受状态 x'。以概率 $\alpha(x, x')$ 接受 x'，决定时刻 t 转移到状态 x'，而以概率 $1 - \alpha(x, x')$ 拒绝 x'，决定时刻 t 仍停留在状态 x。具体地，从区间 $(0, 1)$ 上的均匀分布中抽取一个随机数 u，决定时刻 t 的状态。

$$x_t = \begin{cases} x', & u \leqslant \alpha(x, x') \\ x, & u > \alpha(x, x') \end{cases}$$

可以证明，转移核为 $p(x, x')$ 的马尔可夫链是可逆马尔可夫链（满足遍历定理），其平稳分布就是 $p(x)$，即要抽样的目标分布。也就是说这是马尔可夫链蒙特卡罗法的一个具体实现。

定理 19.6 由转移核 (19.38)~(19.40) 构成的马尔可夫链是可逆的，即

$$p(x)p(x, x') = p(x')p(x', x) \tag{19.41}$$

并且 $p(x)$ 是该马尔可夫链的平稳分布。

证明 若 $x = x'$，则式 (19.41) 显然成立。

设 $x \neq x'$，则

$$\begin{aligned}
p(x)p(x, x') &= p(x)q(x, x') \min\left\{1, \frac{p(x')q(x', x)}{p(x)q(x, x')}\right\} \\
&= \min\{p(x)q(x, x'), p(x')q(x', x)\} \\
&= p(x')q(x', x) \min\left\{\frac{p(x)q(x, x')}{p(x')q(x', x)}, 1\right\} \\
&= p(x')p(x', x)
\end{aligned}$$

式 (19.41) 成立。

由式 (19.41) 知，

$$\begin{aligned}
\int p(x)p(x, x')\mathrm{d}x &= \int p(x')p(x', x)\mathrm{d}x \\
&= p(x') \int p(x', x)\mathrm{d}x \\
&= p(x')
\end{aligned}$$

根据平稳分布的定义 (19.21)，$p(x)$ 是马尔可夫链的平稳分布。∎

2. 建议分布

建议分布 $q(x,x')$ 有多种可能的形式，这里介绍两种常用形式。

第一种形式，假设建议分布是对称的，即对任意的 x 和 x' 有

$$q(x,x') = q(x',x) \tag{19.42}$$

这样的建议分布称为 Metropolis 选择，也是 Metropolis-Hastings 算法最初采用的建议分布。这时，接受分布 $\alpha(x,x')$ 简化为

$$\alpha(x,x') = \min\left\{1, \frac{p(x')}{p(x)}\right\} \tag{19.43}$$

Metropolis 选择的一个特例是 $q(x,x')$ 取条件概率分布 $p(x'|x)$，定义为多元正态分布，其均值是 x，其协方差矩阵是常数矩阵。

Metropolis 选择的另一个特例是令 $q(x,x') = q(|x-x'|)$，这时算法称为随机游走 Metropolis 算法。例如，

$$q(x,x') \propto \exp\left(-\frac{(x'-x)^2}{2}\right)$$

Metropolis 选择的特点是当 x' 与 x 接近时，$q(x,x')$ 的概率值高，否则 $q(x,x')$ 的概率值低。状态转移在附近点的可能性更大。

第二种形式称为独立抽样。假设 $q(x,x')$ 与当前状态 x 无关，即 $q(x,x') = q(x')$。建议分布的计算按照 $q(x')$ 独立抽样进行。此时，接受分布 $\alpha(x,x')$ 可以写成

$$\alpha(x,x') = \min\left\{1, \frac{w(x')}{w(x)}\right\} \tag{19.44}$$

其中 $w(x') = p(x')/q(x')$，$w(x) = p(x)/q(x)$。

独立抽样实现简单，但可能收敛速度慢，通常选择接近目标分布 $p(x)$ 的分布作为建议分布 $q(x)$。

3. 满条件分布

马尔可夫链蒙特卡罗法的目标分布通常是多元联合概率分布 $p(x) = p(x_1, x_2, \cdots, x_k)$，其中 $x = (x_1, x_2, \cdots, x_k)^T$ 为 k 维随机变量。如果条件概率分布 $p(x_I|x_{-I})$ 中所有 k 个变量全部出现，其中 $x_I = \{x_i, i \in I\}$，$x_{-I} = \{x_i, i \notin I\}$，$I \subset K = \{1, 2, \cdots, k\}$，那么称这种条件概率分布为满条件分布（full conditional distribution）。

19.4 Metropolis-Hastings 算法

满条件分布有以下性质：对任意的 $x \in \mathcal{X}$ 和任意的 $I \subset K$，有

$$p(x_I | x_{-I}) = \frac{p(x)}{\int p(x) \, \mathrm{d}x_I} \propto p(x) \tag{19.45}$$

而且，对任意的 $x, x' \in \mathcal{X}$ 和任意的 $I \subset K$，有

$$\frac{p(x'_I | x'_{-I})}{p(x_I | x_{-I})} = \frac{p(x')}{p(x)} \tag{19.46}$$

Metropolis-Hastings 算法中，可以利用性质 (19.46)，简化计算，提高计算效率。具体地，通过满条件分布概率的比 $\dfrac{p(x'_I | x'_{-I})}{p(x_I | x_{-I})}$ 计算联合概率的比 $\dfrac{p(x')}{p(x)}$，而前者更容易计算。

例 19.9 设 x_1 和 x_2 的联合概率分布的密度函数为

$$p(x_1, x_2) \propto \exp\left\{-\frac{1}{2}(x_1 - 1)^2 (x_2 - 1)^2\right\}$$

求其满条件分布。

解 由满条件分布的定义有

$$p(x_1 | x_2) \propto p(x_1, x_2)$$
$$\propto \exp\left\{-\frac{1}{2}(x_1 - 1)^2 (x_2 - 1)^2\right\}$$
$$\propto N(1, (x_2 - 1)^{-2})$$

这里 $N(1, (x_2 - 1)^{-2})$ 是均值为 1，方差为 $(x_2 - 1)^{-2}$ 的正态分布，这时 x_1 是变量，x_2 是参数。同样可得

$$p(x_2 | x_1) \propto p(x_1, x_2)$$
$$\propto \exp\left\{-\frac{1}{2}(x_2 - 1)^2 (x_1 - 1)^2\right\}$$
$$\propto N(1, (x_1 - 1)^{-2}) \quad \blacksquare$$

19.4.2 Metropolis-Hastings 算法

算法 19.2（Metropolis-Hastings 算法）

输入：抽样的目标分布的密度函数 $p(x)$，函数 $f(x)$；

输出: $p(x)$ 的随机样本 $x_{m+1}, x_{m+2}, \cdots, x_n$，函数样本均值 f_{mn}；

参数: 收敛步数 m, 迭代步数 n。

(1) 任意选择一个初始值 x_0

(2) 对 $i = 1, 2, \cdots, n$ 循环执行

　　(a) 设状态 $x_{i-1} = x$，按照建议分布 $q(x, x')$ 随机抽取一个候选状态 x'。

　　(b) 计算接受概率

$$\alpha(x, x') = \min\left\{1, \frac{p(x')q(x', x)}{p(x)q(x, x')}\right\}$$

　　(c) 从区间 $(0, 1)$ 中按均匀分布随机抽取一个数 u。

　　　若 $u \leqslant \alpha(x, x')$，则状态 $x_i = x'$；否则，状态 $x_i = x$。

(3) 得到样本集合 $\{x_{m+1}, x_{m+2}, \cdots, x_n\}$

计算

$$f_{mn} = \frac{1}{n-m} \sum_{i=m+1}^{n} f(x_i)$$ ∎

19.4.3　单分量 Metropolis-Hastings 算法

在 Metropolis-Hastings 算法中，通常需要对多元变量分布进行抽样，有时对多元变量分布的抽样是困难的。可以对多元变量的每一变量的条件分布依次分别进行抽样，从而实现对整个多元变量的一次抽样，这就是单分量 Metropolis-Hastings（single-component Metropolis-Hastings）算法。

假设马尔可夫链的状态由 k 维随机变量表示

$$x = (x_1, x_2, \cdots, x_k)^{\mathrm{T}}$$

其中 x_j 表示随机变量 x 的第 j 个分量，$j = 1, 2, \cdots, k$，而 $x^{(i)}$ 表示马尔可夫链在时刻 i 的状态

$$x^{(i)} = (x_1^{(i)}, x_2^{(i)}, \cdots, x_k^{(i)})^{\mathrm{T}}, \quad i = 1, 2, \cdots, n$$

其中 $x_j^{(i)}$ 是随机变量 $x^{(i)}$ 的第 j 个分量，$j = 1, 2, \cdots, k$。

为了生成容量为 n 的样本集合 $\{x^{(1)}, x^{(2)}, \cdots, x^{(n)}\}$，单分量 Metropolis-Hastings 算法由下面的 k 步迭代实现 Metropolis-Hastings 算法的一次迭代。

设在第 $(i-1)$ 次迭代结束时分量 x_j 的取值为 $x_j^{(i-1)}$，在第 i 次迭代的第 j 步，

对分量 x_j 根据 Metropolis-Hastings 算法更新,得到其新的取值 $x_j^{(i)}$。首先,由建议分布 $q(x_j^{(i-1)}, x_j | x_{-j}^{(i)})$ 抽样产生分量 x_j 的候选值 $x'^{(i)}_j$,这里 $x_{-j}^{(i)}$ 表示在第 i 次迭代的第 $(j-1)$ 步后的 $x^{(i)}$ 除去 $x_j^{(i-1)}$ 的所有值,即

$$x_{-j}^{(i)} = (x_1^{(i)}, \cdots, x_{j-1}^{(i)}, x_{j+1}^{(i-1)}, \cdots, x_k^{(i-1)})^{\mathrm{T}}$$

其中分量 $1, 2, \cdots, j-1$ 已经更新。然后,按照接受概率

$$\alpha(x_j^{(i-1)}, x'^{(i)}_j | x_{-j}^{(i)}) = \min\left\{1, \frac{p(x'^{(i)}_j | x_{-j}^{(i)}) q(x'^{(i)}_j, x_j^{(i-1)} | x_{-j}^{(i)})}{p(x_j^{(i-1)} | x_{-j}^{(i)}) q(x_j^{(i-1)}, x'^{(i)}_j | x_{-j}^{(i)})}\right\} \tag{19.47}$$

抽样决定是否接受候选值 $x'^{(i)}_j$。如果 $x'^{(i)}_j$ 被接受,则令 $x_j^{(i)} = x'^{(i)}_j$;否则令 $x_j^{(i)} = x_j^{(i-1)}$。其余分量在第 j 步不改变。马尔可夫链的转移概率为

$$p\left(x_j^{(i-1)}, x'^{(i)}_j | x_{-j}^{(i)}\right) = \alpha(x_j^{(i-1)}, x'^{(i)}_j | x_{-j}^{(i)}) q(x_j^{(i-1)}, x'^{(i)}_j | x_{-j}^{(i)}) \tag{19.48}$$

图 19.10 示意单分量 Metropolis-Hastings 算法的迭代过程。目标是对含有两个变量的随机变量 x 进行抽样。如果变量 x_1 或 x_2 更新,那么在水平或垂直方向产生一个移动,连续水平和垂直移动产生一个新的样本点。注意由于建议分布可能不被接受,Metropolis-Hastings 算法可能在一些相邻的时刻不产生移动。

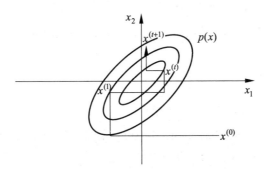

图 19.10 单分量 Metropolis-Hastings 算法例

19.5 吉布斯抽样

本节叙述马尔可夫链蒙特卡罗法的常用算法吉布斯抽样,可以认为是 Metropolis-Hastings 算法的特殊情况,但是更容易实现,因而被广泛使用。

19.5.1 基本原理

吉布斯抽样（Gibbs sampling）用于多元变量联合分布的抽样和估计[①]。其基本做法是，从联合概率分布定义满条件概率分布，依次对满条件概率分布进行抽样，得到样本的序列。可以证明这样的抽样过程是在一个马尔可夫链上的随机游走，每一个样本对应着马尔可夫链的状态，平稳分布就是目标的联合分布。整体成为一个马尔可夫链蒙特卡罗法，燃烧期之后的样本就是联合分布的随机样本。

假设多元变量的联合概率分布为 $p(x) = p(x_1, x_2, \cdots, x_k)$。吉布斯抽样从一个初始样本 $x^{(0)} = (x_1^{(0)}, x_2^{(0)}, \cdots, x_k^{(0)})^{\mathrm{T}}$ 出发，不断进行迭代，每一次迭代得到联合分布的一个样本 $x^{(i)} = (x_1^{(i)}, x_2^{(i)}, \cdots, x_k^{(i)})^{\mathrm{T}}$。最终得到样本序列 $\{x^{(0)}, x^{(1)}, \cdots, x^{(n)}\}$。

在每次迭代中，依次对 k 个随机变量中的一个变量进行随机抽样。如果在第 i 次迭代中，对第 j 个变量进行随机抽样，那么抽样的分布是满条件概率分布 $p(x_j|x_{-j}^{(i)})$，这里 $x_{-j}^{(i)}$ 表示第 i 次迭代中，变量 j 以外的其他变量。

设在第 $(i-1)$ 步得到样本 $(x_1^{(i-1)}, x_2^{(i-1)}, \cdots, x_k^{(i-1)})^{\mathrm{T}}$，在第 i 步，首先对第一个变量按照以下满条件概率分布随机抽样

$$p(x_1|x_2^{(i-1)}, \cdots, x_k^{(i-1)})$$

得到 $x_1^{(i)}$，之后依次对第 j 个变量按照以下满条件概率分布随机抽样

$$p(x_j|x_1^{(i)}, \cdots, x_{j-1}^{(i)}, x_{j+1}^{(i-1)}, \cdots, x_k^{(i-1)}), \quad j = 2, \cdots, k-1$$

得到 $x_j^{(i)}$，最后对第 k 个变量按照以下满条件概率分布随机抽样

$$p(x_k|x_1^{(i)}, \cdots, x_{k-1}^{(i)})$$

得到 $x_k^{(i)}$，于是得到整体样本 $x^{(i)} = (x_1^{(i)}, x_2^{(i)}, \cdots, x_k^{(i)})^{\mathrm{T}}$。

吉布斯抽样是单分量 Metropolis-Hastings 算法的特殊情况。定义建议分布是当前变量 $x_j, j = 1, 2, \cdots, k$ 的满条件概率分布

$$q(x, x') = p(x'_j|x_{-j}) \tag{19.49}$$

这时，接受概率 $\alpha = 1$，

$$\begin{aligned}\alpha(x, x') &= \min\left\{1, \frac{p(x')q(x', x)}{p(x)q(x, x')}\right\} \\ &= \min\left\{1, \frac{p(x'_{-j})p(x'_j|x_{-j})p(x_j|x'_{-j})}{p(x_{-j})p(x_j|x_{-j})p(x'_j|x_{-j})}\right\} = 1\end{aligned} \tag{19.50}$$

[①] 吉布斯抽样以统计力学奠基人吉布斯（Josiah Willard Gibbs）命名，将该算法与统计力学进行类比。

这里用到 $p(x_{-j}) = p(x'_{-j})$ 和 $p(\cdot|x_{-j}) = p(\cdot|x'_{-j})$。

转移核就是满条件概率分布

$$p(x, x') = p(x'_j|x_{-j}) \tag{19.51}$$

也就是说依次按照单变量的满条件概率分布 $p(x'_j|x_{-j})$ 进行随机抽样，就能实现单分量 Metropolis-Hastings 算法。吉布斯抽样对每次抽样的结果都接受，没有拒绝，这一点和一般的 Metropolis-Hastings 算法不同。

这里，假设满条件概率分布 $p(x'_j|x_{-j})$ 不为 0，即马尔可夫链是不可约的。

19.5.2 吉布斯抽样算法

算法 19.3 (吉布斯抽样)
输入：目标概率分布的密度函数 $p(x)$，函数 $f(x)$；
输出：$p(x)$ 的随机样本 $x_{m+1}, x_{m+2}, \cdots, x_n$，函数样本均值 f_{mn}；
参数：收敛步数 m，迭代步数 n。
(1) 初始化。给出初始样本 $x^{(0)} = (x_1^{(0)}, x_2^{(0)}, \cdots, x_k^{(0)})^{\mathrm{T}}$。
(2) 对 i 循环执行

设第 $(i-1)$ 次迭代结束时的样本为 $x^{(i-1)} = (x_1^{(i-1)}, x_2^{(i-1)}, \cdots, x_k^{(i-1)})^{\mathrm{T}}$，则第 i 次迭代进行如下几步操作：

$$\begin{cases} (1) \text{ 由满条件分布 } p(x_1|x_2^{(i-1)}, \cdots, x_k^{(i-1)}) \text{ 抽取 } x_1^{(i)} \\ \quad \vdots \\ (j) \text{ 由满条件分布 } p(x_j|x_1^{(i)}, \cdots, x_{j-1}^{(i)}, x_{j+1}^{(i-1)}, \cdots, x_k^{(i-1)}) \text{ 抽取 } x_j^{(i)} \\ \quad \vdots \\ (k) \text{ 由满条件分布 } p(x_k|x_1^{(i)}, \cdots, x_{k-1}^{(i)}) \text{ 抽取 } x_k^{(i)} \end{cases}$$

得到第 i 次迭代值 $x^{(i)} = (x_1^{(i)}, x_2^{(i)}, \cdots, x_k^{(i)})^{\mathrm{T}}$。
(3) 得到样本集合

$$\{x^{(m+1)}, x^{(m+2)}, \cdots, x^{(n)}\}$$

(4) 计算

$$f_{mn} = \frac{1}{n-m} \sum_{i=m+1}^{n} f(x^{(i)})$$

∎

例 19.10 用吉布斯抽样从以下二元正态分布中抽取随机样本。

$$x = (x_1, x_2)^{\mathrm{T}} \sim p(x_1, x_2)$$

$$p(x_1, x_2) = N(0, \Sigma), \quad \Sigma = \begin{bmatrix} 1 & \rho \\ \rho & 1 \end{bmatrix}$$

解 条件概率分布为一元正态分布

$$p(x_1|x_2) = N(\rho x_2, (1-\rho^2))$$
$$p(x_2|x_1) = N(\rho x_1, (1-\rho^2))$$

假设初始样本为 $x^{(0)} = (x_1^{(0)}, x_2^{(0)})$,通过吉布斯抽样,可以得到以下样本序列:

迭代次数	对 x_1 抽样	对 x_2 抽样	产生样本
1	$x_1 \sim N(\rho x_2^{(0)}, (1-\rho^2))$, 得到 $x_1^{(1)}$	$x_2 \sim N(\rho x_1^{(1)}, (1-\rho^2))$, 得到 $x_2^{(1)}$	$x^{(1)} = (x_1^{(1)}, x_2^{(1)})^{\mathrm{T}}$
⋮	⋮	⋮	⋮
i	$x_1 \sim N(\rho x_2^{(t-1)}, (1-\rho^2))$, 得到 $x_1^{(t)}$	$x_2 \sim N(\rho x_1^{(t)}, (1-\rho^2))$, 得到 $x_2^{(t)}$	$x^{(t)} = (x_1^{(t)}, x_2^{(t)})^{\mathrm{T}}$
⋮			

得到的样本集合 $\{x^{(m+1)}, x^{(m+2)}, \cdots, x^{(n)}\}$, $m < n$ 就是二元正态分布的随机抽样。图 19.11 示意吉布斯抽样的过程。∎

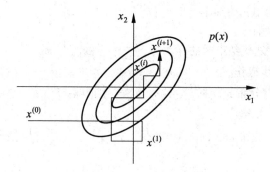

图 19.11 吉布斯抽样例

单分量 Metropolis-Hastings 算法和吉布斯抽样的不同之处在于,在前者算法中,抽样会在样本点之间移动,但其间可能在某一些样本点上停留(由于抽样被拒绝);而在后者算法中,抽样会在样本点之间持续移动。

吉布斯抽样适合于满条件概率分布容易抽样的情况,而单分量 Metropolis-Hastings 算法适合于满条件概率分布不容易抽样的情况,这时使用容易抽样的条件分布作建议分布。

19.5.3 抽样计算

吉布斯抽样中需要对满条件概率分布进行重复多次抽样。可以利用概率分布的性质提高抽样的效率。下面以贝叶斯学习为例介绍这个技巧。

设 y 表示观测数据,α, θ, z 分别表示超参数、模型参数、未观测数据,$x = (\alpha, \theta, z)$,如图 19.12 所示。贝叶斯学习的目的是估计后验概率分布 $p(x|y)$,求后验概率最大的模型。

$$p(x|y) = p(\alpha, \theta, z|y) \propto p(z, y|\theta) p(\theta|\alpha) p(\alpha) \tag{19.52}$$

式中 $p(\alpha)$ 是超参数分布,$p(\theta|\alpha)$ 是先验分布,$p(z, y|\theta)$ 是完全数据的分布。

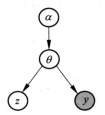

图 19.12 贝叶斯学习的图模型表示

现在用吉布斯抽样估计 $p(x|y)$,其中 y 已知,$x = (\alpha, \theta, z)$ 未知。吉布斯抽样中各个变量 α, θ, z 的满条件分布有以下关系:

$$p(\alpha_i | \alpha_{-i}, \theta, z, y) \propto p(\theta|\alpha) p(\alpha) \tag{19.53}$$

$$p(\theta_j | \theta_{-j}, \alpha, z, y) \propto p(z, y|\theta) p(\theta|\alpha) \tag{19.54}$$

$$p(z_k | z_{-k}, \alpha, \theta, y) \propto p(z, y|\theta) \tag{19.55}$$

其中 α_{-i} 表示变量 α_i 以外的所有变量,θ_{-j} 和 z_{-k} 类似。满条件概率分布与若干条件概率分布的乘积成正比,各个条件概率分布只由少量的相关变量组成(图模型中相邻结点表示的变量)。所以,依满条件概率分布的抽样可以通过依这些条件概率分布的乘积的抽样进行。这样可以大幅减少抽样的计算复杂度,因为计算只涉及部分变量。

本 章 概 要

1. 蒙特卡罗法是通过基于概率模型的抽样进行数值近似计算的方法,蒙特卡罗法可以用于概率分布的抽样、概率分布数学期望的估计、定积分的近似计算。

随机抽样是蒙特卡罗法的一种应用,有直接抽样法、接受-拒绝抽样法等。接受-拒绝法的基本想法是,找一个容易抽样的建议分布,其密度函数的数倍大于等于想要抽样的概率分布的密度函数。按照建议分布随机抽样得到样本,再按要抽样的概率分布与建议分布的倍数的比例随机决定接受或拒绝该样本,循环执行以上过程。

数学期望估计是蒙特卡罗法的另一种应用,按照概率分布 $p(x)$ 抽取随机变量 x 的 n 个独立样本,根据大数定律可知,当样本容量增大时,函数的样本均值以概率 1 收敛于函数的数学期望

$$\hat{f}_n \to E_{p(x)}[f(x)], \quad n \to \infty$$

计算样本均值 $\hat{f}_n$,作为数学期望 $E_{p(x)}[f(x)]$ 的估计值。

2. 马尔可夫链是具有马尔可夫性的随机过程

$$P(X_t|X_0X_1\cdots X_{t-1}) = P(X_t|X_{t-1}), \quad t = 1, 2, \cdots$$

通常考虑时间齐次马尔可夫链。有离散状态马尔可夫链和连续状态马尔可夫链,分别由概率转移矩阵 P 和概率转移核 $p(x,y)$ 定义。

满足 $\pi = P\pi$ 或 $\pi(y) = \int p(x,y)\pi(x)\mathrm{d}x$ 的状态分布称为马尔可夫链的平稳分布。

马尔可夫链有不可约性、非周期性、正常返等性质。一个马尔可夫链若是不可约、非周期、正常返的,则该马尔可夫链满足遍历定理。当时间趋于无穷时,马尔可夫链的状态分布趋近于平稳分布,函数的样本平均依概率收敛于该函数的数学期望。

$$\lim_{t \to \infty} P(X_t = i | X_0 = j) = \pi_i, \quad i = 1, 2, \cdots; \quad j = 1, 2, \cdots$$

$$\hat{f}_t \to E_\pi[f(X)], \quad t \to \infty$$

可逆马尔可夫链是满足遍历定理的充分条件。

3. 马尔可夫链蒙特卡罗法是以马尔可夫链为概率模型的蒙特卡罗积分方法,其基本想法如下:

(1)在随机变量 x 的状态空间 $\mathcal{X}$ 上构造一个满足遍历定理条件的马尔可夫链,其平稳分布为目标分布 $p(x)$;

(2)由状态空间的某一点 X_0 出发,用所构造的马尔可夫链进行随机游走,产生样本序列 $X_1, X_2, \cdots, X_t, \cdots$;

(3)应用马尔可夫链遍历定理,确定正整数 m 和 $n(m < n)$,得到样本集合 $\{x_{m+1}, x_{m+2}, \cdots, x_n\}$,进行函数 $f(x)$ 的均值(遍历均值)估计:

$$\hat{E}f = \frac{1}{n-m} \sum_{i=m+1}^{n} f(x_i)$$

4. Metropolis-Hastings 算法是最基本的马尔可夫链蒙特卡罗法。假设目标是对概率分布 $p(x)$ 进行抽样,构造建议分布 $q(x, x')$,定义接受分布 $\alpha(x, x')$。进行随机游走,

假设当前处于状态 x，按照建议分布 $q(x,x')$ 随机抽样，按照概率 $\alpha(x,x')$ 接受抽样，转移到状态 x'，按照概率 $1-\alpha(x,x')$ 拒绝抽样，停留在状态 x，持续以上操作，得到一系列样本。这样的随机游走是根据转移核为 $p(x,x')=q(x,x')\alpha(x,x')$ 的可逆马尔可夫链（满足遍历定理条件）进行的，其平稳分布就是要抽样的目标分布 $p(x)$。

5. 吉布斯抽样（Gibbs sampling）用于多元联合分布的抽样和估计。吉布斯抽样是单分量 Metropolis-Hastings 算法的特殊情况。这时建议分布为满条件概率分布

$$q(x,x') = p(x'_j | x_{-j})$$

吉布斯抽样的基本做法是，从联合分布定义满条件概率分布，依次从满条件概率分布进行抽样，得到联合分布的随机样本。假设多元联合概率分布为 $p(x) = p(x_1, x_2, \cdots, x_k)$，吉布斯抽样从一个初始样本 $x^{(0)} = (x_1^{(0)}, x_2^{(0)}, \cdots, x_k^{(0)})^\mathrm{T}$ 出发，不断进行迭代，每一次迭代得到联合分布的一个样本 $x^{(i)} = (x_1^{(i)}, x_2^{(i)}, \cdots, x_k^{(i)})^\mathrm{T}$。在第 i 次迭代中，依次对第 j 个变量按照满条件概率分布随机抽样 $p(x_j | x_1^{(i)}, \cdots, x_{j-1}^{(i)}, x_{j+1}^{(i-1)}, \cdots, x_k^{(i-1)})$，$j=1,2,\cdots,k$，得到 $x_j^{(i)}$。最终得到样本序列 $\{x^{(0)}, x^{(1)}, \cdots, x^{(n)}\}$。

继续阅读

马尔可夫链的介绍可见文献 [1]。Metropolis-Hastings 算法和吉布斯抽样的原始论文分别是 [2, 3]。随机抽样的介绍见文献 [4]。马尔可夫链蒙特卡罗法的介绍可以参阅文献 [4-8]。也可以观看 YouTube 上的视频：Mathematicalmonk, Markov Chain Monte Carlo (MCMC) Introduction。

习 题

19.1 用蒙特卡罗积分法求

$$\int_{-\infty}^{\infty} x^2 \exp\left(-\frac{x^2}{2}\right) \mathrm{d}x$$

19.2 证明如果马尔可夫链是不可约的，且有一个状态是非周期的，则其他所有状态也是非周期的，即这个马尔可夫链是非周期的。

19.3 验证具有以下转移概率矩阵的马尔可夫链是可约的，但是非周期的。

$$P = \begin{bmatrix} 1/2 & 1/2 & 0 & 0 \\ 1/2 & 0 & 1/2 & 0 \\ 0 & 1/2 & 0 & 0 \\ 0 & 0 & 1/2 & 1 \end{bmatrix}$$

19.4 验证具有以下转移概率矩阵的马尔可夫链是不可约的，但是周期性的。

$$P = \begin{bmatrix} 0 & 1/2 & 0 & 0 \\ 1 & 0 & 1/2 & 0 \\ 0 & 1/2 & 0 & 1 \\ 0 & 0 & 1/2 & 0 \end{bmatrix}$$

19.5 证明可逆马尔可夫链一定是不可约的。

19.6 从一般的 Metropolis-Hastings 算法推导出单分量 Metropolis-Hastings 算法。

19.7 假设进行伯努利实验，后验概率为 $P(\theta|y)$，其中变量 $y \in \{0,1\}$ 表示实验可能的结果，变量 θ 表示结果为 1 的概率。再假设先验概率 $P(\theta)$ 遵循 Beta 分布 $B(\alpha,\beta)$，其中 $\alpha = 1, \beta = 1$；似然函数 $P(y|\theta)$ 遵循二项分布 $\text{Bin}(n,k,\theta)$，其中 $n = 10, k = 4$，即实验进行 10 次其中结果为 1 的次数为 4。试用 Metropolis-Hastings 算法求后验概率分布 $P(\theta|y) \propto P(\theta)P(y|\theta)$ 的均值和方差。（提示：可采用 Metropolis 选择，即假设建议分布是对称的。）

19.8 设某试验可能有五种结果，其出现的概率分别为

$$\frac{\theta}{4} + \frac{1}{8}, \quad \frac{\theta}{4}, \quad \frac{\eta}{4}, \quad \frac{\eta}{4} + \frac{3}{8}, \quad \frac{1}{2}(1 - \theta - \eta)$$

模型含有两个参数 θ 和 η，都介于 0 和 1 之间。现有 22 次试验结果的观测值为

$$y = (y_1, y_2, y_3, y_4, y_5) = (14, 1, 1, 1, 5)$$

其中 y_i 表示 22 次试验中第 i 个结果出现的次数，$i = 1, 2, \cdots, 5$。试用吉布斯抽样估计参数 θ 和 η 的均值和方差。

参 考 文 献

[1] Serfozo R. Basics of applied stochastic processes. Springer, 2009.
[2] Metropolis N, Rosenbluth A W, Rosenbluth M N, et al. Equation of state calculations by fast computing machines. The Journal of Chemical Physics, 1953, 21(6): 1087–1092.
[3] Geman S, Geman D. Stochastic relaxation, Gibbs distribution and the Bayesian restoration of images. IEEE Transactions on Pattern Analysis and Machine Intelligence, 1984, 6: 721–741.
[4] Bishop C M. Pattern recognition and machine learning. Springer, 2006.
[5] Gilks W R, Richardson S, Spiegelhalter, DJ. Introducing Markov chain Monte Carlo. Markov Chain Monte Carlo in Practice, 1996.
[6] Andrieu C, De Freitas N, Doucet A, et al. An introduction to MCMC for machine learning. Machine Learning, 2003, 50(1–2): 5–43.
[7] Hoff P. A first course in Bayesian statistical methods. Springer, 2009.
[8] 茆诗松, 王静龙, 濮晓龙. 高等数理统计. 北京: 高等教育出版社, 1998.

第 20 章　潜在狄利克雷分配

潜在狄利克雷分配（latent Dirichlet allocation，LDA），作为基于贝叶斯学习的话题模型，是潜在语义分析、概率潜在语义分析的扩展，于 2002 年由 Blei 等提出。LDA 在文本数据挖掘、图像处理、生物信息处理等领域被广泛使用。

LDA 模型是文本集合的生成概率模型。假设每个文本由话题的一个多项分布表示，每个话题由单词的一个多项分布表示，特别假设文本的话题分布的先验分布是狄利克雷分布，话题的单词分布的先验分布也是狄利克雷分布。先验分布的导入使 LDA 能够更好地应对话题模型学习中的过拟合现象。

LDA 的文本集合的生成过程如下：首先随机生成一个文本的话题分布，之后在该文本的每个位置，依据该文本的话题分布随机生成一个话题，然后在该位置依据该话题的单词分布随机生成一个单词，直至文本的最后一个位置，生成整个文本。重复以上过程生成所有文本。

LDA 模型是含有隐变量的概率图模型。模型中，每个话题的单词分布，每个文本的话题分布，文本的每个位置的话题是隐变量；文本的每个位置的单词是观测变量。LDA 模型的学习与推理无法直接求解，通常使用吉布斯抽样（Gibbs sampling）和变分 EM 算法（variational EM algorithm），前者是蒙特卡罗法，而后者是近似算法。

本章 20.1 节介绍狄利克雷分布，20.2 节阐述潜在狄利克雷分配模型，20.3 节和 20.4 节叙述模型的算法，包括吉布斯抽样和变分 EM 算法。

20.1　狄利克雷分布

20.1.1　分布定义

首先介绍作为 LDA 模型基础的多项分布和狄利克雷分布。

1. 多项分布

多项分布（multinomial distribution）是一种多元离散随机变量的概率分布，是二项分布（binomial distribution）的扩展。

假设重复进行 n 次独立随机试验,每次试验可能出现的结果有 k 种,第 i 种结果出现的概率为 p_i,第 i 种结果出现的次数为 n_i。如果用随机变量 $X = (X_1, X_2, \cdots, X_k)$ 表示试验所有可能结果的次数,其中 X_i 表示第 i 种结果出现的次数,那么随机变量 X 服从多项分布。

定义 20.1(多项分布) 若多元离散随机变量 $X = (X_1, X_2, \cdots, X_k)$ 的概率质量函数为

$$P(X_1 = n_1, X_2 = n_2, \cdots, X_k = n_k) = \frac{n!}{n_1! n_2! \cdots n_k!} p_1^{n_1} p_2^{n_2} \cdots p_k^{n_k}$$

$$= \frac{n!}{\prod_{i=1}^{k} n_i!} \prod_{i=1}^{k} p_i^{n_i} \tag{20.1}$$

其中 $p = (p_1, p_2, \cdots, p_k)$,$p_i \geqslant 0, i = 1, 2, \cdots, k$,$\sum_{i=1}^{k} p_i = 1$,$\sum_{i=1}^{k} n_i = n$,则称随机变量 X 服从参数为 (n, p) 的多项分布,记作 $X \sim \text{Mult}(n, p)$。

当试验的次数 n 为 1 时,多项分布变成类别分布(categorical distribution)。类别分布表示试验可能出现的 k 种结果的概率。显然多项分布包含类别分布。

2. 狄利克雷分布

狄利克雷分布(Dirichlet distribution)是一种多元连续随机变量的概率分布,是贝塔分布(beta distribution)的扩展。在贝叶斯学习中,狄利克雷分布常作为多项分布的先验分布使用。

定义 20.2(狄利克雷分布) 若多元连续随机变量 $\theta = (\theta_1, \theta_2, \cdots, \theta_k)$ 的概率密度函数为

$$p(\theta|\alpha) = \frac{\Gamma\left(\sum_{i=1}^{k} \alpha_i\right)}{\prod_{i=1}^{k} \Gamma(\alpha_i)} \prod_{i=1}^{k} \theta_i^{\alpha_i - 1} \tag{20.2}$$

其中 $\sum_{i=1}^{k} \theta_i = 1$,$\theta_i \geqslant 0$,$\alpha = (\alpha_1, \alpha_2, \cdots, \alpha_k)$,$\alpha_i > 0$,$i = 1, 2, \cdots, k$,则称随机变量 θ 服从参数为 α 的狄利克雷分布,记作 $\theta \sim \text{Dir}(\alpha)$。

式中 $\Gamma(s)$ 是伽马函数,定义为

$$\Gamma(s) = \int_0^{\infty} x^{s-1} e^{-x} dx, \quad s > 0$$

20.1 狄利克雷分布

具有性质

$$\Gamma(s+1) = s\Gamma(s)$$

当 s 是自然数时，有

$$\Gamma(s+1) = s!$$

由于满足条件

$$\theta_i \geqslant 0, \quad \sum_{i=1}^{k} \theta_i = 1$$

所以狄利克雷分布 θ 存在于 $(k-1)$ 维单纯形上。图 20.1 为二维单纯形上的狄利克雷分布（详见文前彩图）。$\theta_1 + \theta_2 + \theta_3 = 1$，$\theta_1, \theta_2, \theta_3 \geqslant 0$。图中狄利克雷分布的参数为 $\alpha=(3,3,3)$，$\alpha=(7,7,7)$，$\alpha=(20,20,20)$，$\alpha=(2,6,11)$，$\alpha=(14,9,5)$，$\alpha=(6,2,6)$。

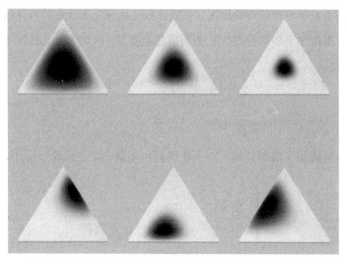

图 20.1　狄利克雷分布例 (见彩图)

令

$$\mathrm{B}(\alpha) = \frac{\prod_{i=1}^{k}\Gamma(\alpha_i)}{\Gamma\left(\sum_{i=1}^{k}\alpha_i\right)} \tag{20.3}$$

则狄利克雷分布的密度函数可以写成

$$p(\theta|\alpha) = \frac{1}{\mathrm{B}(\alpha)} \prod_{i=1}^{k} \theta_i^{\alpha_i - 1} \tag{20.4}$$

$B(\alpha)$ 是规范化因子，称为多元贝塔函数（或扩展的贝塔函数）。由密度函数的性质

$$\int \frac{\Gamma\left(\sum_{i=1}^{k}\alpha_i\right)}{\prod_{i=1}^{k}\Gamma(\alpha_i)}\prod_{i=1}^{k}\theta_i^{\alpha_i-1}\mathrm{d}\theta = \frac{\Gamma\left(\sum_{i=1}^{k}\alpha_i\right)}{\prod_{i=1}^{k}\Gamma(\alpha_i)}\int \prod_{i=1}^{k}\theta_i^{\alpha_i-1}\mathrm{d}\theta = 1$$

得

$$B(\alpha) = \int \prod_{i=1}^{k}\theta_i^{\alpha_i-1}\mathrm{d}\theta \tag{20.5}$$

所以式 (20.5) 是多元贝塔函数的积分表示。

3. 二项分布和贝塔分布

二项分布是多项分布的特殊情况，贝塔分布是狄利克雷分布的特殊情况。

二项分布是指如下概率分布。X 为离散随机变量，取值为 m，其概率质量函数为

$$P(X=m) = \binom{n}{m}p^m(1-p)^{n-m}, \quad m=0,1,2,\cdots,n \tag{20.6}$$

其中 n 和 p $(0 \leqslant p \leqslant 1)$ 是参数。

贝塔分布是指如下概率分布，X 为连续随机变量，取值范围为 $[0,1]$，其概率密度函数为

$$p(x) = \begin{cases} \dfrac{1}{B(s,t)}x^{s-1}(1-x)^{t-1}, & 0 \leqslant x \leqslant 1 \\ 0, & \text{其他} \end{cases} \tag{20.7}$$

其中 $s>0$ 和 $t>0$ 是参数，$B(s,t) = \dfrac{\Gamma(s)\Gamma(t)}{\Gamma(s+t)}$ 是贝塔函数，定义为

$$B(s,t) = \int_0^1 x^{s-1}(1-x)^{t-1}\mathrm{d}x \tag{20.8}$$

当 s,t 是自然数时，

$$B(s,t) = \frac{(s-1)!(t-1)!}{(s+t-1)!} \tag{20.9}$$

当 n 为 1 时，二项分布变成伯努利分布（Bernoulli distribution）或 0-1 分布。伯努利分布表示试验可能出现的 2 种结果的概率。显然二项分布包含伯努利分布。图 20.2 给出几种概率分布的关系。

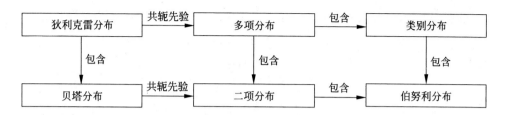

图 20.2 概率分布之间的关系

20.1.2 共轭先验

狄利克雷分布有一些重要性质：(1) 狄利克雷分布属于指数分布族；(2) 狄利克雷分布是多项分布的共轭先验（conjugate prior）。

贝叶斯学习中常使用共轭分布。如果后验分布与先验分布属于同类，则先验分布与后验分布称为共轭分布（conjugate distributions），先验分布称为共轭先验（conjugate prior）。如果多项分布的先验分布是狄利克雷分布，则其后验分布也为狄利克雷分布，两者构成共轭分布。作为先验分布的狄利克雷分布的参数又称为超参数。使用共轭分布的好处是便于从先验分布计算后验分布。

设 $\mathcal{W} = \{w_1, w_2, \cdots, w_k\}$ 是由 k 个元素组成的集合。随机变量 X 服从 $\mathcal{W}$ 上的多项分布，$X \sim \text{Mult}(n, \theta)$，其中 $n = (n_1, n_2, \cdots, n_k)$ 和 $\theta = (\theta_1, \theta_2, \cdots, \theta_k)$ 是参数。参数 n 为从 $\mathcal{W}$ 中重复独立抽取样本的次数，n_i 为样本中 w_i 出现的次数（$i = 1, 2, \cdots, k$）；参数 θ_i 为 w_i 出现的概率（$i = 1, 2, \cdots, k$）。

将样本数据表示为 D，目标是计算在样本数据 D 给定条件下参数 θ 的后验概率 $p(\theta|D)$。对于给定的样本数据 D，似然函数是

$$p(D|\theta) = \theta_1^{n_1} \theta_2^{n_2} \cdots \theta_k^{n_k} = \prod_{i=1}^{k} \theta_i^{n_i} \tag{20.10}$$

假设随机变量 θ 服从狄利克雷分布 $p(\theta|\alpha)$，其中 $\alpha = (\alpha_1, \alpha_2, \cdots, \alpha_k)$ 为参数。则 θ 的先验分布为

$$p(\theta|\alpha) = \frac{\Gamma\left(\sum_{i=1}^{k} \alpha_i\right)}{\prod_{i=1}^{k} \Gamma(\alpha_i)} \prod_{i=1}^{k} \theta_i^{\alpha_i - 1} = \frac{1}{\text{B}(\alpha)} \prod_{i=1}^{k} \theta_i^{\alpha_i - 1} = \text{Dir}(\theta|\alpha), \quad \alpha_i > 0 \tag{20.11}$$

根据贝叶斯规则，在给定样本数据 D 和参数 α 条件下，θ 的后验概率分布是

$$\begin{aligned}
p(\theta|D,\alpha) &= \frac{p(D|\theta)p(\theta|\alpha)}{p(D|\alpha)} \\
&= \frac{\prod_{i=1}^{k}\theta_i^{n_i}\dfrac{1}{\mathrm{B}(\alpha)}\theta_i^{\alpha_i-1}}{\int\prod_{i=1}^{k}\theta_i^{n_i}\dfrac{1}{\mathrm{B}(\alpha)}\theta_i^{\alpha_i-1}\mathrm{d}\theta} \\
&= \frac{1}{\mathrm{B}(\alpha+n)}\prod_{i=1}^{k}\theta_i^{\alpha_i+n_i-1} \\
&= \mathrm{Dir}(\theta|\alpha+n) \quad\quad\quad (20.12)
\end{aligned}$$

可以看出先验分布 (20.11) 和后验分布 (20.12) 都是狄利克雷分布，两者有不同的参数，所以狄利克雷分布是多项分布的共轭先验。狄利克雷后验分布的参数等于狄利克雷先验分布参数 $\alpha = (\alpha_1, \alpha_2, \cdots, \alpha_k)$ 加上多项分布的观测计数 $n = (n_1, n_2, \cdots, n_k)$，好像试验之前就已经观察到计数 $\alpha = (\alpha_1, \alpha_2, \cdots, \alpha_k)$，因此也把 α 叫做先验伪计数（prior pseudo-counts）。

20.2 潜在狄利克雷分配模型

20.2.1 基本想法

潜在狄利克雷分配（LDA）是文本集合的生成概率模型。模型假设话题由单词的多项分布表示，文本由话题的多项分布表示，单词分布和话题分布的先验分布都是狄利克雷分布。文本内容的不同是由于它们的话题分布不同。（严格意义上说，这里的多项分布都是类别分布，在机器学习与自然语言处理中，有时对两者不作严格区分。）

LDA 模型表示文本集合的自动生成过程：首先，基于单词分布的先验分布（狄利克雷分布）生成多个单词分布，即决定多个话题内容；之后，基于话题分布的先验分布（狄利克雷分布）生成多个话题分布，即决定多个文本内容；然后，基于每一个话题分布生成话题序列，针对每一个话题，基于话题的单词分布生成单词，整体构成一个单词序列，即生成文本，重复这个过程生成所有文本。文本的单词序列是观测变量，文本的话题序列是隐变量，文本的话题分布和话题的单词分布也是隐变量。图 20.3 示意 LDA 的文本生成过程（详见文前彩图）。

LDA 模型是概率图模型，其特点是以狄利克雷分布为多项分布的先验分布，学习

20.2 潜在狄利克雷分配模型

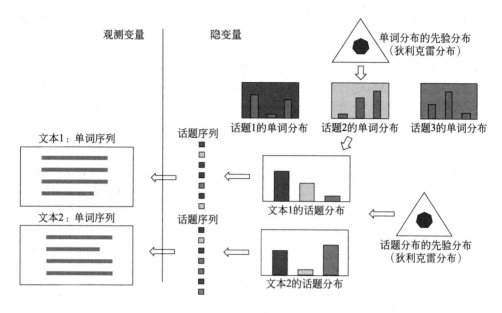

图 20.3 LDA 的文本生成过程 (见彩图)

就是给定文本集合，通过后验概率分布的估计，推断模型的所有参数。利用 LDA 进行话题分析，就是对给定文本集合，学习到每个文本的话题分布，以及每个话题的单词分布。

可以认为 LDA 是 PLSA（概率潜在语义分析）的扩展，相同点是两者都假设话题是单词的多项分布，文本是话题的多项分布。不同点是 LDA 使用狄利克雷分布作为先验分布，而 PLSA 不使用先验分布（或者说假设先验分布是均匀分布），两者对文本生成过程有不同假设；学习过程 LDA 基于贝叶斯学习，而 PLSA 基于极大似然估计。LDA 的优点是，使用先验概率分布，可以防止学习过程中产生的过拟合（over-fitting）。

20.2.2 模型定义

本书采用常用 LDA 模型的定义，与原始文献中提出的模型略有不同。

1. 模型要素

潜在狄利克雷分配（LDA）使用三个集合：一是单词集合 $W = \{w_1, \cdots, w_v, \cdots, w_V\}$，其中 w_v 是第 v 个单词，$v = 1, 2, \cdots, V$，V 是单词的个数。二是文本集合 $D = \{\mathbf{w}_1, \cdots, \mathbf{w}_m, \cdots, \mathbf{w}_M\}$，其中 $\mathbf{w}_m$ 是第 m 个文本，$m = 1, 2, \cdots, M$，M 是文本的个数。文本 $\mathbf{w}_m$ 是一个单词序列 $\mathbf{w}_m = (w_{m1}, \cdots, w_{mn}, \cdots, w_{mN_m})$，其中 w_{mn} 是文本 $\mathbf{w}_m$ 的第 n 个单词，$n = 1, 2, \cdots, N_m$，N_m 是文本 $\mathbf{w}_m$ 中单词的个数。三是话题

集合 $Z = \{z_1, \cdots, z_k, \cdots, z_K\}$,其中 z_k 是第 k 个话题,$k = 1, 2, \cdots, K$, K 是话题的个数。

每一个话题 z_k 由一个单词的条件概率分布 $p(w|z_k)$ 决定,$w \in W$。分布 $p(w|z_k)$ 服从多项分布(严格意义上类别分布),其参数为 φ_k。参数 φ_k 服从狄利克雷分布(先验分布),其超参数为 β。参数 φ_k 是一个 V 维向量 $\varphi_k = (\varphi_{k1}, \varphi_{k2}, \cdots, \varphi_{kV})$,其中 φ_{kv} 表示话题 z_k 生成单词 w_v 的概率。所有话题的参数向量构成一个 $K \times V$ 矩阵 $\boldsymbol{\varphi} = \{\varphi_k\}_{k=1}^K$。超参数 β 也是一个 V 维向量 $\beta = (\beta_1, \beta_2, \cdots, \beta_V)$。

每一个文本 $\mathbf{w}_m$ 由一个话题的条件概率分布 $p(z|\mathbf{w}_m)$ 决定,$z \in Z$。分布 $p(z|\mathbf{w}_m)$ 服从多项分布(严格意义上类别分布),其参数为 θ_m。参数 θ_m 服从狄利克雷分布(先验分布),其超参数为 α。参数 θ_m 是一个 K 维向量 $\theta_m = (\theta_{m1}, \theta_{m2}, \cdots, \theta_{mK})$,其中 θ_{mk} 表示文本 $\mathbf{w}_m$ 生成话题 z_k 的概率。所有文本的参数向量构成一个 $M \times K$ 矩阵 $\boldsymbol{\theta} = \{\theta_m\}_{m=1}^M$。超参数 α 也是一个 K 维向量 $\alpha = (\alpha_1, \alpha_2, \cdots, \alpha_K)$。

每一个文本 $\mathbf{w}_m$ 中的每一个单词 w_{mn} 由该文本的话题分布 $p(z|\mathbf{w}_m)$ 以及所有话题的单词分布 $p(w|z_k)$ 决定。

2. 生成过程

LDA 文本集合的生成过程如下:

给定单词集合 W,文本集合 D,话题集合 Z,狄利克雷分布的超参数 α 和 β。

(1)生成话题的单词分布

随机生成 K 个话题的单词分布。具体过程如下,按照狄利克雷分布 $\mathrm{Dir}(\beta)$ 随机生成一个参数向量 φ_k, $\varphi_k \sim \mathrm{Dir}(\beta)$,作为话题 z_k 的单词分布 $p(w|z_k)$, $w \in W$, $k = 1, 2, \cdots, K$。

(2)生成文本的话题分布

随机生成 M 个文本的话题分布。具体过程如下:按照狄利克雷分布 $\mathrm{Dir}(\alpha)$ 随机生成一个参数向量 θ_m, $\theta_m \sim \mathrm{Dir}(\alpha)$,作为文本 $\mathbf{w}_m$ 的话题分布 $p(z|\mathbf{w}_m)$, $m = 1, 2, \cdots, M$。

(3)生成文本的单词序列

随机生成 M 个文本的 N_m 个单词。文本 $\mathbf{w}_m (m = 1, 2, \cdots, M)$ 的单词 $w_{mn} (n = 1, 2, \cdots, N_m)$ 的生成过程如下:

(3-1)首先按照多项分布 $\mathrm{Mult}(\theta_m)$ 随机生成一个话题 z_{mn}, $z_{mn} \sim \mathrm{Mult}(\theta_m)$。

(3-2)然后按照多项分布 $\mathrm{Mult}(\varphi_{z_{mn}})$ 随机生成一个单词 w_{mn}, $w_{mn} \sim \mathrm{Mult}(\varphi_{z_{mn}})$。文本 $\mathbf{w}_m$ 本身是单词序列 $\mathbf{w}_m = (w_{m1}, w_{m2}, \cdots, w_{mN_m})$,对应着隐式的话题序列 $\mathbf{z}_m = (z_{m1}, z_{m2}, \cdots, z_{mN_m})$。

总结 LDA 生成文本的算法如下。

20.2 潜在狄利克雷分配模型

算法 20.1（LDA 的文本生成算法）

(1) 对于话题 z_k ($k = 1, 2, \cdots, K$)：

生成多项分布参数 $\varphi_k \sim \text{Dir}(\beta)$，作为话题的单词分布 $p(w|z_k)$；

(2) 对于文本 $\mathbf{w}_m$ ($m = 1, 2, \cdots, M$)：

生成多项分布参数 $\theta_m \sim \text{Dir}(\alpha)$，作为文本的话题分布 $p(z|\mathbf{w}_m)$；

(3) 对于文本 $\mathbf{w}_m$ 的单词 w_{mn} ($m = 1, 2, \cdots, M$, $n = 1, 2, \cdots, N_m$)：

  (a) 生成话题 $z_{mn} \sim \text{Mult}(\theta_m)$，作为单词对应的话题；

  (b) 生成单词 $w_{mn} \sim \text{Mult}(\varphi_{z_{mn}})$。∎

LDA 的文本生成过程中，假定话题个数 K 给定，实际通常通过实验选定。狄利克雷分布的超参数 α 和 β 通常也是事先给定的。在没有其他先验知识的情况下，可以假设向量 α 和 β 的所有分量均为 1，这时的文本的话题分布 θ_m 是对称的，话题的单词分布 φ_k 也是对称的。

20.2.3 概率图模型

LDA 模型本质是一种概率图模型（probabilistic graphical model）。图 20.4 为 LDA 作为概率图模型的板块表示（plate notation）。图中结点表示随机变量，实心结点是观测变量，空心结点是隐变量；有向边表示概率依存关系；矩形（板块）表示重复，板块内数字表示重复的次数。

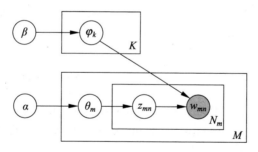

图 20.4　LDA 的板块表示

图 20.4 中的 LDA 板块表示，结点 α 和 β 是模型的超参数，结点 φ_k 表示话题的单词分布的参数，结点 θ_m 表示文本的话题分布的参数，结点 z_{mn} 表示话题，结点 w_{mn} 表示单词。结点 β 指向结点 φ_k，重复 K 次，表示根据超参数 β 生成 K 个话题的单词分布的参数 φ_k；结点 α 指向结点 θ_m，重复 M 次，表示根据超参数 α 生成 M 个文本的话题分布的参数 θ_m；结点 θ_m 指向结点 z_{mn}，重复 N_m 次，表示根据文本的话题分布 θ_m 生成 N_m 个话题 z_{mn}；结点 z_{mn} 指向结点 w_{mn}，同时 K 个结点 φ_k 也指向结点 w_{mn}，表示根据话题 z_{mn} 以及 K 个话题的单词分布 φ_k 生成单词 w_{mn}。

板块表示的优点是简洁，板块表示展开之后，成为普通的有向图表示（图 20.5）。有向图中结点表示随机变量，有向边表示概率依存关系。可以看出 LDA 是相同随机变量被重复多次使用的概率图模型。

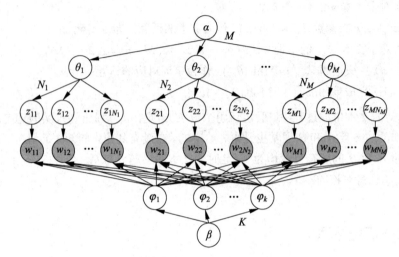

图 20.5　LDA 的展开图模型表示

20.2.4　随机变量序列的可交换性

一个有限的随机变量序列是可交换的（exchangeable），是指随机变量的联合概率分布对随机变量的排列不变。

$$P(x_1, x_2, \cdots, x_N) = P(x_{\pi(1)}, x_{\pi(2)}, \cdots, x_{\pi(N)}) \tag{20.13}$$

这里 $\pi(1), \pi(2), \cdots, \pi(N)$ 代表自然数 $1, 2, \cdots, N$ 的任意一个排列。一个无限的随机变量序列是无限可交换（infinitely exchangeable）的，是指它的任意一个有限子序列都是可交换的。

如果一个随机变量序列 $X_1, X_2, \cdots, X_N, \cdots$ 是独立同分布的，那么它们是无限可交换的。反之不然。

随机变量序列可交换的假设在贝叶斯学习中经常使用。根据 De Finetti 定理，任意一个无限可交换的随机变量序列对一个随机参数是条件独立同分布的。即任意一个无限可交换的随机变量序列 $X_1, X_2, \cdots, X_i, \cdots$ 的基于一个随机参数 Y 的条件概率，等于基于这个随机参数 Y 的各个随机变量 $X_1, X_2, \cdots, X_i, \cdots$ 的条件概率的乘积。

$$P(X_1, X_2, \cdots, X_i, \cdots | Y) = P(X_1|Y)P(X_2|Y) \cdots P(X_i|Y) \cdots \tag{20.14}$$

LDA 假设文本由无限可交换的话题序列组成。由 De Finetti 定理知,实际是假设文本中的话题对一个随机参数是条件独立同分布的。所以在参数给定的条件下,文本中的话题的顺序可以忽略。作为对比,概率潜在语义模型假设文本中的话题是独立同分布的,文本中的话题的顺序也可以忽略。

20.2.5 概率公式

LDA 模型整体是由观测变量和隐变量组成的联合概率分布,可以表示为

$$p(\mathbf{w},\mathbf{z},\theta,\varphi|\alpha,\beta) = \prod_{k=1}^{K} p(\varphi_k|\beta) \prod_{m=1}^{M} p(\theta_m|\alpha) \prod_{n=1}^{N_m} p(z_{mn}|\theta_m)p(w_{mn}|z_{mn},\varphi) \quad (20.15)$$

其中观测变量 $\mathbf{w}$ 表示所有文本中的单词序列,隐变量 $\mathbf{z}$ 表示所有文本中的话题序列,隐变量 θ 表示所有文本的话题分布的参数,隐变量 φ 表示所有话题的单词分布的参数,α 和 β 是超参数。式中 $p(\varphi_k|\beta)$ 表示超参数 β 给定条件下第 k 个话题的单词分布的参数 φ_k 的生成概率,$p(\theta_m|\alpha)$ 表示超参数 α 给定条件下第 m 个文本的话题分布的参数 θ_m 的生成概率,$p(z_{mn}|\theta_m)$ 表示第 m 个文本的话题分布 θ_m 给定条件下文本的第 n 个位置的话题 z_{mn} 的生成概率,$p(w_{mn}|z_{mn},\varphi)$ 表示在第 m 个文本的第 n 个位置的话题 z_{mn} 及所有话题的单词分布的参数 φ 给定条件下第 m 个文本的第 n 个位置的单词 w_{mn} 的生成概率。参见图 20.5。

第 m 个文本的联合概率分布可以表示为

$$p(\mathbf{w}_m,\mathbf{z}_m,\theta_m,\varphi|\alpha,\beta) = \prod_{k=1}^{K} p(\varphi_k|\beta)p(\theta_m|\alpha) \prod_{n=1}^{N_m} p(z_{mn}|\theta_m)p(w_{mn}|z_{mn},\varphi) \quad (20.16)$$

其中 $\mathbf{w}_m$ 表示该文本中的单词序列,$\mathbf{z}_m$ 表示该文本的话题序列,θ_m 表示该文本的话题分布参数。

LDA 模型的联合分布含有隐变量,对隐变量进行积分得到边缘分布。

参数 θ_m 和 φ 给定条件下第 m 个文本的生成概率是

$$p(\mathbf{w}_m|\theta_m,\varphi) = \prod_{n=1}^{N_m} \left[\sum_{k=1}^{K} p(z_{mn}=k|\theta_m)p(w_{mn}|\varphi_k) \right] \quad (20.17)$$

超参数 α 和 β 给定条件下第 m 个文本的生成概率是

$$p(\mathbf{w}_m|\alpha,\beta) = \prod_{k=1}^{K} \int p(\varphi_k|\beta) \left[\int p(\theta_m|\alpha) \prod_{n=1}^{N_m} \left[\sum_{l=1}^{K} p(z_{mn}=l|\theta_m)p(w_{mn}|\varphi_l) \right] d\theta_m \right] d\varphi_k \quad (20.18)$$

超参数 α 和 β 给定条件下所有文本的生成概率是

$$p(\mathbf{w}|\alpha,\beta) = \prod_{k=1}^{K}\int p(\varphi_k|\beta)\left[\prod_{m=1}^{M}\int p(\theta_m|\alpha)\prod_{n=1}^{N_m}\left[\sum_{l=1}^{K}p(z_{mn}=l|\theta_m)p(w_{mn}|\varphi_l)\right]\mathrm{d}\theta_m\right]\mathrm{d}\varphi_k \tag{20.19}$$

20.3 LDA 的吉布斯抽样算法

潜在狄利克雷分配（LDA）的学习（参数估计）是一个复杂的最优化问题，很难精确求解，只能近似求解。常用的近似求解方法有吉布斯抽样（Gibbs sampling）和变分推理（variational inference）。本节讲述吉布斯抽样，下节讲述变分推理算法。吉布斯抽样的优点是实现简单，缺点是迭代次数可能较多。

20.3.1 基本想法

LDA 模型的学习，给定文本（单词序列）的集合 $D = \{\mathbf{w}_1,\cdots,\mathbf{w}_m,\cdots,\mathbf{w}_M\}$，其中 $\mathbf{w}_m$ 是第 m 个文本（单词序列），$\mathbf{w}_m = (w_{m1},\cdots,w_{mn},\cdots,w_{mN_m})$，以 $\mathbf{w}$ 表示文本集合的单词序列，即 $\mathbf{w} = (w_{11},w_{12},\cdots,w_{1N_1},w_{21},w_{22},\cdots,w_{2N_2},\cdots,w_{M1},w_{M2},\cdots,w_{MN_M})$（参考图 20.5）；超参数 α 和 β 已知。目标是要推断：（1）话题序列的集合 $\mathbf{z} = \{\mathbf{z}_1,\cdots,\mathbf{z}_m,\cdots,\mathbf{z}_M\}$ 的后验概率分布，其中 $\mathbf{z}_m$ 是第 m 个文本的话题序列，$\mathbf{z}_m = (z_{m1},\cdots,z_{mn},\cdots,z_{mN_m})$；（2）参数 $\theta = \{\theta_1,\cdots,\theta_m,\cdots,\theta_M\}$，其中 θ_m 是文本 $\mathbf{w}_m$ 的话题分布的参数；（3）参数 $\varphi = \{\varphi_1,\cdots,\varphi_k,\cdots,\varphi_K\}$，其中 φ_k 是话题 z_k 的单词分布的参数。也就是说，要对联合概率分布 $p(\mathbf{w},\mathbf{z},\theta,\varphi|\alpha,\beta)$ 进行估计，其中 $\mathbf{w}$ 是观测变量，而 $\mathbf{z},\theta,\varphi$ 是隐变量。

第 19 章讲述了吉布斯抽样，这是一种常用的马尔可夫链蒙特卡罗法。为了估计多元随机变量 x 的联合分布 $p(x)$，吉布斯抽样法选择 x 的一个分量，固定其他分量，按照其条件概率分布进行随机抽样，依次循环对每一个分量执行这个操作，得到联合分布 $p(x)$ 的一个随机样本，重复这个过程，在燃烧期之后，得到联合概率分布 $p(x)$ 的样本集合。

LDA 模型的学习通常采用收缩的吉布斯抽样（collapsed Gibbs sampling）方法[1]，基本想法是，通过对隐变量 θ 和 φ 积分，得到边缘概率分布 $p(\mathbf{w},\mathbf{z}|\alpha,\beta)$（也是联合分布），其中变量 $\mathbf{w}$ 是可观测的，变量 $\mathbf{z}$ 是不可观测的；对后验概率分布 $p(\mathbf{z}|\mathbf{w},\alpha,\beta)$ 进行吉布斯抽样，得到分布 $p(\mathbf{z}|\mathbf{w},\alpha,\beta)$ 的样本集合；再利用这个样本集合对参数 θ 和 φ 进行估计，最终得到 LDA 模型 $p(\mathbf{w},\mathbf{z},\theta,\varphi|\alpha,\beta)$ 的所有参数估计。

---
[1] 原理上也可以考虑整体吉布斯抽样（full Gibbs sampling），但算法更加复杂。

20.3.2 算法的主要部分

根据上面的分析,问题转化为对后验概率分布 $p(\mathbf{z}|\mathbf{w},\alpha,\beta)$ 的吉布斯抽样,该分布表示在所有文本的单词序列给定条件下所有可能话题序列的条件概率。这里先给出该分布的表达式,之后给出该分布的满条件分布表达式。

1. 抽样分布的表达式

首先有关系

$$p(\mathbf{z}|\mathbf{w},\alpha,\beta) = \frac{p(\mathbf{w},\mathbf{z}|\alpha,\beta)}{p(\mathbf{w}|\alpha,\beta)} \propto p(\mathbf{w},\mathbf{z}|\alpha,\beta) \tag{20.20}$$

这里变量 $\mathbf{w}$, α 和 β 已知,分母相同,可以不予考虑。联合分布 $p(\mathbf{w},\mathbf{z}|\alpha,\beta)$ 的表达式可以进一步分解为

$$p(\mathbf{w},\mathbf{z}|\alpha,\beta) = p(\mathbf{w}|\mathbf{z},\alpha,\beta)p(\mathbf{z}|\alpha,\beta) = p(\mathbf{w}|\mathbf{z},\beta)p(\mathbf{z}|\alpha) \tag{20.21}$$

两个因子可以分别处理。

推导第一个因子 $p(\mathbf{w}|\mathbf{z},\beta)$ 的表达式。首先

$$p(\mathbf{w}|\mathbf{z},\varphi) = \prod_{k=1}^{K}\prod_{v=1}^{V}\varphi_{kv}^{n_{kv}} \tag{20.22}$$

其中 φ_{kv} 是第 k 个话题生成单词集合第 v 个单词的概率,n_{kv} 是数据中第 k 个话题生成第 v 个单词的次数。于是

$$\begin{aligned} p(\mathbf{w}|\mathbf{z},\beta) &= \int p(\mathbf{w}|\mathbf{z},\varphi)p(\varphi|\beta)\mathrm{d}\varphi \\ &= \int \prod_{k=1}^{K}\frac{1}{\mathrm{B}(\beta)}\prod_{v=1}^{V}\varphi_{kv}^{n_{kv}+\beta_v-1}\mathrm{d}\varphi \\ &= \prod_{k=1}^{K}\frac{1}{\mathrm{B}(\beta)}\int \prod_{v=1}^{V}\varphi_{kv}^{n_{kv}+\beta_v-1}\mathrm{d}\varphi \\ &= \prod_{k=1}^{K}\frac{\mathrm{B}(n_k+\beta)}{\mathrm{B}(\beta)} \end{aligned} \tag{20.23}$$

其中 $n_k = \{n_{k1},n_{k2},\cdots,n_{kV}\}$。

第二个因子 $p(\mathbf{z}|\alpha)$ 的表达式可以类似推导。首先

$$p(\mathbf{z}|\theta) = \prod_{m=1}^{M}\prod_{k=1}^{K}\theta_{mk}^{n_{mk}} \tag{20.24}$$

其中 θ_{mk} 是第 m 个文本生成第 k 个话题的概率,n_{mk} 是数据中第 m 个文本生成第 k 个话题的次数。于是

$$p(\mathbf{z}|\alpha) = \int p(\mathbf{z}|\theta) p(\theta|\alpha) \mathrm{d}\theta$$

$$= \int \prod_{m=1}^{M} \frac{1}{\mathrm{B}(\alpha)} \prod_{k=1}^{K} \theta_{mk}^{n_{mk}+\alpha_k-1} \mathrm{d}\theta$$

$$= \prod_{m=1}^{M} \frac{1}{\mathrm{B}(\alpha)} \int \prod_{k=1}^{K} \theta_{mk}^{n_{mk}+\alpha_k-1} \mathrm{d}\theta$$

$$= \prod_{m=1}^{M} \frac{\mathrm{B}(n_m+\alpha)}{\mathrm{B}(\alpha)} \tag{20.25}$$

其中 $n_m = \{n_{m1}, n_{m2}, \cdots, n_{mK}\}$。由式 (20.23) 和式 (20.25) 得

$$p(\mathbf{z},\mathbf{w}|\alpha,\beta) = \prod_{k=1}^{K} \frac{\mathrm{B}(n_k+\beta)}{\mathrm{B}(\beta)} \cdot \prod_{m=1}^{M} \frac{\mathrm{B}(n_m+\alpha)}{\mathrm{B}(\alpha)} \tag{20.26}$$

故由式 (20.20) 和式 (20.26),得收缩的吉布斯抽样分布的公式

$$p(\mathbf{z}|\mathbf{w},\alpha,\beta) \propto \prod_{k=1}^{K} \frac{\mathrm{B}(n_k+\beta)}{\mathrm{B}(\beta)} \cdot \prod_{m=1}^{M} \frac{\mathrm{B}(n_m+\alpha)}{\mathrm{B}(\alpha)} \tag{20.27}$$

2. 满条件分布的表达式

分布 $p(\mathbf{z}|\mathbf{w},\alpha,\beta)$ 的满条件分布可以写成

$$p(z_i|\mathbf{z}_{-i},\mathbf{w},\alpha,\beta) = \frac{1}{Z_{z_i}} p(\mathbf{z}|\mathbf{w},\alpha,\beta) \tag{20.28}$$

这里 w_i 表示所有文本的单词序列的第 i 个位置的单词,z_i 表示单词 w_i 对应的话题,$i = (m,n)$, $i = 1, 2, \cdots, I$, $\mathbf{z}_{-i} = \{z_j : j \neq i\}$, Z_{z_i} 表示分布 $p(\mathbf{z}|\mathbf{w},\alpha,\beta)$ 对变量 z_i 的边缘化因子。式 (20.28) 是在所有文本单词序列、其他位置话题序列给定条件下第 i 个位置的话题的条件概率分布。由式 (20.27) 和式 (20.28) 可以推出

$$p(z_i|\mathbf{z}_{-i},\mathbf{w},\alpha,\beta) \propto \frac{n_{kv}+\beta_v}{\sum_{v=1}^{V}(n_{kv}+\beta_v)} \cdot \frac{n_{mk}+\alpha_k}{\sum_{k=1}^{K}(n_{mk}+\alpha_k)} \tag{20.29}$$

其中第 m 个文本的第 n 个位置的单词 w_i 是单词集合的第 v 个单词,其话题 z_i 是话

20.3 LDA 的吉布斯抽样算法

题集合的第 k 个话题，n_{kv} 表示第 k 个话题中第 v 个单词的计数，但减去当前单词的计数，n_{mk} 表示第 m 个文本中第 k 个话题的计数，但减去当前单词的话题的计数。

20.3.3 算法的后处理

通过吉布斯抽样得到的分布 $p(\mathbf{z}|\mathbf{w},\alpha,\beta)$ 的样本，可以得到变量 $\mathbf{z}$ 的分配值，也可以估计变量 θ 和 φ。

1. 参数 $\theta = \{\theta_m\}$ 的估计

根据 LDA 模型的定义，后验概率满足

$$p(\theta_m|\mathbf{z}_m,\alpha) = \frac{1}{Z_{\theta_m}}\prod_{n=1}^{N_m}p(z_{mn}|\theta_m)p(\theta_m|\alpha) = \mathrm{Dir}(\theta_m|n_m+\alpha) \tag{20.30}$$

这里 $n_m = \{n_{m1}, n_{m2}, \cdots, n_{mK}\}$ 是第 m 个文本的话题的计数，Z_{θ_m} 表示分布 $p(\theta_m, \mathbf{z}_m|\alpha)$ 对变量 θ_m 的边缘化因子。于是得到参数 $\theta = \{\theta_m\}$ 的估计式

$$\theta_{mk} = \frac{n_{mk}+\alpha_k}{\sum\limits_{k=1}^{K}(n_{mk}+\alpha_k)}, \quad m=1,2,\cdots,M; \quad k=1,2,\cdots,K \tag{20.31}$$

2. 参数 $\varphi = \{\varphi_k\}$ 的估计

后验概率满足

$$p(\varphi_k|\mathbf{w},\mathbf{z},\beta) = \frac{1}{Z_{\varphi_k}}\prod_{i=1}^{I}p(w_i|\varphi_k)p(\varphi_k|\beta) = \mathrm{Dir}(\varphi_k|n_k+\beta) \tag{20.32}$$

这里 $n_k=\{n_{k1}, n_{k2}, \cdots, n_{kV}\}$ 是第 k 个话题的单词的计数，Z_{φ_k} 表示分布 $p(\varphi_k,\mathbf{w}|\mathbf{z},\beta)$ 对变量 φ_k 的边缘化因子，I 是文本集合单词序列 $\mathbf{w}$ 的单词总数。于是得到参数的估计式

$$\varphi_{kv} = \frac{n_{kv}+\beta_v}{\sum\limits_{v=1}^{V}(n_{kv}+\beta_v)}, \quad k=1,2,\cdots,K; \quad v=1,2,\cdots,V \tag{20.33}$$

20.3.4 算法

总结 LDA 的吉布斯抽样的具体算法。

对给定的所有文本的单词序列 **w**, 每个位置上随机指派一个话题, 整体构成所有文本的话题序列 **z**。然后循环执行以下操作。

在每一个位置上计算在该位置上的话题的满条件概率分布, 然后进行随机抽样, 得到该位置的新的话题, 分派给这个位置。

$$p(z_i|\mathbf{z}_{-i},\mathbf{w},\alpha,\beta) \propto \frac{n_{kv}+\beta_v}{\sum\limits_{v=1}^{V}(n_{kv}+\beta_v)} \cdot \frac{n_{mk}+\alpha_k}{\sum\limits_{k=1}^{K}(n_{mk}+\alpha_k)}$$

这个条件概率分布由两个因子组成, 第一个因子表示话题生成该位置的单词的概率, 第二个因子表示该位置的文本生成话题的概率。

整体准备两个计数矩阵: 话题-单词矩阵 $N_{K\times V} = [n_{kv}]$ 和文本-话题矩阵 $N_{M\times K} = [n_{mk}]$。在每一个位置, 对两个矩阵中该位置的已有话题的计数减 1, 计算满条件概率分布, 然后进行抽样, 得到该位置的新话题, 之后对两个矩阵中该位置的新话题的计数加 1。计算移到下一个位置。

在燃烧期之后得到的所有文本的话题序列就是条件概率分布 $p(\mathbf{z}|\mathbf{w},\alpha,\beta)$ 的样本。

算法 20.2 (LDA 吉布斯抽样算法)

输入: 文本的单词序列 $\mathbf{w}=\{\mathbf{w}_1,\cdots,\mathbf{w}_m,\cdots,\mathbf{w}_M\}$, $\mathbf{w}_m=(w_{m1},\cdots,w_{mn},\cdots,w_{mN_m})$;

输出: 文本的话题序列 $\mathbf{z}=\{\mathbf{z}_1,\cdots,\mathbf{z}_m,\cdots,\mathbf{z}_M\}$, $\mathbf{z}_m=(z_{m1},\cdots,z_{mn},\cdots,z_{mN_m})$ 的后验概率分布 $p(\mathbf{z}|\mathbf{w},\alpha,\beta)$ 的样本计数, 模型的参数 φ 和 θ 的估计值;

参数: 超参数 α 和 β, 话题个数 K。

(1) 设所有计数矩阵的元素 n_{mk}, n_{kv}, 计数向量的元素 n_m, n_k 初值为 0;

(2) 对所有文本 $\mathbf{w}_m$, $m=1,2,\cdots,M$

对第 m 个文本中的所有单词 w_{mn}, $n=1,2,\cdots,N_m$

(a) 抽样话题 $z_{mn}=z_k \sim \text{Mult}\left(\frac{1}{K}\right)$;

增加文本-话题计数 $n_{mk}=n_{mk}+1$,

增加文本-话题和计数 $n_m=n_m+1$,

增加话题-单词计数 $n_{kv}=n_{kv}+1$,

增加话题-单词和计数 $n_k=n_k+1$;

(3) 循环执行以下操作, 直到进入燃烧期

对所有文本 $\mathbf{w}_m$, $m=1,2,\cdots,M$

对第 m 个文本中的所有单词 w_{mn}, $n=1,2,\cdots,N_m$

(a) 当前的单词 w_{mn} 是第 v 个单词, 话题指派 z_{mn} 是第 k 个话题;

减少计数 $n_{mk} = n_{mk} - 1$, $n_m = n_m - 1$, $n_{kv} = n_{kv} - 1$, $n_k = n_k - 1$;
（b）按照满条件分布进行抽样

$$p(z_i|\mathbf{z}_{-i}, \mathbf{w}, \alpha, \beta) \propto \frac{n_{kv} + \beta_v}{\sum_{v=1}^{V}(n_{kv} + \beta_v)} \cdot \frac{n_{mk} + \alpha_k}{\sum_{k=1}^{K}(n_{mk} + \alpha_k)}$$

得到新的第 k' 个话题，分配给 z_{mn}；

（c）增加计数 $n_{mk'} = n_{mk'} + 1$, $n_m = n_m + 1$, $n_{k'v} = n_{k'v} + 1$, $n_{k'} = n_{k'} + 1$;

（d）得到更新的两个计数矩阵 $N_{K \times V} = [n_{kv}]$ 和 $N_{M \times K} = [n_{mk}]$，表示后验概率分布 $p(\mathbf{z}|\mathbf{w}, \alpha, \beta)$ 的样本计数；

（4）利用得到的样本计数，计算模型参数

$$\theta_{mk} = \frac{n_{mk} + \alpha_k}{\sum_{k=1}^{K}(n_{mk} + \alpha_k)}$$

$$\varphi_{kv} = \frac{n_{kv} + \beta_v}{\sum_{v=1}^{V}(n_{kv} + \beta_v)}$$

∎

20.4 LDA 的变分 EM 算法

本节首先介绍变分推理，然后介绍变分 EM 算法，最后介绍将变分 EM 算法应用到 LDA 模型学习的具体算法。LDA 的变分 EM 算法具有推理与学习效率高的优点。

20.4.1 变分推理

变分推理（variational inference）是贝叶斯学习中常用的、含有隐变量模型的学习和推理方法。变分推理和马尔可夫链蒙特卡罗法（MCMC）属于不同的技巧。MCMC 通过随机抽样的方法近似地计算模型的后验概率，变分推理则通过解析的方法计算模型的后验概率的近似值。

变分推理的基本想法如下。假设模型是联合概率分布 $p(x, z)$，其中 x 是观测变量（数据），z 是隐变量，包括参数。目标是学习模型的后验概率分布 $p(z|x)$，用模型进行概率推理。但这是一个复杂的分布，直接估计分布的参数很困难。所以考虑用概

率分布 $q(z)$ 近似条件概率分布 $p(z|x)$，用 KL 散度 $D(q(z)\|p(z|x))$ 计算两者的相似度，$q(z)$ 称为变分分布（variational distribution）。如果能找到与 $p(z|x)$ 在 KL 散度意义下最近的分布 $q^*(z)$，则可以用这个分布近似 $p(z|x)$。

$$p(z|x) \approx q^*(z) \tag{20.34}$$

图 20.6 给出了 $q^*(z)$ 与 $p(z|x)$ 的关系。KL 散度的定义见附录 E。

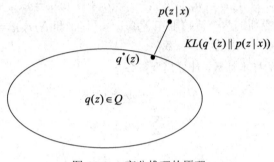

图 20.6　变分推理的原理

KL 散度可以写成以下形式

$$\begin{aligned} D(q(z)\|p(z|x)) &= E_q\left[\log q(z)\right] - E_q\left[\log p(z|x)\right] \\ &= E_q\left[\log q(z)\right] - E_q\left[\log p(x,z)\right] + \log p(x) \\ &= \log p(x) - \{E_q\left[\log p(x,z)\right] - E_q\left[\log q(z)\right]\} \end{aligned} \tag{20.35}$$

注意到 KL 散度大于等于零，当且仅当两个分布一致时为零，由此可知式 (20.35) 右端第一项与第二项满足关系

$$\log p(x) \geqslant E_q\left[\log p(x,z)\right] - E_q\left[\log q(z)\right] \tag{20.36}$$

不等式右端是左端的下界，左端称为证据（evidence），右端称为证据下界（evidence lower bound, ELBO），证据下界记作

$$L(q) = E_q\left[\log p(x,z)\right] - E_q\left[\log q(z)\right] \tag{20.37}$$

KL 散度 (20.35) 的最小化可以通过证据下界 (20.37) 的最大化实现，因为目标是求 $q(z)$ 使 KL 散度最小化，这时 $\log p(x)$ 是常量。因此，变分推理变成求解证据下界最大化的问题。

变分推理可以从另一个角度理解。目标是通过证据 $\log p(x)$ 的最大化,估计联合概率分布 $p(x, z)$。因为含有隐变量 z,直接对证据进行最大化困难,转而根据式 (20.36) 对证据下界进行最大化。

对变分分布 $q(z)$ 要求是具有容易处理的形式,通常假设 $q(z)$ 对 z 的所有分量都是互相独立的(实际是条件独立于参数),即满足

$$q(z) = q(z_1)q(z_2) \cdots q(z_n) \tag{20.38}$$

这时的变分分布称为平均场(mean field)[1]。KL 散度的最小化或证据下界最大化实际是在平均场的集合,即满足独立假设的分布集合 $Q = \{q(z)|q(z) = \prod_{i=1}^{n} q(z_i)\}$ 之中进行的。

总结起来,变分推理有以下几个步骤:定义变分分布 $q(z)$;推导其证据下界表达式;用最优化方法对证据下界进行优化,如坐标上升,得到最优分布 $q^*(z)$,作为后验分布 $p(z|x)$ 的近似。

20.4.2 变分 EM 算法

变分推理中,可以通过迭代的方法最大化证据下界,这时算法是 EM 算法的推广,称为变分 EM 算法。

假设模型是联合概率分布 $p(x, z|\theta)$,其中 x 是观测变量,z 是隐变量,θ 是参数。目标是通过观测数据的概率(证据)$\log p(x|\theta)$ 的最大化,估计模型的参数 θ。使用变分推理,导入平均场 $q(z) = \prod_{i=1}^{n} q(z_i)$,定义证据下界

$$L(q, \theta) = E_q[\log p(x, z|\theta)] - E_q[\log q(z)] \tag{20.39}$$

通过迭代,分别以 q 和 θ 为变量对证据下界进行最大化,就得到变分 EM 算法。

算法 20.3(变分 EM 算法)

循环执行以下 E 步和 M 步,直到收敛。
(1)E 步:固定 θ,求 $L(q, \theta)$ 对 q 的最大化。
(2)M 步:固定 q,求 $L(q, \theta)$ 对 θ 的最大化。
给出模型参数 θ 的估计值。∎

根据变分推理原理,观测数据的概率和证据下界满足

$$\log p(x|\theta) - L(q, \theta) = D(q(z) \| p(z|x, \theta)) \geqslant 0 \tag{20.40}$$

---

[1] 平均场的概念最初来自物理学。

变分 EM 算法的迭代过程中，以下关系成立：

$$\log p(x|\theta^{(t-1)}) = L(q^{(t)}, \theta^{(t-1)}) \leqslant L(q^{(t)}, \theta^{(t)}) \leqslant \log p(x|\theta^{(t)}) \tag{20.41}$$

其中上角标 $t-1$ 和 t 表示迭代次数，左边的等式基于 E 步计算和变分推理原理，中间的不等式基于 M 步计算，右边的不等式基于变分推理原理。说明每次迭代都保证观测数据的概率不递减。因此，变分 EM 算法一定收敛，但可能收敛到局部最优。

EM 算法实际也是对证据下界进行最大化。不妨对照 9.4 节 EM 算法的推广，EM 算法的推广是求 F 函数的极大-极大算法，其中的 F 函数就是证据下界。EM 算法假设 $q(z) = p(z|x)$ 且 $p(z|x)$ 容易计算，而变分 EM 算法则考虑一般情况使用容易计算的平均场 $q(z) = \prod_{i=1}^{n} q(z_i)$。当模型复杂时，EM 算法未必可用，但变分 EM 算法仍然可以使用。

20.4.3 算法推导

将变分 EM 算法应用到图 20.7 的 LDA 模型的学习上，是图 20.4 的 LDA 模型的简化。首先定义具体的变分分布，推导证据下界的表达式，接着推导变分分布的参数和 LDA 模型的参数的估计式，最后给出 LDA 模型的变分 EM 算法。

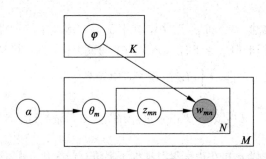

图 20.7 LDA 模型

1. 证据下界的定义

为简单起见，一次只考虑一个文本，记作 $\mathbf{w}$。文本的单词序列 $\mathbf{w} = (w_1, \cdots, w_n, \cdots, w_N)$，对应的话题序列 $\mathbf{z} = (z_1, \cdots, z_n, \cdots, z_N)$，以及话题分布 θ，随机变量 $\mathbf{w}$、$\mathbf{z}$ 和 θ 的联合分布是

$$p(\theta, \mathbf{z}, \mathbf{w}|\alpha, \varphi) = p(\theta|\alpha) \prod_{n=1}^{N} p(z_n|\theta) p(w_n|z_n, \varphi) \tag{20.42}$$

其中 $\mathbf{w}$ 是可观测变量，θ 和 $\mathbf{z}$ 是隐变量，α 和 φ 是参数。

20.4 LDA 的变分 EM 算法

定义基于平均场的变分分布

$$q(\theta, \mathbf{z}|\gamma, \eta) = q(\theta|\gamma) \prod_{n=1}^{N} q(z_n|\eta_n) \tag{20.43}$$

其中 γ 是狄利克雷分布参数，$\eta = (\eta_1, \eta_2, \cdots, \eta_n)$ 是多项分布参数，变量 θ 和 $\mathbf{z}$ 的各个分量都是条件独立的。目标是求 KL 散度意义下最相近的变分分布 $q(\theta, \mathbf{z}|\gamma, \eta)$，以近似 LDA 模型的后验分布 $p(\theta, \mathbf{z}|\mathbf{w}, \alpha, \varphi)$。

图 20.8 是变分分布的板块表示。LDA 模型中隐变量 θ 和 $\mathbf{z}$ 之间存在依存关系，变分分布中这些依存关系被去掉，变量 θ 和 $\mathbf{z}$ 条件独立。

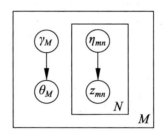

图 20.8　基于平均场的变分分布

由此得到一个文本的证据下界

$$L(\gamma, \eta, \alpha, \varphi) = E_q[\log p(\theta, \mathbf{z}, \mathbf{w}|\alpha, \varphi)] - E_q[\log q(\theta, \mathbf{z}|\gamma, \eta)] \tag{20.44}$$

其中数学期望是对分布 $q(\theta, \mathbf{z}|\gamma, \eta)$ 定义的，为了方便写作 $E_q[\,\cdot\,]$。γ 和 η 是变分分布的参数，α 和 φ 是 LDA 模型的参数。

所有文本的证据下界为

$$L_{\mathbf{w}}(\gamma, \eta, \alpha, \varphi) = \sum_{m=1}^{M} \{E_{q_m}[\log p(\theta_m, \mathbf{z}_m, \mathbf{w}_m|\alpha, \varphi)] - E_{q_m}[\log q(\theta_m, \mathbf{z}_m|\gamma_m, \eta_m)]\} \tag{20.45}$$

为求解证据下界 $L(\gamma, \eta, \alpha, \varphi)$ 的最大化，首先写出证据下界的表达式。为此展开证据下界式 (20.44)

$$L(\gamma, \eta, \alpha, \varphi) = E_q[\log p(\theta|\alpha)] + E_q[\log p(\mathbf{z}|\theta)] + E_q[\log p(\mathbf{w}|\mathbf{z}, \varphi)] -$$
$$E_q[\log q(\theta|\gamma)] - E_q[\log q(\mathbf{z}|\eta)] \tag{20.46}$$

根据变分参数 γ 和 η，模型参数 α 和 φ 继续展开，并将展开式的每一项写成一行

$$L(\gamma,\eta,\alpha,\varphi) = \log\Gamma\left(\sum_{l=1}^{K}\alpha_l\right) - \sum_{k=1}^{K}\log\Gamma(\alpha_k) + \sum_{k=1}^{K}(\alpha_k-1)\left[\Psi(\gamma_k) - \Psi\left(\sum_{l=1}^{K}\gamma_l\right)\right] +$$

$$\sum_{n=1}^{N}\sum_{k=1}^{K}\eta_{nk}\left[\Psi(\gamma_k) - \Psi\left(\sum_{l=1}^{K}\gamma_l\right)\right] +$$

$$\sum_{n=1}^{N}\sum_{k=1}^{K}\sum_{v=1}^{V}\eta_{nk}w_n^v\log\varphi_{kv} -$$

$$\log\Gamma\left(\sum_{l=1}^{K}\gamma_l\right) + \sum_{k=1}^{K}\log\Gamma(\gamma_k) - \sum_{k=1}^{K}(\gamma_k-1)\left[\Psi(\gamma_k) - \Psi\left(\sum_{l=1}^{K}\gamma_l\right)\right] -$$

$$\sum_{n=1}^{N}\sum_{k=1}^{K}\eta_{nk}\log\eta_{nk} \tag{20.47}$$

式中 $\Psi(\alpha_k)$ 是对数伽马函数的导数，即

$$\Psi(\alpha_k) = \frac{\mathrm{d}}{\mathrm{d}\alpha_k}\log\Gamma(\alpha_k) \tag{20.48}$$

第一项推导，求 $E_q[\log p(\theta|\alpha)]$，是关于分布 $q(\theta,\mathbf{z}|\gamma,\eta)$ 的数学期望。

$$E_q[\log p(\theta|\alpha)] = \sum_{k=1}^{K}(\alpha_k-1)E_q[\log\theta_k] + \log\Gamma\left(\sum_{l=1}^{K}\alpha_l\right) - \sum_{k=1}^{K}\log\Gamma(\alpha_k) \tag{20.49}$$

其中 $\theta \sim \mathrm{Dir}(\theta|\gamma)$，所以利用附录 E 式 (E.7) 有

$$E_{q(\theta|\gamma)}[\log\theta_k] = \Psi(\gamma_k) - \Psi\left(\sum_{l=1}^{K}\gamma_l\right) \tag{20.50}$$

故得

$$E_q[\log p(\theta|\alpha)] = \log\Gamma\left(\sum_{l=1}^{K}\alpha_l\right) - \sum_{k=1}^{K}\log\Gamma(\alpha_k) + \sum_{k=1}^{K}(\alpha_k-1)\left[\Psi(\gamma_k) - \Psi\left(\sum_{l=1}^{K}\gamma_l\right)\right]$$
$$\tag{20.51}$$

式中 α_k 和 γ_k 表示第 k 个话题的狄利克雷分布参数。

第二项推导，求 $E_q[\log p(\mathbf{z}|\theta)]$，是关于分布 $q(\theta,\mathbf{z}|\gamma,\eta)$ 的数学期望。

20.4 LDA 的变分 EM 算法

$$
\begin{aligned}
E_q(\log p(\mathbf{z}|\theta)) &= \sum_{n=1}^{N} E_q \left[\log p(z_n|\theta)\right] \\
&= \sum_{n=1}^{N} E_{q(\theta,z_n|\gamma,\eta)}[\log(z_n|\theta)] \\
&= \sum_{n=1}^{N} \sum_{k=1}^{K} q(z_{nk}|\eta) E_{q(\theta|\gamma)}[\log \theta_k] \\
&= \sum_{n=1}^{N} \sum_{k=1}^{K} \eta_{nk} \left[\Psi(\gamma_k) - \Psi\left(\sum_{l=1}^{K} \gamma_l\right)\right]
\end{aligned} \quad (20.52)
$$

式中 η_{nk} 表示文档第 n 个位置的单词由第 k 个话题产生的概率，γ_k 表示第 k 个话题的狄利克雷分布参数。最后一步用到附录 E 式 (E.4)。

第三项推导，求 $E_q \left[\log p(\mathbf{w}|\mathbf{z}, \varphi)\right]$，是关于分布 $q(\theta, \mathbf{z}|\gamma, \eta)$ 的数学期望。

$$
\begin{aligned}
E_q \left[\log p(\mathbf{w}|\mathbf{z}, \varphi)\right] &= \sum_{n=1}^{N} E_q \left[\log p(w_n|z_n, \varphi)\right] \\
&= \sum_{n=1}^{N} E_{q(z_n|\eta)}[\log p(w_n|z_n, \varphi)] \\
&= \sum_{n=1}^{N} \sum_{k=1}^{K} q(z_{nk}|\eta) \log p(w_n|z_{nk}, \varphi) \\
&= \sum_{n=1}^{N} \sum_{k=1}^{K} \sum_{v=1}^{V} \eta_{nk} w_n^v \log \varphi_{kv}
\end{aligned} \quad (20.53)
$$

式中 η_{nk} 表示文档第 n 个位置的单词由第 k 个话题产生的概率，w_n^v 在第 n 个位置的单词是单词集合的第 v 个单词时取值为 1，否则取值为 0，φ_{kv} 表示第 k 个话题生成单词集合中第 v 个单词的概率。

第四项推导，求 $E_q [\log q(\theta|\gamma)]$，是关于分布 $q(\theta, \mathbf{z}|\gamma, \eta)$ 的数学期望。由于 $\theta \sim \text{Dir}(\gamma)$，类似式 (20.50) 可以得到

$$
E_q[\log q(\theta|\gamma)] = \log \Gamma\left(\sum_{l=1}^{K} \gamma_l\right) - \sum_{k=1}^{K} \log \Gamma(\gamma_k) + \sum_{k=1}^{K} (\gamma_k - 1) \left[\Psi(\gamma_k) - \Psi\left(\sum_{l=1}^{K} \gamma_l\right)\right]
$$
(20.54)

式中 γ_k 表示第 k 个话题的狄利克雷分布参数。

第五项公式推导，求 $E_q[\log q(\mathbf{z}|\eta)]$，是关于分布 $q(\theta,\mathbf{z}|\gamma,\eta)$ 的数学期望。

$$E_q[\log q(\mathbf{z}|\eta)] = \sum_{n=1}^{N} E_q[\log q(z_n|\eta)]$$

$$= \sum_{n=1}^{N} E_{q(z_n|\eta)}[\log q(z_n|\eta)]$$

$$= \sum_{n=1}^{N}\sum_{k=1}^{K} q(z_{nk}|\eta)\log q(z_{nk}|\eta)$$

$$= \sum_{n=1}^{N}\sum_{k=1}^{K} \eta_{nk}\log \eta_{nk} \tag{20.55}$$

式中 η_{nk} 表示文档第 n 个位置的单词由第 k 个话题产生的概率，γ_k 表示第 k 个话题的狄利克雷分布参数。

2. 变分参数 γ 和 η 的估计

首先通过证据下界最优化估计参数 η。η_{nk} 表示第 n 个位置的单词是由第 k 个话题生成的概率。考虑式 (20.47) 关于 η_{nk} 的最大化，η_{nk} 满足约束条件 $\sum_{l=1}^{K}\eta_{nl}=1$。包含 η_{nk} 的约束最优化问题拉格朗日函数为

$$L_{[\eta_{nk}]} = \eta_{nk}\left[\Psi(\gamma_k) - \Psi\left(\sum_{l=1}^{K}\gamma_l\right)\right] + \eta_{nk}\log\varphi_{kv} - \eta_{nk}\log\eta_{nk} + \lambda_n\left(\sum_{l=1}^{K}\eta_{nl} - 1\right) \tag{20.56}$$

这里 φ_{kv} 是（在第 n 个位置）由第 k 个话题生成第 v 个单词的概率。

对 η_{nk} 求偏导数得

$$\frac{\partial L}{\partial \eta_{nk}} = \Psi(\gamma_k) - \Psi\left(\sum_{l=1}^{K}\gamma_l\right) + \log\varphi_{kv} - \log\eta_{nk} - 1 + \lambda_n \tag{20.57}$$

令偏导数为零，得到参数 η_{nk} 的估计值

$$\eta_{nk} \propto \varphi_{kv}\exp\left(\Psi(\gamma_k) - \Psi\left(\sum_{l=1}^{K}\gamma_l\right)\right) \tag{20.58}$$

接着通过证据下界最优化估计参数 γ。γ_k 是第 k 个话题的狄利克雷分布参数。考虑式 (20.47) 关于 γ_k 的最大化

20.4 LDA 的变分 EM 算法

$$L_{[\gamma_k]} = \sum_{k=1}^{K} (\alpha_k - 1) \left[\Psi(\gamma_k) - \Psi\left(\sum_{l=1}^{K} \gamma_l\right) \right] + \sum_{n=1}^{N} \sum_{k=1}^{K} \eta_{nk} \left[\Psi(\gamma_k) - \Psi\left(\sum_{l=1}^{K} \gamma_l\right) \right] -$$

$$\log \Gamma\left(\sum_{l=1}^{K} \gamma_l\right) + \log \Gamma(\gamma_k) - \sum_{k=1}^{K} (\gamma_k - 1) \left[\Psi(\gamma_k) - \Psi\left(\sum_{l=1}^{K} \gamma_l\right) \right] \quad (20.59)$$

简化为

$$L_{[\gamma_k]} = \sum_{k=1}^{K} \left[\Psi(\gamma_k) - \Psi\left(\sum_{l=1}^{K} \gamma_l\right) \right] \left(\alpha_k + \sum_{n=1}^{N} \eta_{nk} - \gamma_k \right) - \log \Gamma\left(\sum_{l=1}^{K} \gamma_l\right) + \log \Gamma(\gamma_k) \quad (20.60)$$

对 γ_k 求偏导数得

$$\frac{\partial L}{\partial \gamma_k} = \left[\Psi'(\gamma_k) - \Psi'\left(\sum_{l=1}^{K} \gamma_l\right) \right] \left(\alpha_k + \sum_{n=1}^{N} \eta_{nk} - \gamma_k \right) \quad (20.61)$$

令偏导数为零，求解得到参数 γ_k 的估计值

$$\gamma_k = \alpha_k + \sum_{n=1}^{N} \eta_{nk} \quad (20.62)$$

据此，得到由坐标上升算法估计变分参数的方法，具体算法如下。

算法 20.4（LDA 的变分参数估计算法）
（1）初始化：对所有 k 和 n，$\eta_{nk}^{(0)} = 1/K$
（2）初始化：对所有 k，$\gamma_k = \alpha_k + N/K$
（3）重复
（4）　　对 $n = 1$ 到 N
（5）　　　　对 $k = 1$ 到 K
（6）　　　　　　$\eta_{nk}^{(t+1)} = \varphi_{kv} \exp\left[\Psi(\gamma_k^{(t)}) - \Psi\left(\sum_{l=1}^{K} \gamma_l^{(t)}\right) \right]$
（7）　　　　规范化 $\eta_{nk}^{(t+1)}$ 使其和为 1
（8）　　$\gamma^{(t+1)} = \alpha + \sum_{n=1}^{N} \eta_n^{(t+1)}$
（9）直到收敛 ∎

3. 模型参数 α 和 φ 的估计

给定一个文本集合 $D = \{\mathbf{w}_1, \cdots, \mathbf{w}_m, \cdots, \mathbf{w}_M\}$，模型参数估计对所有文本同时进行。

首先通过证据下界的最大化估计 φ。φ_{kv} 表示第 k 个话题生成单词集合第 v 个单词的概率。将式 (20.47) 扩展到所有文本，并考虑关于 φ 的最大化。满足 K 个约束条件

$$\sum_{v=1}^{V} \varphi_{kv} = 1, \quad k = 1, 2, \cdots, K$$

约束最优化问题的拉格朗日函数为

$$L_{[\beta]} = \sum_{m=1}^{M} \sum_{n=1}^{N_m} \sum_{k=1}^{K} \sum_{v=1}^{V} \eta_{mnk} w_{mn}^v \log \varphi_{kv} + \sum_{k=1}^{K} \lambda_k \left(\sum_{v=1}^{V} \varphi_{kv} - 1 \right) \tag{20.63}$$

对 φ_{kv} 求偏导数并令其为零，归一化求解，得到参数 φ_{kv} 的估计值

$$\varphi_{kv} = \sum_{m=1}^{M} \sum_{n=1}^{N_m} \eta_{mnk} w_{mn}^v \tag{20.64}$$

其中 η_{mnk} 为第 m 个文本的第 n 个单词属于第 k 个话题的概率，w_{mn}^v 在第 m 个文本的第 n 个单词是单词集合的第 v 个单词时取值为 1，否则为 0。

接着通过证据下界的最大化估计参数 α。α_k 表示第 k 个话题的狄利克雷分布参数。将式 (20.47) 扩展到所有文本，并考虑关于 α 的最大化

$$L_{[\alpha]} = \sum_{m=1}^{M} \left\{ \log \Gamma \left(\sum_{l=1}^{K} \alpha_l \right) - \sum_{k=1}^{K} \log \Gamma(\alpha_k) + \sum_{k=1}^{K} (\alpha_k - 1) \left[\Psi(\gamma_{mk}) - \Psi \left(\sum_{l=1}^{K} \gamma_{ml} \right) \right] \right\} \tag{20.65}$$

对 α_k 求偏导数得

$$\frac{\partial L}{\partial \alpha_k} = M \left[\Psi \left(\sum_{l=1}^{K} \alpha_l \right) - \Psi(\alpha_k) \right] + \sum_{m=1}^{M} \left[\Psi(\gamma_{mk}) - \Psi \left(\sum_{l=1}^{K} \gamma_{ml} \right) \right] \tag{20.66}$$

再对 α_l 求偏导数得

$$\frac{\partial^2 L}{\partial \alpha_k \partial \alpha_l} = M \left[\Psi' \left(\sum_{l=1}^{K} \alpha_l \right) - \delta(k, l) \Psi'(\alpha_k) \right] \tag{20.67}$$

这里 $\delta(k, l)$ 是 delta 函数。

式 (20.65) 和式 (20.66) 分别是函数 (20.64) 对变量 α 的梯度 $g(\alpha)$ 和 Hessian 矩阵 $H(\alpha)$。应用牛顿法（又称为牛顿-拉弗森方法）求该函数的最大化[①]。用以下公式迭代，得到参数 α 的估计值。

[①] 牛顿法的介绍可参照附录 B。

$$\alpha_{\text{new}} = \alpha_{\text{old}} - H(\alpha_{\text{old}})^{-1} g(\alpha_{\text{old}}) \tag{20.68}$$

据此，得到估计参数 α 的算法。

20.4.4 算法总结

根据上面的推导给出 LDA 的变分 EM 算法。

算法 20.5（LDA 的变分 EM 算法）

输入：给定文本集合 $D = \{\mathbf{w}_1, \cdots, \mathbf{w}_m, \cdots, \mathbf{w}_M\}$；

输出：变分参数 γ, η，模型参数 α, φ。

交替迭代 E 步和 M 步，直到收敛。

（1）E 步

固定模型参数 α, φ，通过关于变分参数 γ, η 的证据下界的最大化，估计变分参数 γ, η。具体见算法 20.4。

（2）M 步

固定变分参数 γ, η，通过关于模型参数 α, φ 的证据下界的最大化，估计模型参数 α, φ。具体算法见式 (20.63) 和式 (20.67)。

根据变分参数 (γ, η) 可以估计模型参数 $\theta = (\theta_1, \cdots, \theta_m, \cdots, \theta_M)$，$\mathbf{z} = (\mathbf{z}_1, \cdots, \mathbf{z}_m, \cdots, \mathbf{z}_M)$。∎

以上介绍的是图 20.7 中简化 LDA 模型的变分 EM 算法，图 20.4 中完整 LDA 模型的变分 EM 算法作为推广可以类似地导出。

本 章 概 要

1. 狄利克雷分布的概率密度函数为

$$p(\theta|\alpha) = \frac{\Gamma\left(\sum_{i=1}^{k} \alpha_i\right)}{\prod_{i=1}^{k} \Gamma(\alpha_i)} \prod_{i=1}^{k} \theta_i^{\alpha_i - 1}$$

其中 $\sum_{i=1}^{k} \theta_i = 1$，$\theta_i \geqslant 0$，$\alpha = (\alpha_1, \alpha_2, \cdots, \alpha_k)$，$\alpha_i > 0$，$i = 1, 2, \cdots, k$。狄利克雷分布是多项分布的共轭先验。

2. 潜在狄利克雷分配（LDA）是文本集合的生成概率模型。模型假设话题由单词的多项分布表示，文本由话题的多项分布表示，单词分布和话题分布的先验分布都是狄利克雷分布。LDA 模型属于概率图模型，可以由板块表示法表示。LDA 模型中，每个话题的单词分布、每个文本的话题分布、文本的每个位置的话题是隐变量，文本的每个位置的单词是观测变量。

3. LDA 生成文本集合的生成过程如下：

（1）话题的单词分布：随机生成所有话题的单词分布，话题的单词分布是多项分布，其先验分布是狄利克雷分布。

（2）文本的话题分布：随机生成所有文本的话题分布，文本的话题分布是多项分布，其先验分布是狄利克雷分布。

（3）文本的内容：随机生成所有文本的内容。在每个文本的每个位置，按照文本的话题分布随机生成一个话题，再按照该话题的单词分布随机生成一个单词。

4. LDA 模型的学习与推理不能直接求解。通常采用的方法是吉布斯抽样算法和变分 EM 算法，前者是蒙特卡罗法而后者是近似算法。

5. LDA 的收缩的吉布斯抽样算法的基本想法如下。目标是对联合概率分布 $p(\mathbf{w}, \mathbf{z}, \theta, \varphi | \alpha, \beta)$ 进行估计。通过积分求和将隐变量 θ 和 φ 消掉，得到边缘概率分布 $p(\mathbf{w}, \mathbf{z} | \alpha, \beta)$；对概率分布 $p(\mathbf{w} | \mathbf{z}, \alpha, \beta)$ 进行吉布斯抽样，得到分布 $p(\mathbf{w} | \mathbf{z}, \alpha, \beta)$ 的随机样本；再利用样本对变量 $\mathbf{z}$、θ 和 φ 的概率进行估计，最终得到 LDA 模型 $p(\mathbf{w}, \mathbf{z}, \theta, \varphi | \alpha, \beta)$ 的参数估计。具体算法如下。对给定的文本单词序列，每个位置上随机指派一个话题，整体构成话题系列。然后循环执行以下操作。对整个文本序列进行扫描，在每一个位置上计算在该位置上的话题的满条件概率分布，然后进行随机抽样，得到该位置的新的话题，指派给这个位置。

6. 变分推理的基本想法如下。假设模型是联合概率分布 $p(x, z)$，其中 x 是观测变量（数据），z 是隐变量。目标是学习模型的后验概率分布 $p(z|x)$。考虑用变分分布 $q(z)$ 近似条件概率分布 $p(z|x)$，用 KL 散度计算两者的相似性找到与 $p(z|x)$ 在 KL 散度意义下最近的 $q^*(z)$，用这个分布近似 $p(z|x)$。假设 $q(z)$ 中的 z 的所有分量都是互相独立的。利用 Jensen 不等式，得到 KL 散度的最小化可以通过证据下界的最大化实现。因此，变分推理变成求解以下证据下界最大化问题：

$$L(q, \theta) = E_q[\log p(x, z|\theta)] - E_q[\log q(z)]$$

7. LDA 的变分 EM 算法如下。针对 LDA 模型，定义变分分布，应用变分 EM 算法。目标是对证据下界 $L(\gamma, \eta, \alpha, \varphi)$ 进行最大化，其中 α 和 φ 是模型参数，γ 和 η 是变分参数。交替迭代 E 步和 M 步，直到收敛。

（1）E 步：固定模型参数 α, φ，通过关于变分参数 γ, η 的证据下界的最大化，估计变分参数 γ, η。

（2）M 步：固定变分参数 γ, η，通过关于模型参数 α, φ 的证据下界的最大化，估计模型参数 α, φ。

继续阅读

LDA 的原始论文是文献 [1, 2]，LDA 的吉布斯抽样算法见文献 [3~5]，变分 EM 算法见文献 [2]。变分推理的介绍可参考文献 [6]。LDA 的分布式学习算法有文献 [7]，快速学习算法有文献 [8]，在线学习算法有文献 [9]。

习　题

20.1　推导狄利克雷分布数学期望公式。

20.2　针对 17.2.2 的文本例子，使用 LDA 模型进行话题分析。

20.3　找出 LDA 的吉布斯抽样算法、变分 EM 算法中利用到狄利克雷分布的部分，思考 LDA 中使用狄利克雷分布的重要性。

20.4　给出 LDA 的吉布斯抽样算法和变分 EM 算法的算法复杂度。

20.5　证明变分 EM 算法收敛。

参考文献

[1] Blei D M, Ng A Y, Jordan M I. Latent Dirichlet allocation. In: Advances in Neural Information Processing Systems 14. MIT Press, 2002.

[2] Blei D M, Ng A Y, Jordan M I. Latent Dirichlet allocation. Journal of Machine Learning Research, 2003, 3: 933–1022.

[3] Griffiths T L, Steyvers M. Finding scientific topics. Proceedings of the National Academy of Science, 2004, 101: 5228–5235.

[4] Steyvers M, Griffiths T. Probabilistic topic models. In: Landauer T, McNamara D, Dennis S, et al. (eds.) Handbook of Latent Semantic Analysis, Psychology Press, 2014.

[5] Gregor Heinrich. Parameter estimation for text analysis. Technical note, 2004.

[6] Blei D M, Kucukelbir A, McAuliffe J D. Variational inference: a review for statisticians. Journal of the American Statistical Association, 2017, 112(518).

[7] Newman D, Smyth P, Welling M, Asuncion A U. Distributed inference for latent Dirichlet allocation. In: Advances in Neural Information Processing Systems, 2008: 1081–1088.

[8] Porteous I, Newman D, Ihler A, et al. Fast collapsed Gibbs sampling for latent Dirichlet allocation. Proceedings of the 14th ACM SIGKDD International Conference on Knowledge Discovery and Data Mining, 2008: 569–577.

[9] Hoffman M, Bach F R, Blei D M. Online learning for latent Dirichlet allocation. In: Advances in Neural Information Processing Systems, 2010: 856–864.

第 21 章 PageRank 算法

在实际应用中许多数据都以图（graph）的形式存在，比如，互联网、社交网络都可以看作是一个图。图数据上的机器学习具有理论与应用上的重要意义。PageRank 算法是图的链接分析（link analysis）的代表性算法，属于图数据上的无监督学习方法。

PageRank 算法最初作为互联网网页重要度的计算方法，1996 年由 Page 和 Brin 提出，并用于谷歌搜索引擎的网页排序。事实上，PageRank 可以定义在任意有向图上，后来被应用到社会影响力分析、文本摘要等多个问题。

PageRank 算法的基本想法是在有向图上定义一个随机游走模型，即一阶马尔可夫链，描述随机游走者沿着有向图随机访问各个结点的行为。在一定条件下，极限情况访问每个结点的概率收敛到平稳分布，这时各个结点的平稳概率值就是其 PageRank 值，表示结点的重要度。PageRank 是递归定义的，PageRank 的计算可以通过迭代算法进行。

本章 21.1 节给出 PageRank 的定义，21.2 节叙述 PageRank 的计算方法，包括常用的幂法（power method）。

21.1 PageRank 的定义

21.1.1 基本想法

历史上，PageRank 算法作为计算互联网网页重要度的算法被提出。PageRank 是定义在网页集合上的一个函数，它对每个网页给出一个正实数，表示网页的重要程度，整体构成一个向量，PageRank 值越高，网页就越重要，在互联网搜索的排序中可能就被排在前面[1]。

假设互联网是一个有向图，在其基础上定义随机游走模型，即一阶马尔可夫链，表示网页浏览者在互联网上随机浏览网页的过程。假设浏览者在每个网页依照连接出

---

[1] 网页在搜索引擎上的排序，除了网页本身的重要度以外，还由网页与查询的匹配度决定。在互联网搜索中，网页的 PageRank 与查询无关，可以事先离线计算，加入网页索引。

去的超链接以等概率跳转到下一个网页，并在网上持续不断进行这样的随机跳转，这个过程形成一阶马尔可夫链。PageRank 表示这个马尔可夫链的平稳分布。每个网页的 PageRank 值就是平稳概率。

图 21.1 表示一个有向图，假设是简化的互联网例，结点 A, B, C 和 D 表示网页，结点之间的有向边表示网页之间的超链接，边上的权值表示网页之间随机跳转的概率。假设有一个浏览者，在网上随机游走。如果浏览者在网页 A，则下一步以 $1/3$ 的概率转移到网页 B, C 和 D。如果浏览者在网页 B，则下一步以 $1/2$ 的概率转移到网页 A 和 D。如果浏览者在网页 C，则下一步以概率 1 转移到网页 A。如果浏览者在网页 D，则下一步以 $1/2$ 的概率转移到网页 B 和 C。

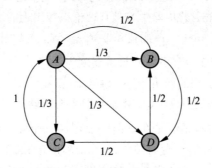

图 21.1　有向图

直观上，一个网页，如果指向该网页的超链接越多，随机跳转到该网页的概率也就越高，该网页的 PageRank 值就越高，这个网页也就越重要。一个网页，如果指向该网页的 PageRank 值越高，随机跳转到该网页的概率也就越高，该网页的 PageRank 值就越高，这个网页也就越重要。PageRank 值依赖于网络的拓扑结构，一旦网络的拓扑（连接关系）确定，PageRank 值就确定。

PageRank 的计算可以在互联网的有向图上进行，通常是一个迭代过程。先假设一个初始分布，通过迭代，不断计算所有网页的 PageRank 值，直到收敛为止。

下面首先给出有向图及有向图上随机游走模型的定义，然后给出 PageRank 的基本定义，以及 PageRank 的一般定义。基本定义对应于理想情况，一般定义对应于现实情况。

21.1.2　有向图和随机游走模型

1. 有向图

定义 21.1（有向图）　有向图（directed graph）记作 $G = (V, E)$，其中 V 和 E 分别表示结点和有向边的集合。

比如，互联网就可以看作是一个有向图，每个网页是有向图的一个结点，网页之间的每一条超链接是有向图的一条边。

从一个结点出发到达另一个结点，所经过的边的一个序列称为一条路径（path），路径上边的个数称为路径的长度。如果一个有向图从其中任何一个结点出发可以到达其他任何一个结点，就称这个有向图是强连通图（strongly connected graph）。图 21.1 中的有向图就是一个强连通图。

假设 k 是一个大于 1 的自然数，如果从有向图的一个结点出发返回到这个结点的路径的长度都是 k 的倍数，那么称这个结点为周期性结点。如果一个有向图不含有周期性结点，则称这个有向图为非周期性图（aperiodic graph），否则为周期性图。

图 21.2 是一个周期性有向图的例子。从结点 A 出发返回到 A，必须经过路径 $A - B - C - A$，所有可能的路径的长度都是 3 的倍数，所以结点 A 是周期性结点。这个有向图是周期性图。

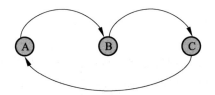

图 21.2　周期性有向图

2. 随机游走模型

定义 21.2（随机游走模型）　给定一个含有 n 个结点的有向图，在有向图上定义随机游走（random walk）模型，即一阶马尔可夫链[①]，其中结点表示状态，有向边表示状态之间的转移，假设从一个结点到通过有向边相连的所有结点的转移概率相等。具体地，转移矩阵是一个 n 阶矩阵 M

$$M = [m_{ij}]_{n \times n} \tag{21.1}$$

第 i 行第 j 列的元素 m_{ij} 取值规则如下：如果结点 j 有 k 个有向边连出，并且结点 i 是其连出的一个结点，则 $m_{ij} = \dfrac{1}{k}$；否则 $m_{ij} = 0$，$i, j = 1, 2, \cdots, n$。

注意转移矩阵具有性质：

$$m_{ij} \geqslant 0 \tag{21.2}$$

$$\sum_{i=1}^{n} m_{ij} = 1 \tag{21.3}$$

---

① 马尔可夫链的介绍可参照第 19 章。

即每个元素非负，每列元素之和为 1，即矩阵 M 为随机矩阵（stochastic matrix）。

在有向图上的随机游走形成马尔可夫链。也就是说，随机游走者每经一个单位时间转移一个状态，如果当前时刻在第 j 个结点（状态），那么下一个时刻在第 i 个结点（状态）的概率是 m_{ij}，这一概率只依赖于当前的状态，与过去无关，具有马尔可夫性。

在图 21.1 的有向图上可以定义随机游走模型。结点 A 到结点 B，C 和 D 存在有向边，可以以概率 1/3 从 A 分别转移到 B，C 和 D，并以概率 0 转移到 A，于是可以写出转移矩阵的第 1 列。结点 B 到结点 A 和 D 存在有向边，可以以概率 1/2 从 B 分别转移到 A 和 D，并以概率 0 分别转移到 B 和 C，于是可以写出矩阵的第 2 列。等等。于是得到转移矩阵

$$M = \begin{bmatrix} 0 & 1/2 & 1 & 0 \\ 1/3 & 0 & 0 & 1/2 \\ 1/3 & 0 & 0 & 1/2 \\ 1/3 & 1/2 & 0 & 0 \end{bmatrix}$$

随机游走在某个时刻 t 访问各个结点的概率分布就是马尔可夫链在时刻 t 的状态分布，可以用一个 n 维列向量 R_t 表示，那么在时刻 $t+1$ 访问各个结点的概率分布 R_{t+1} 满足

$$R_{t+1} = MR_t \tag{21.4}$$

21.1.3　PageRank 的基本定义

给定一个包含 n 个结点的强连通且非周期性的有向图，在其基础上定义随机游走模型。假设转移矩阵为 M，在时刻 $0,1,2,\cdots,t,\cdots$ 访问各个结点的概率分布为

$$R_0, MR_0, M^2R_0, \cdots, M^tR_0, \cdots$$

则极限

$$\lim_{t \to \infty} M^t R_0 = R \tag{21.5}$$

存在，极限向量 R 表示马尔可夫链的平稳分布，满足

$$MR = R$$

定义 21.3（PageRank 的基本定义）　给定一个包含 n 个结点 $v_1, v_2, \cdots, v_n$ 的强连通且非周期性的有向图，在有向图上定义随机游走模型，即一阶马尔可夫链。随

21.1 PageRank 的定义

机游走的特点是从一个结点到有有向边连出的所有结点的转移概率相等,转移矩阵为 M。这个马尔可夫链具有平稳分布 R

$$MR = R \tag{21.6}$$

平稳分布 R 称为这个有向图的 PageRank。R 的各个分量称为各个结点的 PageRank 值。

$$R = \begin{bmatrix} PR(v_1) \\ PR(v_2) \\ \vdots \\ PR(v_n) \end{bmatrix}$$

其中 $PR(v_i)$, $i = 1, 2, \cdots, n$,表示结点 v_i 的 PageRank 值。

显然有

$$PR(v_i) \geqslant 0, \quad i = 1, 2, \cdots, n \tag{21.7}$$

$$\sum_{i=1}^{n} PR(v_i) = 1 \tag{21.8}$$

$$PR(v_i) = \sum_{v_j \in M(v_i)} \frac{PR(v_j)}{L(v_j)}, \quad i = 1, 2, \cdots, n \tag{21.9}$$

这里 $M(v_i)$ 表示指向结点 v_i 的结点集合,$L(v_j)$ 表示结点 v_j 连出的有向边的个数。

PageRank 的基本定义是理想化的情况,在这种情况下,PageRank 存在,而且可以通过不断迭代求得 PageRank 值。

定理 21.1 不可约且非周期的有限状态马尔可夫链,有唯一平稳分布存在,并且当时间趋于无穷时状态分布收敛于唯一的平稳分布。

根据马尔可夫链平稳分布定理,强连通且非周期的有向图上定义的随机游走模型(马尔可夫链),在图上的随机游走当时间趋于无穷时状态分布收敛于唯一的平稳分布。

例 21.1 已知图 21.1 的有向图,求该图的 PageRank。[1]

解 转移矩阵

---

[1] 例 21.1 和例 21.2 来自于文献 [2]。

$$M = \begin{bmatrix} 0 & 1/2 & 1 & 0 \\ 1/3 & 0 & 0 & 1/2 \\ 1/3 & 0 & 0 & 1/2 \\ 1/3 & 1/2 & 0 & 0 \end{bmatrix}$$

取初始分布向量 R_0 为

$$R_0 = \begin{bmatrix} 1/4 \\ 1/4 \\ 1/4 \\ 1/4 \end{bmatrix}$$

以转移矩阵 M 连乘初始向量 R_0 得到向量序列

$$\begin{bmatrix} 1/4 \\ 1/4 \\ 1/4 \\ 1/4 \end{bmatrix}, \begin{bmatrix} 9/24 \\ 5/24 \\ 5/24 \\ 5/24 \end{bmatrix}, \begin{bmatrix} 15/48 \\ 11/48 \\ 11/48 \\ 11/48 \end{bmatrix}, \begin{bmatrix} 11/32 \\ 7/32 \\ 7/32 \\ 7/32 \end{bmatrix}, \cdots, \begin{bmatrix} 3/9 \\ 2/9 \\ 2/9 \\ 2/9 \end{bmatrix}$$

最后得到极限向量

$$R = \begin{bmatrix} 3/9 \\ 2/9 \\ 2/9 \\ 2/9 \end{bmatrix}$$

即有向图的 PageRank 值。∎

一般的有向图未必满足强连通且非周期性的条件。比如，在互联网，大部分网页没有连接出去的超链接，也就是说从这些网页无法跳转到其他网页。所以 PageRank 的基本定义不适用。

例 21.2 从图 21.1 的有向图中去掉由 C 到 A 的边，得到图 21.3 的有向图。在图 21.3 的有向图中，结点 C 没有边连接出去。

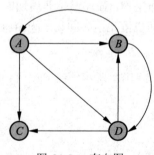

图 21.3 有向图

21.1 PageRank 的定义

图 21.3 的有向图的转移矩阵 M 是

$$M = \begin{bmatrix} 0 & 1/2 & 0 & 0 \\ 1/3 & 0 & 0 & 1/2 \\ 1/3 & 0 & 0 & 1/2 \\ 1/3 & 1/2 & 0 & 0 \end{bmatrix}$$

这时 M 不是一个随机矩阵,因为随机矩阵要求每一列的元素之和是 1,这里第 3 列的和是 0,不是 1。

如果仍然计算在各个时刻的各个结点的概率分布,就会得到如下结果

$$\begin{bmatrix} 1/4 \\ 1/4 \\ 1/4 \\ 1/4 \end{bmatrix}, \begin{bmatrix} 3/24 \\ 5/24 \\ 5/24 \\ 5/24 \end{bmatrix}, \begin{bmatrix} 5/48 \\ 7/48 \\ 7/48 \\ 7/48 \end{bmatrix}, \begin{bmatrix} 21/288 \\ 31/288 \\ 31/288 \\ 31/288 \end{bmatrix}, \cdots, \begin{bmatrix} 0 \\ 0 \\ 0 \\ 0 \end{bmatrix}$$

可以看到,随着时间推移,访问各个结点的概率皆变为 0。 ∎

21.1.4 PageRank 的一般定义

PageRank 一般定义的想法是在基本定义的基础上导入平滑项。

给定一个含有 n 个结点 v_i,$i = 1, 2, \cdots, n$,的任意有向图,假设考虑一个在图上随机游走模型,即一阶马尔可夫链,其转移矩阵是 M,从一个结点到其连出的所有结点的转移概率相等。这个马尔可夫链未必具有平稳分布。假设考虑另一个完全随机游走的模型,其转移矩阵的元素全部为 $1/n$,也就是说从任意一个结点到任意一个结点的转移概率都是 $1/n$。两个转移矩阵的线性组合又构成一个新的转移矩阵,在其上可以定义一个新的马尔可夫链。容易证明这个马尔可夫链一定具有平稳分布,且平稳分布满足

$$R = dMR + \frac{1-d}{n}\mathbf{1} \tag{21.10}$$

式中 $d(0 \leqslant d \leqslant 1)$ 是系数,称为阻尼因子 (damping factor),R 是 n 维向量,$\mathbf{1}$ 是所有分量为 1 的 n 维向量。R 表示的就是有向图的一般 PageRank。

$$R = \begin{bmatrix} PR(v_1) \\ PR(v_2) \\ \vdots \\ PR(v_n) \end{bmatrix}$$

$PR(v_i)$, $i = 1, 2, \cdots, n$, 表示结点 v_i 的 PageRank 值。

式 (21.10) 中第一项表示（状态分布是平稳分布时）依照转移矩阵 M 访问各个结点的概率，第二项表示完全随机访问各个结点的概率。阻尼因子 d 取值由经验决定，例如 $d = 0.85$。当 d 接近 1 时，随机游走主要依照转移矩阵 M 进行；当 d 接近 0 时，随机游走主要以等概率随机访问各个结点。

可以由式 (21.10) 写出每个结点的 PageRank，这是一般 PageRank 的定义。

$$PR(v_i) = d \left(\sum_{v_j \in M(v_i)} \frac{PR(v_j)}{L(v_j)} \right) + \frac{1-d}{n}, \quad i = 1, 2, \cdots, n \tag{21.11}$$

这里 $M(v_i)$ 是指向结点 v_i 的结点集合，$L(v_j)$ 是结点 v_j 连出的边的个数。

第二项称为平滑项，由于采用平滑项，所有结点的 PageRank 值都不会为 0，具有以下性质：

$$PR(v_i) > 0, \quad i = 1, 2, \cdots, n \tag{21.12}$$

$$\sum_{i=1}^{n} PR(v_i) = 1 \tag{21.13}$$

下面给出 PageRank 的一般定义。

定义 21.4（PageRank 的一般定义） 给定一个含有 n 个结点的任意有向图，在有向图上定义一个一般的随机游走模型，即一阶马尔可夫链。一般的随机游走模型的转移矩阵由两部分的线性组合组成，一部分是有向图的基本转移矩阵 M，表示从一个结点到其连出的所有结点的转移概率相等，另一部分是完全随机的转移矩阵，表示从任意一个结点到任意一个结点的转移概率都是 $1/n$，线性组合系数为阻尼因子 $d(0 \leqslant d \leqslant 1)$。这个一般随机游走的马尔可夫链存在平稳分布，记作 R。定义平稳分布向量 R 为这个有向图的一般 PageRank。R 由公式

$$R = dMR + \frac{1-d}{n}\mathbf{1} \tag{21.14}$$

决定，其中 $\mathbf{1}$ 是所有分量为 1 的 n 维向量。

一般 PageRank 的定义意味着互联网浏览者,按照以下方法在网上随机游走:在任意一个网页上,浏览者或者以概率 d 决定按照超链接随机跳转,这时以等概率从连接出去的超链接跳转到下一个网页;或者以概率 $(1-d)$ 决定完全随机跳转,这时以等概率 $1/n$ 跳转到任意一个网页。第二个机制保证从没有连接出去的超链接的网页也可以跳转出。这样可以保证平稳分布,即一般 PageRank 的存在,因而一般 PageRank 适用于任何结构的网络。

21.2 PageRank 的计算

PageRank 的定义是构造性的,即定义本身就给出了算法。本节列出 PageRank 的计算方法包括迭代算法、幂法、代数算法。常用的方法是幂法。

21.2.1 迭代算法

给定一个含有 n 个结点的有向图,转移矩阵为 M,有向图的一般 PageRank 由迭代公式

$$R_{t+1} = dMR_t + \frac{1-d}{n}\mathbf{1} \tag{21.15}$$

的极限向量 R 确定。

PageRank 的迭代算法,就是按照这个一般定义进行迭代,直至收敛。

算法 21.1 (PageRank 的迭代算法)
输入:含有 n 个结点的有向图,转移矩阵 M,阻尼因子 d,初始向量 R_0;
输出:有向图的 PageRank 向量 R。
(1) 令 $t = 0$
(2) 计算
$$R_{t+1} = dMR_t + \frac{1-d}{n}\mathbf{1}$$
(3) 如果 R_{t+1} 与 R_t 充分接近,令 $R = R_{t+1}$,停止迭代。
(4) 否则,令 $t = t+1$,执行步 (2)。 ∎

例 21.3 给定图 21.4 所示的有向图,取 $d = 0.8$,求图的 PageRank。

解 从图 21.4 得知转移矩阵为

$$M = \begin{bmatrix} 0 & 1/2 & 0 & 0 \\ 1/3 & 0 & 0 & 1/2 \\ 1/3 & 0 & 1 & 1/2 \\ 1/3 & 1/2 & 0 & 0 \end{bmatrix}$$

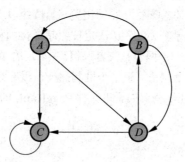

图 21.4 有向图

按照式 (21.15) 计算

$$dM = \frac{4}{5} \times \begin{bmatrix} 0 & 1/2 & 0 & 0 \\ 1/3 & 0 & 0 & 1/2 \\ 1/3 & 0 & 1 & 1/2 \\ 1/3 & 1/2 & 0 & 0 \end{bmatrix} = \begin{bmatrix} 0 & 2/5 & 0 & 0 \\ 4/15 & 0 & 0 & 2/5 \\ 4/15 & 0 & 4/5 & 2/5 \\ 4/15 & 2/5 & 0 & 0 \end{bmatrix}$$

$$\frac{1-d}{n}\mathbf{1} = \begin{bmatrix} 1/20 \\ 1/20 \\ 1/20 \\ 1/20 \end{bmatrix}$$

迭代公式为

$$R_{t+1} = \begin{bmatrix} 0 & 2/5 & 0 & 0 \\ 4/15 & 0 & 0 & 2/5 \\ 4/15 & 0 & 4/5 & 2/5 \\ 4/15 & 2/5 & 0 & 0 \end{bmatrix} R_t + \begin{bmatrix} 1/20 \\ 1/20 \\ 1/20 \\ 1/20 \end{bmatrix}$$

令初始向量

$$R_0 = \begin{bmatrix} 1/4 \\ 1/4 \\ 1/4 \\ 1/4 \end{bmatrix}$$

进行迭代

21.2 PageRank 的计算

$$R_1 = \begin{bmatrix} 0 & 2/5 & 0 & 0 \\ 4/15 & 0 & 0 & 2/5 \\ 4/15 & 0 & 4/5 & 2/5 \\ 4/15 & 2/5 & 0 & 0 \end{bmatrix} \begin{bmatrix} 1/4 \\ 1/4 \\ 1/4 \\ 1/4 \end{bmatrix} + \begin{bmatrix} 1/20 \\ 1/20 \\ 1/20 \\ 1/20 \end{bmatrix} = \begin{bmatrix} 9/60 \\ 13/60 \\ 25/60 \\ 13/60 \end{bmatrix}$$

$$R_2 = \begin{bmatrix} 0 & 2/5 & 0 & 0 \\ 4/15 & 0 & 0 & 2/5 \\ 4/15 & 0 & 4/5 & 2/5 \\ 4/15 & 2/5 & 0 & 0 \end{bmatrix} \begin{bmatrix} 9/60 \\ 13/60 \\ 25/60 \\ 13/60 \end{bmatrix} + \begin{bmatrix} 1/20 \\ 1/20 \\ 1/20 \\ 1/20 \end{bmatrix} = \begin{bmatrix} 41/300 \\ 53/300 \\ 153/300 \\ 53/300 \end{bmatrix}$$

等等。最后得到

$$\begin{bmatrix} 1/4 \\ 1/4 \\ 1/4 \\ 1/4 \end{bmatrix}, \begin{bmatrix} 9/60 \\ 13/60 \\ 25/60 \\ 13/60 \end{bmatrix}, \begin{bmatrix} 41/300 \\ 53/300 \\ 153/300 \\ 53/300 \end{bmatrix}, \begin{bmatrix} 543/4500 \\ 707/4500 \\ 2543/4500 \\ 707/4500 \end{bmatrix}, \cdots, \begin{bmatrix} 15/148 \\ 19/148 \\ 95/148 \\ 19/148 \end{bmatrix}$$

计算结果表明，结点 C 的 PageRank 值超过一半，其他结点也有相应的 PageRank 值。∎

21.2.2 幂法

幂法（power method）是一个常用的 PageRank 计算方法，通过近似计算矩阵的主特征值和主特征向量求得有向图的一般 PageRank。

首先介绍幂法。幂法主要用于近似计算矩阵的主特征值（dominant eigenvalue）和主特征向量（dominant eigenvector）。主特征值是指绝对值最大的特征值，主特征向量是其对应的特征向量。注意特征向量不是唯一的，只是其方向是确定的，乘上任意系数还是特征向量。

假设要求 n 阶矩阵 A 的主特征值和主特征向量，采用下面的步骤。

首先，任取一个初始 n 维向量 x_0，构造如下的一个 n 维向量序列

$$x_0, \quad x_1 = Ax_0, \quad x_2 = Ax_1, \quad \cdots, \quad x_k = Ax_{k-1}$$

然后，假设矩阵 A 有 n 个特征值，按照绝对值大小排列

$$|\lambda_1| \geqslant |\lambda_2| \geqslant \cdots \geqslant |\lambda_n|$$

对应的 n 个线性无关的特征向量为

$$u_1, u_2, \cdots, u_n$$

这 n 个特征向量构成 n 维空间的一组基。

于是，可以将初始向量 x_0 表示为 $u_1, u_2, \cdots, u_n$ 的线性组合

$$x_0 = a_1 u_1 + a_2 u_2 + \cdots + a_n u_n$$

得到

$$x_1 = A x_0 = a_1 A u_1 + a_2 A u_2 + \cdots + a_n A u_n$$

$$\vdots$$

$$x_k = A^k x_0 = a_1 A^k u_1 + a_2 A^k u_2 + \cdots + a_n A^k u_n$$

$$= a_1 \lambda_1^k u_1 + a_2 \lambda_2^k u_2 + \cdots + a_n \lambda_n^k u_n$$

接着，假设矩阵 A 的主特征值 λ_1 是特征方程的单根，由上式得

$$x_k = a_1 \lambda_1^k \left[u_1 + \frac{a_2}{a_1} \left(\frac{\lambda_2}{\lambda_1} \right)^k u_2 + \cdots + \frac{a_n}{a_1} \left(\frac{\lambda_n}{\lambda_1} \right)^k u_n \right] \tag{21.16}$$

由于 $|\lambda_1| > |\lambda_j|, j = 2, \cdots, n$，当 k 充分大时有

$$x_k = a_1 \lambda_1^k [u_1 + \varepsilon_k] \tag{21.17}$$

这里 ε_k 是当 $k \to \infty$ 时的无穷小量，$\varepsilon_k \to 0 \ (k \to \infty)$。即

$$x_k \to a_1 \lambda_1^k u_1 \ (k \to \infty) \tag{21.18}$$

说明当 k 充分大时向量 x_k 与特征向量 u_1 只相差一个系数。由式 (21.18) 知，

$$x_k \approx a_1 \lambda_1^k u_1$$

$$x_{k+1} \approx a_1 \lambda_1^{k+1} u_1$$

于是主特征值 λ_1 可表示为

$$\lambda_1 \approx \frac{x_{k+1,j}}{x_{k,j}} \tag{21.19}$$

其中 $x_{k,j}$ 和 $x_{k+1,j}$ 分别是 x_k 和 x_{k+1} 的第 j 个分量。

21.2 PageRank 的计算

在实际计算时,为了避免出现绝对值过大或过小的情况,通常在每步迭代后即进行规范化,将向量除以其范数,即

$$y_{t+1} = Ax_t \tag{21.20}$$

$$x_{t+1} = \frac{y_{t+1}}{\|y_{t+1}\|} \tag{21.21}$$

这里的范数是向量的无穷范数,即向量各分量的绝对值的最大值

$$\|x\|_\infty = \max\{|x_1|, |x_2|, \cdots, |x_n|\}$$

现在回到计算一般 PageRank。

转移矩阵可以写作

$$R = \left(dM + \frac{1-d}{n}\mathbf{E}\right)R = AR \tag{21.22}$$

其中 d 是阻尼因子,$\mathbf{E}$ 是所有元素为 1 的 n 阶方阵。根据 Perron-Frobenius 定理[①],一般 PageRank 的向量 R 是矩阵 A 的主特征向量,主特征值是 1。所以可以使用幂法近似计算一般 PageRank。

算法 21.2(计算一般 PageRank 的幂法)

输入:含有 n 个结点的有向图,有向图的转移矩阵 M,系数 d,初始向量 x_0,计算精度 ε;

输出:有向图的 PageRank R。

(1)令 $t = 0$,选择初始向量 x_0

(2)计算有向图的一般转移矩阵 A

$$A = dM + \frac{1-d}{n}\mathbf{E}$$

(3)迭代并规范化结果向量

$$y_{t+1} = Ax_t$$

$$x_{t+1} = \frac{y_{t+1}}{\|y_{t+1}\|}$$

(4)当 $\|x_{t+1} - x_t\| < \varepsilon$ 时,令 $R = x_t$,停止迭代。

(5)否则,令 $t = t + 1$,执行步(3)。

(6)对 R 进行规范化处理,使其表示概率分布。∎

[①] Perron-Frobenius 定理的形式比较复杂,这里不予叙述。

例 21.4 给定一个如图 21.5 所示的有向图，取 $d = 0.85$，求有向图的一般 PageRank。

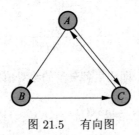

图 21.5　有向图

解　利用幂法，按照算法 21.2，计算有向图的一般 PageRank。

由图 21.5 可知转移矩阵

$$M = \begin{bmatrix} 0 & 0 & 1 \\ 1/2 & 0 & 0 \\ 1/2 & 1 & 0 \end{bmatrix}$$

(1) 令 $t = 0$,

$$x_0 = \begin{bmatrix} 1 \\ 1 \\ 1 \end{bmatrix}$$

(2) 计算有向图的一般转移矩阵 A

$$A = dM + \frac{1-d}{n}\mathbf{E}$$

$$= 0.85 \times \begin{bmatrix} 0 & 0 & 1 \\ 1/2 & 0 & 0 \\ 1/2 & 1 & 0 \end{bmatrix} + \frac{0.15}{3} \times \begin{bmatrix} 1 & 1 & 1 \\ 1 & 1 & 1 \\ 1 & 1 & 1 \end{bmatrix}$$

$$= \begin{bmatrix} 0.05 & 0.05 & 0.9 \\ 0.475 & 0.05 & 0.05 \\ 0.475 & 0.9 & 0.05 \end{bmatrix}$$

21.2 PageRank 的计算

（3）迭代并规范化

$$y_1 = Ax_0 = \begin{bmatrix} 1 \\ 0.575 \\ 1.425 \end{bmatrix}$$

$$x_1 = \frac{1}{1.425} \begin{bmatrix} 1 \\ 0.575 \\ 1.425 \end{bmatrix} = \begin{bmatrix} 0.7018 \\ 0.4035 \\ 1 \end{bmatrix}$$

$$y_2 = Ax_1 = \begin{bmatrix} 0.05 & 0.05 & 0.9 \\ 0.475 & 0.05 & 0.05 \\ 0.475 & 0.9 & 0.05 \end{bmatrix} \begin{bmatrix} 0.7018 \\ 0.4035 \\ 1 \end{bmatrix} = \begin{bmatrix} 0.9553 \\ 0.4035 \\ 0.7465 \end{bmatrix}$$

$$x_2 = \frac{1}{0.9553} \begin{bmatrix} 0.9553 \\ 0.4035 \\ 0.7465 \end{bmatrix} = \begin{bmatrix} 1 \\ 0.4224 \\ 0.7814 \end{bmatrix}$$

$$y_3 = Ax_2 = \begin{bmatrix} 0.05 & 0.05 & 0.9 \\ 0.475 & 0.05 & 0.05 \\ 0.475 & 0.9 & 0.05 \end{bmatrix} \begin{bmatrix} 1 \\ 0.4224 \\ 0.7814 \end{bmatrix} = \begin{bmatrix} 0.7744 \\ 0.5352 \\ 0.8943 \end{bmatrix}$$

$$x_3 = \frac{1}{0.8943} \begin{bmatrix} 0.7744 \\ 0.5352 \\ 0.8943 \end{bmatrix} = \begin{bmatrix} 0.8659 \\ 0.5985 \\ 1 \end{bmatrix}$$

如此继续迭代规范化，得到 x_t, $t = 0, 1, 2, \cdots, 21, 22$，的向量序列

$$\begin{bmatrix} 1 \\ 1 \\ 1 \end{bmatrix}, \begin{bmatrix} 0.7018 \\ 0.4035 \\ 1 \end{bmatrix}, \begin{bmatrix} 1 \\ 0.4224 \\ 0.7814 \end{bmatrix}, \begin{bmatrix} 0.8659 \\ 0.5985 \\ 1 \end{bmatrix}, \begin{bmatrix} 0.9732 \\ 0.4912 \\ 1 \end{bmatrix}, \begin{bmatrix} 1 \\ 0.5516 \\ 0.9807 \end{bmatrix},$$

$$\begin{bmatrix} 0.9409 \\ 0.5405 \\ 1 \end{bmatrix}, \cdots, \begin{bmatrix} 0.9760 \\ 0.5408 \\ 1 \end{bmatrix}, \begin{bmatrix} 0.9755 \\ 0.5404 \\ 1 \end{bmatrix}, \begin{bmatrix} 0.9761 \\ 0.5406 \\ 1 \end{bmatrix}, \begin{bmatrix} 0.9756 \\ 0.5406 \\ 1 \end{bmatrix}, \begin{bmatrix} 0.9758 \\ 0.5404 \\ 1 \end{bmatrix}$$

假设后面得到的两个向量已满足计算精度要求，那么取

$$R = \begin{bmatrix} 0.9756 \\ 0.5406 \\ 1 \end{bmatrix}$$

即得所求的一般 PageRank。如果将一般 PageRank 作为一个概率分布，进行规范化，使各分量之和为 1，那么相应的一般 PageRank 可以写作

$$R = \begin{bmatrix} 0.3877 \\ 0.2149 \\ 0.3974 \end{bmatrix}$$

∎

21.2.3 代数算法

代数算法通过一般转移矩阵的逆矩阵计算求有向图的一般 PageRank。

按照一般 PageRank 的定义式 (21.14)

$$R = dMR + \frac{1-d}{n}\mathbf{1}$$

于是，

$$(I - dM)R = \frac{1-d}{n}\mathbf{1} \tag{21.23}$$

$$R = (I - dM)^{-1}\frac{1-d}{n}\mathbf{1} \tag{21.24}$$

这里 I 是单位矩阵。当 $0 < d < 1$ 时，线性方程组 (21.23) 的解存在且唯一。这样，可以通过求逆矩阵 $(I - dM)^{-1}$ 得到有向图的一般 PageRank。

本 章 概 要

1. PageRank 是互联网网页重要度的计算方法，可以定义推广到任意有向图结点的重要度计算上。其基本思想是在有向图上定义随机游走模型，即一阶马尔可夫链，描述游走者沿着有向图随机访问各个结点的行为，在一定条件下，极限情况访问每个结点的概率收敛到平稳分布，这时各个结点的概率值就是其 PageRank 值，表示结点相对重要度。

2. 有向图上可以定义随机游走模型,即一阶马尔可夫链,其中结点表示状态,有向边表示状态之间的转移,假设一个结点到连接出的所有结点的转移概率相等。转移概率由转移矩阵 M 表示

$$M = [m_{ij}]_{n \times n}$$

第 i 行第 j 列的元素 m_{ij} 表示从结点 j 跳转到结点 i 的概率。

3. 当含有 n 个结点的有向图是强连通且非周期性的有向图时,在其基础上定义的随机游走模型,即一阶马尔可夫链具有平稳分布,平稳分布向量 R 称为这个有向图的 PageRank。若矩阵 M 是马尔可夫链的转移矩阵,则向量 R 满足

$$MR = R$$

向量 R 的各个分量称为各个结点的 PageRank 值。

$$R = \begin{bmatrix} PR(v_1) \\ PR(v_2) \\ \vdots \\ PR(v_n) \end{bmatrix}$$

其中 $PR(v_i)$, $i = 1, 2, \cdots, n$,表示结点 v_i 的 PageRank 值。这是 PageRank 的基本定义。

4. PageRank 基本定义的条件现实中往往不能满足,对其进行扩展得到 PageRank 的一般定义。任意含有 n 个结点的有向图上,可以定义一个随机游走模型,即一阶马尔可夫链,转移矩阵由两部分的线性组合组成,其中一部分按照转移矩阵 M,从一个结点到连接出的所有结点的转移概率相等,另一部分按照完全随机转移矩阵,从任一结点到任一结点的转移概率都是 $1/n$。这个马尔可夫链存在平稳分布,平稳分布向量 R 称为这个有向图的一般 PageRank,满足

$$R = dMR + \frac{1-d}{n}\mathbf{1}$$

其中 $d(0 \leqslant d \leqslant 1)$ 是阻尼因子,$\mathbf{1}$ 是所有分量为 1 的 n 维向量。

5. PageRank 的计算方法包括迭代算法、幂法、代数算法。

幂法将 PageRank 的等价式写成

$$R = \left(dM + \frac{1-d}{n}\mathbf{E}\right)R = AR$$

其中 d 是阻尼因子,$\mathbf{E}$ 是所有元素为 1 的 n 阶方阵。

可以看出 R 是一般转移矩阵 A 的主特征向量,即最大的特征值对应的特征向量。幂法就是一个计算矩阵的主特征值和主特征向量的方法。

步骤是:选择初始向量 x_0;计算一般转移矩阵 A;进行迭代并规范化向量

$$y_{t+1} = Ax_t$$

$$x_{t+1} = \frac{y_{t+1}}{\|y_{t+1}\|}$$

直至收敛。

继续阅读

PageRank 的原始论文是文献 [1],其详细介绍可见文献 [2, 3]。介绍马尔可夫过程的教材有 [4]。与 PageRank 同样著名的链接分析算法还有 HITS 算法[5],可以发现网络中的枢纽与权威。PageRank 有不少扩展与变形,原始的 PageRank 是基于离散时间马尔可夫链的,BrowseRank 是基于连续时间马尔可夫链的推广[6],可以更好地防范网页排名欺诈。Personalized PageRank 是个性化的 PageRank(文献 [7]),Topic Sensitive PageRank 是基于话题的 PageRank(文献 [8]),TrustRank 是防范网页排名欺诈的 PageRank(文献 [9])。

习　题

21.1 假设方阵 A 是随机矩阵,即其每个元素非负,每列元素之和为 1,证明 A^k 仍然是随机矩阵,其中 k 是自然数。

21.2 例 21.1 中,以不同的初始分布向量 R_0 进行迭代,仍然得到同样的极限向量 R,即 PageRank。请验证。

21.3 证明 PageRank 一般定义中的马尔可夫链具有平稳分布,即式 (21.11) 成立。

21.4 证明随机矩阵的最大特征值为 1。

参考文献

[1] Page L, Brin S, Motwani R, et al. The PageRank citation ranking: bringing order to the Web. Stanford University, 1999.

[2] Rajaraman A, Ullman J D. Mining of massive datasets. Cambridge University Press, 2014.

[3] Liu B. Web data mining: exploring hyperlinks, contents, and usage data. Springer Science & Business Media, 2007.
[4] Serfozo R. Basics of applied stochastic processes. Springer, 2009.
[5] Kleinberg J M. Authoritative sources in a hyperlinked environment. Journal of the ACM(JACM), 1999, 46(5): 604–632.
[6] Liu Y, Gao B, Liu T Y, et al. BrowseRank: letting Web users vote for page importance. Proceedings of the 31st SIGIR Conference, 2008: 451–458.
[7] Jeh G, Widom J. Scaling personalized Web search. Proceedings of the 12th WWW Conference, 2003: 271–279.
[8] Haveliwala T H. Topic-sensitive PageRank. Proceedings of the 11th WWW Conference, 2002: 517–526.
[9] Gyöngyi Z, Garcia-Molina H, Pedersen J. Combating Web spam with TrustRank. Proceedings of VLDB Conference, 2004: 576–587.

第 22 章 无监督学习方法总结

22.1 无监督学习方法的关系和特点

第 2 篇详细介绍了八种常用的统计机器学习方法，即聚类方法（包括层次聚类与 k 均值聚类）、奇异值分解（SVD）、主成分分析（PCA）、潜在语义分析（LSA）、概率潜在语义分析（PLSA）、马尔可夫链蒙特卡罗法（MCMC，包括 Metropolis-Hastings 算法和吉布斯抽样）、潜在狄利克雷分配（LDA）、PageRank 算法。此外，还简单介绍了另外三种常用的统计机器学习方法，即非负矩阵分解（NMF）、变分推理、幂法。这些方法通常用于无监督学习的聚类、降维、话题分析以及图分析。

22.1.1 各种方法之间的关系

图 22.1 总结一些机器学习方法之间的关系，包括第 1 篇、第 2 篇介绍的方法，分别用深灰色与浅灰色表示。图中上面是无监督学习方法，下面是基础机器学习方法。

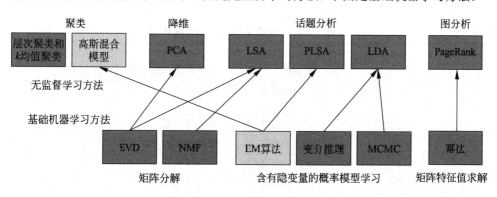

图 22.1 机器学习方法之间的关系

无监督学习用于聚类、降维、话题分析、图分析。聚类的方法有层次聚类、k 均值聚类、高斯混合模型，降维的方法有 PCA，话题分析的方法包括 LSA、PLSA、LDA，图分析的方法有 PageRank。

基础方法不涉及具体的机器学习模型。基础方法不仅可以用于无监督学习，也可以用于监督学习、半监督学习。基础方法分为矩阵分解，矩阵特征值求解，含有隐变量的概率模型估计，前两者是线性代数问题，后者是概率统计问题。矩阵分解的方法有 SVD 和 NMF，矩阵特征值求解的方法有幂法，含有隐变量的概率模型学习的方法有 EM 算法、变分推理、MCMC。

22.1.2 无监督学习方法

聚类有硬聚类和软聚类，层次聚类与 k 均值聚类是硬聚类方法。高斯混合模型是软聚类方法。层次聚类基于启发式算法，k 均值聚类基于迭代算法，高斯混合模型学习通常基于 EM 算法。

降维有线性降维和非线性降维，PCA 是线性降维方法。PCA 基于 SVD。

话题分析兼有聚类和降维特点，有非概率模型、概率模型。LSA、NMF 是非概率模型，PLSA、LDA 是概率模型。PLSA 不假设模型具有先验分布，学习基于极大似然估计；LDA 假设模型具有先验分布，学习基于贝叶斯学习，具体地后验概率估计。LSA 的学习基于 SVD，NMF 可以直接用于话题分析。PLSA 的学习基于 EM 算法，LDA 的学习基于吉布斯抽样或变分推理。

图分析的一个问题是链接分析，即结点的重要度计算。PageRank 是链接分析的一个方法。PageRank 通常基于幂法。

表 22.1 总结了无监督学习方法的模型、策略、算法。

表 22.1 无监督学习方法的特点

	方法	模型	策略	算法
聚类	层次聚类	聚类树	类内样本距离最小	启发式算法
	k 均值聚类	k 中心聚类	样本与类中心距离最小	迭代算法
	高斯混合模型	高斯混合模型	似然函数最大	EM 算法
降维	PCA	低维正交空间	方差最大	SVD
话题分析	LSA	矩阵分解模型	平方损失最小	SVD
	NMF	矩阵分解模型	平方损失最小	非负矩阵分解
	PLSA	PLSA 模型	似然函数最大	EM 算法
	LDA	LDA 模型	后验概率估计	吉布斯抽样，变分推理
图分析	PageRank	有向图上的马尔可夫链	平稳分布求解	幂法

22.1.3 基础机器学习方法

矩阵分解基于不同假设：SVD 基于正交假设，即分解得到的左右矩阵是正交矩阵，中间矩阵是非负对角矩阵；非负矩阵分解基于非负假设，即分解得到的左右矩阵皆是非负矩阵。

含有隐变量的概率模型的学习有两种方法：迭代计算方法、随机抽样方法。EM 算法和变分推理（包括变分 EM 算法）属于迭代计算方法，吉布斯抽样属于随机抽样方法。变分 EM 算法是 EM 算法的推广。

矩阵的特征值与特征向量求解方法中，幂法是常用的算法。

表 22.2 总结了含隐变量概率模型的学习方法的特点。

表 22.2 含有隐变量概率模型的学习方法的特点

算法	基本原理	收敛性	收敛速度	实现难易度	适合问题
EM 算法	迭代计算、后验概率估计	收敛于局部最优	较快	容易	简单模型
变分推理	迭代计算、后验概率近似估计	收敛于局部最优	较慢	较复杂	复杂模型
吉布斯抽样	随机抽样、后验概率估计	依概率收敛于全局最优	较慢	容易	复杂模型

22.2 话题模型之间的关系和特点

本书介绍的四种话题模型 LSA、NMF、PLSA 和 LDA，前两者是非概率模型，后两者是概率模型。下面讨论它们之间的关系（细节可参考文献 [1, 2]）。

可以从矩阵分解的统一框架看 LSA、NMF 和 PLSA。在这个框架下，通过最小化一般化 Bregman 散度进行有约束的矩阵分解 $D = UV$，得到这三个话题模型：

$$\min_{U,V} B(D \| UV)$$

这里 $B(D\|UV)$ 表示 D 和 UV 之间的一般化 Bregman 散度（generalized Bregman divergence），当且仅当两者相等时取值为 0。一般化 Bregman 散度包含平方损失、KL 散度等。三个话题模型拥有三种不同的具体形式。表 22.3 给出了三个话题模型的损失函数和约束的公式，其中 PLSA 的矩阵 D 需要进行归一化 $\sum_{m,n} d_{mn} = 1$。

话题模型 LSA、NMF 是非概率模型，但也有概率模型解释。可以从概率图模型的统一框架看 LSA、NMF、PLSA 和 LDA。在这个框架下，认为文本由概率模型生

表 22.3　矩阵分解的角度看话题模型

方法	一般损失函数 $B(D\|UV)$	矩阵 U 的约束条件	矩阵 V 的约束条件
LSA	$\|D-UV\|_F^2$	$U^{\mathrm{T}}U = I$	$VV^{\mathrm{T}} = \Lambda^2$
NMF	$\|D-UV\|_F^2$	$u_{mk} \geqslant 0$	$v_{kn} \geqslant 0$
PLSA	$\sum_{mn} d_{mn} \log \dfrac{d_{mn}}{(UV)_{mn}}$	$U^{\mathrm{T}}1 = 1$, $u_{mk} \geqslant 0$	$V^{\mathrm{T}}1 = 1$, $v_{kn} \geqslant 0$

成,基于不同的假设得到四个不同的话题模型。四个话题模型有不同的概率图模型定义。LSA 和 NMF,每个文本 d_n 由高斯分布 $P(d_n|U,v_n) \propto \exp(-\|d_n - Uv_n\|^2)$ 生成,其参数是 U 和 v_n,共有 N 个文本,如图 22.2 所示。两个话题模型有不同的约束条件,表 22.4 给出约束条件的公式。

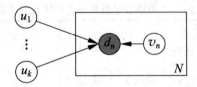

图 22.2　话题模型 LSA 和 NMF 的概率图模型表示

表 22.4　话题模型 LSA 和 NMF 的约束条件

方法	变量 u_k 的约束条件	变量 v_n 的约束条件
LSA	正交	正交
NMF	$u_{mk} \geqslant 0$	$v_{kn} \geqslant 0$

参考文献

[1] Singh A P, Gordon G J. A unified view of matrix factorization models. In: Daelemans W, Goethals B, Morik K. (eds) Machine Learning and Knowledge Discovery in Databases. ECML PKDD 2008. Lecture Notes in Computer Science, vol 5212. Berlin: Springer, 2008.

[2] Wang Q, Xu J, Li H, et al. Regularized latent semantic indexing: a new approach to large-scale topic modeling. ACM Transactions on Information Systems (TOIS), 2013, 31(1), 5.

附录 A 梯度下降法

梯度下降法（gradient descent）或最速下降法（steepest descent）是求解无约束最优化问题的一种最常用的方法，具有实现简单的优点。梯度下降法是迭代算法，每一步需要求解目标函数的梯度向量。

假设 $f(x)$ 是 $\mathbf{R}^n$ 上具有一阶连续偏导数的函数。要求解的无约束最优化问题是

$$\min_{x \in \mathbf{R}^n} f(x) \tag{A.1}$$

x^* 表示目标函数 $f(x)$ 的极小点。

梯度下降法是一种迭代算法。选取适当的初值 $x^{(0)}$，不断迭代，更新 x 的值，进行目标函数的极小化，直到收敛。由于负梯度方向是使函数值下降最快的方向，在迭代的每一步，以负梯度方向更新 x 的值，从而达到减少函数值的目的。

由于 $f(x)$ 具有一阶连续偏导数，若第 k 次迭代值为 $x^{(k)}$，则可将 $f(x)$ 在 $x^{(k)}$ 附近进行一阶泰勒展开：

$$f(x) = f(x^{(k)}) + g_k^{\mathrm{T}}(x - x^{(k)}) \tag{A.2}$$

这里，$g_k = g(x^{(k)}) = \nabla f(x^{(k)})$ 为 $f(x)$ 在 $x^{(k)}$ 的梯度。

求出第 $k+1$ 次迭代值 $x^{(k+1)}$：

$$x^{(k+1)} \leftarrow x^{(k)} + \lambda_k p_k \tag{A.3}$$

其中，p_k 是搜索方向，取负梯度方向 $p_k = -\nabla f(x^{(k)})$，λ_k 是步长，由一维搜索确定，即 λ_k 使得

$$f(x^{(k)} + \lambda_k p_k) = \min_{\lambda \geqslant 0} f(x^{(k)} + \lambda p_k) \tag{A.4}$$

梯度下降法算法如下：

算法 A.1（梯度下降法）

输入：目标函数 $f(x)$，梯度函数 $g(x) = \nabla f(x)$，计算精度 ε；
输出：$f(x)$ 的极小点 x^*。

(1) 取初始值 $x^{(0)} \in \mathbf{R}^n$,置 $k = 0$。

(2) 计算 $f(x^{(k)})$。

(3) 计算梯度 $g_k = g(x^{(k)})$,当 $\|g_k\| < \varepsilon$ 时,停止迭代,令 $x^* = x^{(k)}$;否则,令 $p_k = -g(x^{(k)})$,求 λ_k,使

$$f(x^{(k)} + \lambda_k p_k) = \min_{\lambda \geqslant 0} f(x^{(k)} + \lambda p_k)$$

(4) 置 $x^{(k+1)} = x^{(k)} + \lambda_k p_k$,计算 $f(x^{(k+1)})$

当 $\|f(x^{(k+1)}) - f(x^{(k)})\| < \varepsilon$ 或 $\|x^{(k+1)} - x^{(k)}\| < \varepsilon$ 时,停止迭代,令 $x^* = x^{(k+1)}$。

(5) 否则,置 $k = k + 1$,转 (3)。∎

当目标函数是凸函数时,梯度下降法的解是全局最优解。一般情况下,其解不保证是全局最优解。梯度下降法的收敛速度也未必是很快的。

附录 B 牛顿法和拟牛顿法

牛顿法（Newton method）和拟牛顿法（quasi-Newton method）也是求解无约束最优化问题的常用方法，有收敛速度快的优点。牛顿法是迭代算法，每一步需要求解目标函数的黑塞矩阵的逆矩阵，计算比较复杂。拟牛顿法通过正定矩阵近似黑塞矩阵的逆矩阵或黑塞矩阵，简化了这一计算过程。

1. 牛顿法

考虑无约束最优化问题
$$\min_{x \in \mathbf{R}^n} f(x) \tag{B.1}$$
其中 x^* 为目标函数的极小点。

假设 $f(x)$ 具有二阶连续偏导数，若第 k 次迭代值为 $x^{(k)}$，则可将 $f(x)$ 在 $x^{(k)}$ 附近进行二阶泰勒展开：
$$f(x) = f(x^{(k)}) + g_k^{\mathrm{T}}(x - x^{(k)}) + \frac{1}{2}(x - x^{(k)})^{\mathrm{T}} H(x^{(k)})(x - x^{(k)}) \tag{B.2}$$

这里，$g_k = g(x^{(k)}) = \nabla f(x^{(k)})$ 是 $f(x)$ 的梯度向量在点 $x^{(k)}$ 的值，$H(x^{(k)})$ 是 $f(x)$ 的黑塞矩阵（Hessian matrix）
$$H(x) = \left[\frac{\partial^2 f}{\partial x_i \partial x_j} \right]_{n \times n} \tag{B.3}$$

在点 $x^{(k)}$ 的值。函数 $f(x)$ 有极值的必要条件是在极值点处一阶导数为 0，即梯度向量为 0。特别是当 $H(x^{(k)})$ 是正定矩阵时，函数 $f(x)$ 的极值为极小值。

牛顿法利用极小点的必要条件
$$\nabla f(x) = 0 \tag{B.4}$$

每次迭代中从点 $x^{(k)}$ 开始，求目标函数的极小点，作为第 $k+1$ 次迭代值 $x^{(k+1)}$。具体地，假设 $x^{(k+1)}$ 满足：

$$\nabla f(x^{(k+1)}) = 0 \tag{B.5}$$

由式 (B.2) 有

$$\nabla f(x) = g_k + H_k(x - x^{(k)}) \tag{B.6}$$

其中 $H_k = H(x^{(k)})$。这样，式 (B.5) 成为

$$g_k + H_k(x^{(k+1)} - x^{(k)}) = 0 \tag{B.7}$$

因此，

$$x^{(k+1)} = x^{(k)} - H_k^{-1} g_k \tag{B.8}$$

或者

$$x^{(k+1)} = x^{(k)} + p_k \tag{B.9}$$

其中，

$$H_k p_k = -g_k \tag{B.10}$$

用式 (B.8) 作为迭代公式的算法就是牛顿法。

算法 B.1（牛顿法）

输入：目标函数 $f(x)$，梯度 $g(x) = \nabla f(x)$，黑塞矩阵 $H(x)$，精度要求 ε；
输出：$f(x)$ 的极小点 x^*。
(1) 取初始点 $x^{(0)}$，置 $k = 0$。
(2) 计算 $g_k = g(x^{(k)})$。
(3) 若 $\|g_k\| < \varepsilon$，则停止计算，得近似解 $x^* = x^{(k)}$。
(4) 计算 $H_k = H(x^{(k)})$，并求 p_k

$$H_k p_k = -g_k$$

(5) 置 $x^{(k+1)} = x^{(k)} + p_k$。
(6) 置 $k = k + 1$，转 (2)。

步骤 (4) 求 p_k，$p_k = -H_k^{-1} g_k$，要求 H_k^{-1}，计算比较复杂，所以有其他改进的方法。

2. 拟牛顿法的思路

在牛顿法的迭代中，需要计算黑塞矩阵的逆矩阵 H^{-1}，这一计算比较复杂，考虑用一个 n 阶矩阵 $G_k = G(x^{(k)})$ 来近似代替 $H_k^{-1} = H^{-1}(x^{(k)})$。这就是拟牛顿法的基本想法。

先看牛顿法迭代中黑塞矩阵 H_k 满足的条件。首先，H_k 满足以下关系。在式 (B.6)

中取 $x = x^{(k+1)}$，即得

$$g_{k+1} - g_k = H_k(x^{(k+1)} - x^{(k)}) \tag{B.11}$$

记 $y_k = g_{k+1} - g_k$，$\delta_k = x^{(k+1)} - x^{(k)}$，则

$$y_k = H_k \delta_k \tag{B.12}$$

或

$$H_k^{-1} y_k = \delta_k \tag{B.13}$$

式 (B.12) 或式 (B.13) 称为拟牛顿条件。

如果 H_k 是正定的（H_k^{-1} 也是正定的），那么可以保证牛顿法搜索方向 p_k 是下降方向。这是因为搜索方向是 $p_k = -H_k^{-1} g_k$，由式 (B.8) 有

$$x = x^{(k)} + \lambda p_k = x^{(k)} - \lambda H_k^{-1} g_k \tag{B.14}$$

所以 $f(x)$ 在 $x^{(k)}$ 的泰勒展开式 (B.2) 可以近似写成：

$$f(x) = f(x^{(k)}) - \lambda g_k^{\mathrm{T}} H_k^{-1} g_k \tag{B.15}$$

因 H_k^{-1} 正定，故有 $g_k^{\mathrm{T}} H_k^{-1} g_k > 0$。当 λ 为一个充分小的正数时，总有 $f(x) < f(x^{(k)})$，也就是说 p_k 是下降方向。

拟牛顿法将 G_k 作为 H_k^{-1} 的近似，要求矩阵 G_k 满足同样的条件。首先，每次迭代矩阵 G_k 是正定的。同时，G_k 满足下面的拟牛顿条件：

$$G_{k+1} y_k = \delta_k \tag{B.16}$$

按照拟牛顿条件选择 G_k 作为 H_k^{-1} 的近似或选择 B_k 作为 H_k 的近似的算法称为拟牛顿法。

按照拟牛顿条件，在每次迭代中可以选择更新矩阵 G_{k+1}：

$$G_{k+1} = G_k + \Delta G_k \tag{B.17}$$

这种选择有一定的灵活性，因此有多种具体实现方法。下面介绍 Broyden 类拟牛顿法。

3. DFP (Davidon-Fletcher-Powell) 算法 (DFP algorithm)

DFP 算法选择 G_{k+1} 的方法是，假设每一步迭代中矩阵 G_{k+1} 是由 G_k 加上两个附加项构成的，即

$$G_{k+1} = G_k + P_k + Q_k \tag{B.18}$$

其中 P_k, Q_k 是待定矩阵。这时，

$$G_{k+1}y_k = G_k y_k + P_k y_k + Q_k y_k \tag{B.19}$$

为使 G_{k+1} 满足拟牛顿条件，可使 P_k 和 Q_k 满足：

$$P_k y_k = \delta_k \tag{B.20}$$

$$Q_k y_k = -G_k y_k \tag{B.21}$$

事实上，不难找出这样的 P_k 和 Q_k，例如取

$$P_k = \frac{\delta_k \delta_k^{\mathrm{T}}}{\delta_k^{\mathrm{T}} y_k} \tag{B.22}$$

$$Q_k = -\frac{G_k y_k y_k^{\mathrm{T}} G_k}{y_k^{\mathrm{T}} G_k y_k} \tag{B.23}$$

这样就可得到矩阵 G_{k+1} 的迭代公式：

$$G_{k+1} = G_k + \frac{\delta_k \delta_k^{\mathrm{T}}}{\delta_k^{\mathrm{T}} y_k} - \frac{G_k y_k y_k^{\mathrm{T}} G_k}{y_k^{\mathrm{T}} G_k y_k} \tag{B.24}$$

称为 DFP 算法。

可以证明，如果初始矩阵 G_0 是正定的，则迭代过程中的每个矩阵 G_k 都是正定的。

DFP 算法如下：

算法 B.2（DFP 算法）

输入：目标函数 $f(x)$，梯度 $g(x) = \nabla f(x)$，精度要求 ε；
输出：$f(x)$ 的极小点 x^*。
(1) 选定初始点 $x^{(0)}$，取 G_0 为正定对称矩阵，置 $k=0$。
(2) 计算 $g_k = g(x^{(k)})$。若 $\|g_k\| < \varepsilon$，则停止计算，得近似解 $x^* = x^{(k)}$；否则转（3）。
(3) 置 $p_k = -G_k g_k$。
(4) 一维搜索：求 λ_k 使得

$$f(x^{(k)} + \lambda_k p_k) = \min_{\lambda \geqslant 0} f(x^{(k)} + \lambda p_k)$$

(5) 置 $x^{(k+1)} = x^{(k)} + \lambda_k p_k$。
(6) 计算 $g_{k+1} = g(x^{(k+1)})$，若 $\|g_{k+1}\| < \varepsilon$，则停止计算，得近似解 $x^* = x^{(k+1)}$；否则，按式 (B.24) 算出 G_{k+1}。
(7) 置 $k = k+1$，转（3）。∎

4. BFGS (Broyden-Fletcher-Goldfarb-Shanno) 算法 (BFGS algorithm)

BFGS 算法是最流行的拟牛顿算法。

可以考虑用 G_k 逼近黑塞矩阵的逆矩阵 H^{-1}，也可以考虑用 B_k 逼近黑塞矩阵 H。这时，相应的拟牛顿条件是

$$B_{k+1}\delta_k = y_k \tag{B.25}$$

可以用同样的方法得到另一迭代公式。首先令

$$B_{k+1} = B_k + P_k + Q_k \tag{B.26}$$

$$B_{k+1}\delta_k = B_k\delta_k + P_k\delta_k + Q_k\delta_k \tag{B.27}$$

考虑使 P_k 和 Q_k 满足：

$$P_k\delta_k = y_k \tag{B.28}$$

$$Q_k\delta_k = -B_k\delta_k \tag{B.29}$$

找出适合条件的 P_k 和 Q_k，得到 BFGS 算法矩阵 B_{k+1} 的迭代公式：

$$B_{k+1} = B_k + \frac{y_k y_k^\mathrm{T}}{y_k^\mathrm{T}\delta_k} - \frac{B_k\delta_k\delta_k^\mathrm{T} B_k}{\delta_k^\mathrm{T} B_k\delta_k} \tag{B.30}$$

可以证明，如果初始矩阵 B_0 是正定的，则迭代过程中的每个矩阵 B_k 都是正定的。

下面写出 BFGS 拟牛顿算法。

算法 B.3（BFGS 算法）

输入：目标函数 $f(x)$，$g(x) = \nabla f(x)$，精度要求 ε；
输出：$f(x)$ 的极小点 x^*。
（1）选定初始点 $x^{(0)}$，取 B_0 为正定对称矩阵，置 $k=0$。
（2）计算 $g_k = g(x^{(k)})$。若 $\|g_k\| < \varepsilon$，则停止计算，得近似解 $x^* = x^{(k)}$；否则转（3）。
（3）由 $B_k p_k = -g_k$ 求出 p_k。
（4）一维搜索：求 λ_k 使得

$$f(x^{(k)} + \lambda_k p_k) = \min_{\lambda \geqslant 0} f(x^{(k)} + \lambda p_k)$$

（5）置 $x^{(k+1)} = x^{(k)} + \lambda_k p_k$。
（6）计算 $g_{k+1} = g(x^{(k+1)})$，若 $\|g_{k+1}\| < \varepsilon$，则停止计算，得近似解 $x^* = x^{(k+1)}$；否则，按式 (B.30) 算出 B_{k+1}。
（7）置 $k = k+1$，转（3）。∎

5. Broyden 类算法 (Broyden's algorithm)

我们可以从 BFGS 算法矩阵 B_k 的迭代公式 (B.30) 得到 BFGS 算法关于 G_k 的迭代公式。事实上,若记 $G_k = B_k^{-1}$,$G_{k+1} = B_{k+1}^{-1}$,那么对式 (B.30) 两次应用 Sherman-Morrison 公式[①]即得

$$G_{k+1} = \left(I - \frac{\delta_k y_k^{\mathrm{T}}}{\delta_k^{\mathrm{T}} y_k}\right) G_k \left(I - \frac{\delta_k y_k^{\mathrm{T}}}{\delta_k^{\mathrm{T}} y_k}\right)^{\mathrm{T}} + \frac{\delta_k \delta_k^{\mathrm{T}}}{\delta_k^{\mathrm{T}} y_k} \tag{B.31}$$

称为 BFGS 算法关于 G_k 的迭代公式。

由 DFP 算法 G_k 的迭代公式 (B.23) 得到的 G_{k+1} 记作 G^{DFP},由 BFGS 算法 G_k 的迭代公式 (B.31) 得到的 G_{k+1} 记作 G^{BFGS},它们都满足方程拟牛顿条件式,所以它们的线性组合

$$G_{k+1} = \alpha G^{\mathrm{DFP}} + (1-\alpha) G^{\mathrm{BFGS}} \tag{B.32}$$

也满足拟牛顿条件式,而且是正定的。其中 $0 \leqslant \alpha \leqslant 1$。这样就得到了一类拟牛顿法,称为 Broyden 类算法。

[①] Sherman-Morrison 公式:假设 A 是 n 阶可逆矩阵,u,v 是 n 维向量,且 $A + uv^{\mathrm{T}}$ 也是可逆矩阵,则

$$(A + uv^{\mathrm{T}})^{-1} = A^{-1} - \frac{A^{-1} uv^{\mathrm{T}} A^{-1}}{1 + v^{\mathrm{T}} A^{-1} u}$$

附录 C 拉格朗日对偶性

在约束最优化问题中,常常利用拉格朗日对偶性(Lagrange duality)将原始问题转换为对偶问题,通过解对偶问题而得到原始问题的解。该方法应用在许多统计学习方法中,例如,最大熵模型与支持向量机。这里简要叙述拉格朗日对偶性的主要概念和结果。

1. 原始问题

假设 $f(x)$, $c_i(x)$, $h_j(x)$ 是定义在 $\mathbf{R}^n$ 上的连续可微函数。考虑约束最优化问题

$$\min_{x \in \mathbf{R}^n} \quad f(x) \tag{C.1}$$

$$\text{s.t.} \quad c_i(x) \leqslant 0, \quad i = 1, 2, \cdots, k \tag{C.2}$$

$$h_j(x) = 0, \quad j = 1, 2, \cdots, l \tag{C.3}$$

称此约束最优化问题为原始最优化问题或原始问题。

首先,引入广义拉格朗日函数(generalized Lagrange function)

$$L(x, \alpha, \beta) = f(x) + \sum_{i=1}^{k} \alpha_i c_i(x) + \sum_{j=1}^{l} \beta_j h_j(x) \tag{C.4}$$

这里,$x = (x^{(1)}, x^{(2)}, \cdots, x^{(n)})^{\mathrm{T}} \in \mathbf{R}^n$,$\alpha_i$,$\beta_j$ 是拉格朗日乘子,$\alpha_i \geqslant 0$。考虑 x 的函数:

$$\theta_P(x) = \max_{\alpha, \beta : \alpha_i \geqslant 0} L(x, \alpha, \beta) \tag{C.5}$$

这里,下标 P 表示原始问题。

假设给定某个 x。如果 x 违反原始问题的约束条件，即存在某个 i 使得 $c_i(x) > 0$ 或者存在某个 j 使得 $h_j(x) \neq 0$，那么就有

$$\theta_P(x) = \max_{\alpha,\beta:\alpha_i \geqslant 0} \left[f(x) + \sum_{i=1}^{k} \alpha_i c_i(x) + \sum_{j=1}^{l} \beta_j h_j(x) \right] = +\infty \tag{C.6}$$

因为若某个 i 使约束 $c_i(x) > 0$，则可令 $\alpha_i \to +\infty$，若某个 j 使 $h_j(x) \neq 0$，则可令 β_j 使 $\beta_j h_j(x) \to +\infty$，而将其余各 α_i，β_j 均取为 0。

相反地，如果 x 满足约束条件式 (C.2) 和式 (C.3)，则由式 (C.5) 和式 (C.4) 可知，$\theta_P(x) = f(x)$。因此，

$$\theta_P(x) = \begin{cases} f(x), & x \text{ 满足原始问题约束} \\ +\infty, & \text{其他} \end{cases} \tag{C.7}$$

所以如果考虑极小化问题

$$\min_{x} \theta_P(x) = \min_{x} \max_{\alpha,\beta:\alpha_i \geqslant 0} L(x,\alpha,\beta) \tag{C.8}$$

它是与原始最优化问题 (C.1)~(C.3) 等价的，即它们有相同的解。问题 $\min_{x} \max_{\alpha,\beta:\alpha_i \geqslant 0} L(x,\alpha,\beta)$ 称为广义拉格朗日函数的极小极大问题。这样一来，就把原始最优化问题表示为广义拉格朗日函数的极小极大问题。为了方便，定义原始问题的最优值

$$p^* = \min_{x} \theta_P(x) \tag{C.9}$$

称为原始问题的值。

2. 对偶问题

定义

$$\theta_D(\alpha,\beta) = \min_{x} L(x,\alpha,\beta) \tag{C.10}$$

再考虑极大化 $\theta_D(\alpha,\beta) = \min_{x} L(x,\alpha,\beta)$，即

$$\max_{\alpha,\beta:\alpha_i \geqslant 0} \theta_D(\alpha,\beta) = \max_{\alpha,\beta:\alpha_i \geqslant 0} \min_{x} L(x,\alpha,\beta) \tag{C.11}$$

问题 $\max_{\alpha,\beta:\alpha_i \geqslant 0} \min_{x} L(x,\alpha,\beta)$ 称为广义拉格朗日函数的极大极小问题。

可以将广义拉格朗日函数的极大极小问题表示为约束最优化问题：

$$\max_{\alpha,\beta} \theta_D(\alpha,\beta) = \max_{\alpha,\beta} \min_x L(x,\alpha,\beta) \tag{C.12}$$

$$\text{s.t.} \quad \alpha_i \geqslant 0, \quad i=1,2,\cdots,k \tag{C.13}$$

称为原始问题的对偶问题。定义对偶问题的最优值

$$d^* = \max_{\alpha,\beta:\alpha_i\geqslant 0} \theta_D(\alpha,\beta) \tag{C.14}$$

称为对偶问题的值。

3. 原始问题和对偶问题的关系

下面讨论原始问题和对偶问题的关系。

定理 C.1 若原始问题和对偶问题都有最优值，则

$$d^* = \max_{\alpha,\beta:\alpha_i\geqslant 0} \min_x L(x,\alpha,\beta) \leqslant \min_x \max_{\alpha,\beta:\alpha_i\geqslant 0} L(x,\alpha,\beta) = p^* \tag{C.15}$$

证明 由式 (C.12) 和式 (C.5)，对任意的 α,β 和 x，有

$$\theta_D(\alpha,\beta) = \min_x L(x,\alpha,\beta) \leqslant L(x,\alpha,\beta) \leqslant \max_{\alpha,\beta:\alpha_i\geqslant 0} L(x,\alpha,\beta) = \theta_P(x) \tag{C.16}$$

即

$$\theta_D(\alpha,\beta) \leqslant \theta_P(x) \tag{C.17}$$

由于原始问题和对偶问题均有最优值，所以，

$$\max_{\alpha,\beta:\alpha_i\geqslant 0} \theta_D(\alpha,\beta) \leqslant \min_x \theta_P(x) \tag{C.18}$$

即

$$d^* = \max_{\alpha,\beta:\alpha_i\geqslant 0} \min_x L(x,\alpha,\beta) \leqslant \min_x \max_{\alpha,\beta:\alpha_i\geqslant 0} L(x,\alpha,\beta) = p^* \tag{C.19}$$

∎

推论 C.1 设 x^* 和 α^*,β^* 分别是原始问题 (C.1)~(C.3) 和对偶问题 (C.12)~(C.13) 的可行解，并且 $d^* = p^*$，则 x^* 和 α^*,β^* 分别是原始问题和对偶问题的最优解。

在某些条件下，原始问题和对偶问题的最优值相等，$d^* = p^*$。这时可以用解对偶问题替代解原始问题。下面以定理的形式叙述有关的重要结论而不予证明。

定理 C.2 考虑原始问题 (C.1)~(C.3) 和对偶问题 (C.12)~(C.13)。假设函数 $f(x)$ 和 $c_i(x)$ 是凸函数，$h_j(x)$ 是仿射函数；并且假设不等式约束 $c_i(x)$ 是严格可行的，即存在 x，对所有 i 有 $c_i(x) < 0$，则存在 x^*, α^*, β^*，使 x^* 是原始问题的解，α^*, β^* 是对偶问题的解，并且

$$p^* = d^* = L(x^*, \alpha^*, \beta^*) \tag{C.20}$$

定理 C.3 对原始问题 (C.1)~(C.3) 和对偶问题 (C.12)~(C.13)，假设函数 $f(x)$ 和 $c_i(x)$ 是凸函数，$h_j(x)$ 是仿射函数，并且不等式约束 $c_i(x)$ 是严格可行的，则 x^* 和 α^*, β^* 分别是原始问题和对偶问题的解的充分必要条件是 x^*, α^*, β^* 满足下面的 Karush-Kuhn-Tucker (KKT) 条件：

$$\nabla_x L(x^*, \alpha^*, \beta^*) = 0 \tag{C.21}$$

$$\alpha_i^* c_i(x^*) = 0, \quad i = 1, 2, \cdots, k \tag{C.22}$$

$$c_i(x^*) \leqslant 0, \quad i = 1, 2, \cdots, k \tag{C.23}$$

$$\alpha_i^* \geqslant 0, \quad i = 1, 2, \cdots, k \tag{C.24}$$

$$h_j(x^*) = 0 \quad j = 1, 2, \cdots, l \tag{C.25}$$

特别指出，式 (C.22) 称为 KKT 的对偶互补条件。由此条件可知：若 $\alpha_i^* > 0$，则 $c_i(x^*) = 0$。

附录 D 矩阵的基本子空间

简要介绍本书用到的矩阵的基本子空间相关的定义和定理。

1. 向量空间的子空间

若 S 是向量空间 V 的非空子集,且 S 满足以下条件:

(1) 对任意实数 a,若 $x \in S$,则 $ax \in S$;

(2) 若 $x \in S$ 且 $y \in S$,则 $x + y \in S$;

则 S 称为 V 的子空间。

设 $v_1, v_2, \cdots, v_n$ 为向量空间 V 中的向量,则其线性组合

$$a_1 v_1 + a_2 v_2 + \cdots + a_n v_n$$

构成 V 的子空间,称为 $v_1, v_2, \cdots, v_n$ 张成(span)的子空间,或 $v_1, v_2, \cdots, v_n$ 的张成,记作

$$\mathrm{span}(v_1, v_2, \cdots, v_n)。$$

如果 $\mathrm{span}\{v_1, v_2, \cdots, v_n\} = V$,就说 $v_1, v_2, \cdots, v_n$ 张成 V。

2. 向量空间的基和维数

向量空间 V 中的向量 $v_1, v_2, \cdots, v_n$ 称为空间 V 的基,如果满足条件

(1) $v_1, v_2, \cdots, v_n$ 线性无关;

(2) $v_1, v_2, \cdots, v_n$ 张成 V。

反之亦然。向量空间的基的个数即向量空间的维数。

3. 矩阵的行空间和列空间

设 A 为一 $m \times n$ 矩阵。A 的每一行可以看作是 $\mathbf{R}^n$ 中的一个向量,称为 A 的行向量。类似地,A 的每一列可以看作是 $\mathbf{R}^m$ 中的一个向量,称为 A 的列向量。

设 A 为一 $m \times n$ 矩阵,则由 A 的行向量张成的 $\mathbf{R}^n$ 的子空间,称为 A 的行空间;由 A 的列向量张成的 $\mathbf{R}^m$ 的子空间,称为 A 的列空间。

矩阵 A 的行空间的维数等于列空间的维数。

一个矩阵的行空间的维数（等价地列空间的维数）称为矩阵的秩。

4. 矩阵的零空间

设 A 为 $m \times n$ 矩阵，令 $N(A)$ 为齐次方程组 $Ax = 0$ 的所有解的集合，则 $N(A)$ 为 $\mathbf{R}^n$ 的一个子空间，称为 A 的零空间（null space），即

$$N(A) = \{x \in R^n | Ax = 0\} \tag{D.1}$$

一个矩阵的零空间的维数称为矩阵的零度。

秩-零度定理。设 A 为一 $m \times n$ 矩阵，则 A 的秩与 A 的零度之和为 n。事实上，若 A 的秩为 r，则方程组 $Ax = 0$ 的独立变量的个数为 r，自由变量的个数为 $(n-r)$。$N(A)$ 的维数等于自由变量的个数。所以定理成立。

5. 子空间的正交补

设 X 和 Y 为 $\mathbf{R}^n$ 的子空间，若对每一 $x \in X$ 和 $y \in Y$ 都满足 $x^\mathrm{T}y = 0$，则称 X 和 Y 是正交的，记作 $X \perp Y$。

令 Y 为 $\mathbf{R}^n$ 的子空间，R^n 中与 Y 中的每一向量正交的向量集合记作 $Y^\perp$，即

$$Y^\perp = \{x \in \mathbf{R}^n | x^\mathrm{T}y = 0, \forall y \in Y\} \tag{D.2}$$

集合 $Y^\perp$ 称为 Y 的正交补。

可以证明，若 Y 是 $\mathbf{R}^n$ 的子空间，则 $Y^\perp$ 也是 $\mathbf{R}^n$ 的子空间。

6. 矩阵的基本子空间

设 A 为一 $m \times n$ 矩阵，可以将 A 看成是将 $\mathbf{R}^n$ 映射到 $\mathbf{R}^m$ 的线性变换。一个向量 $z \in \mathbf{R}^m$ 在 A 的列空间的充要条件是存在 $x \in \mathbf{R}^n$，使得 $z = Ax$。这样 A 的列空间和 A 的值域是相同的。记 A 的值域为 $R(A)$，则

$$\begin{aligned} R(A) &= \{z \in \mathbf{R}^m | \exists x \in \mathbf{R}^n, z = Ax\} \\ &= A \text{ 的列空间} \end{aligned} \tag{D.3}$$

类似地，一个向量 $y \in \mathbf{R}^n$，y^T 在 A 的行空间的充要条件是存在 $x \in \mathbf{R}^m$，使得 $y = A^\mathrm{T}x$。这样 A 的行空间和 A^T 的值域 $R(A^\mathrm{T})$ 是相同的。

$$\begin{aligned} R(A^\mathrm{T}) &= \{y \in \mathbf{R}^n | \exists x \in \mathbf{R}^m, y = A^\mathrm{T}x\} \\ &= A \text{ 的行空间} \end{aligned} \tag{D.4}$$

附录 D　矩阵的基本子空间

矩阵 A 有四个基本子空间：列空间、行空间、零空间、A 的转置零空间（左零空间）。有下面的定理成立。

定理 D.1　若 A 为一 $m \times n$ 矩阵，则 $N(A) = R(A^{\mathrm{T}})^{\perp}$，且 $N(A^{\mathrm{T}}) = R(A)^{\perp}$。

证明　容易验证 $R(A^{\mathrm{T}}) \perp N(A)$。由于 $R(A^{\mathrm{T}}) \perp N(A)$，故得 $N(A) \subset R(A^{\mathrm{T}})^{\perp}$。另一方面，若 x 为 $R(A^{\mathrm{T}})^{\perp}$ 中的任何向量，则 x 和 A^{T} 的每一个列向量正交。因此，可得 $Ax = 0$。于是 x 必为 $N(A)$ 的元素，由此得到

$$N(A) = R(A^{\mathrm{T}})^{\perp} \tag{D.5}$$

类似可得

$$N(A^{\mathrm{T}}) = R(A)^{\perp} \tag{D.6}$$

图 D.1 示意矩阵的基本子空间之间的关系。∎

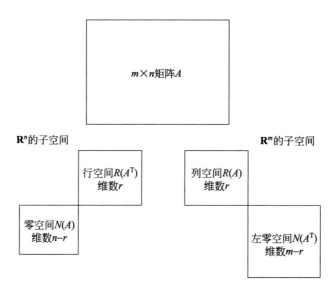

图 D.1　矩阵的基本子空间之间的关系

附录 E　KL 散度的定义和狄利克雷分布的性质

1. KL 散度的定义

首先给出 KL 散度（KL divergence，Kullback–Leibler divergence）的定义。KL 散度是描述两个概率分布 $Q(x)$ 和 $P(x)$ 相似度的一种度量，记作 $D(Q\|P)$。对离散随机变量，KL 散度定义为

$$D(Q\|P) = \sum_i Q(i) \log \frac{Q(i)}{P(i)} \tag{E.1}$$

对连续随机变量，KL 散度定义为

$$D(Q\|P) = \int Q(x) \log \frac{Q(x)}{P(x)} \mathrm{d}x \tag{E.2}$$

容易证明 KL 散度具有性质：$D(Q\|P) \geqslant 0$。当且仅当 $Q = P$ 时，$D(Q\|P) = 0$。事实上，利用 Jensen 不等式即得

$$\begin{aligned} -D(Q\|P) &= \int Q(x) \log \frac{P(x)}{Q(x)} \mathrm{d}x \\ &\leqslant \log \int Q(x) \frac{P(x)}{Q(x)} \mathrm{d}x \\ &= \log \int P(x) \mathrm{d}x = 0 \end{aligned} \tag{E.3}$$

KL 散度是非对称的，也不满足三角不等式，不是严格意义上的距离度量。

2. 狄利克雷分布的性质

设随机变量 θ 服从狄利克雷分布 $\theta \sim \mathrm{Dir}(\theta|\alpha)$，利用指数分布族性质，求函数 $\log \theta$ 的关于狄利克雷分布的数学期望 $E[\log \theta]$。

指数分布族是指概率分布密度可以写成如下形式的概率分布集合：

$$p(x|\eta) = h(x) \exp\{\eta^{\mathrm{T}} T(x) - A(\eta)\} \tag{E.4}$$

其中 η 是自然参数，$T(x)$ 是充分统计量，$h(x)$ 是潜在测度，$A(\eta)$ 是对数规范化因子

$$A(\eta) = \log \int h(x) \exp\{\eta^\mathrm{T} T(x)\} \mathrm{d}x。$$

指数分布族具有性质：对数规范化因子 $A(\eta)$ 对自然参数 η 的导数等于充分统计量 $T(x)$ 的数学期望。事实上，

$$\begin{aligned}
\frac{\mathrm{d}}{\mathrm{d}\eta} A(\eta) &= \frac{\mathrm{d}}{\mathrm{d}\eta} \log \int h(x) \exp\{\eta^\mathrm{T} T(x)\} \mathrm{d}x \\
&= \frac{\int T(x) \exp\{\eta^\mathrm{T} T(x)\} h(x) \mathrm{d}x}{\int h(x) \exp\{\eta^\mathrm{T} T(x)\} \mathrm{d}x} \\
&= \int T(x) \exp\{\eta^\mathrm{T} T(x) - A(\eta)\} h(x) \mathrm{d}x \\
&= \int T(x) p(x|\eta) \mathrm{d}x \\
&= E[T(X)] \quad\quad\quad\quad\quad\quad\quad\quad\quad\quad\quad\quad (\mathrm{E}.5)
\end{aligned}$$

狄利克雷分布属于指数分布族，因为其密度函数可以写成指数分布族的密度函数形式

$$\begin{aligned}
p(\theta|\alpha) &= \frac{\Gamma\left(\sum_{l=1}^{K} \alpha_l\right)}{\prod_{k=1}^{K} \Gamma(\alpha_k)} \prod_{k=1}^{K} \theta_k^{\alpha_k - 1} \\
&= \exp\left\{\left(\sum_{k=1}^{K}(\alpha_k - 1)\log\theta_k\right) + \log\Gamma\left(\sum_{l=1}^{K}\alpha_l\right) - \sum_{k=1}^{K}\log\Gamma(\alpha_k)\right\} \quad (\mathrm{E}.6)
\end{aligned}$$

自然参数是 $\eta_k = \alpha_k - 1$，充分统计量是 $T(\theta_k) = \log\theta_k$，对数规范化因子是 $A(\alpha) = \sum_{k=1}^{K} \log\Gamma(\alpha_k) - \log\Gamma\left(\sum_{l=1}^{K}\alpha_l\right)$。

利用性质 (E.5)，对数规范化因子对自然参数的导数等于充分统计量的数学期望，得到狄利克雷分布的数学期望 $E_{p(\theta|\alpha)}[\log\theta]$ 的计算式

$$\begin{aligned}
E_{p(\theta|\alpha)}[\log\theta_k] &= \frac{\mathrm{d}}{\mathrm{d}\alpha_k} A(\alpha) = \frac{\mathrm{d}}{\mathrm{d}\alpha_k} \left[\sum_{k=1}^{K} \log\Gamma(\alpha_k) - \log\Gamma\left(\sum_{l=1}^{K}\alpha_l\right)\right] \\
&= \Psi(\alpha_k) - \Psi\left(\sum_{l=1}^{K}\alpha_l\right), \quad k = 1, 2, \cdots, K \quad\quad (\mathrm{E}.7)
\end{aligned}$$

其中 Ψ 是 digamma 函数，即对数伽马函数的一阶导数。

索　引

数字和字母

0-1 损失函数（0-1 loss function），16

AdaBoost 算法（AdaBoost algorithm），156

Baum-Welch 算法（Baum-Welch algorithm），207

BFGS（Broyden-Fletcher-Goldfarb-Shanno）算法（BFGS algorithm），445

Broyden 类算法（Broyden's algorithm），446

DFP（Davidon-Fletcher-Powell）算法（DFP algorithm），443

Gram 矩阵（Gram matrix），45

Jensen 不等式（Jensen inequality），179

k 均值聚类（k-means clustering），255

k 近邻法（k-nearest neighbor，k-NN），49

kd 树（kd tree），53

KKT 条件（Karush-Kuhn-Tucker conditions），143

KL 散度（KL divergence，Kullback-Leibler divergence），455

L_p 距离（L_p distance），50

Mercer 核（Mercer kernel），140

Minkowski 距离（Minkowski distance），50

Q 函数（Q function），178

S 折交叉验证（S-fold cross validation），24

S 形曲线（sigmoid curve），91

A

奥卡姆剃刀（Occam's razor），23

B

板块表示（plate notation），393

半监督学习（semi-supervised learning），11

贝塔分布（beta distribution），386

贝叶斯推理（Bayesian inference），13

贝叶斯学习（Bayesian learning），13

边（edge），215

边缘化（marginalization），369

变分 EM 算法（variational EM algorithm），385

变分分布（variational distribution），402

变分推理（variational inference），396，401

标注（tagging），30

病态问题（ill-formed problem），17

伯努利分布（Bernoulli distribution），388

不可约的（irreducible），363

不完全数据（incomplete-data），177

C

参数化模型（parametric model），12
参数空间（parameter space），16
测试集（test set），24
测试数据（test data），6
测试误差（test error），19
策略（strategy），4
层次聚类（hierarchical clustering），255
成对马尔可夫性（pairwise Markov property），216
次最优（sub-optimal），70
簇（cluster），258

D

代价函数（cost function），16, 78
代理损失函数（surrogate loss function），132, 239
带符号的距离（signed distance），115
单纯形（simplex），96, 343
单词-文本矩阵（word-document matrix），322
单词-话题矩阵（word-topic matrix），325
单词频率-逆文本频率（term frequency-inverse document frequency，TF-IDF），322
单词向量空间模型（word vector space model），322
单分量 Metropolis-Hastings（single-component Metropolis-Hastings），374
单连接（single linkage），260
单元（cell），50, 68
狄利克雷分布（Dirichlet distribution），386
动态贝叶斯网络（dynamic Bayesian network），212
动态规划（dynamic programming），208
动作（action），9
动作价值函数（action value function），10
对偶算法（dual algorithm），120
对偶问题（dual problem），120
对数几率（log odds），92
对数似然损失函数（log-likelihood loss function），17
对数损失函数（logarithmic loss function），17
对数线性模型（log linear model），103
多词一义性（synonymy），323
多数表决规则（majority voting rule），52
多项分布（multinomial distribution），385
多项逻辑斯谛回归模型（multi-nominal logistic regression model），94
多项式核函数（polynomial kernel function），140

E

二项分布（binomial distribution），385
二项逻辑斯谛回归模型（binomial logistic regression model），92

F

罚项（penalty term），18, 22
泛化能力（generalization ability），20, 24
泛化误差（generalization error），25
泛化误差上界（generalization error bound），25
非参数化模型（non-parametric model），12
非负矩阵分解（non-negative matrix factorization，NMF），321
非概率模型（non-probabilistic model），11

非线性模型（non-linear model），12

非线性支持向量机（non-linear support vector machine），111

非周期的（aperiodic），364

非周期性图（aperiodic graph），417

分类（classification），28

分类器（classifier），28

分类与回归树（classification and regression tree，CART），80

分离超平面（separating hyperplane），36

分裂（divisive），261

风险函数（risk function），17

弗罗贝尼乌斯范数（Frobenius norm），286

G

改进的迭代尺度法（improved iterative scaling，IIS），103

概率近似正确（probably approximately correct，PAC），155

概率模型（probabilistic model），11

概率模型估计（probability model estimation），248

概率潜在语义分析（probabilistic latent semantic analysis，PLSA），339

概率潜在语义索引（probabilistic latent semantic indexing，PLSI），339

概率上下文无关文法（probabilistic context-free grammar），212

概率图模型（probabilistic graphical model），12，215，393

概率无向图模型（probabilistic undirected graphical model），215，217

感知机（perceptron），35

高斯核函数（Gaussian kernel function），140

高斯混合模型（Gaussian mixture model），183

根结点（root node），76

共轭分布（conjugate distributions），389

共轭先验（conjugate prior），389

估计误差（estimation error），52

观测变量（observable variable），175

观测序列（observation sequence），193

广义拉格朗日函数（generalized Lagrange function），447

广义期望极大（generalized expectation maximization，GEM），187

归范化（normalization），369

规范化因子（normalization factor），218

过拟合（over-fitting），18，20，391

H

函数间隔（functional margin），113

合页损失函数（hinge loss function），131

核方法（kernel method），14，111

核函数（kernel function），111

核技巧（kernel trick），133

黑塞矩阵（Hessian matrix），441

后向（backward），197

互信息（mutual information），74

划分（partition），53，68

话题（topic），324

话题-文本矩阵（topic-document matrix），326

话题分析（topic modeling），321

话题向量空间（topic vector space），325

话题向量空间模型（topic vector space model），324

回归（regression），32

J

迹（trace），304
基尼指数（Gini index），81
吉布斯抽样（Gibbs sampling），351，376，381，385，396
极大（maximization），175
极大-极大算法（maximization-maximization algorithm），187
极大似然估计（maximum likelihood estimation），18
几何间隔（geometric margin），114
几率（odds），92
加法模型（additive model），162
价值函数（value function），10
假设空间（hypothesis space），4，7，15
间隔（margin），119
监督学习（supervised learning），4，6
剪枝（pruning），78
建议分布（proposal distribution），352，370
奖励（reward），9
奖励函数（reward function），10
降维（dimensionality reduction），247
交叉验证（cross validation），24
接受-拒绝抽样法（accept-reject sampling method），352
接受分布（acceptance distribution），370
结点（node），67，215
结构风险最小化（structural risk minimization，SRM），18
截断奇异值分解（truncated singular value decomposition），277
解码（decoding），197
紧奇异值分解（compact singular value decomposition），276

近似误差（approximation error），52
经验风险（empirical risk），17
经验风险最小化（empirical risk minimization，ERM），18
经验熵（empirical entropy），73
经验损失（empirical loss），17
经验条件熵（empirical conditional entropy），73
精确率（precision），29
径向基函数（radial basis function），140
局部马尔可夫性（local Markov property），216
矩形对角矩阵（rectangular diagonal matrix），271
距离（distance），256
聚合（agglomerative），261
聚类（clustering），246
决策函数（decision function），7
决策树（decision tree），67
决策树桩（decision stump），166
绝对损失函数（absolute loss function），17

K

可交换的（exchangeable），394
可逆马尔可夫链（reversible Markov chain），366
可约的（reducible），363

L

拉格朗日乘子（Lagrange multiplier），120
拉格朗日对偶性（Lagrange duality），447
拉格朗日函数（Lagrange function），120
拉普拉斯平滑（Laplace smoothing），64
类标记（class label），50，59
类别（class），28

类别分布(categorical distribution), 386

连接(linkage), 260

链接分析(link analysis), 252, 415

零空间(null space), 452

流形(manifold), 247

留一交叉验证(leave-one-out cross validation), 24

路径(path), 417

逻辑斯谛分布(logistic distribution), 91

逻辑斯谛回归(logistic regression), 91

M

马尔可夫过程(Markov process), 355

马尔可夫决策过程(Markov decision process), 9

马尔可夫链(Markov chain), 355

马尔可夫链蒙特卡罗法(Markov Chain Monte Carlo, MCMC), 351

马尔可夫随机场(Markov random field), 215, 217

马哈拉诺比斯距离(Mahalanobis distance), 257

满条件分布(full conditional distribution), 372

曼哈顿距离(Manhattan distance), 51, 256

蒙特卡罗法(Monte Carlo method), 351

蒙特卡罗积分(Monte Carlo integration), 353

幂法(power method), 415, 425

闵可夫斯基距离(Minkowski distance), 256

模型(model), 4

模型选择(model selection), 20

N

内部结点(internal node), 67

拟牛顿法(quasi-Newton method), 441

牛顿法(Newton method), 441

O

欧氏距离(Euclidean distance), 51, 256

欧氏距离平方(squared Euclidean distance), 263

P

判别方法(discriminative approach), 27

判别模型(discriminative model), 27

批量学习(batch learning), 13

偏置(bias), 35

平方损失函数(quadratic loss function), 16

平均场(mean filed), 403

评价准则(evaluation criterion), 4

朴素贝叶斯(naïve Bayes), 59

朴素贝叶斯算法(naïve Bayes algorithm), 62

Q

期望(expectation), 175

期望极大算法(expectation maximization algorithm), 175

期望损失(expected loss), 17

奇异值(singular value), 272

奇异值分解(singular value decomposition, SVD), 271, 272, 321

前向(forward), 197

前向-后向算法(forward-backward algorithm), 198

前向分步算法(forward stagewise algorithm), 163

潜在变量(latent variable), 175

潜在狄利克雷分配 (latent Dirichlet allocation, LDA), 385

潜在语义分析 (latent semantic analysis, LSA), 321

潜在语义索引 (latent semantic indexing, LSI), 321

强化学习 (reinforcement learning), 4, 9

强可学习 (strongly learnable), 155

强连通图 (strongly connected graph), 417

切比雪夫距离 (Chebyshev distance), 256

切分变量 (splitting variable), 81

切分点 (splitting point), 81

区域 (region), 68

全局马尔可夫性 (global Markov property), 216

权值 (weight), 35

权值向量 (weight vector), 35

确定性模型 (deterministic model), 11

R

软间隔最大化 (soft margin maximization), 111

软聚类 (soft clustering), 246, 258

弱可学习 (weakly learnable), 155

S

散布矩阵 (scatter matrix), 259

散度 (divergence), 332

熵 (entropy), 72

深度学习 (deep learning), 12

生成方法 (generative approach), 27

生成模型 (generative model), 27

时间齐次的马尔可夫链 (time homogenous Markov chain), 356

实例 (instance), 6

势函数 (potential function), 218

试错 (trial and error), 9

收缩的吉布斯抽样 (collapsed Gibbs sampling), 396

输出空间 (output space), 6

输入空间 (input space), 6

数据 (data), 4

数学期望 (expectation), 369

数学期望估计 (estimation of mathematical expectation), 353

衰减系数 (discount factor), 10

算法 (algorithm), 4

随机抽样 (random sampling), 352

随机过程 (stochastic process), 355

随机矩阵 (stochastic matrix), 356, 418

随机梯度下降法 (stochastic gradient descent), 38

随机游走 (random walk), 417

损失函数 (loss function), 16, 78

T

特异点 (outlier), 125

特征函数 (feature function), 97

特征空间 (feature space), 6

特征向量 (feature vector), 6

梯度提升 (gradient boosting), 170

梯度下降法 (gradient descent), 439

提升 (boost), 155

提升 (boosting), 155

提升树 (boosting tree), 155, 166

条件熵 (conditional entropy), 73

条件随机场 (conditional random field, CRF), 215, 218

统计机器学习 (statistical machine learning), 3

统计模拟方法（statistical simulation method），351

统计学习（statistical learning），3

凸二次规划（convex quadratic programming），111, 116, 126

图（graph），215, 415

图分析（graph analytics），252

团（clique），217

W

完全连接（complete linkage），260

完全奇异值分解（full singular value decomposition），276

完全数据（complete-data），177

维特比算法（Viterbi algorithm），207

伪计数（prior pseudo-counts），390

无监督学习（unsupervised learning），4, 8

无限可交换（infinitely exchangeable），394

误差率（error rate），20

X

希尔伯特空间（Hilbert space），136

细致平衡方程（detailed balance equation），366

线性分类模型（linear classification model），35

线性分类器（linear classifier），35

线性可分数据集（linearly separable data set），37

线性可分支持向量机（linear support vector machine in linearly separable case），111

线性链（linear chain），215

线性链条件随机场（linear chain conditional random field），218

线性模型（linear model），12

线性扫描（linear scan），53

线性支持向量机（linear support vector machine），111

相关系数（correlation coefficient），257

相似度（similarity），256

向量空间模型（vector space model, VSM），322

协方差矩阵（covariance matrix），259

信息增益（information gain），72, 73

信息增益比（information gain ratio），76

序列最小最优化（sequential minimal optimization，SMO），143

学习率（learning rate），39

训练集（training set），24

训练数据（training data），6

训练误差（training error），19

Y

验证集（validation set），24

样本（sample），6

叶结点（leaf node），67

一般化 Bregman 散度（generalized Bregman divergence），437

一词多义性（polysemy），323

因子分解（factorization），218

因子负荷量（factor loading），305

隐变量（hidden variable），175

隐马尔可夫模型（hidden Markov model, HMM），193

硬间隔最大化（hard margin maximization），111

硬聚类（hard clustering），246, 258

有向边（directed edge），67

有向图（directed graph），341, 416

右奇异向量（right singular vector），272

余弦（cosine），257
余弦相似度（cosine similarity），141
语言模型（language model），357
原始问题（primal problem），120

Z

再生核希尔伯特空间（reproducing kernel Hilbert space，RKHS），138
在线学习（online learning），13
早停止（early stopping），239
张成（span），451
张量（tensor），294
召回率（recall），29
正常返的（positive recurrent），364
正定核函数（positive definite kernel function），136
正交矩阵（orthogonal matrix），271
正则化（regularization），22
正则化项（regularizer），18, 22
证据（evidence），402
证据下界（evidence lower bound, ELBO），402
支持向量（support vector），118
支持向量机（support vector machines，SVM），111
直径（diameter），259
指示函数（indicator function），20
指数损失函数（exponential loss function），164

中位数（median），54
周期的（periodic），364
主动学习（active learning），11
主特征向量（dominant eigenvector），425
主特征值（dominant eigenvalue），425
转移概率（transition probability），10
转移核（transition kernel），362
状态（state），9
状态价值函数（state value function），10
状态序列（state sequence），193
准确率（accuracy），20
字符串核函数（string kernel function），140
自上而下（top-down），261
自下而上（bottom-up），261
阻尼因子（damping factor），421
最大后验概率估计（maximum posterior probability estimation，MAP），18
最大间隔法（maximum margin method），116
最大熵模型（maximum entropy model），91, 94
最大团（maximal clique），217
最速下降法（steepest descent），439
最小二乘法（least squares），32
最小二乘回归树（least squares regression tree），82
左奇异向量（left singular vector），272